国际文化版图研究文库
颜子悦　主编

莫斯科的黄金时代

苏联建立的传媒帝国如何在文化冷战中落败

〔美〕克里斯汀·罗思—艾　著
蓝胤淇　陈霞　译

2016年·北京

Kristin Roth – Ey
Moscow Prime Time
How the Soviet Union Built the Media Empire That Lost the Cultural Cold War

Copyright © 2011 by Cornell University

Simplified Chinese Translation Copyright © 2016 by Beijing Yanziyue Culture & Art Studio. All Rights Reserved.

本书简体中文翻译版权归北京颜子悦文化艺术工作室所有,未经版权所有人的书面许可,不得以任何方式复制、摘录、转载或发行本书的任何部分。

国际文化版图研究文库总序

人类创造的不同文明及其相互之间的对话与沟通、冲突与融合、传播与影响乃至演变与整合，体现了人类文明发展的多样性统一。古往今来，各国家各民族秉承各自的历史和传统、凭借各自的智慧和力量参与各个历史时期文化版图的建构，同时又在总体上构成了人类文明发展的辉煌而璀璨的历史。

中华民族拥有悠久的历史和灿烂的文化，已经在人类文明史上谱写了无数雄伟而壮丽的永恒篇章。在新的历史时期，随着中国经济的发展和综合国力的提升，世人对中国文化的发展也同样充满着更为高远的期待、抱持着更为美好的愿景，如何进一步增强文化软实力便成为摆在我们面前的最为重要的时代课题之一。

为此，《国际文化版图研究文库》以"全球视野、国家战略和文化自觉"为基本理念，力图全面而系统地译介人类历史进程中各文化大国的兴衰以及诸多相关重大文化论题的著述，旨在以更为宏阔的视野，详尽而深入地考察世界主要国家在国际文化版图中的地位以及这些国家制定与实施的相关的文化战略与战术。

烛照着我们前行的依然是鲁迅先生所倡导的中国文化发展的基本思想——"明哲之士，必洞达世界之大势，权衡较量，去其偏颇，得其神明，施之国中，翕合无间。外之既不后于世界之思潮，内之仍弗失固有之血脉，取今复古，别立新宗。"

  在这一思想的引领下，我们秉持科学而辩证的历史观，既通过国际版图来探讨文化，又通过文化来研究国际版图，如此循环往复，沉潜凌空，在跨文化的语境下观照与洞悉、比较与辨析不同历史时期文化版图中不同文明体系的文化特性，归纳与总结世界各国家各民族的优秀文化成果以及建设与发展文化的有益经验，并在此基础上更为确切地把握与体察中国文化的特性，进而激发并强化对中国文化的自醒、自觉与自信。

  我们希冀文库能够为当今中国文化的创新与发展提供有益的镜鉴，能够启迪国人自觉地成为中华文化的坚守者和创造者。唯其如此，中国才能走出一条符合自己民族特色的文化复兴之路，才能使中华文化与世界其他民族的文化相融共生、各领风骚，从而更进一步地推进人类文明的发展。

  中华文化传承与创新的伟大实践乃是我们每一位中国人神圣而崇高的使命。

  是为序。

颜子悦

2011 年 5 月 8 日于北京

中译本序

当第二次世界大战临近尾声之际，同盟国的领袖们已经开始为一个即将到来的美丽新世界进行全面谋划。对于曾经团结在一起协同作战的各大国而言，此时反法西斯不再是唯一重要的目标，更重要的是，如何在全新的国际地缘政治格局下，加快各自的建设以维护和拓展各自在世界政治、经济、军事和文化等领域的势力范围。

虽然苏联与美国从盟友转变为敌人看似由诸多偶发事件和历史巧合促成，但两者在各领域展开竞争和较量的激烈程度之巨大完全超出了史学家们的意料。即便美苏争霸战已经以美国取胜而告终，包括历史学家在内的各领域的专家学者们仍然对这段历史充满着好奇，如同本书作者"对苏联世界经久不衰的兴趣"那样，他们意欲探究美苏成败的真正原因。

本书专注于苏联在二战后建立起的包括电影、广播、出版、电视等的传媒帝国的历史的剖析和解读，为苏联以及冷战历史的研究带来了崭新的视角。同时，因为电影、无线电广播、电视几乎成为战后世界民众日常生活的重要组成部分，这使得本书的叙述和分析令人情不自禁地回想起曾经观看过的影片，阅读过的电影杂志，收藏过的印有明星剧照的明信片，收听过的各种轻音乐……

苏维埃社会主义共和国联盟的缔造者列宁曾经说过"电影对于我

们来说是最重要的艺术",这句话成为激励苏联电影产业前进的号角,使得电影在苏联拥有区别于其他大众文化的高尚地位,并且成为苏联文化的重要品牌之一。然而,自二战结束时起,苏联电影便注定要经历跌宕起伏的命运。

战争造成的物资匮乏导致苏联民众在战后第一个十年的生活水平普遍较低,但是,沐浴在和平的温暖阳光下的广大群众得以享受更多的温馨而快乐的休闲时光,因而在客观上推动了对大众文化产品的需求。尽管如此,苏联的顶层设计者们并没有对大众文化及时地给出既明显区别于文学和歌剧又区别于西方资本主义大众文化的明确定义,苏联电影仍然作为一种艺术形式加以管理和规范。

本书对苏联电影文化的研究发现,一种叫做战利品的电影意外地极大改变了苏联民众的观影体验,并对以歌颂集体主义的英雄主义为主旋律的苏联电影构成了严峻挑战。纳粹投降不久,苏联在德国境内共缴获了超过1.7万部影片,其中大约3,700部故事片和2,500部短片被作为战利品迅速运回莫斯科。这些影片中有大量的探险片、喜剧片、音乐片以及爱情片等类型片,大多数是拍摄于战前的美国和西欧(尤其是德国)的电影。

苏联最高层对于这些战利品电影非常重视。"斯大林为政治局成员制定了午夜定期放映的计划",他本人也观看了大量影片。同时,战利品电影经过中央委员会的审查之后得以在全国放映。所有战利品影片都配上了"一段特别准备的旨在针对影片的内容正确引导观众的正文",以及"仔细编辑的解释性的字幕"。譬如,被改为《旅途将会危险》的好莱坞电影《驿站马车》在放映前配有这样的银幕声明:"该影片展现了资产阶级社会的伦理,以及属于它的鲜明特征的虚伪和偏狭,苏联的观众不难看出,影片没有准确地表现美国对于印第安部落的殖民主义政策。"

"战利品影片的故事以其非常的陌生感使人们着迷"，很快便主导了全苏联的银幕。甚至在莫斯科，从科学院到大工厂都请求特别放映纳粹德国的音乐电影《我梦想的女孩》。许多同时代的人回忆说自己曾一遍遍地去观看战利品电影。苏联政府在不知不觉中利用所谓的战利品电影"向战后的苏联观众传播了最大剂量的大众文化"。"莫斯科人的庭院里迅速出现了高空摆荡绳索，供富有冒险精神的泰山的模仿者们使用，并且男孩子们模仿他们的英雄弄出泰山式的发型。"这与20世纪30年代男孩们喜欢模仿夏伯阳的发型形成了鲜明对比。

直至1960年，苏联中央委员会的调查员们总结认为，整个国家的电影网络"受到来自资本主义国家电影的相当大的渗透"。观众不再关注影片中的角色而是关注塑造角色的演员，印有演员照片的明信片变得非常畅销，刊登了大量苏联和外国电影明星照片的《苏联银幕》经常脱销，电影演员所到之处受到影迷的极大追捧。苏联的电影文化随着观众的观影体验以及个体体验的变化而产生了重要变化。

为了应对这种变化，苏联开始尽可能少地引进西方电影，特别是美国电影，转而大量引进印度电影、墨西哥电影等，这也是《流浪者》和《叶塞尼亚》一直保持惊人的票房纪录的原因之一。与此同时，苏联恢复举办莫斯科国际电影节，并创办围绕各种主题的电影节，积极参与戛纳电影节等国际电影节，努力维护苏联电影作为世界电影的地位。为了增强苏联电影在国内外市场的竞争力，苏联尝试进行电影工业内部的体制改革，设法在上世纪70年代初成立了以市场为导向的实验创意电影制片厂。然而，如同本书呈现的历史资料所表明的那样，苏联电影应对挑战时的措施受制于自身体制的复杂因素而举步维艰，实际效果显得并不尽如人意。

就在苏联电影文化产生诸多变化的同时，在世界范围内，伴随战后经济和技术奇迹的涌现，人们的生活方式已经发生根本改变，苏联与世界其他工业化国家一样都在经历一场大众文化的深刻变革。除了电影之外，广播和出版皆被各国提升至国家政策的高度，被认为是关涉"国家统一和国际声誉"的重大议题。

二战期间，战时广播作为最高政治和军事权威的莫斯科的声音曾经发挥了无可替代的作用，赢得了苏联民众的尊敬，促使苏联政府在战后将无线电化确立为国家大力发展和推广的旨在消除城乡文化鸿沟的建设目标。根据本书呈现的历史数据，截至1955年，苏联收音机的年产量达到了3,300万台，其中1,300万台是无线电收音机，到了1963年，无线电收音机已经多于有线收音机而达到3,500万台。无线电收音机的普及不仅改变了苏联民众的收听习惯，他们不再像战争时期那样大家聚集在一起收听新闻、音乐、诗歌朗诵等，而是独自在个人的空间收听自己喜欢的广播节目，而且在客观上使苏联民众越来越方便收听来自外国的广播。早在1949年，苏联广播管理部门就意识到短波收音机存在的潜在威胁，建议党中央遏制短波收音机的生产，但工业部门并没有削减生产计划。

事实上，越来越多的敌台传送专门针对苏联的广播节目，如同本书所述，最多的时候60多家外国电台同时向苏联广播。面对日益严峻的敌台广播，苏联采取了干扰政策，并不断改进用于干扰的技术，加大设备投入。与此同时，克格勃也增强对收听敌台情况的监控。然而，当干扰加强的时候，苏联自己的广播节目的收听效果也受到影响，位于边远地区的民众，往往收听外国电台节目比收听莫斯科电台节目的效果更好。不仅如此，苏联幅员辽阔，15个加盟共和国拥有多个民族，日常使用的语言超过60种。尽管苏联以多语种广播而声名远扬，但实际上苏联的广播节目仍然以俄语为主，并且随着中央集权化趋势的增强，地方语言的广播节目愈发难以满足民众的需求。这也是外国广播节目在苏联受到欢迎的客观原因之一。例如在敏感的西部边境，当地民众更愿意收听与他们语言相同的芬兰电台的节目。

苏联广播管理部门试图通过制作更好的广播节目来吸引听众，分散敌台对听众的吸引力。成立24小时新闻和娱乐模式的马亚电台被认为是苏联最成功的应对之举。然而，尽管马亚电台的节目因为接近西方电台的节目形式而受到听众的欢迎，但因其触动了中央广播电台的相关利益而遭到它的反对。加之苏联严格的信息等级制度，马亚电台无法做到对突发新闻的实时播报。这些因素导致马亚电台在分散敌台对听众的吸引力方面的努力未能取得成功。苏联听众仍然倾向于收听敌台了解最新的新闻消息，无论这些新闻是否真实。

对于苏联而言，电视远比广播电台容易管理，毕竟在实现卫星转播之前通过转播站和光缆传输信号的电视节目几乎可以与外国电视完全隔离。正因为如此，尽管战后苏联的电视技术得到了不落后于甚至领先于美国和其他西方国家的快速发展，但真正推动电视产业发展的却是那些热情的支持者和地方的科技爱好者。苏联拥有全世界最高的科技普及程度，苏联民众的科技水平之高令人惊讶。他们利用闲置的战时使用的发射塔，自己搭建演播室，在40多度高温的演播室自行录制节目并在当地播放。当各地方演播室已呈燎原之势时，苏联的最高领导层才意识到必须进行集中化的建设和管理，并最终在20世纪70年代以莫斯科巨大的奥斯坦金诺电视塔的落成来见证苏联电视发展的伟大成就。

苏联人热衷于电视的程度令人瞠目。电视机成为当年苏联民众最希望拥有的消费品，即便价格昂贵、质量低劣、荧屏小到需要配置放大镜，也丝毫不影响他们想拥有它的信念。工余时间坐在电视机前观看电视成为苏联民众最流行的文化生活和休闲方式。尽管如此，苏联电视却经过了相当曲折的发展过程。这从另一个方面反映出苏联在应对大众文化变革时恪守固有文化等级的保守主义，也反映出苏联对于电视这种媒体时代最重要的媒介在苏联大众文化生活中的作用的模糊定义。

如同本书列出的各个时期的电视节目表所体现的，苏联电视台播放的节目从初期主要以播放音乐会和电视电影为主，逐渐增加了体育比赛的实况转播、原创性的综艺节目，以及带有评论性和纪录片素材的电视杂志节目。

总体而言，苏联电视不像美国等西方国家那样以迎合大众品位的娱乐为导向，而是更注重利用电视对观众进行教育和引导。然而，如同本书所阐述的，苏联电视对于媒体时代更加关注个体体验的苏联观众而言，是一个令人抱憾的失败。

苏联与美国在电影、广播和电视等诸多领域的较量，最终以战后文化的美国化的事实映衬出文化苏联化的失利。

谨为序。

颜子悦
2011年10月于北京

献给我的父亲约翰·J. 罗思（1940—2004年），他一定非常喜欢这本书，也献给戴维·罗思—艾，他的爱比所有的书更有意义。

目 录

前　言　媒体时代的苏联文化 …………………………………………… 1

第一章　苏联的电影产业：定义斯大林时代之后的电影成功 ………… 28

第二章　新苏联电影文化 ………………………………………………… 80

第三章　听到缪斯之声后的回应：苏联环境下的外国无线电
　　　　广播 …………………………………………………………… 149

第四章　在苏联为电视找个家 ………………………………………… 199

第五章　苏联文化中的电视与权威 …………………………………… 249

后　记 …………………………………………………………………… 315

缩写列表 ………………………………………………………………… 322

注　释 …………………………………………………………………… 324

部分参考文献 …………………………………………………………… 422

鸣　谢 …………………………………………………………………… 447

索　引 …………………………………………………………………… 451

前言　媒体时代的苏联文化

在一幅著名的照片上，苏联元首尼基塔·赫鲁晓夫（Nikita Khrushchev）被一群年轻的坎坎舞者簇拥着。赫鲁晓夫在好莱坞（那年是1959年），尽管照片上的他看起来兴高采烈，但是照片抓拍到的场景很快引出了一个小小的丑闻：赫鲁晓夫发现后来的表演有伤风化，认为他的东道主安排这场演出是为了让他尴尬，因此将此事透露给了一个迫切想了解内幕的国际记者团。此乃这位苏联领导人的众多国外访问之一——既为了宣传社会主义，也部分地担负着侦察情况的使命，同时也是一次私人旅行——并且他选择亲自访问好莱坞。赫鲁晓夫对好莱坞非常好奇（也许甚至还有点追星的意图），他也非常了解好莱坞的国际影响力。尽管如此，他却不会向它低头，这是他向坎坎舞者发表谈话中谈到的关键点。当赫鲁晓夫来到好莱坞的时候，他说，他的到来代表着注定要成为历史的文化形式："苏联文化"。他有真实的依据来进行炫耀；1959年，苏联已经拥有世界上前所未有的最广泛的文化设施之一，并且正处于爆发式的扩张之中。然而，这位苏联领导人一会儿微笑着与尚未成名的年轻女演员们手挽手，随后又为了"尊严"和"艺术"而敲起他那众所周知的鞋子，这些形象迅速被全世界看到了。赫鲁晓夫对资本主义大众文化的着迷以及面对这种文化的魅力时感受到的刺痛；他对取得实际成就的苏联文化抱有的自豪感以及

莫斯科的黄金时代

面对竞争时的不安全感；他对于文化重要性的坚决肯定以及对于如何定义文化的含糊不清，尤其是当这种文化超越了莫斯科大剧院音乐厅的时候；他与现代传媒实践之间爱恨交织的关系；他是卷入了海外一个影响国际声誉事件的苏联领导人的事实——所有这些都代表了新的文化立场，在这种立场中苏联找到了自我，并且在20世纪50年代、60年代和70年代为了自我而采取了这一立场。苏联文化在媒体时代既显示了异乎寻常的实力也暴露了毁害性的弱点。[1] 用它自己的话来说，这是一次非常成功的失败。

第二次世界大战结束后的三十年，全世界经历了一个深刻的文化变革阶段，这场变革是以战后经济和技术奇迹的作用以及它们所导致的生活方式的转换为基础的。大众文化从未以如此规模让如此众多的民众以如此易于接受的方式如此频繁地接触过。在工业化的西方社会以及许多新的后殖民国家，政府都将注意力转向出版、电影和广播，它们被视为国家政策问题，对国家统一和国际声誉至关重要。[2] 苏联不只是这个新媒体时代的一个参与者；它建立了一个媒体帝国。在20世纪60年代和70年代，苏联人民是世界上最活跃的电影观众。一部名为《两栖人》（*Chelovek-amfibiia*）的浪漫科幻电影售出了6,500万张门票，粗略统计，相当于每3.4个居民中就有一人购买了电影票。苏联主要的电影杂志《苏联银幕》（*Sovetskii ekran*）登满了苏联和外国明星的照片，它在20世纪60年代的发行量大约为400万册，但是在中心地带的书报亭仍然会脱销。苏联还夸耀拥有世界上最广泛的广播网。截止20世纪60年代初，收音机拥有者的数量达到了接近饱和的水平，而电视在战前只是少数技术爱好者所看到的微弱光芒而已，战后很快便突然涌现出来。1962年，苏联电视台的一档名为KVN的游戏节目引发了该电视台首次全国性的收视热潮。

前言　媒体时代的苏联文化

尽管票房大片与电视游戏节目在苏联国内预示了大众文化迅速增长的成功，但政府当局却非常谨慎地要展现一种更为庄重的形象：首席芭蕾舞女演员马娅·普利斯特斯卡亚（Maia Plisetskaiia），苏联书店内大量销售的诗歌，诸如《士兵之歌》（*Ballad of a Soldier*，1959 年戛纳获奖影片）等二战主题的电影——这些是最常见的被集合起来作为苏联文化实力证据的东西。"大众文化"（mass culture）这个词本身在苏联的词汇中是一种诋毁："大众文化"是西方资本主义没有灵魂的剥削文化。（为了表达这个特点，笔者将使用"masscult"这个合并词。）[3] 苏联宣称自己是世界上第一个非资本主义模式的文化生产和消费的国家：为了群众的一种反大众文化（anti-masscult）的文化。[4] 这种社会主义的或者苏联的文化是共产主义承诺的一部分，如同让所有男女居有定所的充足房屋和每家餐桌上都要有的香肠一样。

然而，究竟什么是"苏联文化"？正如共产党 1961 年的历史性规划中所阐释的，随着全面共产主义的到来——第一次被预计将在"当今这一代"的有生之年到来——文化将成为真正全球性的文化，"吸收并发展世界文化所创造的精华"；它同时也是易于接受和普适的文化，是"全体人民和整个人类共同所有的"。[5] 这一规划承诺，在共产主义社会中，体力和脑力劳动者之间的所有区别都将被消除：体力劳动者将得以"提升他们的文化—技术水平达至从事脑力劳动的人们的水平"。[6] 知识分子将因此不再存在，因为实际上每一个苏联人都成了真正艺术的积极消费者和创造者。共产主义将赋予所有苏联人民每天实现文化成就的机会和能力。十年以后的 1971 年，苏联领导人列昂尼德·勃列日涅夫（Leonid Brezhnev）在党的第 24 届代表大会上报告了已经取得的成就："社会主义不仅让劳动群众能够广泛地获取精神价值，"这位苏联领导人说，"而且让他们成为文化的创造者。"[7]

莫斯科的黄金时代

如果这些话指的是芭蕾舞演员、诗歌朗诵以及严肃的二战电影而不是两栖人和游戏节目的话，那么，确实如此。苏联的宣传所形成的主要观点是在苏联没有高雅和低俗或者大众和精英文化的差别。[8]然而，正如亚力山大·雅科夫列夫（Aleksandr Iakovlev）在1965年所评价的那样，苏联文化按照一张暗示性的"等级表"进行运作，这一等级表将艺术尤其是文学置于那些赢得了广大观众却没有被定义为艺术的文化产品之上。[9]雅科夫列夫，一位未来改革的设计师，当时是共产党中央委员会负责广播的关键人物，他是在关于促进电视发展的语境下发表此番评论的；他对于媒体不断上升的重要性具有比他的许多克里姆林宫的同事更加敏锐的感觉，我们将在本书中与他数次相遇。然而，即便是雅科夫列夫也不太提倡重新调整苏联的文化模式，从而建立新渠道以扩大苏联文化的传播。他赞同苏联文化和艺术是不可分割的观点。"大师"和"名著"是苏联文化身份的基础。因为文化的目标就是将所有人提升到行家和艺术家的层次，所以它在本质上无可辩解地具有精英性质和教育性质：苏联文化充满着可以传授的经验教训，通常经由英雄楷模来传授，他们具有传授这些经验的权威性；它有一种与生俱来的集体性、公众性和雄辩性的倾向。观众本身就是不断进步的并且具有从属性和需求性的永恒作品；对大众口味的定义是不可靠的，当政府当局对其施加某种影响的时候，它就会采取妥协的方式：苏联的工人们有权利用文化来进行放松，但必须承认许多人仍然不幸地更喜欢歌曲而不是歌剧。然而，娱乐本身的价值比其功能作用要小：一个人放松主要是为了恢复体能以继续，也就是建设共产主义的未来。[10]因此，苏联文化既具有面向未来的特征也具有怀旧的特征；过去和未来的辉煌是它的目标。[11]当现在的、普通的以及个人的文化无关乎伟大的历史进程时，往往会从文化版图上滑落下来而变得没有意义。

这种苏联文化模式有许多非常重要的含义。首先，在意识形态方面，它赋予创造性的知识分子特殊的影响力（这种影响力也可以被解释为应该受到责备的能力，而且往往如此）。从许多角度来看，艺术家们都是苏联社会的真正英雄，因为虽然无产阶级是历史的造物主，但是艺术家则是辉煌未来在今天的代表；只有艺术家们以一种当代的优雅姿态过着所有人都应该过的生活。其次，既然苏联文化被定义为世界性的，是世界最优秀文化的一种安全屋，因此在苏联文化体制内部关于严格划清界线的观点一直存在辩论，这种划清界限的观点是世界主义的一种内在特征——意味着不仅是马克思列宁主义的国际主义，也是一种复杂精妙的、自信的文化多样性——那是不能被忽视的。[12]然而，与此同时，苏联文化模式是建立在文化例外主义基础上的，文化例外主义的模糊性仅仅是例外主义影响力的原因。苏联文化凭借其源头而成为苏联的（它具有社会主义产品模式的"良好基因"），但它仍然必须证明自身是拥有主权并且卓越的。这就使得关于资本主义相反模式的相似性的讨论，变成了一件难以应付有时候存在潜在危险的事情。此外，在这个大众传媒影响力不断增强的时代，随着文化界线变得更加具有渗透性，随时随刻——此时此地——愈来愈成为文化体验的核心，为文化设置界线并且围绕这些界线将人们团结起来变得愈来愈困难。最后，苏联文化模式为其成功投下了极高的筹码：文化不仅在其国内成为社会主义规划的核心，同时也是苏联在世界历史中所担负使命的一部分。文化——教育、鼓舞、动员——不仅是苏联人民也是世界各地人民通往辉煌未来的王者之路。

苏联文化的理想特征塑造于20世纪30年代，并基本上被完整地传递至战后。管理和控制苏联文化的主要机制也是如此：诸如作家协会等专业组织为作为文化生产者而工作的人进行授权并发放津贴；包括克格勃（KGB）在内的审查机构负责审查所有作品，避免政治错误和泄露国家机密；国家和党的机构（各个部、中央委员会各个部门以及党的基层组织）负责组织文化生产，并且给予奖励和处以惩罚。然而，当这种意识形态和官僚机构的框架保持基本稳定的时候，实现苏联文化的环境变了——并且彻底变了。

当然，其中最重要的变化之一是战后时代大众媒体不断加快的节奏和影响力，而苏联媒体——电台和电视广播、电影以及（涉及程度较小的）印刷媒体——是本书探讨的核心。其他历史学家可能会选择聚焦于不同的文化领域，而且许多人已经这么做了。文学和图书出版、视觉艺术、剧院和舞蹈、古典音乐、杂技、体育——苏联的文化制作规模宏大，笔者选择聚焦于广播和电影，并不希望暗示说它们代表了苏联文化的全部或者精华。然而，它们却是极其重要的，笔者认为它们的故事对于理解在二战后的背景下，苏联欲为大众创造一种反大众文化所投下的赌注的命运是至关重要的。首先，所有的大众媒体都具有综合性；它们包含了其他文化的形式，因此与任何单一文化形式相关的问题——譬如，流行音乐以及苏联摇滚音乐所面临的挑战——也牢牢地嵌入了它们的历史之中。其次，战后随着大众传媒的发展，与之相关的消费形式也在根本上对苏联文化的传统风格与传统习惯构成了挑战。第三，大众传媒是苏联最大的文化产业，在研究这些产业的过程中，我们获得了一个观察社会和政治网络以及经济利益的无可比拟的视角，经济利益就是苏联的文化产品。最后，也是极其重要的，苏联媒体具有深远的象征意义上的重要性；它们讲述——并且它们未能成功讲述——苏联作为一个现代化的具有全球竞争力的文化强国所取得的胜利。再也没有比20世纪50年代、60年代和70年代的情况更加真实的是：无论成败，这段时期都是莫斯科的"黄金时代"。

需要注意的是，本书是按年代顺序来撰写的，但在研究苏联的学者中更为普遍的方式是按政治体制，或者使用"解冻时期"（thaw）和"停滞时期"的表达方式来标记时间。（"解冻时期"——ottepel'——特指始于1956年的文化相对自由的一个时期，其间赫鲁晓夫部分否定了斯大林，直至1964年他被革职，或者直至1968年苏联主导的对捷克斯洛伐克的入侵。"停滞时期"——zastoi——是解冻时期的反面——一个文化相对保守并且在列昂尼德·勃列日涅夫领导下（1964—1982年）部分重新斯大林化的时期。）谁入主克里姆林宫当然对文化创作者和消费者至关重要，只要像"解冻"这样的概念本身属于苏联的产物——由苏联人民生产、传播以及争论——它们就是与文化史有关的。[13]但是，使用标签式的判断方式会妨碍历史分析；而突出某些价值观以及与这些价值观相关的人物，我们就冒了曲解他人并使得重要的连续性变得模糊的风险。[14]我们希望理解的苏联的文化生活中的许多现象——譬如，影迷或者在制作过程中社会网络的作用——是一种长期的趋势，跨越了我们所熟悉的时间顺序上和概念上的边界线。这是战后几十年苏联文化的历史，因为这几十年是苏联文化如何发展的几十年。

除此之外，尽管这些熟悉的日期依然十分重要，它们却可能成为文化历史重要意义的误导性标志。1953年，斯大林逝世的那一年，也经常被视为苏联文化自给自足结束的年份，国内外也都按此时间来举行庆祝活动。然而，在分析自给自足问题时，我们必须不仅要考虑到志向和抱负，也要考虑每天的实际情况。事实上，即使是斯大林时期的苏联也从未完全将大众文化拒之门外，也有大量西方的当代高雅文化不断流入苏联境内。二战期间，数百万的苏联人民，包括军人和平民，当他们越过苏联边界的时候都与资本主义文化接触过。而随着苏联对那些西方边界沿线广袤的新疆土的吞并，数百万的资产阶级消费者被改造成新的苏联国民。资本主义文化的元素在斯大林后期的苏联广泛传播——以物质形式（皮夹克、斯帕姆午餐肉、爵士乐唱片）以及与数百万人相联系的创意形式（一位红军战士讲述的关于琳琅满目的波兰商店的故事，平民关于盟军的战时广播的回忆。）[15] 在一个令人着迷的历史转折过程中，苏联政府自身利用所谓的战利品电影负责向战后的苏联观众传播了最大剂量的大众文化——在战争的最后几天从被彻底击败的德国人手里缴获的电影，随后在全国范围进行市场推广。

如果自给自足从未成为苏联日常生活的一个现实的话，那么对一个拥有主权并且卓越的苏联文化的构想就显得非常重要，并且在冷战背景下这一构想呈现出一种新的并且危险的迫切性。早在1945年11月，斯大林就严厉批评他的核心成员未能认识到同盟国所造成的意识形态威胁，以及苏联人民成为西方影响的受害者的危险。[16] 1946年，苏联发起了一次猛烈的意识形态运动以确保所谓的苏联文化的纯洁性和卓越性。各个领域的艺术家和知识分子都被指责过分崇拜资本主义文化——"在西方面前卑躬屈膝"成为当时的流行说法，同时还包括"无根的世界主义"（1948年以色列宣布建国以后被描述的一种过错，并将此过错几乎全部归咎于犹太裔人）。"苏联爱国主义"是正确并具强制性的路线：从电灯泡到收音机再到浪漫诗歌的一切都追溯至其在苏联境内的源头，而且在几乎所有情况下，追溯至其民族先驱的本领。[17] 1946年，意识形态书记安德烈·日丹诺夫（Andrei Zhdanov）在给苏联作家的一次讲话中反复强调了这一点：

> 毋庸置疑，我们的文学反映了一种高于任何资产阶级民主秩序的秩序，反映了一种比资产阶级文化要优越许多倍的文化，我们的文学有权利向其他人传授新的普适的道德……我们非常清楚我们文化的力量和优越性……我们不要屈从于所有外国的东西，也不要采取一种被动防御的姿态![18]

换言之，苏联人以及苏联文化的世界对其自身而言是圆满的，并且鉴于它那熠熠生辉的新的人造卫星以及中东欧人民的民主，该世界则是超乎圆满的。作其他描述的话就表示背叛。随着冷战加剧，苏联政权的方法是以如此大声的怒吼来驱除任何怀疑的迹象。苏联文化的自给自足始终不只是自给自足；它既是帝国实力的一种确定，也是自我防卫的一种生死演练。

逞强和多疑、普遍性和狭隘性——所有熟悉的苏联文化普遍的模式，却是用以抵制变化着的世界潮流的后斯大林主义文化的核心。斯大林去世得太快以至于他未能见证战后西方社会壮观的转变。大英帝国的战时配给制度在战后又实施了一整年，20世纪50年代，西欧许多地方都维持着较低的生活水平。[19]但是，以大众文化为核心的战后"经济奇迹"和大众消费社会的迹象已然出现。广播显然被视为新时代的一个重要力量。电台广播首次展示它的影响力是在战争期间，1945年以后，它的遍及范围迅速扩大，在一些地方模糊了熟悉的边界（譬如，地理上的边界）而在其他地方又强化了这些边界（代际之间的边界，语言的边界）。直至1960年代电视才成为一个重要力量，然而凡是引进电视的地方，观众都以欣然接受的态度热烈地拥抱它。它影响了一切，从开展政治活动的方式到家庭聚餐以及国家推广语言和文化的方式。商务飞机旅行，尽管也像电视一样，在20世纪50年代

莫斯科的黄金时代

初期尚处于起步阶段，但已经明显成上升态势并开始改变人们跨越国界以及对国界进行思考的方式。非殖民化已经首次为欧洲城市带来了大量前殖民地国民人口。虽然几年以后德怀特·麦克唐纳（Dwight MacDonald）才为《纽约客》杂志撰写关于美国"青少年"的力量的报道，又过了几年大西洋彼岸的新生代才显示他们的实力，但是婴儿潮正处于兴盛时期，人们可以听到大众文化场景中"青年动乱"（youthquake）到来时发出的轰隆声。[20]

关于电视旁的晚餐（观众们一边愉快地吃着他们的炖菜，一边观看电视荧屏上政治领导人谈论重要问题），关于英国工人策划的不仅是罢工而且包括到西班牙度假的一揽子方案，关于广播里播出的摇滚乐以及对这一电子媒体的速度和摇摆感到异常兴奋的纠缠不休的记者，头发凌乱的活动家们，还有碧姬·巴铎*，对于所有这些，斯大林会说什么？根据我们所了解的有关这位独裁者的个人品位以及他的同辈人中多少人会做出反应，不难想象出一些可能的反应。斯大林对于接吻镜头的大惊小怪是很著名的；弗朗西斯科·佛朗哥（Francisco Franco）的电影审查官们让电影发行商将《人猿泰山》电影胶片中珍妮裸露腹部的镜头用油漆盖住。[21]焦虑和惊恐无论如何都不局限于独裁者；民主西方国家的许多成年人都推荐采用同样的方法对待埃尔维斯·普雷斯利（Elvis Presley）**的下半身的电视广播，并且对20世纪60年代的青年激进行为的壮观场面表示不赞同。对于成长于19世纪或者20世纪初的人来说，如果他不觉得这种新文化多么令人困惑或者令人惊恐的话，那么这一定是一个非同寻常的人。

斯大林的继任者们本身在面对文化时在很大程度上属于旧政权的

---

* 法国性感偶像。——译者注
** Elvis Presley，猫王。——译者注

人——一个基本事实。然而，他们的确用其他方式改变了苏联的立场，这些方式对于文化发展证明是至关重要的。政体最重要的变化就是全面放弃令大众恐怖的政策。尽管苏联仍然保留集权制度，但在斯大林去世以后大幅减少了专制行动的规模，这对苏联文化创作者的影响是深远的。在国际方面，后斯大林时代的苏联随着赫鲁晓夫的执政，显示出想与西方"和平共处"的愿望。新的路线确定了苏联的确在很多方面需要向国界之外的世界学习；增加文化的互动也可以有助于缓和冷战的紧张气氛，据说，还减少了突发核灾难的风险，从而引导国外对苏联体制更多的理解。[22] "文化交流"因此成了赫鲁晓夫时代的一个口号。苏联文化的世界主义特征被合法化，随后以和平和进步的名义积极推进。苏联向新的外国戏剧作品、艺术展览、旅游团、学生以及科学代表团敞开大门。与此同时，国外的广播公司也加倍努力将它们的广播节目传送到苏联听众的收音机里，外国的商人也来兜售他们的产品。因此，苏联文化在斯大林时代之后的一代首次发现自己置身于本国领土上的公开竞争之中。1962年，在赢得苏联观众的喜爱方面，苏联影院上映的电影《两栖人》的主演弗拉基米尔·科里尼夫（Vladimir Korenev）遇到的竞争对手是尤尔·伯连纳（Yul Brynner）、史蒂夫·麦奎因（Steve McQueen）以及美国西部片《威猛七蛟龙》（*The Magnificent Seven*）（1960年）中的其他影星。

这个关于文化渗透的故事——让我们称之为"揭开铁幕"（parting the iron curtain）的故事，是1997年一份有影响力的研究报告之后的故事——多年来已经证明是极其迷人的。[23] 当代的西方记者譬如《纽约时报》的哈里森·萨利斯博里（Harrison Salisbury）以不加掩饰的兴奋报道了观看西方电影和艺术展览的苏联民众；那些在国内不屑报道短袜舞会（sock hop）的富有经验的记者们，却乐于报道苏联的青少年跳摇滚舞以及他们按照国外潮流穿着打扮的努力。对于萨利斯博里及其同事而言,这些都是在铁幕背后令人愉悦的健康和明智的迹象。[24]整个20世纪七八十年代都贯穿着这种主题,当时几乎每一位了解这些故事的游客都知道,去苏联要带上蓝色牛仔裤和甲壳虫乐队的专辑作为礼物。随着苏联的解体以及之后大众文化的大量涌入,文化渗透的观念被神圣地置于大众智慧的层面。"他们"对于"我们"所拥有的东西的喜爱等同于对他们所拥有的东西的排斥,或者说,等同于排斥克里姆林宫的那些老男人们所强加给他们的东西——一种坚决反对艺术创新并且恐惧青春活力和自发性的、过时的、不快乐的、守旧的文化。[25]铁幕一旦被揭开从而使苏联人民得以瞥见其他的选择,那么它的崩溃就只是一个时间问题。

　　大众智慧没有任何理由不被称为智慧,西方的观察家们并没有编造关于苏联人民对于大众文化的热情:他们没必要如此。实际上,恰如西方媒体一样,将这种行为等同于政治不满也是苏联媒体的一种修辞。[26]然而,要了解大众文化在将新的意象(imagery)、理念以及自我表达的模式引入苏联的过程中如何重要,我们不必将萨克斯管标记为争取自由或者煽动暴乱的媒介。关于揭开铁幕的故事并非完全错误,但它却不够详尽,如果让它主导我们的视野,我们会忽略战后可能更为重要的历史事件:KVN*、《苏联银幕》以及《两栖人》的成功,可以说,那是源于苏联人民日常生活的苏联本土文化及其提供的新的影像(images)、理念和表达方式的巨大发展。事实上,截至20世纪50年代末,苏联政权才真正能够将文化大范围地变成日常生活的一部分。使这成为可能的是战后文化基础设施的巨大扩展——苏联媒体界

---

　　* KVN是俄罗斯最经典的也是历史最悠久的电视娱乐节目。——译者注

的一次名副其实的革命。这场革命得到了苏联政权对文化例外主义持续的意识形态承诺——对一种"苏联文化"的承诺的授权。

赫鲁晓夫用一种含糊的方式表达了苏联政权的立场：尽管和平共处是一条正确的外交路线，但它没有违反历史规律，历史发展的动力仍然是劳动与资本之间的斗争：在意识形态领域不可能有和平共处。在勃列日涅夫的领导下，苏联试图与意识形态对手维持一种更加稳定的关系；就文化方面而言，勃列日涅夫当政的苏联显示了更多选择敌人潮流的意愿，投入了更多财力在某些特定领域开发事实上的大众文化产品。20世纪70年代的缓和并没有比20世纪50年代和20世纪60年代的和平共处带来更多的调和与一致。苏联的意识形态——弗拉迪斯拉夫·朱伯克（Vladislav Zubok）和康斯坦汀·普莱沙科夫（Konstantin Pleshakov）所谓的"革命—帝国的典范"，以及更有趣的所谓"苏联政治家的震颤性谵妄，政权自我合法性的核心"——持续着。[27]

苏联根本上是一个"宣传国家"；文化在苏联语境中始终都关乎教育、培训、鼓舞和动员。[28]但它最终也是为了向全世界观众证明苏联文化优越于大众文化。在日常生活的基础上便捷地获得高质量的文化体验是社会主义的基本承诺。或者用媒体时代的语言来说，苏联文化对于苏联品牌而言是必不可少的。苏联在整个冷战期间对于这一品牌的持续投入保证了密集、连续且得到极大宣传的投资。投资了多少？一份苏联刊物显示，1980年对"文化"（这里包括教育和科研）的总体投入为988亿卢布，大约占国民收入的27%，是1940年投入水平的24倍多。[29]这些数字应该被视为解释性的而不是决定性的，由于苏联所保存记录的不可靠性，我们也许永远无法得到可以核实的经济数据。尽管从全球角度看，我们也不太需要这些数据。苏联大众媒体文化的基础设施发展是不缺乏爆发力的。电视从一种珍奇异物——1950年平

莫斯科的黄金时代

均每1.2万人一台——变成苏联的日常生活用品——1970年每15人一台，1980年每4人一台。[30]收音机更早就达到了饱和水平，20世纪60年代初收音机的数量就超过了7,000万台，到1970年则达到了9,500万台，比1950年增长了7倍。在电影领域，大众媒体文化的繁荣表现在电影制作和发行领域突飞猛进的扩展，以及20世纪60年代和70年代的多数情况下年票房都达到了令人惊讶的40亿张门票以上的规模。最后，要谈谈苏联的大众出版业，其印数会让任何一位西方主编晕眩。截至1970年，苏联境内杂志的发行量达到了26亿——总体上比1950年增长了14倍。[31]战后媒体的繁荣为苏联文化带来了史无前例的帝国视野和势力范围。然而，这也使苏联的大众文化构成发生了历史性的变化——文化生产、营销、消费以及苏联内部谈论文化方式的变化。[32]长期以来，历史学家们一直强调有创造力的知识分子们在后斯大林时代的文化变革中所发挥的作用，大多数历史学家都遵循并肯定知识分子们关于自身作用的观点。本书超越了那些围坐在餐桌边的知识分子而去考虑不同的文化领域：官僚主义、技术、社会网络以及日常生活实践。从这个新的有利角度来看，媒体时代苏联文化发生了多少最重要的变化与其自身扩展的根本事实有关——不是在一个确定的意义上，而是在一个动态和互动的意义上。

在制作方面，苏联在20世纪40年代末每年只制作十几部影片，管理和控制这样的电影工业无疑要比截止20世纪60年代其产量达一百多部时更容易。同样，以前的情况是广播系统只有几百名员工，多数在俄罗斯，负责每天制作20或者30个小时的节目；而20世纪70年代的情况则不同，苏联广播系统运转着的是一个高科技、多频道和多区域的网络，雇佣了几万名员工，努力提供24小时的广播节目。关键不是大多数苏联文化创作者通过推进许可的边界线而展开了针对体制的地下斗争——远远超出许可的边界。我们也不应该想象苏联的媒体管理者会在几十年里逐渐放松管理；他们的确也没有。但他们中的许多人以及更多的其他人也参与到制作和发行中；职业、自我以及个人的快乐在整个苏联变成了现实。随着文化产业和机构的不断发展，当定义它们的时候人们发现了其中更多追求自身利益的空间。并且有时候，在媒体时代的环境下，他们能够追求这些利益，即便这些利益看似与整个意识形态和经济目标相矛盾。

想象一下，一个省城的党委书记决定建一座地方电视台，因为电视台声望很高，而且因为他很喜欢在家中与家人一起看电影这个想法。莫斯科认为这个项目没有意义——该城很快就会通过电缆与中央电视台连接——尽管如此，我们这位党书记仍然继续建立了自己的电视台。当地的技术迷们非常希望尝试这个项目，并且这位书记能够与共和国层级的党领导进行沟通从而获得保护。再譬如，一位电影导演渴望创作一部关于一位鲜为人知的艺术家的严肃的传记片。每个人都知道该片永远不可能售出足够的门票以支付其制作成本；并且每个人都知道这部影片会像所有苏联艺术那样，被认为应该让全世界的观众都观看到。我们这位导演总能确保为他的有利可图的项目筹集到资金，因为他有极具影响力的朋友，而且电影制片厂希望作品能够在国际电影节上具有竞争力。

苏联文化仍然有许多禁忌，人们可能因为触犯它们而受到严厉的惩罚。但随着斯大林去世后大众恐惧的消除，这些都成了一个完全不同的秩序下的惩罚。如今苏联文化构成的内部有了更大的空间，让个人和机构追求各种利益——不是行动的自由，而是一个运用关系、无视指令以及以第三人的名义用一个原则抵制另一个原则的更广泛的范围。苏联的大众文化创作者和监管者花费了他们生命中的数年时间召开会议，告诉彼此事情应该如何按照经济计划和意识形态运动运行，并对未能照此执行的情况相互斥责（有时候情况更糟）。一些人投身于这些计划和运动以及他们所抱持的苏联文化的构想中：这一点在赫鲁晓夫时代尤其如此，当时是战后对苏联体制的前途持乐观主义的巅峰期，是后来被称为"60 年代的人们"的热情支持者或者自称为社会主义文化活动家的时代；我们将在书中与他们中的几位相遇。然而，即使在那个时候，苏联文化仍然发生了按照任何传统剧本都不应该发生的各种事情（自制的电视台、以精英观众为目标的电影）。它们发生了，因为它们可以发生，也因为它们满足了其他需求。

我们可以看出苏联大众文化构成的新的灵活性，以及等式另一端的消费方面的活跃性，因为它以多种方式与战后伟大的社会变化相交错并且巩固了这些变化。单独而言，制作的繁荣无需转变为更高水平的消费。但苏联政权在战后初期还是对拓宽文化渠道进行了重要推动，更重要的是，苏联的农民用脚投票选择了城市生活方式。截至 1962 年，苏联历史上首次人口的大多数生活在城市，城市化将空前数量的人口载入大众媒体文化的轨道。[33] 同样推动这一趋势的还包括：20 世纪 50 年代、60 年代和 70 年代个人家庭公寓的大规模建设以及家庭文化技术的推广；教育体系的发展以及苏联人生命周期中青春期的延长；整个社会闲暇时间和可支配收入的大幅增加。苏联文化体验的社会背景被深刻而不可逆转地改变了。

所有这些因素都鼓励参与大众文化，但它们当然不能命令这种参与。来看看苏联的观众。揭开铁幕的故事倾向于将大众文化的狂热消费者形象汇聚起来，或者笼统地区别于高雅文化消费者，事实上，媒体繁荣带给苏联观众的大部分是苏联制造的正统思想。战后苏联消费者越来越多地选择为他们日常生活一部分的正是这种文化。电影院的年均光顾次数从 1950 年的人均 6 次到十年后的接近 20 次。社会研究也显示，人们花了比从前任何时候都更多的时间在媒体文化上，尤其是广播。20 世纪 60 年代中期对几个城市的一项研究发现，有电视的家庭（大约占总数的三分之二），男性每周花 11 个小时观看电视，女性为 6 个小时。[34] 20 世纪 60 年代中期至后期，据报道，超过四分之三的苏联人每天收听电台节目，更多人则表示他们会阅读报纸和杂志。[35] 年轻人则是所有消费者中最狂热的：研究人员估计，20 世纪 60 年代中期，苏联儿童平均每周会花 16 个小时听广播和看电影，相对于 20 世纪 30 年代的 6 个小时是一个急剧上升。[36] 20 世纪 70 年代以及之后，媒体消费继续上升。

这个宣传国家在报业方面再次取得了引人注目的成就，但这也从根本上改变了苏联文化参与的方式。[37] 这种繁荣在根本上所意味的是，苏联人民比苏联历史上的任何时刻能够更多地以他们自己的方式与大众文化相互影响。例如，有人可能利用收音机来收听轻音乐，而其他人则可能只在上映喜剧时才会去电影院。苏联观众总是在做选择。然而，随着战后媒体的繁荣，人们发现他们的选择也在成倍扩大，这可能没什么帮助但却改变了他们对于大众文化的期望和体验。此外，伴随着家庭文化技术的兴盛，苏联人越来越愿意选择在私人空间而不是公共场所，根据自己的时间而不是以集体组织的方式来做出选择。广播业——广播和电视——体现了这种新动力，与此同时，我们必须认识到小型家庭录制技术的重要作用。20 世纪 50 年代，苏联的消费者使用"X 射线"唱片（将收音机里的或者其他地方的录音刻录在 X 射线感光片上），而到了 20 世纪 60 年代和 70 年代，人们开始使用卷到卷盘磁带录音机（reel-to-reel tape recorders）。[38] 20 世纪 80 年代初，视频技术在苏联的传播也开始改变消费者的电影和电视体验。

莫斯科的黄金时代

家用技术和丰富的文化产品以空前而不可预知的方式赋予了消费者更多的权力,可供消费的产品性质也随之改变。媒体时代的苏联文化一直坚守它的教育使命,但也变得更趋娱乐导向,更加不拘一格、更迅捷、更具即时性,同时也更加面向日常生活——随时随地的个人密钥式的文化。《天鹅湖》与赛事节目、足球比赛和农业政策的演讲以及所有室内电视娱乐消费品,混搭在一起呈现给苏联电视观众。[39] 单独的电视节目因为混合了高雅和低俗(譬如让一位著名的女歌剧歌唱家与一名讽刺作家同台)而冒着模糊至关重要的文化差异的风险。不拘一格、即时性和亲切感以及个人的选择权力,所有这些在电视广播中都极其重要,从而使得电视繁荣对于苏联文化显得尤为重要。但是在 20 世纪 50 年代、60 年代和 70 年代,这些潮流中也带有电台、电影甚至印刷媒体的特点。

除此之外,得益于基础设施的改善和日常生活方式的改变,尤其是闲暇时光的增多,苏联文化的作用也在许多人的生活中慢慢改变。围着一个室外音响收听电台播出的音乐会,或者与工友结队去当地俱乐部观看当季的电影,这些都体现着旧式的苏联文化——集体的、公共的、事件型的,带着鲜明的风格和目标——并且在整个 20 世纪 70 年代仍有相当多的这种文化。然而,随着扩张和技术变革,随着苏联之外的世界的涌入和许多人从苏联走出去,随着创作者和消费者的需求呈现出各种各样的方式,苏联文化改变了。矛盾之处在于,相对于其巨大的规模而言,苏联文化的规模变小了;由于它对艺术、历史以及其他宏大构思(Big Ideas)的偏执追求,它变得更加平常和普通。

苏联文化的保守主义者们反对战后时代的变化,捍卫"苏联文化"品牌——以及随其而生的苏联生活方式——免遭敌人的攻击。1967 年,苏联共青团的一位领导人警告说"西方的宣传机构……正利用一切手段渗透进社会主义国家，首先就是苏联，在所谓的大众文化元素中携带着大量的资产阶级心理和小资产阶级生活方式"。[40]苏联官方关于利用大众文化攻击苏联的庞大、组织严密且资金雄厚的政府间运动的构想，是一种黑暗的幻想（虽然这种幻想与许多西方冷战斗士的梦想形成共鸣）。[41]然而，当苏联文化保守主义者们察觉到国内的一些可疑变化时——在苏联文化自己的形式、风格和功能中出现了与可怕的大众文化愈来愈多的相似性——这不仅仅是幻觉；他们是对的。在电视机前放松的工人们很少会关注共产主义建设者相关的节目；弗拉迪米尔·科里涅夫（Vladimir Korenev）或者宝莱坞明星里什·卡珀（Rishi Kapoor）的年轻影迷们，不会在意20世纪30年代英雄的青年建设大队，或者未来共产主义社会的开明鉴赏家们。然而，正是苏联文化提供了这些机会。根据自我定义，苏联文化总是有工作要做，但在媒体时代，文化在许多方面愈来愈脱离工作，而趋于将文化消费视为一种文化价值和文化本身。连接文化与动员和苏联的宏大叙述——从英雄的过去向光辉的未来前进——之间的纽带正被有条不紊地解开。因此，苏联文化在得以改善的同时也自相矛盾地变得更糟，在获得最大的影响范围、渗透力和影响力的同时，也损害了其自己宣扬的价值观和被珍视的目标。

苏联大众文化的构成在战后的变化使它与其他工业国家更为接近，尽管它震惊了苏联内部的保守主义者，但它不会让我们感到震惊。媒体繁荣在战后的欧洲、美国乃至日本是一种普遍现象；它是埃里克·霍布斯鲍姆（Eric Hobsbawm）所说的"人类历史上最伟大、最激动人心、最迅速而普遍的社会变革"中一个不可或缺的成分。[42]在铁幕的两边，大众传媒在传播促进大众消费的美好生活形象方面是有帮助的。

莫斯科的黄金时代

它本身也是美好生活中突出而强大的象征：每周观看几部电影，带着晶体管收音机去野餐，家里有一台电视机——所有这些都是现代生活的旗杆，人们热情地围绕着它们，相比投资像洗衣机这样的具有实用功能的电器，他们往往更愿意把钱花在大众文化上。大众文化不仅是一种象征性的事物，换言之，不只是现代生活方式的标志；它是一种有生命的事物，是正在被采用并被享受着的现代生活方式。在苏联，大多数人不会在意买什么型号的电视机（对于大多数人而言，买一台，任何一台，就已经够麻烦的了），他们从不看任何广告来激发他们对这个或那个节目的兴趣。但他们知道他们想要一台电视机，因为它很早就被苏联媒体定义为现代生活的必需品，而且也符合他们自己的经验；他们发现他们很喜欢看电视。就此而言，在欣赏节奏欢快的轻音乐、电影大片以及各种花边新闻等方面，苏联人民像所有发达国家的人民一样。

与平常的消费者相比，西欧的政治和文化精英们对于这个战后大众文化新世界趋于抱持一种更加矛盾的反应。[43]媒体繁荣的某些方面，他们是非常欢迎的。大众媒体所体现的现代技术的光辉受到普遍赞誉。对于任何现代国家来说，拥有现代媒体系统是必需的。这是在国际舞台上值得骄傲的地方，就像拥有国家航空公司一样，是全球经济竞争中一种可以感知的优势。当时，战后大众文化被归结为与国家繁荣兴盛密切相关的公共事务。这就意味着大多数欧洲电影产业和许多出版商获得了丰厚的国家补贴。但是广播业尤其被规定为进步动力的产业，尽管一些国家多年来都向商业风险投资敞开了门户，但西欧大部分广播产业却在很大程度上掌握在国家手中，并按照公共服务的模式运营。[44]公共广播系统按其提供的节目组合而有所不同，但它们的目标都是改善教育水平，提升文化标准。英国广播公司（BBC）关于战后

"文化金字塔"的概念——将节目分为低、中、高三个档次，培养国民从一个档次升至另一档次——也许比大多数电台要阐述得更细致，但它的这种观点却是独特的。[45] 20世纪50年代末，即便是持高度怀疑态度的佛朗哥也相信，电视广播对于改善西班牙人的教育水平和刺激经济发展是必需的。[46]

然而，即使了解了所有这一切，欧洲政治和文化生活中的许多领导人物仍然对急速发展的大众文化的潜在风险感到担忧。从美国产品涌入某个国家，到对市场的政治和经济操控，再到据称的美国理念对文化和社会生活的影响，问题通常都在"美国化"这个引人注目的词语的框架内。战后欧洲关于美国化的讨论由来已久，而且它已经接近于讨论一个真实现象。然后，这个问题始终比美国化的标签所蕴含的意义要复杂。[47] 许多人所关注的是文化经验中的变化——譬如新文化的速度和即时性，它那似乎动摇了传统等级制度并赋予私人领域以特权的方式——以及伴随城市化和生活水平提高的社会经验的转变等等。所有这些因素都紧密相关，不可能将它们之间的因果联系孤立开来。角落里身穿牛仔服的青少年们可能真的会从好莱坞获取时尚讯息，如果他们有一台晶体管收音机的话，他们也很可能会收听美式风格的音乐。然而，促成他们的这种状态的原因可能有很多，不想步前辈们的后尘，不必非得工作，兜里有点零花钱可以购买像牛仔裤和收音机之类的东西。他们的父母坐在家里看电视的状态很可能也有类似的原因。战后大众文化以及美国化的问题同样也是战后经济成功的问题。

面对现实，苏联的政治文化精英们会与西方的精英们做出同样的反应。苏联的领导人可能不喜欢这种比较，但是当他们抵制"资产阶级文化渗透"并标榜苏联文化优越的"精神"品质的时候，他们听上去很像西班牙的佛朗哥——而佛朗哥可能听上去像是整个欧洲反美国化的发言人。捍卫文化传统的等级制，担心文化消费模式和社会习惯的改变（而从分析的角度画一根连接它们的明亮线条），是铁幕两侧的共同姿态。[48]

但是苏联应对战后媒体时代的方式也迥异于西方国家，它的发展和成果对于世界其他国家具有不同的含义。从最初起，苏联政权就鲜明地宣称自己为文化大国。当一位外国要人访问莫斯科的时候，他或者她必定会被陪同去莫斯科大剧院，而且演出结束时经常会与艺术家们见面。赫鲁晓夫当政时喜欢向外宾们讲述苏维埃的力量如何让他这么一个乡巴佬学会了欣赏艺术。这种友好的夸耀虽然出自过时的赫鲁晓夫，但这种态度却是所有苏维埃党员的，并且每一位继任领导人都保持了这种传统。这就是苏联文化。阅读苏联时代的任何政治回忆录，你都会发现"我挚友中有一些是艺术家"这样的陈词滥调，以炫耀个人的文化修养以及对苏联文化品牌的持久信奉。

三十年前，文学历史学家薇拉·邓纳姆（Vera Dunham）将文化修养置于她所谓的在斯大林主义后期政权与有抱负的中产阶级之间"大交易"（Big Deal）的核心：接受现状以换取社会稳定以及个人致富和获得社会地位的机会。大众文化（她的焦点是大众创造的小说）的作用就是促成这一交易，在她看来，这个交易闪烁着刺眼的光芒，因为它以文化修养之名践踏了文化。她认为文化是"高雅文化，包含观念、知识以及记忆"，而大众文化仅仅"隐含人们通过资产和身份而形成的关系"；它是"战后苏联生活中重新焕发出来的、胜利的、保守的力量，体现着一种华而不实的端庄和别样的自以为是——稳健、深沉而强壮"。[49]

邓纳姆的"大交易"说法是学术上的壮举，它被普遍用于解释苏联的稳定以及一个卧于保守的艺术和社会的政权的床榻之上的革命政权表面上的不协调，这种保守的艺术和社会的政权既可以颂扬敢于触犯权势者的第三世界的造反者，同时也可以通过电视提倡宁静的夜晚，并且随后将那些敢于触犯权势者的苏联电视演员列入黑名单。然而，要感觉一种不协调，一个人就必须抱有一个标准，但问题是，谁的标准？隐藏于邓纳姆的讨论背后的是一个真正的苏联文化的阴暗处，这种苏联文化没有受到任何交易的污染，忠实于社会主义价值；她几乎无法缓和其内心的鄙视，对于苏联人家的客厅里那些散发着主人体面的橘黄色灯罩；对于"在罗马尼亚海滩胜地，拿着相机和防晒油，炫耀着他们渴望的卢布的苏联公民"；以及所有其他的虚假文化意识的装饰。[50]在这个方面，邓纳姆贯注了俄罗斯—苏联知识分子对于市场的传统不屑，也反应了许多外国人在面对苏联的"低劣"商品时感到的不舒服，以及人们对这些商品表示不满意时的"令人尴尬的可怜表情"。[51]如果在那些历史参与者看来，革命政治与保守的文化和社会价值之间不存在矛盾的话，那会是怎样的情形？

那些假设的在罗马尼亚海滩上度假的苏联游客可能在他们的行囊中还装着普希金的作品。他花在日光浴上的时间是否多于读普希金的时间无关紧要；如果他还阅读《花花公子》也没多大区别。苏联游客没必要感到尴尬；他依然在他的行囊中装着普希金，并因此而怀有一种对于苏联的自豪感。独树一帜未必就是愤世嫉俗。很有可能会继续致力于抽象的品牌——独特的且具有精神优越性的苏联文化，历史战斗中显然的胜利者（长远看，它依然如此）——但同时不忘随时随地享受其他的个人乐趣。如同亚历克谢·尤尔查克（Alexei Yurchak）曾经认为的那样，共青团积极分子完全可以一会儿赞扬深紫乐队的天赋，过一会儿又谴责大众文化没有灵魂，这不算是伪君子。[52]

然而，即便如尤尔查克所说，苏联文化与大众文化之间的调和关系（brokered relationship）是他所谓的（从积极分子类推至普通青年的）"最后的苏联一代"的第二特征，调和永远是调和：它不意味着在系统层面上重新校正价值观；它不同于重新塑造苏联文化这一产品形象。对普希金的敬仰从未终止过，对芭蕾舞的朝拜也还在继续，一种强有力的文化认同感伴随着它们持久存在。首席芭蕾舞女演员马娅·普利斯特斯卡（Maia Plisetskaia）曾经回忆其受到的文化部长叶卡捷琳娜·福尔采娃（Ekaterina Furtseva）（1962—1974年）对她的惩罚："穿上裙子，马娅，你必须把大腿盖上。这是莫斯科大剧院，同志。"[53] 这是福尔采娃和赫鲁晓夫的时代（分别出生于1910年和1894年）人们所设置的苏联文化成功和失败的标准。[54] 如同他们所定义的那样，苏联文化的成功永远都具有全球和历史的重要性。

正是这种使命感让苏联媒体时代的故事与众不同。在欧洲，与苏联最相似的应该是戴高乐时代的法国，当时的文化部长安德烈·马尔罗（André Malraux）贸然以法国文化作为世界领导者的名义护送蒙娜丽莎去美国巡展。[55] 即便如此，马尔罗和戴高乐也没有发誓要走苏联品牌那样的路线，创造一个全球的法国式文化，更值得一提的是，法国文化认同从未与其自己定义的一种世界历史比例性的政治计划相关联。即使世界执意不采纳法国文化，法国依然会坚持法国文化。佛朗哥的西班牙几乎与苏联在同一时期出台了官方的文化自给自足的政策，并推行了尽管不是世界性的但却非常强势的西班牙文化观念。[56] 唯一一个真正的对比——唯一一个苏联自己不厌其烦所做的对比——就是美国文化。美国文化实际上就像苏联文化一样，是一种普遍的模式，是基于（如果还没有完全限定为）讨伐式的经济和意识形态体系之上的资本主义。如果美国没有大众的、政府发起的美国化的计划，人们可能会认为那仅仅是因为这种计划将会是多余的。美国文化不需要文化部。

它是所有人的固定观念，也是大多数苏联人的观念。

战后文化的美国化的另一面是苏联化的失败，而失败也是一种关于苏联的主流观念。[57]的确，苏联制造的文化在战后影响了比以往任何时候更多的外国消费者。从开罗到纽约，从东京到布宜诺斯艾利斯到处都有苏联电影的影迷。但在国际受众的普及方面，苏联的电影工业从未接近好莱坞的水平，从苏联品牌的角度看，媒体时代的主导形式电视的状况甚至更是灾难性的。莫斯科电台在国外市场更加成功，尤其是在电视尚未普及的发展中世界。但这是一种相对成功，其负面评价来自于苏联人自己，而不是我。尽管苏联高雅文化启发了许多有修养的精英的想象力，尤其是发展中国家的精英，关于这一点有一个非常重要的故事要讲，但没有人会认为这种影响可以与美国文化的影响相比。

在战后的苏联内部，除了美国文化之外（而我们是否可以在任何情况下都将摇滚乐之类的某些东西确定为美国独有的是一个有争议的问题），其他各种文化流派也在传播。[58]然而，不可否认苏联文化与其自己定义的对立面大众文化的固有关系以及不断增强的相似性。有些相似性源于竞争中采用了西方模式的苏联媒体。但这些相似性，许多可以追溯到笔者之前提到的技术和消费模式的变化。在大众媒体时代，日常生活中文化的形式、感觉或者功能完全不同于战前或者战时。参加游行表演或者看一场芭蕾舞演出与在家里从电视上观看它们是有所不同的；与你的工友一道去城里看一部电影，然后与一位鼓动者进行讨论，不同于与你的朋友讨论战争剧和印度音乐，并同意今天看一部，下周看另一部。这些就是不同的文化体验，独立于文化所涉及的内容。前者更适合于作为动员和教育工具的苏联文化，但它同时也是资源非常有限的社会中的一种体验。一种能够提供各种选择，能够使人们适应家庭生活并且在某种程度上使他们的体验个性化，同时趋于在日常生活中呈现自己当下线索的文化，在东方以及西方，都是战后美好生活标准的一部分。

苏联人原本可能会坚持他们早先的运作方式。他们可能会在每个角落按上广播喇叭，而不是大规模生产的家用接收器和半导体；每年他们可能会发行限量的电影，以保证每个人的电影食谱都是一致的，并组织一些围绕这些电影的群众活动。苏联的观众原本可能更多地是通过大型的公共放映来了解电视，而不是他们家里的微小荧屏。南非政权由于担心电视可能会破坏稳定，甚至禁止了所有的电视广播。苏联的领导人原本可能也会采用这些方式中的一种，但总有许多令人信服的迫切的理由不这么做，他们受到了生产和消费文化的苏联人民的极大推动。

在冷战竞争的背景下，未能使世界文化苏联化是一种失败。在苏联本土，受众对大众文化的持久热情以及任何苏联式的大众文化的相似物同样是一种失败。如果我们真的从苏联文化认同这个角度考虑——教育性的、动员性的、鼓舞性的——苏联文化在最后几十年呈现出一种衰退的景象。

20 世纪 50 年代、60 年代和 70 年代改变了苏联大众文化的构成。它处在与斯大林时代有着相同屋顶，门上挂着相同名称牌的同样的屋子里。然而此时的屋子却有了更多的房间、走廊和橱柜；缘于各种理由，人们开始相互联系，从外面引进新的事物，并用新的方式在屋内传送文化潮流。错误和失败——文化中似乎违背屋内规则的所有那些元素——同样也是力量的标志：它们所显示的是人民和团体现在能够提升他们自身的兴趣。他们能以一个更大的、更壮观的房屋（在苏联的语境下总是一个引人注目的讨论）的名义，或者抱着为一个团体或另一个团体创造一个更舒适的地方的想法来做这些事情。大众文化构成的扩展使其比过去具有更大范围的适应性和相互合作。这种做法的确淡化了苏联关于独特性和优越性的主张——这些都是苏联文化的基本主张，也是延伸意义上的社会主义的基本主张。但人们总是根据需要回避这个问题。如果我们只考虑产品数量（不是人们所看电影的数量，而是被制作出来的电影的数量），法国人和意大利人应该比苏联更担心他们的电影工业被美国化。此外，界线的削弱与规则的省略使苏联文化为制造文化的人们提供了一种更加可行的经验，为使用文化的人们提供了一种更适于居住的体验。苏联文化的构成是最成功的失败。也是非常好的失败。

最终，尽管有如此多的改变你可以针对任何房屋去做，而不必破坏其结构的完整性。但苏联文化既没有坍塌失重，也没有形成向心力而成功应对整个体制。而直至20世纪80年代末苏联政治体制开始瓦解的时候，其大众文化结构显然没有能力动员建设者、战斗者或者守卫者。随着连接文化与大众动员和苏联的宏大叙述之间纽带的松懈，苏联文化无法像过去被设想的那样发挥作用。它的失败很大程度上是因为它找到了许多重要的功能：它长期以来一直向人们提供处在与任何形式的更广阔的政治规划都没有联系的世界中的体验和方式。在这个关于冷战时期苏联媒体帝国的故事中，我们找到了一扇窗户，以观察苏联体制非凡的适应能力及其最终的易碎、脆弱和瓦解。

第一章　苏联的电影产业：
定义斯大林时代之后的电影成功

"电影对于我们来说是最重要的艺术"（列宁语）是苏联电影制作界极其重要的口号，被引用于所有的出版物中，在每次会议上都被吟诵。不像广播和电视或者杂志和报纸——通常全都被描述为大众媒体（sredstva）——电影是大众艺术，是"苏联的电影艺术"（sovetskoe kinoiskusstvo）。这个区别很重要，并且电影制作者们为此捍卫到底。[1] 电影作为一种艺术形式的地位[2]决定了它的投资与管理方式；它为电影专业人员如何看待自身以及自身的工作、他们与身处其中的政治体制的关系，以及电影制作流程设立了规范。电影作为艺术以及电影在苏联的多劫命运，也是历史记录中的显著风格。在后斯大林时代的20世纪50年代和60年代，主要的叙述是解冻，用电影学者瓦列利·福明（Valerii Fomin）的话说，当时"苏联电影从虚无中再度出现；它的成长与发展仿佛童话故事一般"。[3] "解冻时期的电影"意味着对于历史和情感真相的追寻以及对于苏联艺术实验的振兴。据说，在勃列日涅夫当政的停滞时代，当意识形态的压制和猜忌盯注了解冻的时候，这个童话故事的色彩变得暗淡；苏联电影艺术为了生存而英勇奋斗。

本章从这段历史的一个很明显但鲜少有人涉及的维度展开。苏联

第一章 苏联的电影产业：定义斯大林时代之后的电影成功

的电影艺术是一个产业：事实上，它在许多方面都是苏联文化的强大的集团产业，而且从来没有比后斯大林时代更强大过，那时候苏联的各个领域都经历了急剧的扩张。直至20世纪60年代，苏联已经拥有了世界上最引人注目的电影产业之一。只有几个国家每年能够制作比苏联更多的故事片，而其中很少有能够与苏联的产业规模相抗衡的；没有一个国家在电影的地理和语言范围方面接近苏联。[4] 15个苏联加盟共和国中每一个共和国都有电影制片厂（20世纪60年代苏联全国总共有42家制片厂），员工大约2.5万人。几十万苏联人以某种方式将他们的生计与电影联系在一起。[5] 1968年，电影年票房剧增至40亿张门票，这种状态一直保持到1980年左右。[6] 这至少不是暗淡的童话故事。在大部分西欧国家电影产业步履蹒跚以及全球工业国家的电影观众数量不断萎缩的背景下，苏联电影从多种角度看都取得了辉煌的成功。[7]

在下一个章节，笔者将仔细探究战后苏联的观众以及日常电影活动新方式的兴起——媒体时代一种新的苏联电影文化。在此笔者将追踪苏联电影在其繁荣期的足迹——电影制作成为社会、政治以及经济利益的重要核心——并探讨战后苏联电影成功的许多悖论。与所有苏联文化相同，苏联电影艺术的身份是基于其与大众文化的竞争的：它被定义为反商业的；它声称要团结和鼓舞观众，而不是为了获利分裂和控制他们。苏联电影艺术同样也被定义为国际性的，要为未来世界范围内的社会主义文化引路。作为一种文化体系的电影艺术的信息和电影本身的信息，在理论上都是要传递给全世界的观众的。最后，但并非最不重要的方面，苏联电影艺术坚持其大众性，将自己定义为被观众热爱的、尊重的并且是成功的。

苏联电影制作的历史远比电影教科书所定义的要复杂得多——不

是因为民众本身被证明是桀骜不驯的，而是因为意识形态本身被植入了许多具有丰富成效的矛盾（fruitful contradictions）。苏联文化除了有其内在的世界主义属性之外，还有内在的沙文主义和防范性：超级苏联文化被认为是在与侵略性的资本主义敌人进行激战，从而使得苏联观众不断地处于威胁之下。对于电影而言，这使得意识形态措辞在宣传国外进口影片和批判这些影片的时候，以及在电影界建立国际联系和限制甚至处罚这些联系的时候，都十分有用。类似地，尽管苏联电影被定义为大众艺术，将那种把观众区分为精英和大众的观念当作一种资本主义的谬误加以摒弃，但它又建立于坚固的等级制度之上：那些具有美学和政治修养的人要优越于缺乏这些修养的人。艺术的目标是提升每一个人；艺术消费则被认为会进一步推动这个目标。然而，与此同时——这个"同时"可能是一段相当长的时间——处于等级制度最高阶层的人们却能够获得额外的权利和特权。而其他人，即普通的消费者，也可以宣称满足他们尚处于低层次的娱乐趣味的文化属于他们所有。正是通过这种方式：把自称是大众艺术的东西变成大众不屑去关注的事物；因为大众品味不高而去威慑他们；传播低级的——甚至从意识形态角度讲是有毒害性的——电影产品。意识形态措辞使这样一些事情变得合情合理。

然而，苏联电影艺术作为一种意识形态范畴最突出的矛盾在于其对成功的定义及其与市场的关系。苏联电影为自己打上了反商业的标签，但同时却吸引了大量的观众，并为国家创造了收入。与其他大众文化体验——譬如收听电台广播——不同，观看电影的体验在苏联是一件关乎买卖的事情：[8] 与市场相关的价值和各种关系，其影响在整个反市场的电影体制中产生回响。成功是通过鼓励全行业的人模糊艺术与商业、自我表达与自我利益、公共利益与预算内的意外之财之间的

第一章 苏联的电影产业：定义斯大林时代之后的电影成功

界线等方式来实现的。

电影界这些具有丰富成效的矛盾并非始于后斯大林时代；与此相反，在1953年这个分水岭的前后，电影体制整体上显示了巨大的连续性。苏联电影产业始终都是等级分明且受中央控制的国家垄断行业，其中，权力的分配被有意设计成不平等的状态。它同时也是一种庇护（patron-client）关系网：苏联的电影艺术从来都是依赖于苏联式交易的艺术的。

斯大林的去世以及随之而来的大繁荣，带来的不是某种新的电影体制而是更多的机会，并且是风险更小的机会，使不同阶层的人们得以在旧体制中自由发挥他们的作用。这并不是说苏联政权曾经失去对电影的控制。事实上，贯穿勃列日涅夫当政的后斯大林主义的20世纪50年代，总体局面是一种日益加剧的官僚化和政府控制。但从特写的视角来看，这种局面则变得丰富多彩并且更加有趣，因为控制此时在更多的地方并以多种多样的方式得以实施。正是这些苏联电影体制内部的后斯大林主义的开放，使得这一体制许多内在的矛盾凸显出来，并以一种前所未有的方式结出果实。值得注意的是，成功并没有扩展到国际范围，苏联电影为争当世界领导者而在国际范围展开的战役中表现不佳。尽管苏联政权可以在国内控制和利用电影的国际化，但在国外它基本上是徒劳的。世界电影苏联化的梦想也就是梦想而已。即便如此，回到苏联国内，电影产业的票房大片广受欢迎以及整体参与电影的人口水平——经常被引用的多达40亿的观众——足以让好莱坞大亨甚至都很嫉妒。在媒体时代，苏联电影是非常大的生意，由一种意识形态授权、组织和推广，而这种意识形态的存在却成为生意终结的原因。让伟大的成功与致命的失败一样，这是一种矛盾。

国内和国外电影的新机会

在斯大林时代的最后几年，少有观察家会预测到电影繁荣即将来临。苏联电影工业当时处于危机之中——一种后来被称为"乏片时代"(*malokartin'e*)的濒死体验。斯大林在整个20世纪30年代紧盯着电影,就像电影编剧、选角导演、电影评论家以及最后的审查员那样,盯着在这个国家上映的每一部影片。电影制作者们承受的压力是极其巨大的。随着20世纪30年代新经济政策(the New Economic Policy, NEP)的终结以及党对艺术控制的加强,影片产量水平陡然下降,从1930年的128部锐减至三年以后的不到30部。[9]战后,情况变得更糟,当时斯大林进一步提升了他的个人监管并且命令要求影片的完美:"我们必须少拍几部片子,但每一部影片都应该是杰作,"他在政治局会议上所做的报告中如此说道,并且苏联部长会议于1948年通过了一项阐述同样精神的决议。[10]由于苏联政权实施政治迫害以对抗"无根的世界主义",新的电影作品的数量急剧减少。1951年,在"乏片时代"的最低谷,苏联只发行了9部故事片。即使在战争最激烈的时期,1942年至1945年期间,当时苏联每家主要的电影制片厂都已经转移到了中亚,它们仍然还出品了接近70部电影。[11]

尽管苏联当局承认了这场危机,只有在权势最高的独裁者安睡在其棺木中、离开放映室之后,电影界才对外开放。[12]电影制片人迅速地对这种恐怖的文化监管模式的终结做出了回应,并且他们发现后斯大林主义的政权迫切地想要发展这个产业。影片产量迅速扩大。截至1956年,苏联电影工业宣称每年制作一百多部新故事片;从1960年到1985年的年产量在116部到151部之间。[13]苏联最重要的电影制片厂——位于莫斯科的莫斯科电影制片厂(Mosfil'm),在20世纪50年代进行了大规模的扩展和现代化。在各加盟共和国,后斯大林主义时期的繁荣简直相当于一次复活。亚美尼亚、乌兹别克、哈萨克斯坦、格鲁尼亚,甚至历史上这一领域的最强者乌克兰,它们的电影工业在

第一章 苏联的电影产业：定义斯大林时代之后的电影成功

二战后都停滞了下来。但是截至20世纪60年代，苏联的每一个共和国每年都会至少制作几部新的故事片，吉尔吉斯斯坦、摩尔达维亚和立陶宛甚至还新建了几座全新的国家电影院。[14] 短短几年之内，苏联电影工业就从令人感到羞辱的衰弱状态崛起成为世界顶级的电影出品国之一。同时它也以一种崭新而富有活力的方式与世界连接起来。由于后斯大林主义政权决定推动"文化交流"以及全球媒体网络的日趋发达，苏联电影——影片、电影制作者以及观众——都前所未有地国际化了。

仅苏联电影体制的发展本身就具有广泛的含义，这些含义当时并没有得到很大程度的认识。经历数年苏联政权才将其认为足够多的官僚结构建设到位。20世纪50年代，中央国家电影管理局只有不到100名员工，但是到了1963年，人数激增了4倍，而到了1972年则达到了700人之多。[15] 与此同时，该局也进行了一系列的机构重组，因为苏联政权寻求更有效的控制和发展措施。1953年，斯大林去世后不久，电影摄制艺术部解散，电影被置于苏联文化部的管辖之下，该部内设不同的分部负责管理电影事务的不同方面。电影产业内部的评论家抱怨这种设置使电影不受重视，并四处游说争取一个独立的电影管理机构——一个形成于1963年的理念，作为一个更广泛的支持对文化的意识形态控制的政府议案的一部分。新的管理机构——国家摄影委员会（Goskino, Gosudarstvennyi komitet Soveta Ministrov SSSR po kinematografii）随后设立并一直保留到苏联解体，但不是没有进一步的变革。所有这些变革中最有影响的一次发生在1972年，再次作为一次更广泛的意识形态控制的一部分，包括了对电影官僚机构的一次大规模的清理以及对高层管理者的变动。国家摄影委员会强有力的新主席菲利普·耶尔马什（Filipp Yermash），直接来自于共产党中央委员会电影

莫斯科的黄金时代

分部——实际上,他是从监督者变成了经营者——并且他一直在这一高层职位直至戈尔巴乔夫时代,确保政府对电影事务管理的稳定(或者按照评论家的说法,停滞)。[16]然而,至少直到1972年,关于如何最好地管理和利用电影的问题是非常多地被提交讨论的。

曾经在斯大林的严格控制之下的是一种相对小规模的制作单位——实际上是这位独裁者编织电影梦想的私人车间(artel)——已经演变为某种庞大、复杂而多样化的东西:后斯大林主义的苏联电影工业。可以确定的是,这些年里意识形态控制一直持续着并且无处不在。尽管电影经历了更大和更小的开发阶段,但它们都是相对的,如果想象苏联的电影制作者曾经是有自主权的参与者——或者,大多数制作者实际上将自主权视为一个目标,那就判断错了。然而,如果控制是苏联文化体制的一个核心的且长久的特征,那么不同的是现在这种控制是以一种非中心化的形式,在多种多样的场所而且关键是通过多种多样的关系予以实施的。

将一部电影搬上苏联的银幕总是会牵连错综复杂的机构性的和社会性的关系。它是一个官僚政治流程,同样也是一个艺术流程。"审查"这个词开始不是为了把握舞蹈的精细复杂。作为第一部,所有想要成为导演的人必须在制片厂层级获得对他们剧本的批准,包括电影制片厂内部工作团队的批准,他们将对电影——拍摄和制作摄影棚(the *tvorcheskoe ob" edinenie*)——以及作为一个整体的制片厂负责。(在此,像在广播节目中一样,编辑的角色是至关重要的:由制片厂的主编对制片厂出品的影片承担最终责任。)[17]接下来,项目要递交给加盟共和国级别的电影机构:国家电影管理局和加盟共和国中央委员会。[18]获得这些机构的批准以后,导演随后将着手获得国家摄影管理委员会的中央国家权威机构的批准,尤其是获得它的令人敬畏的首要剧

第一章 苏联的电影产业：定义斯大林时代之后的电影成功

本编辑学院（Glavnaia stsenarno-redaktsionnaia kollegiia）的批准。当然，如果中央党组织持有任何反对的理由的话，那么就没有项目可以开始。中央委员会文化部的电影部对电影工业的所有方面进行最终控制，并且对所有其他机构的权利主张扮演法官和陪审团的角色。

显然，我们上述所提及的因此还只是电影制作过程中的最初阶段。即便一个项目一路都遇见绿灯，它仍然还有许多批准要获取：制作计划的批准、演员的批准、剧本修改的批准、样片的批准——清单可以继续列下去。此外，在制片厂—国家摄影管理委员会—党这一基本轴线之外，许多其他机构随时都可能为影片制作设置路障。最重要的是克格勃，它在监视电影产业内部具有颠覆性的迹象之外，拥有相当一部分的内部电影评论家。根据电影的主题，共青团、海军或者卫生部甚至矿业部也都可能发表评论。一个苏联机构有义务保护它在公众心目中的形象，并且在此背景下，对于电影"诋毁海员"或者"抹黑矿工"的担心是可以控告的：某些东西将必须修改、删除、改善。

来自全苏联的电影作品的最后阶段就是向位于莫斯科的国家摄影管理委员会提交一套电影拷贝，该委员会在内部放映这些影片并且也经常将它们送交高层领导人，而这些领导人的意见对一部电影的命运而言也是至关重要的。将一部电影搬上银幕因此意味着经受多重磨难——有些可见，有些含蓄——一次又一次，并且没有成功的保证。完全有可能的是你的作品在整个过程中都获得了批准，只在最后时刻被告知不能接受。

细想一下《轻骑兵之歌》（*Gusarskaia ballada*，1962年）的导演埃尔达尔·梁赞诺夫（El'dar Riazanov）面临的麻烦，这是一部关于1812年反抗拿破仑的战争片，所有的问题皆源自他指定了著名喜剧演员里戈尔·林克斯伊（Igor Il'inksii）扮演陆军元帅库图佐夫（Kutuzov)。尽管许多人可能已经批准了演员表，甚至可能会观看了演员试镜，但时任文化部长叶卡捷琳娜·福尔采娃（Ekaterina Furtseva）却在这部电影拍摄结束时，将梁赞诺夫叫去训斥，称他"错误地表现了，有人可能也会说是诋毁了一位伟大的俄罗斯指挥官，我非常喜欢林克斯伊"，她说，"他是一位杰出的喜剧演员——但是库图佐夫！……观众见到他会大笑的。"里亚赞诺夫不得不替换了林克斯伊，并重新拍摄了他的镜头。[19]

许多——或许是大多数——电影制作人都遭受了犹如跳环般的折磨，既感到被贬低又认为没必要。很容易理解其原因。所牵扯的时间和精力是惊人的。尽管一位立陶宛导演所执导的影片已经获得了维尔纽斯的权威们的全面支持，他仍然在六度前往莫斯科之后才于1968年让剧本获得了批准。这部完成了的影片几乎无法上映，它只获得了被限制发行的授权。[20]制片人经常不知晓是谁在那些强加于他们的要求的背后。"有一个意见"（Est'mnenie）是标准的措辞。[21]这些要求本身经常相互矛盾而难以执行。安德烈·塔尔科夫斯基（Andrei Tarkovskii）在日记中列出了关于他富有诗意的科幻剧《索拉里斯》（Solaris）被要求的35处修改，他认为如果"全盘接受这些修改的话（这是不可能的），影片就什么也不剩了"。他将这些修改描述为"荒谬的"。在此列举一例："1. 更清晰地表现出未来世界看起来像什么……3. 凯尔文（Kelvin）这个角色属于哪个阵营——社会主义、共产主义还是资本主义？……5. 把有关上帝的观念删除……10. 不应该让我们有克里斯（Kris）是一个游手好闲者的印象。"[22]

对于电影界的一些人来说，恐惧也是生活的一个事实，甚至没有了那位令人可怕的完美主义者在克里姆林宫亦是如此。农娜·莫迪尤科娃（Nonna Mordiukova）这位战后时代最著名的演员之一，回忆了

第一章　苏联的电影产业：定义斯大林时代之后的电影成功

自己第一次参加在赫鲁晓夫的郊外别墅为苏联的显要人物举办的"野餐"上如何的紧张。像所有的嘉宾一样，莫迪尤科娃说，她仔细聆听首相说的每个字，为他的每句俏皮话很明显地大笑。但同时她也担心她的同伴——演员尼古拉伊·赖伯尼科夫（Nikolai Rybnikov）感情有点过于流露，她发现自己对所看到的别墅周围所有的黑色轿车感到疑惑，还有那些等候他们的男人；她认为他们显然不可能全都是司机。然后赖伯尼科夫鲁莽地打断了赫鲁晓夫的讲话："尼基塔·谢尔盖耶维奇（Nikita Sergeevich）！还是给我们讲讲古巴吧！"莫迪尤科娃立刻联想到了逮捕和监禁。当几年后回忆这件事的时候，她描述自己具有她那代人的典型特征。"恐惧深深地扎根于"每个人心中，她说，即使像她这样没有经历过斯大林主义的恐怖的人也同样如此。[23] 审查、机构骚扰、恐吓——这些是人们的个人生活中真实而重要的因素，并且通过将电影在苏联作为一种体制而发挥作用的方式。当然，这些因素没有一个可以与斯大林执政时期的电影创作所付出的精神和肉体的代价相比，而电影也在新的环境下繁荣起来。

正是在后斯大林主义的数年里，电影制作人成功开展了建立一个创意人士工会的运动，这是一个作家、作曲家以及其他艺术家长久以来所喜爱的而斯大林个人反对的组织。1957 年，赫鲁晓夫给予了批准，电影制作人工会在著名导演伊万·派莱夫（Ivan Pyr'ev）的领导下初步成型，并于 1965 年正式成立。[24] 派莱夫也负责过莫斯科电影制片厂（Mosfil'm）的扩建，并成为 20 世纪 60 年代初倡导建立独立的电影管理机构的主要游说者之一。[25] 他在后苏联时代曾被形容为苏联电影的重要"制片人"（producer）（一个在苏联时代通常被用来指好莱坞贪婪、精明的制片商之类的人的词）。许多电影制作人都在关于后苏联时代的回忆录中谈到，派莱夫如何在一些关键时刻介入他们的职业生

莫斯科的黄金时代

涯：将他们从加盟共和国的制片厂重新分配到莫斯科，支持他们拍摄他们的第一部故事片，使影片避免被禁，或者，与此相反，为影片的发行设置障碍。鉴于派莱夫在工会和莫斯科电影制片厂的地位，他拥有特殊的权势，而从总体上看，他也有着非同寻常的个性。[26]然而，派莱夫的权力无论多么令人敬畏，都远不是专有的。

苏联电影是一个权力经纪人的体制。苏联电影的"导演崇拜"以及围绕导演的电影教育体系是一个重要因素。[27]在这个国家最著名的机构——位于莫斯科的苏联国立电影学院（VGIK——Vsesoiuznyi gosudarstvennyi institut kinoiskusstva）中，著名导演或者"大师"分别挑选各自的学生，分批培养，并且经常雇用他们作为他们的第一份工作或者成为他们最重要的庇护人。[28]一名受教于米克海伊·罗姆（Mikhail Romm）的学生会被认为终身都是他的学生——而且很可能的是，出于对罗姆作为一位艺术家的尊重以及一些实际的考虑，她会很高兴成为他的学生。希望"归属"于某人，成为"罗姆的人"或者"邦达尔丘克（Bondarchuka）的人"是自然的。他可以代表你与其他重要人物进行交涉，而这些重要人物也经常"归属"于某人。关系网是重叠的。例如，菲利普·耶尔马什（Filipp Yermash）是"基里连科（Kirilenko）的人"，而基里连科是中央委员会的成员。如果你与邦达尔丘克拥有良好关系，而邦达尔丘克与耶尔马什关系很好（或者说，他的妻子是耶尔马什姐姐的朋友），通道可能就此打开。

这种庇护关系的状况以及幕后交易从斯大林主义时期开始就已经司空见惯了。[29]这就是文化产品如何在苏联被经纪人安排的。但斯大林被从所有关系网的核心位置的移除、恐怖的结束以及这个体制的结果——它的对外开放并且不仅是向非苏维埃世界的开放——产生了一种重要而持久的变化。在这个体制内还有更多空间。如果列宁格勒电

第一章 苏联的电影产业：定义斯大林时代之后的电影成功

影制片厂（Lenfil'm）拒绝了你的关于库什克之战（the Battle of Kursk）的剧本，你可以在其他地方试试运气。1956年的匈牙利镇压以后，许多后来崭露头角的年轻导演离开莫斯科去到共和体级别的制片厂，试图避免中央更为严厉的意识形态控制。[30] 20世纪60年代，有几位遭遇到共和国官员设置的障碍的电影制作人，成功地向莫斯科呼吁而获得了支持，或者迁移到了首都工作。20世纪70年代，钟摆再次回摆，许多共和国在电影审查方面比中央"更温和"。[31] 关键是更多的人在电影流程中引入的不仅是更多的障碍而且也是更多的关系；有时候，关系是可以加以利用的。

梁赞诺夫（Riazanov）的《轻骑兵之歌》在上映前没有被修改，因为赫鲁晓夫的女婿、《消息报》（*Izvestiia*）的编辑阿列克谢·阿德朱贝（Aleksei Adzhubei），在一次特别审片会上观看了它并且喜欢它。福塔瑟娃的文化部随后从报纸上的积极评论中识别了他的信号，并且组织了一场盛大的首映式。这至少是梁赞诺夫关于这些事件的解释。其他力量也可能发挥了很好的作用。也许伊林斯基（Il'inskii）在高层有自己的朋友。梁赞诺夫自己也声称他根本没法将影片安排给阿德朱贝观看，但是为精英们安排特别放映是电影制作机器中的重要装置。高层官员们定期在主流剧院之外观看电影——最常见的场所是别墅——并且他们以及他们家人的意见对一部影片的命运起着决定性的作用。国家摄影管理委员会的高级官员在周一上午会接听来自在别墅的带有评论的电话。意见经常各不相同。电影制作人工会的一名官员回忆说，耶尔马什在国家摄影管理委员会的前任阿列克谢·罗曼诺夫（Aleksei Romanov）就曾告诉他，每周一他都带着"一种糟糕的情绪"去上班，因为预料到电话突袭。[32] 但是一些积极的别墅评论也会对电影制作者们产生奇妙的作用。弗拉迪米尔·默蒂尔（Vladimir Motyl'）的

莫斯科的黄金时代

电影《沙漠中的白日》（*Beloe sol'ntse pustyni*，1969）就经历了官僚主义的折磨：莫斯科电影制片厂拒绝批准它，默蒂尔坚持要做进一步的修改，而这似乎注定要遭禁。偶然地，国家摄影管理委员会为高层政治精英提供服务的"特殊部门"，因为一时找不到一部送往勃列日涅夫的别墅放映的大众娱乐影片而将《白日》作为替代送去了。勃列日涅夫一家都很喜欢这部片子，很快它就得以上映——尽管是在罗曼诺夫的坚持下做了几处修改以后。默蒂尔在2000年评论说，"如果他不发表一些意见，又会是哪位部长出来发表呢？"[33]

对于电影制作人而言，要让美女姑姑们（Aunt Tanyas）、矿业部长们、共产党中央党组织和莫斯科党委会的高层人物及其家人们，还有国家摄影管理委员会的官僚、克格勃的电影评论家以及其他所有人感到满意，经常是一种让人精疲力竭的考验。有时候当只有斯大林是唯一需要取悦的制片人时，这就不可能了，而且将电影搬上银幕的流程在许多方面都更加直接。乔吉·达内利亚（Georgii Daneliia）在西柏林的一位同行夸耀说，一个月内有十万人在当地观看了一部电影，他打趣地回应说，"在我们国家，仅在审批过程中我们就有那么多观众了。"[34] 别墅放映的次数和要求修改的次数不断增多，在1968年的"布拉格之春"以后，意识形态控制逐渐增强，且变得尤为繁重。在勃列日涅夫时代，直接被禁映（措辞是"搁置"起来）的电影数量也增多了。[35] 职业人士气急败坏；勇气退缩。像福明（Fomin）这样的电影学者强调说，电影艺术被这个流程扭曲了。尽管如此，我们必须认识到这些情形与斯大林坐在克里姆林宫的电影院里，每年由他掌控10部或者20部电影命运的情形之间的根本不同。尽管电影范围的扩展并没有带来整体自由的扩展，但它的确比以前开放了更多可供操纵的机会。这是关乎电影制作者的个人体验与关乎作为一个整体的体制的行

第一章　苏联的电影产业：定义斯大林时代之后的电影成功

使职能之间的一种不同。

对于苏联电影而言，在斯大林去世以后，另一个极为重要的开放当然是它面向世界的开放，或者国际化。自1954年起，苏联签署了一系列文化交流协议，将越来越多的新的外国影片引入苏联的影院。[36]根据中央委员会颁布的一项条令，文化部也开始从海外购买大量的电影——从1955年的63部到1958年的113部，并计划于1960年购买超过150部。[37]事实上，这个数字在20世纪60年代一直维持在每年大约购买100部左右的新片。这些影片包括来自社会主义阵营的作品，包括在20世纪50年代后期的短暂时期购入的大量中国电影；来自西欧的电影（尤其是以法国、意大利电影为代表），以及20世纪60年代和70年代不断增加的印度、中东以及拉丁美洲的电影。

电影专业人士，像全苏联的电影爱好者一样，可能会在电影院里庆祝这种多样性。他们现在也被鼓励去开发和炫耀他们国外的关系——斯大林主义后期的黑暗日子之后的一种显著变化。同时其他方面的发展——飞机旅行、改善了的电话联络以及迅速全球化的大众媒体环境——证明对电影产业也极为重要。在后斯大林主义时代，苏联电影界以一种全新的方式，既是受影响地也是实际地被吸引进了电影的跨国线路中。对于文化交流的重视带来了一股国际电影周和国际电影节的热潮；现在在苏联的外国电影制作人比20世纪20年代以来的任何时候都要多。一些苏联的专业电影人士也加入了拥有特权的少数群体，被允许去社会主义阵营以外的国家旅行，并且他们发现自己参加国外活动成了海内外媒体报道的主题。《苏联银幕》（*Soviet Screen*）告诉它的读者，"自然，从电影节的第一天开始，每一位参加者和媒体提的问题是：俄国人将要放映什么电影？在意大利，人们对苏联艺术有着极大的兴趣……苏联代表团的新闻发布会是最拥挤和最活跃

莫斯科的黄金时代

的"。[38]

苏联媒体理所当然要夸大宣传，因为苏联电影的国际影响力对于其身份来说是至关重要的。电影学者瑙姆·克莱曼（Naum Kleiman）在2000年的一次访谈中表示，苏联改革时期的"伟大发现"是"苏联电影并非一切的核心"。[39]当代读者会听到苏联的演员们在访谈中回应这种说法，他们经常声称阻碍他们主演好莱坞和欧洲影片的唯一事情——片约一直不断——是国家摄影管理委员会那些心怀嫉妒的官僚们。邀请和兴趣与神话从不匹配。[40]即使是西方最显要的电影制作人之一斯坦利·克雷默（Stanley Kramer），在他的回忆录中也仅提及过一次苏联电影，并且是关于他在莫斯科电影节上的一次有关言论自由的演讲。[41]

尽管如此，苏联电影的确一度在国际上独领风骚，尤其是赫鲁晓夫时代。这是自尊的成功（succès d'estime）——苏联电影、导演和演员都赢得过重要的国际大奖——它也是人造卫星、加加林以及核爆炸时代，人们对于苏联事物的广泛着迷的一种反映。（1970年代，所谓的持不同意见者的魅力将对像塔尔可夫斯基（Tarkovskii）这样的电影创作者产生另一种影响。）在1956年的戛纳电影节上，导演格里戈利·查克莱（Grigorii Chukhrai）回顾了他的经历，"有些人欢迎我们，还有些人害怕我们，但没有人漠视我们。"[42]查克莱的年轻同行安德烈·康查洛夫斯基（Andrei Konchalovskii），也在他的回忆录中对苏联电影人的国际关注进行了思考，但他采取了一种更具批判性的观点（有些可以说是偏见）。萨特曾经在法国报纸上称康查洛夫斯基的一部电影为"杰作"，并且当他和西蒙娜·德·波伏娃访问莫斯科时，这位年轻的苏联人被召来与他们会见。"这类事没什么助益，只能影响我们而让我们冲昏头脑，"康查洛夫斯基写道。[43]

电影《伊凡的童年》（Ivanovo detstvo，1962年）从一个孩子的视

第一章　苏联的电影产业：定义斯大林时代之后的电影成功

角对战争进行的一种阴郁而富有诗意的探究，它得到了萨特如此高度的赞扬，但最初并没有得到国家摄影管理委员会官僚的认可。（它并没有得到广泛的公映和发行。）也没能获得苏联影迷的太多青睐，影片当年售出了1,700万张门票。相反，《两栖人》（*Chelovek-amfibiia*，1962年），一部由年轻貌美的明星主演并且利用了最先进的水下摄影技术拍摄的爱情片，售出了6,550万张门票。然而，苏联的电影艺术既有《伊凡》又有《两栖人》，既得到国际好评又拥有广大的国内观众。这是不仅让电影创作者同时也是让观众冲昏头脑的事。国家摄影管理委员会的官员在后斯大林时代也曾经游历全球，他们同样为苏联电影感到自豪：高雅艺术的声誉以及对大众的影响力和活力（当整个西欧的观众像枯萎的藤叶般无精打采的时候，苏联的观众却在品尝着各种更加香甜的视觉美味）。很容易掩盖的一些细节是：即使萨特以及电影界赞赏《伊凡》，但苏联的观众仍然喜爱《两栖人》——观众的活跃与艺术声誉没有多大关系——而且他们也非常喜爱外国商业片中的英雄们，比如，美国西部片《威猛七蛟龙》（*The Magnificent Seven*，1960年）。在苏联的用语中有一些"缺点"，有时会在会议中或者媒体上展开探讨，但由于赞同对苏联电影艺术的一种笼统概念：超大型的、正派的、独一无二的，这些"缺点"被轻易地回避了。

苏联银幕上播放的外国影片：与泰山一起摆荡，邀请法国性感女星碧姬·巴铎（Brigitte Bardot）

当人们经常将解冻时期当作苏联从斯大林主义时期的文化自给自足的政策中苏醒过来的时期而庆祝时，电影史却展示了一幅复杂的画面。几乎整个20世纪，在苏联的文化市场上，外国影片都保持着强有力的态势。20世纪30年代是一个例外：只有这十年，观众对国产电

莫斯科的黄金时代

影情有独钟，也只有这十年外国影片几乎全军覆没。1917年以前，法国、美国、德国的影片主导了银幕，占据俄罗斯帝国城市的几乎80%的市场份额，20世纪20年代的大部分时间国外影片势头依旧。[44]在二战以后的时代，外国电影再次占据主导位置，而且几乎是二战刚刚结束时这种趋势就开始了。如果我们仔细考虑外国影片所占整个苏联市场的比例的话，其峰值出现于斯大林主义后期。1951年，在苏联发行的电影中，只有四分之一是苏联制作的。[45] 1952年，苏联票房率中最高的——所有四个放映季——都被来自好莱坞的四部《人猿泰山》所占据。尽管实际的观众数字无法获得，但我们知道每部片子都卖出了超过3,160万张门票（因为这是排行第五的、以斯大林为"主角"的一部苏联内战影片的票房数字）。[46] 1952年毫无列外地成为外国影片大获全胜的一年。对于20世纪40年代而言，苏联最广泛放映的影片既不是20世纪30年代的经典也不是战后的杰作，而是德国的音乐片《我梦想的女孩》(Die Frau meiner Traüme, 1944年)。[47]

泰山、玛丽卡·洛克（Marika Rokk）以及其他异国形象是通过纳粹德国进入苏联的；它们是战利品而因此被定义为例外。这至少是政府当局将它们呈现给苏联观众的方式。然而，关于这些影片在苏联的经历的故事却揭示出苏联走向大众文化（masscult）的根本而长远的趋势——在流行与官僚品味、控制机制，以及"商业考量"体制的中心、使用苏联官僚用词方面的趋势。其结果是，在绝大多数方面，这些战利品影片一点都不例外。

纳粹投降以后，苏联在不到一周的时间内派电影摄制艺术部的某个人在德国境内搜寻电影。官员I. 马尼维奇（I. Manevich）从莫斯科电影制片厂的服装部挑了一双新靴子，然后就直接去了位于巴布尔斯堡（Babelsberg）的"德国好莱坞"，在那里他找到了被红军包围的、

第一章 苏联的电影产业：定义斯大林时代之后的电影成功

设计独特的漏斗形的电影资料馆。马尼维奇后来写道，士兵们和他一样急切，"大喊着，要这些影片，并提议用手榴弹炸开漏斗的门。"马尼维奇缴获了超过1.7万部影片，挑选了大约3,700部故事片和2,500部短片立即运回莫斯科。[48]这些影片中有大量的类型片——探险片、喜剧片、音乐片以及爱情片。大多数拍摄于战前，并且源自美国和西欧（尤其是德国）。[49]

苏联当局的最高层对于他们的电影战利品倍加珍视。斯大林为政治局成员制定了午夜定期放映的计划，他本人观看了如果不是全部的话也是大量的影片，并配有电影摄制艺术部提供的同声翻译。[50]这些电影也经过了中央委员会的审查，中央委员会就放映什么影片、在哪里放映以及用什么形式放映给出明确的指示。[51]中央委员会建议，所有战利品影片都要配上"一段特别准备的旨在针对影片的内容正确引导观众的正文"以及"仔细编辑的解释性的字幕"。[52]一位莫斯科人回忆说，《驿站马车》（*Stagecoach*）[更名为《旅途将会危险》（*The Journey Will Be Dangerous*）]开始放映前有一段银幕声明："该影片展现了资产阶级社会的伦理，以及属于它的鲜明特征的虚伪和偏狭，苏联的观众不难看出，影片没有准确地表现美国对于印第安部落的殖民主义政策。"[53]所有影片的片头字幕的一系列镜头都被剪掉而换上了确定该片为战利品的片名字幕。[54]有些时候，影片被粗糙地编辑之后变得索然无味或者整个改变了它们原本的意思。在苏联版的《迪兹先生进城》（*Mr. Deeds Goes to Town*）[更名为《美元规则》（*The Dollar Rules*）]中，因决定将其财产捐出去而被控告为精神病的富翁迪兹先生，最后在法庭没有被证明无罪。苏联观众看到的只是法官威胁着要将这位富翁的喧闹的支持者们驱逐出去，紧接着的镜头是一个空荡荡的法庭和眼含热泪的百万富翁的情人。[55]

莫斯科的黄金时代

"迪兹先生"加入到"泰山"、"阿里巴巴与四十大盗"以及"加州之王"的行列中,都赢得了苏联观众的心。1947年秋天,图拉市的全部四家影院都在放映外国影片,而巴尔诺的奥克蒂亚巴尔影院在那个季节有45天放映了战利品影片,只有两天放映了歌颂斯大林的影片《誓言》(Kliatva,1946年)。里加的一家影院实际上是全天放映《我梦想的女孩》,从中午前的第一场放映直到凌晨一点的最后一场。[56]巴库的影院则放映到更晚,直到凌晨两点至四点,而有些热情的观众会一部接着一部地看。[57]莫斯科所有一系列的政治和工作场所组织,从科学院到像克拉辛伊·奥克蒂亚巴尔(Krasnyi Oktiabr')这样的大工厂,都请求特别放映《我梦想的女孩》。就连中央委员会的心态也与此请求相一致。[58]许多同时代的人,尤其是同时代的年轻人,都回忆说曾经一遍遍地去观看战利品影片。莫斯科人的庭院里迅速出现了高空摆荡绳索,供富有冒险精神的泰山的模仿者们使用,并且男孩子们模仿他们的英雄弄出泰山式的发型。[59]成年的俄罗斯男人们提到美国的迪安娜·德宾(Deanna Durbin)就"特别流露出痴迷的神情",[60]而女人们则对英国爱情片《魂断蓝桥》(1940年)的主角罗伯特·泰勒(Robert Taylor)入迷。

战利品影片超乎寻常的成功当时也引发了一些忧虑之声甚至抗议。1947年,《我梦想的女孩》放映之后,各地区党组织的官员联系到中央委员会质疑放映这些影片是否明智,共青团的领导也提出了同样的质疑。[61] 1948年,(中央委员会动员和宣传部)的L. 伊利契夫(L. Il'ichev)报告说,该部门收到了"大量来自工人的信件",对战利品影片提出了"严厉的批评,许多信件还要求将它们从银幕上清除"。[62] 1952年,一位男士写下了他的不满,认为苏联的电影院,用他的话说,"正从事着真正资产阶级的宣传。"

第一章 苏联的电影产业：定义斯大林时代之后的电影成功

放映这些影片的不良影响可以从每家的院子——尤其包括我们家的院子，许多孩子都在那里玩"泰山和猎豹"——以及成年人之间的关系中看出来。我似乎觉得这种情况让人联想到安徒生那个著名童话中的场景，当时每个人都不得不承认"国王根本没穿衣服"。[63]

然而，当国王赤条条地出来游行时，苏联媒体却小心翼翼地避免引起人们对于这一奇观的关注。像这样愤怒的书信很少出现在中央报纸上；电影评论家们也保持他们的距离。[64]战利品影片一度既是官方的——后斯大林主义的苏联的日常电影文化的支柱——也是非官方的，随处可见，但却很少反映在正统的苏联生活的愿景中。

战利品影片的故事正以其非常的陌生感使人们着迷。泰山和斯大林出现在同一个句子中——事实上也出现在同一个银幕上，因为在放映任何一部《人猿泰山》之前，都要先播放一段以斯大林为主角的新闻片——是令人难以理解的。影院之外的情况，也让人摸不着头脑。当时，苏维埃政府禁止国民与外国人结婚，许多艺术家和科学家都遭受了公开迫害，而经常更糟糕的是他们被指控为缺乏"苏维埃爱国主义"。如果对迪安娜·德宾痴迷不证明在西方面前卑躬屈膝，那什么能证明？

历史学家彼得·克耐兹（Peter Kenez）曾表示，苏联领导人愿意容忍战利品影片是因为他们认为这些影片轻松并且毫无意义，同时也因为官方想通过它们来分散人们对于一些紧迫的经济和社会问题的注意力。[65]但是来自资本主义世界的其他轻松的文化形式——尤其是爵士乐——却在同一时期遭受了严重的意识形态攻击。爵士乐队与泰山之间的区别是什么？试想一下，从一开始，数以百万计的戈比铜板就在

莫斯科的黄金时代

全苏联的零钱抽屉中叮当作响。就像负责缴获纳粹电影基金的官员马纳维奇（Manevich）在1991年所解释的那样，多年来战利品影片是一头现金牛，可以帮助电影发行的官僚机构超额完成它们的计划，并让其官员们赢得巨额奖金。20世纪60年代，一部售出4,000万张门票的新的苏联影片（每张票25戈比，总金额大约1,000万卢布）会被认为是一次巨大的成功。[66] 1948年，当时的潜在观众还相当少，苏联人预计一部限制性发行的美国影片《自由万岁！》（*Viva Villa!*）（1934年）的收入可以达到3,500万—4,000万卢布。[67] 而且这部片子是免费获得的。有数十份《自由万岁！》的拷贝。

当时战利品影片的故事尽管让人着迷但根本就不是如此陌生。斯大林去世以后，伴随着新的影片引进的热潮，尽管许多事情都发生了变化，但苏联观众对外国商业片的口味却愈来愈浓厚。苏联那些泰山迷的孩子们挤进影院观看《威猛七蛟龙》（*The Magnificent Seven*）和《五星级谋杀》（*Bobby*）（宝莱坞1975年的一部青少年爱情片）；昔日痴迷于德宾和泰勒的人现在移情于索菲亚·罗兰（Sophia Loren）和里希·卡普尔（Rishi Kapoor）。不仅如此，苏联的文化官僚机构对于大众文化的喜爱持续了几十年。

在战后早期阶段，授权这种口味的框架是战利品——就像从战俘那里缴获的手表一样，只是对胜利者的一种奖励。在后来的数年里，影片进口的官方依据是双方的文化理解。苏联也利用文化交流协议作为在海外推广苏联影片的一种机制：负责进出口贸易的机构苏维克斯波特菲尔姆（Soveksportfil'm），比如从印度挑选了一系列的电影，而印度作为交换也接受一些苏联影片。[68] 苏联也会直接购买影片。在勃列日涅夫时代，他们会花费5万—15万美元购买一部由资本主义国家制作的影片。来自发展中国家的影片要便宜得多，并且经常是以物易物

第一章　苏联的电影产业：定义斯大林时代之后的电影成功

的贸易，从而使得这些国家的影片更具吸引力。与社会主义国家的电影贸易，典型的方式就是互换。[69]（将电影作品分成"资本主义的"、"社会主义的"、"发展中世界的"是苏维克斯波特菲尔姆自身分类体系的一种方式。）苏联人从不按比例或者版税付费——销售一笔是一笔——并且据说他们会将电影拷贝放映到破碎为止。[70]在苏联，在本国和外国电影中一直最受欢迎的是一部墨西哥出品的吉普赛传奇剧《叶塞尼亚》（*Yesenia*，1971年），苏联在1974年仅花了2万美元购得此片。《叶塞尼亚》售出了9,100万张门票。[71]即使加上拷贝、发行、影院管理等的成本，戈比铜板的铿锵声依然震天响。在经济方面，苏维克斯波特菲尔姆被认为是经济领域中利润最丰厚的外贸部门，而且它不是得益于出口。苏维克斯波特菲尔姆估计，它引进外国影片预算中的每1卢布都能赚到5卢布；某些大众文化影片，1卢布能赚250卢布。[72]

尽管现在无法获得关于苏联的外国电影市场的综合数据，但所有指标都显示，作为一条定律，资本主义国家的电影比苏联电影或者来自社会主义阵营的电影吸引更多的观众。1960年，中央委员会的一份调查报告显示，当年的前9个月，每一部来自资本主义世界的电影平均吸引超过50万的莫斯科观众，而苏联影片的观众平均为35.7万人，社会主义阵营影片的观众为13.3万人。[73]根据其他指标，历史学家苏达·拉亚高帕兰（Sudha Rajagopalan）总结认为，印度电影在苏联市场上甚至比资本主义国家的电影更成功。自1954年至1991年，苏联从印度引进了206部电影，几乎全部（175部）都是在孟买制作的印度语传奇剧（所谓的宝莱坞电影）。拉亚高帕兰统计了票房在首映当年超过2,000万卢布的影片数量，发现其中50部来自印度，比其他任何国家都多。（美国41部，位居第二，法国38部，居第三。）[74]在1962

莫斯科的黄金时代

年的大片《两栖人》上映之前，所有电影中的记录保持者是苏联引进的首批印度影片之一：1954 年发行的拉吉·卡普尔（Raj Kapoor）执导的《流浪者》（The Vagabond）。凭借接近 6,400 万张门票，《流浪者》在整个苏联时代仍然保持在票房排名的前 20 位。[75]

1960 年，中央委员会的调查员们总结认为，整个国家的电影网络已经"受到来自资本主义国家电影的相当大的渗透"，并且"导致广大苏联人民的注意力都被吸引于那些远离我们意识形态工作任务的、而且经常有悖于这些任务的主题和思想"。[76]这是 1958 年至 1961 年期间，由中央委员会以及其他各方针对电影放映内容所进行的几次抨击之一，随后的确有些改正。美国新闻署（在苏联时代）从此不能再夸耀说，莫斯科像 1960 年夏天那样有近一半的影院都在放映好莱坞电影。[77]自 1960 年放映了 10 部以及 1961 年放映了 7 部美国影片的高点之后，1962 年至 1970 年间，每年放映 2 到 6 部美国影片。（1960 年的记录只被打破过一次，即 1977 年放映了 11 部美国影片。）[78]通常，根据 1966 年的一位官员的说法，就所复制的拷贝而言，资本主义电影也比苏联电影少 2—3 倍。[79]

然而，重要的是要认识到这种新方法——限制新影片和拷贝数量，尤其是美国影片——并不是总能限制观众的数量的。2,400 万观众观看了 360 份拷贝的法国电影《悲惨世界》（Les Misérables，1958 年）。[80]玛丽莲·梦露主演的《热情似火》（Some Like It Hot，1959 年）甚至达到了更为壮观的程度：每份拷贝观看的观众达到了 21.1 万人。[81]到苏联的访问者对大众文化的盛行继续发表评论。一位年轻的南斯拉夫的学者惊讶地发现，1964 年夏天超过 80 家的莫斯科影院都在放映资本主义影片。而其中超过三分之一的影院放映的都是同一部影片——意大利喜剧《意大利式离婚》（Divorce Italian Style，1961 年）。[82] 20 世纪 70

第一章　苏联的电影产业：定义斯大林时代之后的电影成功

年代，限制新影片数量的政策仍然在继续，随之而来的是从引进资本主义西方制作的影片向引进中东、拉丁美洲，尤其是印度电影的一种总体转向。[83]一位专家估计，20世纪70年代只有65%的票房收入来自苏联制作的影片，其余都来自外国影片。[84]而电影制作人工会的主席在工会代表大会上给出了1975年的苏联影片票房的一个更低的数字：50%。他也许会很欣慰地报告说，截至1981年这个数字已经提高到了70%，但仍然有将近三分之一的票房收入来自苏联阵营之外。[85]

现在我们可以直接回到战利品影片时代：当苏联的文化官僚机构面对进口影片的时候一直都是节俭的。面对所有关于推销低俗影片的唯利是图的官员的抱怨，以及关于这些影片破坏性影响的议论，这些电影从未离开过银幕。这些影片对于苏联电影体制的顺利发挥职能作用来说至关重要。20世纪70年代任国家摄影管理委员会副主席的鲍里斯·帕夫雷诺克（Boris Pavlenok）在2003年描述了如下理由：

> 正如我们曾经说过的那样，为了到达收支平衡，我们"邀请了碧姬·巴铎"。这是制片人通常的作法。我们从哪里赚钱不重要——重要的是偿还负债，并为来年获得新的贷款。有时候，苏联中央银行（Gosbank）的领导会打电话给耶尔马什说："听着，买点《叶塞尼亚》（Yesenia）或者其他影片，我的账号空了。"因此我们买了印度传奇剧，将影片的多个拷贝投放到影院，从而填满预算。[86]

苏联官员在公共场合自然不会谈及巴铎技巧，也不会分享过去一直沿用的另一重要手段的细节：收购活动。苏维克斯波特菲尔姆的代表对海外影片先做一个初步筛选，然后将拷贝寄给莫斯科的一个专门委员会进行审查。这个委员会的成员来自国家摄影管理委员会、中央委员会党组织、内政部，有时还有其他诸如克格勃、电影制作人工会等部门，也包括"公众"代表，诸如作家和教师，它会生成附有建议的报告。直至1965年，每部资本主义电影的收购都需要中央委员会秘书处的一个正式许可。[87]但甚至在1965年以后，一位以前的参与者说，"最后的决定无论如何都由中央委员会做出，"而实际上，最高权威层的品位起着很大的作用。譬如《意大利式离婚》，据说是因为阿德朱贝是其影迷而得以引进。[88]

由于这个原因，苏维克斯波特菲尔姆对于每份提议都十分谨慎。其送审影片的选择总是有限的，当苏联境外的电影变得越来越色情、暴力并且道德混乱的时候，尤其如此。一部电影包含严厉的社会批判、反美、反资本主义或者甚至马克思主义是不够的。如果影片被认为是"形式主义的"（即曲折的情节、抽象的或者实验性的制作技术），"自然主义的"（裸体），或者"粗暴的"（太逼真的暴力），苏维克斯波特菲尔姆就有确切的依据认为它会被驳回。这就是为什么宝莱坞影片——典型地没有这些缺陷——而成为长年的收购首选的原因之一。政治也可以用其他方式来发挥作用。苏维克斯波特菲尔姆的前副主席回忆说，购买由中央委员会支持推荐的米洛斯·福尔曼（Milos Forman）的《莫扎特传》（*Amadeus*，1984年）时，遭到了捷克斯洛伐克共产主义领导人的抵制，该领导人表明如果他们的苏联同志选择购买一部由背叛他们祖国的"叛徒"制作的影片，他们将会受到怎样的冒犯。[89]

有些时候，如果苏联人决定收购一部带有令人反感的镜头的影片的话，他们会改变它，而这种做法也与过去有一些联系。苏联观众观看的《意大利式离婚》，其中关于一位被认为会引起争议的当地共产

第一章 苏联的电影产业：定义斯大林时代之后的电影成功

主义者的故事情节几乎全部被剪掉了。一部标准的两小时长的故事片据悉被审查人员剪掉了 30 分钟。他们也会对影片进行编辑——比如，改变镜头的顺序——并且在配音中有意将对话错译。这种做法在 20 世纪 70 年代和 80 年代达到了历史高峰，但当时这些做法是一个可以追溯到 20 世纪 20 年代的苏联传统。[90] 片名被全部更改；彩色影片被复制成黑白片；苏联艺术家将从外国电影音乐中复制和翻录的歌曲作为自己的歌曲。在苏联文化体制的管理之下，大众文化电影的定义备受困扰，始终作为一种战利品。这种态度既是对创造者权利的忽视，同时也是对于创作潜能的顾虑甚至担心。[91] 这些电影出现于此是为了创造收入，并且表明苏维埃国家致力于向人民提供艺术和休闲（即使其品质是令人怀疑的）。它们也是这个体制的最高层密切关注的对象。苏联与大众文化电影的恋情不是一时的放纵；它是文化体制的内心深处一种持久而富有成果的激情。

定义电影的成功

电影在苏联的超级利润，就像一颗历史的板栗值得剥开来进行探究。苏联时代，官员经常炫耀他们多达数十亿的观众，尽管他们基本上对卢布和戈比避而不谈，但其含义是足够清晰的。来自国家摄影管理委员会和电影制作人工会的内部报告的确包括了财政数据，并且在 20 世纪 60 年代中期，它们提供的年票房总收入大约为 10 亿卢布，其中国家据说收取了 4.4 亿卢布的"净利润"。[92] 鲍里斯·帕夫雷诺克在他的后苏联回忆录中称，在他的任期内，电影拥有 900% 的利润空间。他也引用了 10 亿卢布这个数字作为年票房收入，并估计年利润大约在 4.4 亿卢布左右。[93]

所有这些数据应该被当作估计而非实际的数据，因为它们是在其原始历史语境下估计的。例如，10亿卢布的总销售量不是一个实际的票房数字，而是从所售电影票的数量演变出的一个估值。苏联与同时代的其他国家不同的是，它用门票数来对影片进行评估，而不是用金额（并且门票数也往往被粗略地等同于观众的数量，这样具有扩大观众规模的效果，因为单个的人经常不只一次地观看同一部影片）。按照每张票的平均价格25戈比（估值）和40亿观众（也是估值）计算，一部影片的票房收入达到10亿卢布。类似地，4.4亿来自于电影融资系统的机构：按计划，全部电影售票收入的55%属于地方预算。这就使得10亿票房收入中有大约4.4亿的"纯利润"。[94]

总体而言，整个20世纪70年代，我们可以说电影是这个苏维埃国家的一项赚钱的投资。[95]尤其对城市和地区财政的益处是巨大的：电影赢利帮助支付教师、医生以及许多其他属于全苏联城市总的工资支出的工资。笔者在此既不是讥讽苏联人的骄傲也不是讥讽他们的记账方式，而是要引起大家关注他们是如何构建电影的成功的。两个重要的主题产生了。首先是在苏联的背景下电影这个特殊产业的利润的集中性。尽管"利润"这个词本身是被回避的，但传统的智慧——不真实但却持久——认为电影在国家总的财政收入中的排名仅次于伏特加。最重要的艺术总是被赋予"点石成金"的特征，而且电影制作者都毫不犹豫地指出这一点。1966年，电影制作人工会以及国家摄影管理委员会提醒中央委员会，电影"是我们国家唯一能够带来稳定、持续和不断增长的收入的艺术"。[96]

第二个要注意的重要主题是苏联电影财政的不透明性是作为一项政策而不是纯粹的不称职。除了观众调研之外，经济因素是整个电影界最少关注和最神秘的领域。苏联人不仅不采集准确而全面的数据，[97]他们同时也很少公布和讨论他们所了解的事情。票房收入几乎从未公

第一章 苏联的电影产业：定义斯大林时代之后的电影成功

开过，甚至电影制作人也很少知道他们的作品在影院的情况如何——他们对此也不是特别感兴趣。然而，对于实际情况的这种持续的、系统性的不透明，以及对于"业绩"要求的十分模糊的定义，使电影制作人阶段性地被抨击为浪费资源以及削弱了社会主义经济中一个正在赢得成功的领域。然而，这种系统性的不透明也有其优点。[98]它因此成为苏联电影产业最富有成效的矛盾之一。影院是满座的，电影在整体上是盈利的，而挖掘细节可能会被认为有损于社会主义艺术家，或者甚至社会主义文化官僚的尊严。[99]苏联电影赢利的形象对于一个有着许多困难坎坷的体制顺利发挥功能作用来说至关重要。

无论是否属于艺术，电影也是一种工业过程，它也遭遇了苏联工业典型的生产问题。计划是组织的原则。就电影而言，生产计划由电影管理机构和中央委员会的相应部门制订，并按主题进行组织：一个主题计划确定一家制片厂在一个给定年份将要制作的影片数量——七部关于历史革命题材的电影、三部社会剧情片，等等。[100]也有更短期的计划——譬如季度计划。电影制片厂惯常不能全部完成这些计划。美国人萨莉·贝尔弗雷奇（Sally Belfrage），曾于20世纪50年代后期在莫斯科电影制片短暂地工作过，她注意到在月底之前设定的计划几乎没什么动静，月底时才有一阵行动。[101]这是为了完成计划的突击行为，很像贝尔弗雷奇可能会在冰箱工厂发现的情形。由于20世纪60年代初期半数以上的电影作品都要到财政年的最后季度才会完成，所以突击行为一定曾经非常普遍。[102]其他作品——也是估算，约50%——则直接超出了计划期。[103]

为什么如此？1963年的一份产业评估报告指出了一系列的典型问题，从过量拍摄和不必要的旅行，到制作的中途重写剧本和更换演员等。[104]如果苏联的电影制作人在此想为自己辩护的话，他们会反驳称——有充分的理由——这些问题不是他们的过错。由于苏联胶片储存的糟糕质量——据估计，10%—15%的制作成本都与胶片的缺陷有关——浪费的镜头数量是巨大的，而且重拍也难以避免。[105] "被重写"经常是被审查的代名词。如果说军事要员认定影片中的那位战士人物不够英勇，导演有什么选择呢？他重新修改剧本。他找到一位有着更硬朗的下巴、更宽阔的肩膀且更有人脉关系的演员，然后重拍这位战士人物的镜头。许多电影制作人竭尽全力去适应体制，而有时候这意味着他们了解的拍摄素材很可能遭遇阻碍，但他们愿意为了使官僚满意而作出牺牲。

所有这些修改都大幅提高了电影制作的成本：1970年，苏联影片制作的平均成本超过了40万卢布，比十年前增加了30%，而且这种趋势仍在继续。[106]然而，成本高昂的影片未必是受欢迎的，而且随着时间的流逝，电影制作人制作的广受欢迎的影片越来越少。1960年，39部苏联影片在上映的第一年售出了2,000万张或者更多的票，但到了1964年，只有23部电影能达到这个成功水平。[107]1962年，《两栖人》6,550万张门票令电影界震惊，不仅因为它是第一部超过5,000万和6,000万张门票标志的苏联电影，而且因为它的成功与电影产业的其他作品的票房情况完全不成比例。20世纪60年代中期，苏联影片平均售出门票都低于1,500万张。[108]这种下行的趋势贯穿整个20世纪70年代，截至1984年，新出品影片中的一半在上映第一年的门票都达不到500万张的标准。[109]没有任何非俄罗斯的苏维埃共和国的电影产业的票房收入能覆盖其成本；它们（除了乌克兰能弥补损失之外）都依赖莫斯科的直接补贴。[110]

苏联电影体制的核心机制是由官员和电影制作人担任的国家摄影管理委员会的一个专门委员会对每部电影的"思想—艺术品质"的官

第一章 苏联的电影产业：定义斯大林时代之后的电影成功

方评级。共有四个级别。电影制片厂按照财政计划获得资金（而且是在影片进行制作之前）；从事电影产业的大多数人都能定期领到薪水。但也正是这种电影评级制度促成了另外的补偿形式。评级最高的影片给其制片厂带来相当于预算成本15%的奖金，评为第二等级的影片获得10%的奖金，第三等级获得5%的奖金。[111]导演也会根据评级获得奖金，而且无论他们是否已经完成了财政计划。[112]事实上，从电影制片厂及其专业人士的角度来看，制作的时间越长，成本越高，影片质量就越好。由于制作人员的奖金是按照拍摄中他们总工资的百分比来计算的，所以他们有一种拖延制作的内在动机。[113]一部亏损的影片总体上仍然可以让其制片厂和制作人员挣到钱。已经被遗忘的《将军与雏菊》(*General i margaritki*, 1963年)的票房连成本（用于制作、拷贝和发行）的70%都未能收回，但仍然让莫斯科电影制片厂获得了5万卢布的可观奖金。[114]关键就是评级制度。

电影的评级决定了影片将复制多少拷贝，而这对于剧作家和作曲家来说尤其重要。[115]不同于其他电影专业人员，这两个团队中的人员有版税权，版税按照影院的票房总收入的百分比计算。电影拷贝的数量范围是非常宽泛的——从十几到数千拷贝不限——而且高评级并不是高版税的保证。[116]共和国级别和地区级别的政府有权决定它们所辖区域的电影库存，而且在理论上，最高评级的影片可能不会得到广泛选择。实际上，较高评级的影片几乎总是被理解为更多的复制数量和范围广泛的发行。演员也从高评级影片中得到实际收获，尽管在剧作家、作曲家和导演的层面极少有此收获。[117]尽管大多数人是电影制片厂普通的领薪水的雇员，但曾经获得国家荣誉称号的演员——比如"人民艺术家"——会领到更厚的薪水包以及其他补贴。参加到广泛发行的高评级影片中会提高获得荣誉的概率。[118]

莫斯科的黄金时代

限制发行实际上保证了对观众的限制；苏联在整个战后时期对那些有争议的作品采用了这种策略。塔尔可夫斯基的《镜子》（*Zerkalo*，1975年）在整个苏联时期只复制了30份拷贝，这就是一个例证。[119]相反，准予一部影片较高的拷贝量就是给其在苏联市场上最大可能的优势。这种情况多发生在所谓国家订单影片（goszakazy）的身上，它们是所有影片中最有声望而且具有获得丰厚利润潜能的。在电影制片厂的选题计划中，大多数选题都填在了历史—革命（1917和内战）或者军事—爱国（第二次世界大战）的栏目，而且全部都获得大量资金、大力宣传和广泛发行。改编自康斯坦汀·西姆诺夫（Konstantin Simonov）小说的《生者和死者》（*Zhivye i mertvye*，1964年），就是一个例子。在苏联各个影院拥有3,000份数量庞大的拷贝，它不可避免地位居票房榜首。演员兼导演谢尔盖·邦达尔丘克（Sergei Bondarchuk）制作过好几部由国家订单的影片，包括《战争与和平》（*Voina i mir*，1966—1967年），这部分为四部分的奢华之作为"鸿篇巨著"这一成语赋予了新的含义。邦达尔丘克利用自己的关系为这部影片调来了一个骑兵队。估计成本：接近2,000万卢布。[120]通过对比，电影制作人工会据说在20世纪70年代用五年时间花了200万卢布多一点用于其成员的住房工程。[121]

国家订单影片体现了苏联电影制作的本质。实际上，被锁定在最高评级的国家订单影片的制作人，奖金、荣誉、电影节奖项以及海外旅行——这个体制的最佳待遇都必须给他，如果他按照相关规则制作的话。他（大多数都是男士）通过成功地运用他与实权人物的关系而"确保"了苏联电影的成功。不是每部电影都能成为国家订单影片，而且也不是每一位电影专业人士都渴望参与国家订单影片的制作。电影制作人经常对选题计划的要求感到厌烦，同时也抱怨评级体系。但

第一章　苏联的电影产业：定义斯大林时代之后的电影成功

绝大多数作品都能获得一级或者二级的评级；被评为四级的作品实际上并没有听说过。[122]

如果说大多数苏联电影都能获得最高的评级和资金提供水平而票房收入却又失败的话，那么电影如何被认为是苏联文化经济中的一个赢利部门呢？电影艺术的确有一种商业模式，如果我们将它勾画出来的话，最佳形状应该是一个倒置的金字塔：大量票房中等和失败的影片在一个小得多的票房大卖影片的基础之上建立平衡。这种模式能够运作，在很大程度上是因为这个结构的基础如此坚固，也因为直到20世纪70年代看电影在苏联社会生活中都具有一种特殊的地位。正是《两栖人》以及被战略性地注入的巴铎和宝莱坞，填充了苏联的影院并主导着苏联观众们的观影体验。正是这些电影在很大程度上为电影产业提供资金。

苏联官员在他们的公开声明中善于强调苏联电影的活力而回避关于其基础的问题——换言之，即回避它们的商业模式。但苏联的电影制作人还是会因为浪费人民的金钱却又无法应对大众文化渗透的挑战而惯常地受到严厉指责。这些指责出现在公开的言论和发布的条令中以及在私底下。1963年，国家摄影管理委员会的主席告诉一群电影制作人，在他最近观看的42部影片中，只有5部或者6部有前途，而其他作品，他说："注定将躺在库房里……它们对于观众而言将是不成功的。从电影摄制艺术创新的角度来看，它们没有作出丝毫贡献。它们没有在阶段作任何贡献。"[123]显然，这些影片不是这位主席计划要将它们束之高阁（尽管他说有几部也是这样的）：它们是注定没有市场的"灰色"电影。在1966年的一次关于电影发行的会议上，电影发行机构的领导人严厉责备电影制作人制作"大量灰色、枯燥、对于观众而言无论如何都不成功的完全无趣的影片"。[124]"灰色"当然不是一

59

莫斯科的黄金时代

个中性词,而是官员以及类似电影制作人手中的一根大棒。一个人的灰色电影是另一个人的艺术实验。一部灰色电影是完成苏联电影的既定使命——对大众的审美、政治和道德教育的一次丧失的机会。而如果大众选择花时间在敌人阵营观看像《威猛七蛟龙》这样的影片,这就是一种复杂的并且造成潜在危险的损失。

国家摄影管理委员会前副主席 V. 巴斯卡考夫（V. Baskakov）,在后苏联时期的一次访谈中说,"上层政治领导人总是对电影不满意";他认为,这种情况在 20 世纪 60 年代以后进一步恶化,尤其是 1968 年以后。[125] 围绕电影的意识形态争论是严肃的,而这些争论已经被福明、约瑟芬·沃尔（Josephine Woll）以及其他电影学者巧妙地记录了下来。然而,无论如何,我们都应该承认在斯大林之后的苏联,没有组织任何事情对电影制作的方式进行根本性的改变。电影是大众艺术,但小众电影（灰色或者艺术影片——很大程度上依赖于你的视角）却大量涌现;《两栖人》仍然是一个罕见的例外;各个代际的观众挤满了过道,只为观看那些在意识形态方面即便不是污染物也是无足轻重的电影。

就像在苏联生活的其他领域一样,这个问题不太关乎技巧而是更关乎私心、激励和惰性。电影的商业模式为这个国家创造了收入;这个金字塔稳立不倒,并且在规模和范围方面引人注目。苏联的电影制作人极少有动力去改变其结构而制作出让观众愉悦的影片。毫无疑问,导演马克·唐斯科伊（Mark Donskoi）表达了许多人想说的话,他对发行官员说:"我想如果我制作出一部影片,然后就由你们负责把它发行出去。我从未去过影院,推销我自己的影片让我觉得不舒服。"[126] 在文化资金方面,通过制作具有艺术创新的精致作品无疑要比吸引大规模的观众而赢得更多声誉。受大众欢迎的程度可能正在让一个人的

第一章 苏联的电影产业：定义斯大林时代之后的电影成功

名誉和自我感觉受到损害；电影的两栖人弗拉迪米尔·科伦尼夫（Vladimir Korenev）说，他发现他的成功让人觉得尴尬，因此他拒绝主演爱情片并且从此回避娱乐为主的影片。[127]每一个苏联电影专业人士的最高目标是加入到经典影片中，更喜欢国际经典，那是苏联电影艺术自认为是自然的领导者的领域。当然，尽管并不是人人都能够成为谢尔盖·爱森斯坦（Sergei Eisenstein），但对于培养那些妄想却没有什么惩罚的，甚至没有资金惩罚。实际上在风景中是布满激励的。

正如乔治·法拉第（George Faraday）曾经认为的那样，文化资金就其自身而言是苏联电影制作人的一项关键利益。[128]电影专业人士公开讽刺"小资产阶级的物质主义"（meshchanstvo），这既反映了苏联的意识形态，也反映了俄国知识分子的传统取向。反物质主义也是许多苏联电影的主题，因此我们没有理由怀疑电影制作人的真诚。一位颇受争议的青年题材影片的导演马伦·库特谢夫（Marlen Khutsiev），曾执导了《伊里奇之门》（Zastava Il'icha），上映时使用的片名是《我20岁》（Mne 20 Let，1965年），他回忆说这部电影在制片厂首映后，米克海伊·罗姆来找他说："马尔肯，你已经证明了你存在的道理。"[129]对于被自我定义的苏联艺术家来说，苏联电影艺术是再严肃不过的了。

尽管如此，但体制的结构如此从而导致无法将文化资金与政治和物质之类的资金割裂开来。罗姆关于《伊里奇之门》的看法——以及更广泛地调动电影团体（所谓的 *obshchestvennoe mnenie*，或者公众意见）来支持你的电影——是极其重要的。国家摄影管理委员会和中央委员会的官员不一定会接受潮流，但有时候他们也会。电影制片人也明白文化资金可以用来改善他们的生活方式：这是苏联世界的方式。来自电影制作人工会的一部不可多得的电影门票，到了一位承诺让你在下批船运来的晶体管收音机里首先挑选的电器商店的关系人手中，到了你的裁缝手中,到了你的医生手中。如果你带着你的电影被派往威尼斯并且你精打细算地节省下每日津贴的话,你就可能给自己买双鞋同时给你的女儿买件雨衣。几乎每一位苏联电影制作人的回忆录都至少包含了一则这类的故事,尽管大多数都是以温和的自我嘲讽的语气,但他们也承认在一个长期短缺的体制中这些消费奖励的重要性。在一个更大的范围内,被认可为一名伟大的苏联艺术家(尤其是,但不仅是,被外国人认可)可能意味着能从公共宿舍搬入单独的公寓,或者不用排队打电话或者等车。[130]文化资金不仅在电影圈和知识分子之间真实流通,同时也流通于"大街上"(在你的美发师和机械修理工的手中),而且最重要的是,"在上一层的"政治—官僚精英之间。[131]

1988年,随着体制以闪电般的速度瓦解,一位苏联导演试图纠正一位《纽约客》杂志的记者,他说:"在多数国家,你或者制作属于高雅艺术的电影,或者制作为了普通大众、为了让人们愉快的电影。但在如此长期存在于此的政治环境之下,大多数影片不属于这两种类型中的任何一种。它们是为了取悦国家摄影管理委员会的人而制作的,因此没有人观看。"[132]福明和其他电影学者强调了同样的动态——电影制作人—官僚,或者官僚管理下的电影制作人——并且强调这对于创作过程多么具有破坏性,因为它诱导人们安全运作。这种论点认为,苏联电影院里有如此多的灰色影片,是因为官僚、党、政府给几乎每部电影都放血,使它们失色。

毫无疑问,失血确实是真的。但是决定由谁来下达手术的命令以及如何让它们为人所知却更加困难。苏联电影是一个非常复杂的社会构成。尽管历史学家们倾向于追溯光明路线而将电影专业人士与"另一边"分割开来,但如果我们观察这个体制存活的方式,我们就会看到所有必要的路线都是重叠的。一名电影制作人不得不取悦握有权力

第一章　苏联的电影产业：定义斯大林时代之后的电影成功

的人，但苏联电影界一些最有权力的人是电影制作人的同行——电影权力的中间人。编剧和导演早在去国家摄影管理委员会之前就修改了他们的作品以满足他们制片厂的要求。这是相互审查；也有自我审查。许多涉及其中的人无疑都不愿意如此——包括官僚机构方面的一些人。关于这一点，几位以前的电影制作人在被鼓励回忆他们关于审查的经历时都曾谈及。例如，2005年，库特谢夫（Khutsiev）就对一位采访者谴责权威部门的笼统说法持反对意见。"如今人们责骂影片的剪辑师，但他们是不一样的，"他说道，并且提到了一位曾经支持他的制片厂的剪辑师。采访者坚持说："但是国家摄影管理委员会里有'监督者'能从最无辜的事情中看出煽动叛乱的言论。"库特谢夫回答说，"这也是复杂的，因为毕竟他们是不自由的。他们建议我重新开展新的项目。"[133]

人们别无选择而只能在艺术家—官僚路线之间同时展开工作，而且鉴于关系网在整个苏联生活中的重要性，他们也经常跨越这些界线而进行交往。许多苏联的官员对于拥有艺术界的朋友而感到自豪，并且培养这种关系。演员维斯福罗德·萨那伊夫（Vsevolod Sanaev）与他的一位朋友开玩笑说："你认为如何，为什么老板们让我参加每一个去海外的电影代表团？……因为他们感到无聊！他们在那里的夜晚如何放松？他们坐在宾馆的房间里喝酒。而我会讲笑话和荒唐的故事……得益于我的这个才能，我已经观看了整个世界。"[134] 1963年，当导演乔吉·达内利亚第一次去罗马的时候，他和当时刚进入国家摄影管理委员会的巴斯卡考夫同住一个房间。后来他写道，这本来不是他的选择，但两人相处之融洽超出他的想象，并且他对这位副主席初次海外旅行遇到的困难表示同情——比如他没有料到需要两件以上的衬衫。巴斯卡考夫无疑是上司（达内利亚将自己的衬衫给了他），但正是达内利亚有海外旅行的经验，也是达内利亚和他的电影制作人同事让巴斯卡考夫获得了他渴望的邀请函，与意大利电影界的重要人物们一起出席一个时髦而豪华的晚宴。[135]一位电影官员比电影制作人有更大的权力，但在某些情况下，没有他们，他也就没有了权力。

不可小觑的一点是，苏联的电影制作人据说制作了一些被定义为艺术的作品——既可以激励国内大众又可以在海外传播关于优越的社会主义文化的好消息的一些东西。即使在一种威权体制的环境下，苏联的电影制作人作为艺术家的地位总是赋予他们可以操纵的空间，远比《纽约客》的描绘为其读者所暗示的空间要大得多。即使是那些直接被束之高阁的影片仍然能让它们的制片人得到报酬。一些导演——塔尔可夫斯基是最好的例证——看到他们的作品尽管在国内全部被禁，但有时候却被销往海外。甚至在政府看来是麻烦制造者的导演，尽管没有获得国际声望，但也通常能够获得未来项目所需的资金。一种虽然令人费解但却富有成效的矛盾。至于施加在苏联的电影制作人身上的所有真实的意识形态压力，他们从来都没有被政府强迫去制作出受欢迎的或者更能被接受的影片。这是因为文化资金不仅对他们而言是一件有意义的东西，而且对于苏联的政治精英而言亦是如此。

重新定义勃列日涅夫时代的电影成功？

对于苏联电影的深层结构和价值观的最佳表达是关于实验创意电影制片厂或者 ETK（Eksperimental'naia tvorcheskaia kinostudiia）的故事，是自 20 世纪 60 年代中期持续到 20 世纪 70 年代中期将利润动机运用于电影制作的一种目标性试验。尽管 1963 年国家摄影管理委员会的成立是为了整顿电影院的秩序，但是克里姆林宫的新主人仍然感到不满意，从而在两年后又进行了另一次机构重组。国家摄影管理委员会

第一章　苏联的电影产业：定义斯大林时代之后的电影成功

看到了自己的地位，员工的级别得到了提高，同时也经历了一波解雇潮。¹³⁶尽管如此，仍然能够感受到更多的清理措施：一种提议是设立电影部，就像斯大林时代那样；政治局也在考虑解散所有的创意工会而用一个单一组织取而代之，以便更好地管理知识分子。¹³⁷

新的电影制作人工会在这段时期积极工作以预先阻止它们所认为的极端行为，并与国家摄影管理委员会一道，提出了一系列改革苏联电影的提议，这些提议以他们的坦诚以及时常以他们激进的表达方式而引人关注。在1966年的一份提议中，特别指出评级体制作为"导致创意工作者和制片厂导演对他们的电影在影院的表现漠不关心的根源"，他们赞成引入与票房结果关联的有限的物质鼓励。¹³⁸这是一个与时代步调一致的提议：1965年，克里姆林宫谨慎通过了附带利润动机的考西金改革方案［根据当时苏联部长会议主席阿列克谢·考西金（Aleksei Kosygin）的名字命名］。然而，改革者的热情只是昙花一现，政府选择再次通过扩展和清除电影官僚机构，以及增强党的监督来逐渐加大控制力度。这个过程也在其他大众媒体领域同时进行，1968年以后开始推动，并于1972年耶尔马什领导的国家摄影管理委员会重组时达到了高潮。实验创意电影制片厂是20世纪60年代改革运动的唯一幸存者，一直持续到1976年宣告解散。¹³⁹大约十年以后，在改革的全面进展中，电影制作人会引用实验创意电影制片厂的故事作为一个实例，说明一种无能而又偏狭的官僚机构曾经如何束缚了电影的发展。

实验创意电影制片厂的创始人格里戈利·查克莱（Grigorii chukhrai）不是普通的苏联电影制作人，他的主要合作者弗拉德米尔·波兹纳（Vladmir Pozner）也一样，是苏联电影界一位非常活跃的管理者并且拥有一种极其珍贵的东西：好莱坞经历。［波兹纳是一位在美国度过了大部分成年生活的移民，他在美国为米高梅影业（MGM）管理海

65

外电影发行。]¹⁴⁰查克莱加入电影界时，是一名二战授勋的老兵，加上他的国际声誉（他的电影赢得过各种奖项，包括戛纳奖）使得他对政府当局的影响力非同寻常。不仅如此，尽管查克莱是一名骄傲的党员和社会主义者，但他也是一位自诩的特立独行者。凭借其才智和品德威望，查克莱集中体现了20世纪60年代人们的精神状态；他是一位真正的信仰者。而正是在这种背景下我们必须审视他以市场社会主义的方式所进行的电影实验。

1966年，查克莱向《苏联银幕》（*Soviet Screen*）表示，苏联电影体制的问题是它"不断地促使人们撒谎"。¹⁴¹他说，当他还是一个编剧的时候就有了这个观点，一位导演要求他添加一些虚假的镜头以垫高预算。查克莱拒绝了，但他并没有指责这位导演，而是认为问题的根源在于这个体制只与满足预算的要求固定关联而不考虑市场表现或者艺术价值。¹⁴²实验创意电影制片厂旨在根据影片在观众中的效果如何来奖励相关人员。譬如，假设电影吸引了至少3,000万的观众，那么编剧可以从实验创意电影制片厂获得的奖励是其他制片厂奖励标准的两倍。这个实验制片厂也准备对失败的影片处以惩罚：曾经由于一部受欢迎的影片而获得奖励的编剧们，如果他们的其他电影的门票未能售出1,700万张这个覆盖制作和发行成本的平均量的话，同样的他们就得不到任何奖金。¹⁴³这是一项破釜沉舟的措施：如果他们制作了不受欢迎的影片，它就会失败而它的员工就会失去工作。¹⁴⁴

实验创意电影制片厂是自20世纪20年代以来首家也是唯一一家致力于取悦群众的影片的苏联电影制片厂。实验创意电影制片厂最成功的导演之一V. 默蒂尔（V. Motyl'）说，"实验创意电影制片厂避免为一个精英圈子制作电影。它对面向大众发行的电影类型感兴趣。"¹⁴⁵凭借在实验创意电影制片厂摄制的影片，这些影片导演中的许多人获

第一章 苏联的电影产业：定义斯大林时代之后的电影成功

得了巨大的成功，而制片厂在整体上也证明是盈利的。在 1966 年至 1971 年期间，实验创意电影制片厂的电影平均吸引 2,920 万观众，与此相比，整个苏联电影的平均观众人数为 1,730 万。[146]查克莱曾于 1986 年自豪地谈及他们所取得的成就："生产力极大地提高，而不必要的开支大幅下降。在盈利方面，我们的影片超出了我们最高的期望值。"[147]

尽管实验创意电影制片厂在 1976 年 2 月被最终解散，但国家摄影管理委员会的命令在敲响其丧钟的同时，似乎也为这家电影制片厂的商业模式提供了担保。[148]命令指出，将对电影工作人员的物质奖励的尺度与他们遵守拍摄计划和预算联系在一起的做法已经取得了"显著成果"，命令建议实验创意电影制片厂的领导者们应该为已经"完成一项重大的政府任务"而受到褒奖。[149]这家电影制片厂以高分通过了政府对其实验阶段的全部审计，1973 年，国家摄影管理委员会甚至已经成立了一个特别委员会，来推动将实验扩展到整个苏联电影工业的计划。一年以后，莫斯科电影制片厂的领导宣布，他的整个制片厂都将转变成实验创意电影制片厂的自筹资金的模式。1976 年 2 月的命令本身也宣称，国家摄影管理委员会和莫斯科电影制片厂已经研究了实验结果，并且正在"制定新的具体的计划和组织影片制作的原则、提供经济激励的原则，以及增加员工在创作高质量的思想艺术电影过程中的个人物质利益的原则"。但这些都没有获得批准。[150]

难以知晓为何会有这些令人困惑的征兆，但不应该感到意外的是实验创意电影制片厂模式被允许中途停止。按照它的原则将会颠覆整个电影产业——确切地说是让所有官僚机构而不仅仅是苏联都抵制的一种根本性的变革。那么为何扼杀这家制片厂，毕竟它是高盈利的？享有非同寻常的广泛接触国家摄影管理委员会档案权力的瓦列利·福

莫斯科的黄金时代

明报告称，没有可以追溯的关于关闭这家制片厂决定的书面证据；1976年的命令并没有通常的证明文件。福明猜测，是国家摄影管理委员会主席耶尔马什个人决定解散实验创意电影制片厂，因为它的成功让他本人以及整个产业看起来不好。[151]查克莱于2001年告诉一位采访者，这个决定来"自于上层"（耶尔马什）。"它与考西金改革的其他项目一起被砍掉了。"[152] 1986年，对于那些将实验创意电影制片厂视为"对他们福祉的一种羞辱和威胁"的人，[153]他给出了一些模糊的评论，并在他的后苏联时期的回忆录中做了详尽而更加全面的阐述：国家摄影管理委员会的经济学家和电影专业人士都反对这种模式。他说，有一次他被叫到中央委员会解释为何利奥尼德·盖戴（Leonid Gaidai）仅仅因为一部影片就挣得1.8万卢布。显然，他们从电影界的其他人那里一直收到投诉。[154]

酸葡萄式的嫉妒？是的，但是鉴于游戏规则，反对实验创意电影制片厂的言论也是十分符合逻辑的。实验创意电影制片厂导演的排名完全是两个极端，这也是非常说明问题的：非常年轻的［E. 克里莫夫(E. Klimov)、L. 谢皮特考（L. Shepit'ko）、A. 斯莫诺夫（A. Smirnov）］和非常资深的［查克莱本人、G. 达内利亚（G. Daneliia）、L. 盖戴（L. Gaidai）、P. 托德洛夫斯基（P. Todorovskii）］。[155]很少有人对接受挑战感兴趣。如果整个产业都转换成实验创意电影制片厂的制作模式，那么电影界的大部分专业人士将从制片厂的薪水单上被除去，转而被迫为了合同而展开竞争。如果奖金与票房收入联系在一起的话，那么有些人就要过没有奖金的生活。电影制作人工会总是对增强其权力（以及导演的权力）感兴趣；处于改革全盛时期的20世纪60年代的提议可以从那个角度进行理解。但是工会不太支持竞争（1960年，它曾反对并且驳回了一项关于在竞赛基础上奖励电影作品的计划），因此对于破釜沉舟式的

第一章　苏联的电影产业：定义斯大林时代之后的电影成功

方法也很少去推荐。[156]到了20世纪70年代，电影制作的成本大幅增长，苏联绝大部分影片都获得了高评级。奖金是稳定而可靠的，电影人因此有更多理由回避竞争风险。

反对实验创意电影制片厂的另一个明显可能的缘由在于意识形态。实验创意电影制片厂的编剧康查洛夫斯基（Konchalovskii）认为，这家电影制片厂是"修正主义的巢穴，地下刊物（和）煽动叛乱言论的温床"。[157]他写道，早在1968年真正的实验创意电影制片厂就已经终结了，当"坦克碾过布拉格的时候，同时也向全世界表明了实验如何终结"。那一年，原本一直独立的制片厂被归属到莫斯科电影制片厂。当然，实验创意电影制片厂的氛围和气质是独特的。查克莱和波兹纳欢迎那些政治资格不可靠的年轻的电影专业人士，制片厂也因为支持一些有争议的项目而闻名。1976年的命令带有一种对其意识形态不可否认的不满味道：它指出制片厂的过错在于未能创造出"大规模的关于当代和历史革命主题的影片"——苏联电影艺术最喜欢的两大主题类别。[158]

正如康查洛夫斯基所建议的那样，很可能实验创意电影制片厂是作为一个培养颠覆的基地而被关闭的，但事实真相似乎更加平淡。制片厂招致了嫉妒却又没有保护者，在一个几代人都一直依赖于关系和物物交换的体制内，这意味着事关重大。但最重要的是，实验创意电影制片厂在当时的环境下是多余的。它盈利丰厚不假，但苏联电影在整体上都是如此——低效，是的，浪费，没错，但那又怎样？拥有40亿张门票的票房收入，国家摄影管理委员会和中央委员会的官僚们依然可以向他们的上司和他们的国外同行洋洋自得地夸耀苏联电影的强大。

查克莱谈及实验创意电影制片厂时总将它作为使苏联电影现代化

的一种模式。(在他的回忆录中,他强调说它的策划专家已经设计出类似于美国航空项目所使用的评估技术!)[159]然而,到了20世纪60年代后期,当然还有20世纪70年代,查克莱及其社会主义理想,在许多方面已经成为银幕上的一种过时的形象。苏联电影领域没有他也会被现代化,如果我们所说的现代化是增加了的复杂性、差别性,以及与资本主义西方电影的相似性的话。鉴于国家摄影管理委员会和党在这段时期控制机制的扩展,以及随之而来的社会、政治和官僚因素导致的日益复杂的编剧艺术,相似性这个概念似乎与正常的预期相反。控制从来就不是问题;在苏联煽动叛乱言论的影片是没有回路的。尽管如此,但我们所见到的却是苏联电影领域的一种持续的分割,按照不同的影片、不同的观众甚至不同的放映地点,而将电影分为高雅和低俗、精英和大众、艺术和主流范围。这是战后苏联广泛的社会现代化进程中的一个小侧面,这种社会现代化给人们带来更多的自由时间、可支配收入和文化资源,以及对生命周期中各个阶段更加清晰的描述从而助长了各种各样的选择。[160]

观众的划分是一根带电的意识形态金属线,很少有人愿意公开触及,当然,至少在20世纪50年代和60年代肯定没人愿意。从定义上看,艺术超越个人的品位和经验,而电影是"最重要的艺术"。关于一名建筑工人的电影可能吸引的建筑工人的人数要多于水手和学生,但它的艺术性(就像苏联作家们经常说的"真理"那样)却使其具有普世意义。查克莱自己的作品,在他看来,属于"大众"艺术,这也是他为实验创意电影制片厂的电影确立的目标。从这个意义上讲,他是一位传统主义者。但在20世纪70年代,文化市场的现实很清晰地反映出苏联观众的自我划分,以及电影制作界内部的划分。而在某种程度上,这些划分正是政府政策所追求和促使的。

第一章 苏联的电影产业：定义斯大林时代之后的电影成功

国家摄影管理委员会的新主席耶尔马什，是苏联类型影片，或者一种娱乐导向的影片的一位坚定的支持者，也是资本主义模式的一位公开的仰慕者；一位导演甚至回忆说他曾在多次会议中将好莱坞影片作为实例放映给电影制作人看。[161] 尽管如此，对类型影片的新的强调从来没有想要取代具有思想分量的国家订单影片，也没有发展成苏联电影艺术的组织原则和面向世界的主流面貌。如今，有些以前的电影制作人甚至赞扬耶尔马什曾经欣赏那些在美学上具有挑战性的项目的价值，并在意识形态正确性的范围内支持他们的发展（这一点据说与他的前任罗曼诺夫不同）。一位历史学家解释说："他不关心一部单独的影片是否可以回收其成本，但他却担心产业整体的盈利状况。"[162] 在类型片中，他看到了一种可以维持电影产业底线的机制。

耶尔马什的政策取得了无可否认的成功。情节剧是一个主要的收益者，其中最著名的例证就是《莫斯科不相信眼泪》（*Moskva slezam ne verit*，1979 年），一部风靡全球的苏联风格的白手起家的爱情故事，不仅占据了苏联市场，两部中的每一部都售出了 8,400 万张门票，而且还赢得了奥斯卡最佳外语片奖。在他的任期内，电影制作人也尝试了大场面的动作片和惊悚片，包括《20 世纪的海盗》（*Piraty XX veka*，1979 年），这是另一部分为上下两部的豪华大片，是关于苏联海员与鸦片走私犯之间扣人心弦且难以躲避的实力悬殊的战斗故事。（最终正义战胜了邪恶。）8,800 万张门票让《海盗》成为苏联时代苏联电影的票房冠军，仅次于苏联绝对的票房记录保持者墨西哥的《叶塞尼亚》。耶尔马什统领了一个大片时代。苏联总体的电影观众数量实际上是在缩小的——去看电影的人经常越来越少——但在 20 世纪 70 年代，也出现了比以往更多的轰动影片。

与此同时，在一些较小的并且往往偏远的影院、俱乐部以及特别放映厅，内行的电影观众正在观看在西方被称为"实验性的"（art house）电影——而这也必须被认为是耶尔马什时代的一个基本特征。这些影片中有一些是外国制作的，而另一些则是国家摄影管理委员会决定要通过限量发行使其埋没于市场的影片，但其中许多是任何人包括耶尔马什在内都没有指望能与大众见面的影片：制作给那些未将自己称为精英的精英看的影片。他们是"拥有成熟品味的人"，"有美学修养的人"。斯大林去世后的电影产业大繁荣使得这类影片成为可能，并在耶尔马什时代得以发展；正如事实所显示的那样，它获得了一种更加独特的文化身份。通过在电影产业内推动一个更为强劲的娱乐领域，政府也批准了一种更加直截了当的文化精英主义。对观众的划分在意识形态方面仍然是一个微妙的概念；被统一的广大观众依然是目标。尽管如此，现在的一些评论家和电影制作人却更愿意自豪地涉及精英电影和精英观众。正如一位电影制作人所说，在重组改革时期，"苏联艺术的存在依赖于我们能够年复一年地消磨时间，然后巧妙地击中要害。"[163]对实验创意电影制片厂模式的反对正是保护了这种消磨时间和机巧性，以及与之相连的关于电影、电影制作者和观众的一种整体的思维方式。

战后苏联电影产业始终以一种利用外国和苏联出品的以娱乐为导向的影片充足资金账户的商业模式进行运作。20世纪70年代，耶尔马什领导下的变革并不是根本性的：它只是一种程度的变化，并且在某种程度上是对这种模式的坦诚性的一种变化。在许多历史学家和一些苏联电影制作人的眼中，"玩世不恭"应该是一个更有效的词汇。在文学领域有一种倾向，将耶尔马什时代的政策表现为反进步的甚至反动的。有人说大众文化的意义以及苏联制作的类型影片"扭曲"了观众的感情（"公众的品味在娱乐中转向'资产阶级'，"一位历史学

第一章　苏联的电影产业：定义斯大林时代之后的电影成功

家写道)。其他人则用损失这样的词语来描述大众—精英电影的不断分离（"对大众凝聚性的破坏"）。耶尔马什因其"对电影产业强制推行一种娱乐导向"而遭到批判。[164]这是反映时代声音的一种争论,当时国家摄影管理委员会对票房大片的支持引来了各界的严重不满,他们认为这是对作为艺术的电影概念的一种攻击,也是对苏联社会艺术家地位的一种攻击。在1981年的电影制作人工会大会上,包括《莫斯科不相信眼泪》的编剧在内的几个人提到了电影制片厂面对所谓的票房（kassovye）影片时的"势利态度"；其他人则捍卫他们作为苏联艺术家的权利和义务而不去理会票房。耶尔马什告诉与会的电影制作人,"经济因素"是他们工作中"最为重要的因素之一"。"数据反映了电影在人民生活中的重要性和作用。"[165]

然而,即使在耶尔马什领导下最坦诚的商业时刻,苏联电影产业也未能走到采用实验创意电影制片厂模式的那一步；尽管经济上的可行性如今可能已经被标榜为最重要的因素之一,但官僚和政治精英、电影制作人和观众心中都有更为迫切的因素。正因为如此,法拉帝认为苏联工业在财政方面具有"非理性化的"特征。[166]但是苏联电影有其自身的条件。莫斯科电影制片厂在20世纪70年代拥有的电影员工是其所具备的工作岗位的三倍。[167]每周当他们拿到工资袋时,他们知道这种状况,就像那些捍卫他们追求苏联电影艺术的职责而不顾成本和收入的电影制作人一样。而至于重新定义勃列日涅夫时代的电影成功,他们认为没有必要。[168]

外国银幕上的苏联电影：电影艺术与文化冷战

如果苏联电影艺术的这种矛盾性在国内收获颇丰——对于电影制作人和电影产业,对于官僚们,甚至对于在这个观看电影的黄金时代

莫斯科的黄金时代

的观众们而言——那么，国际情况如何？尽管依赖于大众文化，但苏联官员却在不断地将他们的电影体制宣传成一个与众不同的世界，和一种值得效仿的模式。苏联文化部长在发起莫斯科1958年的国际电影节时宣布，"好莱坞在世界市场占据主导地位的日子即将结束。"[169]苏联的电影艺术将引领道路。九年以后，苏联在塔什干首次为来自后殖民地世界的电影举办了一次国际电影节，进一步将苏联电影艺术的形象宣传成为反好莱坞的和作为对抗好莱坞的绝妙方法的形象。[170]

在国际银幕上取得成功是苏联电影身份的核心，而从某些角度来看，它的确塑造了一个令人注目的形象。在赫鲁晓夫时代，苏维克斯波特菲尔姆大规模扩展其业务规模，在世界范围内（截止20世纪60年代在五十多个国家）设立办事处；在没有设立官方代表的地方（比如美国），其代理人通过中介来进行交易。[171]以1967年这一年为例，苏联声称电影销到了108个国家，总收入超过440万卢布（大约200万卢布销售给社会主义阵营，240万卢布销售给了资本主义国家）。[172]有些电影销售的范围相当广泛。截至1963年，格里戈利·查克莱的《士兵之歌》（*Ballada o soldate*，1959年）出售给了93个国家，而《雁南飞》（*Letiat zhuravli*，1958年）则销到了88个国家。[173]

然而，粗略的数据往往会引起误导。一部主要的影片可能会占据重要的分量：譬如《战争与和平》的版权售出了130万美金，是1967年来自于资本主义国家的销售总收入中相当大的一块。[174]更重要的是，销售量并不一定等于大范围的发行。《雁南飞》是美国通过1958年美苏交流协议购买的影片之一，尽管它在高校和艺术界颇受欢迎，但始终未能进入电影的主流。观看《威猛七蛟龙》的苏联观众的人数让观看《雁南飞》的美国观众人数相形见绌。观看《悲惨世界》的苏联观众人数与观看查克莱的《士兵之歌》的法国观众数之间也出现了同样

第一章 苏联的电影产业：定义斯大林时代之后的电影成功

的对比效果。[175]苏联人将此归因于意识形态冲突——西方观众因为政治原因而否定苏联电影——因此他们表示抗议；1963年，苏联的一位高级官员宣布，苏联将停止购买美国电影，除非美国方面保证广泛发行苏联电影。[176]这种抵制却从未发生，20世纪70年代，苏维克斯波特菲尔姆仍然竭尽全力与那些能够保证不仅销售而且宣传苏联电影的美国公司进行交易。[177]美国人从他们的角度认为苏联影片的市场表现不好，而且不仅美国如此。印度人也不太接受苏联影片，尤其是1960年以后，当时发行已经从通过友谊社团和俱乐部这种文化交流形式转变成商业形式。[178]甚至那些志同道合的社会主义国家也缺乏热情；20世纪60年代初，人民民主国家的电影发行机构拒绝了一半以上的苏联待售影片。[179]1962年夏天，一个前往波兰的苏联代表团发现克拉科夫的影院里放映的苏联影片只有5部，而资本主义国家的影片却有25部。[180]20世纪60年代和70年代，苏联电影唯一在扩展的领域是那些后殖民国家——亚洲、非洲、拉丁美洲和中东——但是在这些地方，虽然苏联对其十分关注，但也是美国拥有一种压倒性的优势。[181]

苏联以票房大片的形式在电影文化冷战中败下阵来：苏联电影的遍及范围与好莱坞电影的遍及范围之间的差距是巨大的。不可否认的是，与西欧国家和日本相比，苏联在保护其本土产业方面是非常成功的。当然，由于意识形态优越性的原因，在涉及电影的时候，苏联人没有将自己视为与其他任何人在同一个联盟里竞争。但他们也很清楚自己内在的实质优势：苏联不与别人相比是正确的，譬如法国，鉴于其规模，几乎不可能沿用美国人的路线来支撑大规模的、资本密集的制作和发行的运作模式。（尽管印度拥有粗犷的规模和一个宽泛的电影产业，但它缺乏资金。）苏联是世界上唯一重要的工业化国家，拥有足够大的国内市场来推动这个产业在全球范围内与好莱坞展开竞争。

莫斯科的黄金时代

值得讨论的是，苏维埃社会主义共和国联盟，作为一个多种族、多语言的国家，与美国拥有同样的优越地位，而且可能是比美国地位更优越的国家，也将发展一种可以与全球各国的观众进行对话的电影文化。[182]

苏联总是猛烈批判好莱坞在国际电影市场横行霸道，而且理由很充分。然而，就像这些年来许多评论家也指出的那样，苏联的出口困境有着深层次的内部根源。苏联电影是一种被确定为艺术却像一门手艺一样进行运作的产业；它有一种阻碍其国际竞争力的手工制作的品质。当好莱坞和其他国家的电影行业已经开始投入彩色和宽银幕电影的时候，苏联落在了后面。不仅如此，他们遭遇到全部设备的基线问题。苏联电影的制作品质往往远低于国际标准，这是电影制作人经常公开讨论的问题。电影制作人工会在20世纪60年代提出的改革提议中清楚地说明，苏联电影在国际市场上缺乏竞争力是因为其较低的产品质量。胶片保存质量是最突出的问题。这是一个普遍公认的问题，不断地被研究却从未得到解决。[183]电影产业还缺乏足够的添加字幕和混声录制的设施，所以只能用外汇购买外国公司的服务，或者更多的时候是买不到这种服务。

在组织方面，正如我们所知道的，苏联电影遭遇了根本性的问题。一个在国内会错过最后出品期限的产业，在国际上也错过出品期限。[184]印度的电影发行商抱怨苏维克斯波特菲尔姆作为代理机构不够专业，选片拖延而且还将损坏了的影片退给他们。[185]苏联人也持续面临着各种流言——是有依据的，正如所发生的那样——他们非法复制送到莫斯科备选的影片。[186]苏联对知识产权总是抱着高抬贵手的态度，许多了解这种状况的外国电影制作人都不愿意与他们开展业务。1962年，波兰的电影官员向一个来访的代表团抱怨说，从苏维克斯波特菲尔姆购买

第一章　苏联的电影产业：定义斯大林时代之后的电影成功

的材料质量如此之差，以至于他们无法用它们宣传苏联影片。[187]类似的问题也阻碍了通过非商业的（外交的和教育的）渠道宣传苏联影片的努力。尽管整个西非在20世纪60年代初的第一辆电影拍摄车的确是从苏联引进的，但是它闲置在苏联驻塞内加尔的使馆内数年生锈：使馆声称无钱来运作它，而国家对外文化关系委员会拒绝将其作为一件礼物送给塞内加尔政府。[188]

当然，苏联电影在国际市场的命运的另一个关键问题是，观众是否需要它所提供的。苏联的答案就像评估国内影片那样，总是围绕艺术和意识形态方面的措辞。标准答案是当缺乏深度并且没有涉及当代生活的重要问题时，苏联电影是失败的。苏联对外贸易部副部长I.博尔谢科夫（I. Bol'shakov）在1959年的《电影艺术》（*Iskusstvo kino*）上更加具体地阐释了这种失败："（这些电影中）有许多不必要的日常生活细节，"他写道，"还有一些不能打动观众的爱情问题，许多小的插曲、含糊的俏皮话以及肤浅开放的娱乐镜头。"[189]从类型片或者娱乐导向的影片的角度看，这是一个听上去相当有前途的方案。博尔谢科夫所列的符合这种方案的影片——这些影片因此在他看来都不适宜国际发行——许多是在苏联国内市场取悦观众的影片：譬如间谍片《第306宗案》（*Delo no. 306*），其1956年的票房为3,300万张，位居第二位，以及三年后售出3,200万门票的音乐剧《吉他女孩》（*Devushka s gitaroi*）。苏联品味始终属于国际主流。苏联的轰动影片在理论上也可以成为国际轰动影片。

苏联的确成功营销了一些国内轰动一时的影片——譬如《两栖人》。然而，正如博尔谢科夫明确表示的那样，将吉他女孩和两栖人带给国际观众从来都不是苏联电影的理想。或许更确切地说，苏联电影产业很少有这样的影片推介给市场。作为一种世界电影的苏联电影

莫斯科的黄金时代

无法逆转国内电影产品的现实——大量的灰色影片很少有人喜欢观看，而像《伊凡的童年》这样的小众电影，尽管从艺术的角度看是重要的，却又无法吸引大众。苏联的电影艺术由于未能满足电影娱乐的国际标准而在开放的国际市场上不成功。这肯定是令人恼怒的，正如出口官员们在1963年给中央委员会的报告中所说，"我们在戛纳电影节上未能售出一部电影。"令人无法接受的是，甚至社会主义国家也对苏联电影不予理睬。[190]但是国际市场的标准不是苏联标准；评论家们嘲讽说，它们在本质上是大众文化，与好莱坞是一样的。苏联电影艺术顽固地在自己的价值观和优越感中寻求避难。

作为一种策略，这样具有明确的好处：它为失败准备好了一种解释，并且在一段时期，它对亲共产主义的和反反共产主义的精英们发挥了很好的作用。在西方，对后斯大林主义的苏联的狂热逐渐冷却，尤其是在20世纪70年代，知识分子开始关注革命潮流（值得注目地包括20世纪20年代苏联的先锋电影在内）的其他源头。[191]塔尔科夫斯基和其他一些人依然具有影响力，但在西方导演同行的眼中，他们看起来越来越像是苏联平庸规则的例外——一种仅由耶尔马什时代的国产类型片中的轰动影片得以确认的规则。苏联电影模式在后殖民世界的知识精英中的影响后来得到了某种程度的发展，而苏联努力通过实质性的介入来推进这种影响，诸如莫斯科国际电影节和塔什干国际电影节等。苏联国立电影学院（VGIK）和其他苏联机构也培养了有志向的电影制作人，并且为新的国家电影的发展作出了贡献。尽管苏联的出口业务存在诸多问题，但是在许多后殖民国家的城市中心，观众为了苏联电影而聚集在一起。评论家柯利尔·拉兹高洛夫（Kirill Razgolov）一贯认为，"在世界的很大部分地区，主要是'发展中'世界，信条是：最糟糕的苏联电影也比最完美的西方电影好。"[192]

第一章　苏联的电影产业：定义斯大林时代之后的电影成功

这种观点很可能是正确的，但我们必须认识到在后殖民国家，就像在西方一样，更喜欢苏联电影而非其资本主义竞争对手的电影的观众，基本上是受过教育的精英观众。这并不是说苏联电影在国际上的表现从来都不佳，而是说其表现总是比作为世界领导者的苏联模式的自我感觉要糟糕，而这一点却是重要的。在国内，苏联电影实际上为大众和精英的划分留有空间：它可以给出一个电影成功的定义，这种成功依赖于利用理论上有害的或者低俗的影片（外国的和苏联的）来满足观众，同时它又给为艺术而工作的电影制作人提供薪水以及最重要的用以消磨的时间。然而，在国际方面，在开放的市场条件下，苏联电影无法实施它的策略，无法回避其商业模式，也无法定义其自身的成功道路。苏联不仅是其意识形态的劲敌——大众文化电影影像的净进口国，而且自认为是世界主要电影的苏联电影显然处于世界银幕的边缘。这是一对永远都不会结出果实的矛盾。

第二章　新苏联电影文化

苏联电影艺术是一种独特的意识形态概念，而其核心是一种独特的苏联观众模式。它被定义为一种巨大的观众，它不停地扩展并且在欣赏苏联电影制作人的作品方面具有一致性。这些特点中的每一个都至关重要。观众的规模——不是几百万张票而是几十亿张——是苏联电影成功的鲜活证明。因为电影在苏联被定义为艺术，那么庞大的观众规模进一步证明其人民的文化水平以及他们根本上的团结一致。[1]

苏联电影的典型观众是在20世纪30年代塑造的，当时《真理报》（*Pravda*）宣称"整个国家都在观看《夏伯阳》（*Chapaev*）！"，并且事实上，所有的工厂、军队、学校、官员全体总动员一起观看这部1934年的内战题材的集体主义影片，就像观看其他被政府当局在短时间内冠以"经典"的影片一样。所有的苏联观众反复观看这些影片，据说不仅仅是为了娱乐，也是为了精神上激励和教育，为了英雄们。[2]

苏联电影界、官僚以及电影制作人等使整个战后时期的苏联电影的经典得以产生。尤其是《夏伯阳》使人想起了一种团结一致的象征——政治与艺术的团结一致，电影制作者与观众的团结一致，以及观众本身的团结一致——并且作为一种效仿的榜样。然而，在战后苏联的村庄、乡镇以及城市，苏联电影文化却呈现出一种极其不同的景象。最明显的是，在第二次世界大战后的数年里，如果说全国人民都

第二章　新苏联电影文化

在观看什么的话,那么很可能是战利品影片《人猿泰山》,或者苏联第一部票房大片《两栖人》,宝莱坞的《爱在西姆拉》(*Love in Simla*),或者苏联探险故事片《20世纪的海盗》(*Pirates of the Twentieth Century*)——那是几乎违反了苏联电影教科书上所有关于艺术性,以及英雄主义教育的绝大多数概念标准的娱乐导向的影片。然而,不仅如此,通过某部大众电影的体验而使整个国家团结一致的想法在媒体时代正变得越来越过时。在后斯大林时代的20世纪50年代、60年代和70年代,日常生活发生了变化,电影也发生了改变——包括它的社会学以及它在影院之外的文化痕迹。现实与苏联观众的意识形态是极其分离的。

对比一下苏联1965年和1935年的电影经历。20世纪60年代,每一个苏联人平均每年去看20次左右的电影,而在20世纪30年代不到5次;20世纪60年代,观众可以在一百多部新的国产影片和几乎同样数量的进口影片中进行选择;而在20世纪30年代,选择的数量只有上述数量的四分之一,而且几乎100%都是苏联影片。这种选择的剧增是导致观众产生前所未有的分化的一个因素。同样重要的是,围绕电影的文化——笔者所谓的"电影文化"——在1965年是前几十年的观众所无法看到另一个世界。到了20世纪60年代,苏联人民在影院之外有许多途径接触电影,从图书、新闻报刊到与电影相关的商品,比如从明信片和挂历,到演讲、电影节以及电视和电台广播节目。尽管这些事物中的绝大多数在前几十年就已经以某种形式存在了,但它们的规模要相对小很多,而且在战后的20世纪40年代和50年代初期,苏联电影文化曾经几乎停滞。[3] 在斯大林的最后几年,苏联仅有一种关于电影的定期出版物,针对电影专业人士的月刊《电影艺术》(*Iskusstvo kino*)。[4] 没有电影俱乐部,没有电影节,也没有重要的国外电影制作人的代表团。电影宣传的整个重量都落在了几部获得赞誉和奖项的苏联国产影片身上。[5]

20世纪50年代至70年代末见证了苏联电影经历的一种翻天地覆的变化。电影文化不仅得以复兴并发展到了前所未有的程度，而且在一种新的政治环境下，伴随着战后时代主要社会关系的变化以及技术的发展，国内和国外的这种文化发生了变化。苏联人民从未享受过如此大量的自由时间和可支配收入来与电影打交道；影院里及其周边场所，还有在家里从未有过如此多的选择。苏联新媒体时代的电影文化不仅仅是比它之前的任何东西都更加广阔；它是多形式的并且更加个性化，它促成了一种与传统的苏联价值观极不相符的对待电影的态度。原则上，新的电影文化有助于发展观众的消费主义态度，以及一种"明星"和"粉丝"的文化，这种文化使得苏联英雄主义的传统观念被排除在外。尽管按照意识形态方案，电影具有一种严格的功能性——树立模范、进行教育、鼓舞人心——但新的苏联电影文化仍然让电影放开去做许多其他的事情。或者，更确切地说，新的电影文化为广大苏联人民打开了多扇门，在以电影作为一种文化体验的同时去做许多其他的事情。

正在发生的变化在年轻人中尤其明显，年轻人不仅在意识形方面是重要的观众群体（因为青年观众被普遍认为既更易于颠覆也更易于接受教育），而且在绝对人数方面：苏联看电影的民众的大部分是30岁以下的。年轻人对于娱乐导向的产品的品位驱动着苏联市场，但许多当代观察家发现他们的选择令人沮丧，如果不是令人震惊的话。对于一种让电影担负伟大老师责任的文化模式而言，那些来自社会主义轨道之外的电影——以及尤其是那些来自敌人阵营的大众文化电影——的广受欢迎提出了显而易见的问题。但这种状况同样存在于国

第二章 新苏联电影文化

产影片。

1965年的票房冠军是一部叫作《"y"行动以及舒里克的其他冒险》(Operatsiia 'y' i drugie prikliucheniia Shurika)的苏联闹剧，其中的"主人公们"沉醉于不负责任的酗酒和小偷小摸之中。[6]一份1969年的共青团关于青年电影现状的报告中说，"对于我们所有人来说，再清楚不过了，用这类电影我们无法解决人民的道德教育问题。"[7]从他个人的角度看，这位审计员（一位电影制作人）是对的：《"y"行动》在树立值得学习的榜样角色方面没有什么可取之处。不仅如此，尽管许多苏联电影确实发挥了这种作用，但仍然有充分的理由怀疑年轻人是否知道如何在人群中辨别榜样，更复杂的是，他们在选择自己的电影食粮时是否基于能导致正确结果的正确理由。《国家罪犯》(Gosudarstvennyi prestupnik)是一部完全正确的克格勃剧，它在1965年的票房中排名靠前，但由于它也是由《"y"行动》的主角阿列克桑德尔·德姆亚南柯（Aleksandr Dem'ianenko）担任主演的，它的广受欢迎可能会引发许多问题。如果观众涌入影院就是为了看"他"而不是他所扮演的那位令人仰慕的克格勃特工，该怎么办？如果报信人的光芒让他所传达的信息黯然失色又该如何？

鉴于数以百万计的影迷们疯抢印有演员照片的明信片，见到这些演员出现在公共场所就会蜂拥而上，这个问题就不只是学术性的了。社会学家们发现苏联观众选择观看某部影片更可能是缘于片中有他们最喜爱的演员而不是影片的主题、评论家所做的评论或者任何其他因素；而年轻观众看起来尤其以演员为导向。[8]社会学家也指出，年轻人是各个年龄人群中最少有可能喜欢苏联出品的以年轻人为目标观众的青年英雄题材影片的，并且他们最有可能选择外国的（非社会主义的）影片。[9]一些研究表明，年轻观众普遍对英雄主义概念是模糊或者冷淡的。当被问及他最喜欢的银幕英雄的名字的时候，一位16岁观众的回答是"都喜欢，没有特别喜欢的"。其他的年轻受访者则干脆拒绝回答。[10]

关于作为文化媒介的电影没有任何迹象显示出一种围绕电影的文化的存在，所说的是一种电影文化而肯定不是一种宽泛的、由性格驱动的文化的存在。电影文化是一个选择问题。就像在媒体时代苏联文化的其他领域出现的情况一样，这些选择产生是因为它们对不同的人和机构具有（个人的、财政的、社会的、政治的）意义。选择让电影既成为苏联文化的一个巨大成功故事，又让它在许多方面成为彻底妥协了的意识形态领域。

电影的黄金时代

20世纪50年代至70年代是苏联看电影的黄金时代，而这个黄金时代的核心就是扩张：更多的影片，更多的影院，更多的观众，而对这些观众而言，拥有更多闲暇时光去看电影，并且拥有以其他形式参与电影的选择。如此大比例的人口如此频繁地观看电影应该是空前绝后的。达至巅峰的年份是1968年和1980年，当时整个苏联的平均年售票量接近每人20张。但整个这段时期的售票率都接近这个高度；截至1960年，苏联的平均售票率已经达到了每人每年17张。仅在十年前，年均售票率一直都只有6张。[11]

让我们暂且不论许多地区以及其他各种各样的情况被全国平均数所掩盖：这些数字意味着一个庞大的电影观众，而且是第二次世界大战以后政府对电影基础设施重点投资的结果。苏联关于电影设备安装的数据包括从一个接一个的村庄安装的放映移动装置，到俱乐部和学校内的小型影院，到大型影院和文化宫等所有数据。与其他工业化国家相比，苏联面临各种银幕的严重短缺，这部分是由于战争的大规模破坏。[12]农业地区始终都是供应最少的地方，但大部分城市地区也处于匮乏状态。比如，白俄罗斯加盟共和国首府明斯克，大约有 50 万人口，1955 年仍然只有一家影院。即使莫斯科也供应不足：只有很少的 49 家影院，或者说每千位居民只有 5 个座位，苏联的首都无法与纽约（每千位居民 80 个座位）或者伦敦（每千位居民 100 个座位）相比——这些事实在苏联文化部长 1955 年的一份报告中得以强调，报告呼吁影院建设。[13]快速城市化意味着苏联城市里的影院和俱乐部经常与需求不相匹配，至少放映那些受欢迎的影片时状况如此。20 世纪 50 年代中期，许多城市影院将其日放映数从 3 场增加到了 8 场，或者更多，但仍然无法为所有潜在的观众提供座位。[14]

然而，如果广袤的苏联在 1943 年只拥有不到 1.1 万家任何种类的电影装置的话，那么十年以后，这个数字就超过了 5 万，而到了 20 世纪 60 年代中期，这个数字则接近 15 万。[15]村庄收获最大，不仅体现在原始数字上（大约总数的五分之四），而且体现在它们的设施的整体改善上。[16]尽管巡回放映员到了 20 世纪 70 年代仍然是一个熟悉的人物，但固定式放映机正逐渐成为标准配置，截至 1975 年，在苏联历史上乡村地区看电影的数字首次与城市地区持平，达到每年 18 次。在俄罗斯加盟共和国，早在 1968 年乡村的平均观影次数实际上就已经高于城市中心地区的水平了。[17]

战后时代是苏联修建豪华影院的鼎盛时期；大多数新影院都小了很多，但"千人影院"（tysiachnik）是苏联观影黄金时代的黄金标准。1969 年出版的莫斯科电影世界指南中罗列了一家又一家影院，或者仍在建设中，或者刚刚竣工，拥有 1,000 个或者更多的座位。[18]许多千人影院是多功能厅，像克里姆林宫的国会厅（6,000 多个座位），列宁格勒的奥克蒂亚布热斯基（Oktiabrskii）以及基辅的乌克兰影院（每家都有4,000个座位）。[19]巨大的场馆与由体验和品味统一起来的广大苏联观众的理想类型相匹配。大型建筑与苏联电影的发行政策也有着密切关系。正如在1966年的一次为《电影艺术》而举行的圆桌会议上一位官员对这个体制所做的解释，经济计划人员根据大型城市影院的票房数据来评价一部电影的表现。大约有4,000家这样的影院，占所有城市电影放映总收入的75%，也就是苏联总体票房收入的75%。为了让一部影片在发行系统中被认为是成功的，它必须能够让那些大型影院持续地坐满观众。标准有所不同：一种版本的标准是城市影院所有的放映场次必须售出70%—96%的座位才能完成它们的计划；[20]另一种版本将标准设在85%—90%；[21]第三种版本的标准要求莫斯科的影院必须售出一半的座位，而地方影院要求售出四分之三的座位。[22]

该体制的评论家们当时描述了地方层面的一种容易触发的回应机制：一旦某部影片售票跌到一个设定的点，发行官员和影院经理就会代之以另一部影片——通常是，但不总是，一部大众文化影片。事实上，鉴于我们所了解的计划经济整体上的惰性，这种情景似乎不太可能发生。但评论家们坚持认为苏联电影是残酷的区别对待的受害者。如果不是由于某些不负责任的数据，观众本可以看到他们需要的也是值得一看的优秀苏联影片。甚至有一些密谋策划的痕迹。1965年的一篇发表在《电影艺术》上关于"成功的秘密"的文章，指出了地方官员以"半隐秘的"方式做出的决定。

电影《三个火枪手》在乌拉底米尔市被强加给观众——而现在我们了解了它是如何做的。52.2万人观看了这部影片。一个纪录。但这是电影发行办公室活动的结果，并不代表乌拉底米尔的观众的艺术需求。他们观看的是最经常放映给他们的东西。[23]

党在宣布20世纪50年代末和60年代的常备剧目时为这些抱怨设立了基调。党也指责地方层面,而寻找替罪羊,或者将体制性缺陷归咎于个人和"需要考虑的商业因素",是我们将在本书多次看到的一种方式。[24]更多实事求是的苏联银幕观察家承认,大众文化电影的出现是缘于中央而不是地方所做的决定,有关这些影片所使用的激励结构亦是如此。他们同时认识到,观众实际上并不是放映什么就同意看什么(以下有更多关于这点的论述),并建议用一个多维度的发行体制来取代大众发行体制,为小众电影和票房大片等的成功运作提供空间。

事实上,这些苏联评论家所建议的是一种划分观众的形式——针对不同的目标观众在更小的影院里放映不同的电影。这是好莱坞在十多年前就已经采用的技术,当时美国看电影的黄金时代结束了,因此巨大的电影放映厅变空了。对于苏联评论家来说,他们的反面例子不是好莱坞而是东欧。譬如,1967年《真理报》上的一篇文章建议苏联计划人员效仿波兰和捷克斯洛伐克的同行,他们已经为"具有高度智力—艺术价值,但缺乏较高运营价值的电影"设计了特殊的更小型的影院网络。在对电影的财政健康状况的顾虑表示认同的同时,《真理报》也让读者确信,这些捷克和波兰的影院能够实现70%—90%上座率的计划并且能够盈利。[25]

尽管不时有官员提出这方面的建议,但苏联从未完全采纳过这种划分观众的做法:被团结在一起的广大观众的理想,作为反对大众文化的文化态度的一种强有力的特征仍然没有改变。后斯大林主义的繁荣给观众提供了前所未有的机会让他们自己进行划分,但同样重要的是也要认识到苏联的社会现实与这个理想从未配合过:苏联的电影消

莫斯科的黄金时代

费始终都是一种社会分化的活动。城市/农村是基本的划分，在电影领域如同在社会生活的许多领域一样。城市的影院与集体农庄的乡村俱乐部或者由巡回放映员组织的露天电影的晚场是完全不同的。尽管乡村里的观众们不必排队等待买票，但他们很多时候是等上几个月，甚至几年才能观看新上映的影片，只是发现他们拿到的电影拷贝已经磨损得几乎无法观看了。在苏联的城市里，市中心地区通常比郊区有更多和更现代的影院。而在普通俱乐部和影院与特殊放映世界之间的鸿沟要更宽一些。

高层政治精英的成员们会在自己家里舒舒服服地看电影，特别是周末在国家分给他们的别墅里。苏联的别墅圈是最高端的电影消费者，电影的"第一圈"，与所有的电影消费一样，其范围在后斯大林主义时期得到大幅扩展。纳米·米科伊安（Nami Mikoian）[苏联领导人阿纳斯塔斯·米科伊安（Anastas Mikoian）的儿媳]回忆说，暑假期间，她的家人和朋友几乎每天晚上都观看电影。[26]在第二圈，有一些由专业机构——电影制作人工会、作家协会、科学院以及其他许多团体——组织的特殊放映。莫斯科的每家主要报纸都会为其员工定期放映新片。[27]尽管理论上这些都是非公开的放映，但没有关系的观众却通过社会关系和倒票也获得允许观看许多这样的放映。戴维·古雷维奇（David Gurevich）在20世纪70年代是一位二十几岁的莫斯科影迷，他写道，在他的经验中，观看电影制作人工会放映影片的人群中有"商店经理、美发师、餐厅领班——电影制作人需要还人情的任何人"。特殊放映的电影不需要广告。古雷维奇回忆了努力购买一张《巴黎最后的探戈》（Last Tango in Paris，1972年）的电影票的情景："我认识的人中没有人看过，真的，尽管有人知道一个家伙曾在匈牙利看过此片——当然，是一个剪辑版本……但传言说离开影院时你将获得新生——一次完全的精神的重生。"[28] 如果你是一位像古雷维奇那样的影迷,莫斯科就是你最佳的去处,但其他城市也有可以选择的去处,而获准入场的方式基本相同。乌兹别克中央委员会的员工或者白俄罗斯作家协会的成员——或者与他有关系的人——相比塔什干或者明斯克大街上的大多数平凡人仍然更有机会缓解其对电影的渴望。电影俱乐部在后斯大林主义时代也繁荣兴旺,并且它们是限量发行的外国和苏联影片的最重要放映场所,对促进观众的划分发挥了重要作用。一位来自萨拉托夫的观众回忆说,作为一个勃列日涅夫时代的年轻妇女,她专门去俱乐部,那里放映"那些不是为了普通观众而拍的、复杂而精致的电影"。它们"像是我们这样的电影爱好者的食粮",她说,"在每部电影的前面都有一段讲解。他们替我们咀嚼了,然后放在我们的嘴里,而我们就只能吞咽了。"[29]

说电影在苏联广受欢迎是在陈述一件明显的事实,但却漏掉了某些更明显的事实:是看电影本身非常受欢迎,因为从特权层级的主妇们到商店经理再到乡下的年轻人,对于他们每一个人来说,电影是苏联社交生活的一个重要形式。[30]《芝加哥论坛报》(*Chicago Tribune*)的詹姆斯·沙利文(James Sullivan)报道说,1966年莫斯科郊外一家影院里的氛围,让他想起了20世纪30年代在芝加哥相识的俄国邻居。那是一个午场放映,人们已经早早地带着妻儿老小排队买票,在放映前享用着廉价的啤酒和香肠三明治。[31] 城市影院通常在大厅里设有自助餐,有时还设有展览。1969年的莫斯科电影指南中提到过一个名为"银幕上的列宁形象"的摄影展,这可以视为一个实例,但内容并不总是这么严肃;展览往往会聚焦于演员们。[32] 一位电影历史学家回忆说,她与她儿时的朋友曾在他们当地的电影院玩过猜展览中演员照片的游戏。[33] 在更大更高档的场所,放映前你可能会看到音乐合奏表演。

80

莫斯科的黄金时代

许多影院里还设有俱乐部：人们会在星期二去当地影院参加比如"象棋之夜"之类的活动。[34]尽管苏联并没有提供多种剧目（"B"情节片、"A"故事片以及短片——美国和西欧电影黄金时代的经典模式），但电影院的确也放映新闻片，有时还有动画片。[35]票价是相对便宜的——平均25到30戈比（20世纪70年代为30到40戈比），如果座位不好或者在条件比较差的场所，票价会更便宜。在黄金时代，一周去看几场电影对于人们来说不是非同寻常的事。

在小镇上和小城市里，看电影是一项主要的社交活动。千人影院将大量人群聚集在一起观看电影，而且如果天气允许的话，许多地方还会在公园和足球场进行数量众多的放映。这就是在单独一个夏天（1960年）25万莫斯科人如何设法观看美国的《罗马假日》的方式，其中有一个周末人数达到了3万。[36]想象一下数千人从地铁里涌出，在体育场的入口处排起长队以及坐在看台上的场景。再想象一下哈萨克斯坦的卡拉套的喧嚣，当时一家当地影院三天内售出了1.4万张宝莱坞的《投入恒河》（*Ganga Jamuna*）的门票。室内只有310个座位，影院经理们必须几乎24小时放映，他们确实也经常这样做。[37]

电影也是工人俱乐部文化节目的支柱内容，而俱乐部是许多人在工作、家里以及街道之外唯一会面的地方。一名砖厂的工人在1958年写给国家摄影委员会的一封信中描述了一种常见的状况。他所在的卡卢加省的地方俱乐部每月放映二十多场电影，而它"如此拥挤，他们不得不在门口拒绝人们入内"。在这个地区没有电影院，而唯一的电视在这个或那个管理员的办公室里"闲放着"，他说，人们不是仅仅爱看电影——他们依赖电影。许多人就同一部电影会去看两三遍。[38]即使在20世纪70年代，放映电影仍然是苏联村庄里的一件大事。一位记者写道，"位于中亚较富裕地区的集体农庄，夏天的亮点就是移动放映车的到来,同时架起露天银幕及其震耳欲聋的大音响。"[39]乔吉·达内利亚1977年的电影《米米诺》(*Mimino*)就展现了用直升飞机将电影运到高加索山区的场景。这部电影是一部印度的音乐剧(像达内利亚滑稽模仿的一样);观众在星光下观看,欣喜万分。

在关于苏联观众的任何讨论中,我们必须记住苏联的人口统计数据:所有电影票的大约四分之三卖给了两个人口最多的加盟共和国,即俄罗斯苏维埃联邦社会主义共和国和乌克兰。[40]观看机会同样非常重要。俄罗斯共和国不仅人口最多,而且人均电影院的数量也最多,并且拥有全国最活跃的电影观众。1960年前后,亚美尼亚影院的密度大约是拉脱维亚的一半,而亚美尼亚人去看电影的次数也是拉脱维亚人的一半。[41] 20世纪70年代,一位社会学家针对看电影的行为勾画了苏联的四个"区域"。第一个区域,拥有最高的人均观影率,是俄罗斯苏维埃联邦社会主义共和国和哈萨克斯坦;第二区域是乌克兰;第三区域是拉脱维亚、立陶宛、爱沙尼亚、白俄罗斯、土库曼斯坦和吉尔吉斯斯坦;第四个区域是乌兹别克斯坦、塔吉克、格鲁吉亚、亚美尼亚和阿塞拜疆。在列表的最高端与最低端之间的差别是非常大的——20世纪70年代每年的人均看电影次数的差别为大约十次。[42]

除了简单的观看机会之外,性别和族群特性对看电影的行为也有影响,尽管由于这方面的数据非常有限而很难得出确切的结论。根据1981年的一项研究,电影观众中男性和女性显示为数量相等;鉴于苏联人口中巨大的性别差距(女性比男性多了近2,000万人),这个研究数据说明男性整体上是更加积极的观影者。同一项研究显示全国范围的数据有可能掩盖了重要的民族差异:例如,在巴库,超过60%的观众为男性,而在俄罗斯族占大多数的地区,女性与男性的观看水平相当。中央委员会在1964年关于阿塞拜疆电影宣传状况的一项特别调查发现，在较大的城市之外，该加盟共和国的女性根本不怎么去看电影。[43]

然而，在全国范围内，影响看电影行为的最重要的因素是年龄。苏联观众确切地有多年轻很难说。普遍估计是年轻人占到总的观影人口的50%，但有些估计甚至更高：《电影艺术》在1967年声称，所有看电影的人中有四分之三是"年轻的"。[44]按照共青团1966年的一份报告，[45]"青年"可能意味着20岁以下，或者按照上述巴库的研究，是30岁以下。[46]1978年的一项研究认为，学龄儿童买走了一半以上的售出门票。[47]

这种年轻人占主导的局面与我们所了解的20世纪20年代电影观看率的状况相一致，20世纪20年代是苏联社会学研究被准许的最后一段时期。[48]尽管后斯大林主义时代的年轻观众是一个相对庞大的人群。苏联每年票房的一半达到20亿张。在那些1950年之前几乎没有影院可言的地方，青年市场也到处是一派繁荣景象。20世纪60年代中期，在乌拉尔地区调查的研究人员发现，年轻人（这里指那些十八九岁和20岁出头的人）平均每年去看电影50到60次。[49]在20世纪20年代，只有莫斯科以及少数几个大城市的年轻人才与电影有这么轻松而平常的关系，20世纪30年代仍然如此。战后，尤其是在20世纪60年代，电影广泛普及，作为一种年轻人的社交活动的看电影变得截然不同。

城市化是一个关键因素，第二次世界大战以后教育的广泛发展也意味着，空前数量的苏联年轻人在工作之外，拥有自由时间去看电影。没有孩子的年轻成年人也是另一个重要的观众群体，他们也有更多闲暇，因为那些年政府缩短了官方工作时间。最后，也是特别重要的，正如我们前文所了解的那样，苏联政府已经选择在电影基础设施方面进行大规模投资，并提供资金以推广一种强大的新的苏联电影文化。

从意识形态的角度看，看电影的黄金时代给苏联观众提供了前所未有的空间去做出一些糟糕的选择——为了错误的理由而选择错误的电影。然而，错误的选择仍然是选择，这在近代史的语境下是一种奢侈的享受。我们可能会认为这只是做生意而付出的代价：苏联在二战的废墟上仅用了15年就实现了黄金时代，这是一项非凡的成就，也是文化冷战中的一个宣传之举（propaganda coup）。但我们可能会再问，如果糟糕的选择是做生意的代价，那么后斯大林主义的苏联电影究竟做的是什么生意？换言之，将成为意识形态模式的——电影，最重要的艺术形式和英雄苏联梦的工厂——在一个战后（相对）富裕的美丽新世界里是什么？

流行与苏联市场

截至20世纪60年代，苏联电影产业每年出品超过100部新故事片，而苏联人口也在以前所未有的水平消费电影。然而，我们知道大多数国产影片不是广泛流行的：普通影片与广受欢迎的影片之间的业绩差距是非常大的。让我们思考一下全苏联"受欢迎影片列表"——自1955年至1980年最受欢迎的苏联影片（见表2.1）。[50]

表 2.1. 苏联 1955—1980 年受欢迎影片列表

年代	片名	制片厂	类型	售出门票（百万）[a]
1955	士兵伊万·布洛夫金（Soldat Ivan Brovkin）	Gor'kii	喜剧	40
1956	狂欢夜（Karnaval'naia noch'）	Mosfil'm	音乐喜剧	46

莫斯科的黄金时代

(续表)

年代	片名	制片厂	类型	售出门票（百万）[a]
1957	静静的顿河（*Tikhii Don*）	Gor'kii	历史革命史诗	47
1958	蒂萨河对岸（*Nad Tissoi*）	Mosfil'm	谍战片	46
1959	非常事件（*Ch. P.*）	Dovzhenko	军事惊险	48
1960	简单故事（*Prostaia istoriia*）	Gor'kii	传奇剧	47
1961	远航（*Polosatyi reis*）	Lenfil'm	喜剧	46
1962	两栖人（*Chelovek-amfibiia*）	Lenfil'm	科幻片	66
1963	乐观的悲剧（*Optimisticheskaia tragediia*）	Mosfil'm	内战史诗	46
1964	生与死第1部和第2部（*Zhivye i mertvye*）	Mosfil'm	二战史诗	第一部：42 第二部：40
1965	"y"行动（*Operatsiia "y"*）	Mosfil'm	喜剧	70
1966	战争与和平（*Voina i mir*）第一部	Mosfil'm	历史史诗	58
1967	高加索囚犯（*Kavkazskaia plennitsa*）	Mosfil'm	喜剧	77
1968	剑与盾（*Shchit i mech*）	Mosfil'm	二战谍战片	(1—4部分别) 68, 66, 47, 47
1969	钻石手（*Brilliantovaia ruka*）	Mosfil'm	喜剧	77

(续表)

年代	片名	制片厂	类型	售出门票（百万）[a]
1970	解放（Osvobozhdenie）	Mosfil'm w/ DEFA（东德 GDR），PRFZF（波兰）/De Laurentis 工作室（意大利）	二战史诗	56
1971	官员（Ofitsery）	Gor'kii	二战传奇剧	53
1972	富有的绅士（Dzhentel'meny udachi）	Mosfil'm	喜剧	65
1973[b]	这里的黎明静悄悄（A zori zdes' tikhie）	Gor'kii	二战传奇剧	66
	无头骑士（Vsadnik bez golovy）	Lenfil'm	惊险剧	69
1974	红莓（Kalina krasnaia）	Mosfil'm	传奇剧	63
1975	阿弗尼亚（Afoniia）	Mosfil'm	喜剧	62
1976	吉普赛女王（Tabor ukhodit v nebo）	Mosfil'm	剧情片（吉普赛）	65
1977	青年（Nesovershennoletnye）	Gor'kii	传奇剧	45
1978	办公室里的爱情（Sluzhebnyi roman）	Mosfil'm	喜剧-传奇剧	58
1979	唱歌的女人（Zhenshchina, kotoraia poet）	Mosfil'm	音乐-传奇剧	55
1980	20世纪海盗（Piraty XX veka）	Gor'kii	惊险剧	88

莫斯科的黄金时代

数据来源：http：//www.nashekino.ru/以及相关的出版物 *Domashnaia sinemateka*：*Otechestvennoe kino*，*1918—1996*（莫斯科，1996 年）；Sergei Kudriavtsev，"Lidery otechestvennogo kinoprokata，" http：// mega. km. ru/cinema/。

a 数据四舍五入到最近的百万。

b 票房纪录不一致。

正如任何一位冒着风险的好莱坞执行官会告诉我们的那样，票房表现没有什么科学。研究苏联的情况，为了分析流行程度，我们也会需要关于外国影片业绩的综合数据，以及各加盟共和国的（地区、城市等的）票房销售明细。但即使我们只限制在整个联盟的层面，要了解是什么在苏联市场中发挥作用的话，仍然意味着要习惯苏联特定的市场力量。各部电影不是处于平等地位的。暂且将拥有超常优势的国家订单影片制作的特殊情况放在一边，考量一部电影表现的唯一最重要的方面就是它的地理源头。

苏联受欢迎影片列表几乎百分百地是由俄罗斯加盟共和国制作的。苏联是一个多语言、多种族的国家；苏联电影作为一个市场（与一种艺术形式相对）却不是的。所有加盟共和国都制作故事片，其中一些在当地区域内属于票房领军影片。但是非俄罗斯共和国出品的影片很少能够在整个联盟的银幕上赢得大量观众。整个苏联时期的排名前 75 部的电影中，只有 4 部是由莫斯科和列宁格勒之外的制片厂出品的：1959 年的受欢迎影片《非常事件》由乌克兰的多夫仁科（Dovzhenko）电影制片厂制作，另外两部是由斯维尔德洛夫斯克（Sverdlovsk）制片厂制作的 [《强大的精神》——*Sil'nye dukhom*——1968 年出品的战争惊险片和1969年出品的喜剧《特伦比塔》（*Trembita*）]，以及1980年乌兹别克和印度的合拍片《阿里巴巴和四十大盗》（*Prikliucheniia Ali-Baby i soroka razboinikov*）。

如何解释这种令人好奇的不平衡呢？毕竟，尽管大批看电影人口的确居住在俄罗斯和乌克兰加盟共和国，但不全是俄罗斯人和乌克兰人（也不全是讲那些语言的本民族人）。此外，俄罗斯人、乌克兰人以及所有其他苏维埃联盟的人民都对进口影片表现出极大的兴趣；异国本身对于苏联观众的接受来说不是问题。什么会阻止一部爱沙尼亚或者格鲁吉亚的影片席卷整个联盟的银幕呢？

无疑，阻碍苏联电影产业在国际市场上的表现的诸多问题也会在国内银幕上发生。（譬如配音，尽管对苏联观众来说不是一个问题，但是对于电影产业来说却是一个反复出现的问题。）然而，意识形态是一个更加重要的因素。随着俄罗斯语被指定为苏联的通用语言，即所有非俄罗斯人的"第二母语"（借用1961年第22届党代会上赫鲁晓夫的说法），[51]非俄罗斯语的影片根据该方案就处于不利地位了。在乌克兰，导演们经常在俄罗斯拍摄他们的作品，即便影片的背景设在讲乌克兰语的地区，并且由讲乌克兰语的演员担任主演；电影有时还需要乌克兰语配音——有时候，但不总是，让他们共和国的许多观众感到非常懊恼。同样的情况也发生在所有其他加盟共和国。

在整个联盟的银幕上成功的影片讲的是俄罗斯语，不仅如此，它还通过俄罗斯开辟渠道并贴上俄罗斯的"标签"。1979年的教科书夸耀说，"各加盟共和国的电影没有趋于孤立和自治，恰恰相反，它们彼此之间以及与首要的平等的——俄罗斯电影之间趋于最伟大的融合"。[52]联盟最大的电影制片厂在莫斯科和列宁格勒，最重要的资源、电影界沟通能力最好的有影响力的代理商，以及全苏联的媒体也都在

莫斯科的黄金时代

莫斯科和列宁格勒。加盟共和国出品的电影很少能与俄罗斯的两大都市出品的影片享有同等的拷贝冲印量、发行量和评论关注。[53]而且，加盟共和国的影片很少能够受益于拥有全苏联声望的演员的加入。研究20世纪60年代和70年代看电影行为的社会学家发现，苏联观众选择影片在很大程度上基于具体演员对他们的吸引力，并且许多观众也关注电影在哪里制作（外国或者苏联，而如果是苏联，是哪家制片厂）。对于加盟共和国的制片厂和那些愿意在家乡工作的加盟共和国的演员来说，这相当于一种恶性循环：演员们通过主演那些在全苏联银幕上获得成功的影片而逐渐出名并受到欢迎；在全苏联银幕上获得成功的影片几乎都是由那些著名的演员主演的。几乎所有在受欢迎影片列表中的影片都属于这个类别，而且许多影片全部由明星担任重要角色。作为一种规律，受欢迎电影列表中的影片也都是大制作，难以适合并且超出了大多数加盟共和国制片厂的范围。（早些年，当大多数影片仍然是黑白片的时候，它们许多都是彩色片。）有人怀疑，莫斯科以及加盟共和国的电影官员们的观点都认为，"所有"观众更喜欢莫斯科电影制片厂、列宁格勒电影制片厂、高尔基电影制片厂出品的影片，而对于在它们所在的加盟共和国之外制作的影片不感兴趣。[54]

显然，这个平台为加盟共和国的影片制作设置了障碍。很少有非俄罗斯的影片能够有所突破，而那些有突破的影片都是采用了一种俄罗斯手法。举个例子，苏联时期亚美尼亚电影制片厂最轰动的影片是1965年出品的《紧急任务》（*Chrezvychainoe poruchenie*），在苏联售出了3,100万张门票（在亚美尼亚售出30万张）。该影片由在格鲁吉亚出生的亚美尼亚演员格根·汤纳兹（Gurgen Tonuts）主演，他生活在莫斯科，其他角色绝大部分都是俄罗斯演员担任，包括斯大林时代的天才演员、乌克兰出生的鲍里斯·奇尔科夫（Boris Chirkov）。电影的主题是关于亚美尼亚的布尔什维克 S. A. 特—佩特罗西安（S. A. Ter-Petrosian）的一个生活片段。语言是俄语。[55]

然而，尽管苏联市场上某些影片拥有对它们有利的机会，但这也不总是决定性的。苏联电影也有出人意料的无用之作和令人惊讶的受欢迎作品。1966 年，《战争与和平》第一部的确问鼎票房榜首，但它的第四部也是最后一部在一年以后只售出了不到 2,000 万张票——总之，是系列影片中的一次彻底失败。喜剧是一种被忽略的类型：与其他类型的电影相比，市场上的喜剧总是少得多。但 20 世纪 60 年代受欢迎影片列表中最突出的就是喜剧的强势表现，10 部影片中 4 部是喜剧（而其中 3 部都由同一人执导，导演利奥尼德·盖戴）。军事和谍战题材则处于这个列表的另一端：它们在整个苏联电影产量中占据超大规模的分量。但即便是所拥有的有利地位也无法完全解释像《剑与盾》（该片，顺便说一下，激励了年轻的弗拉基米尔·普京服务于克格勃。苏联电影塑造英雄模范的现实版！）这样的影片的巨大成功。[56]关于第二次世界大战和间谍题材的影片随处可见，但很少能够给观众留下深刻印象。

受欢迎影片列表的另一个明显特点就是，这些影片不在苏联电影的经典作品之列。苏联评论家和后苏联时代的历史学家提出了这个时代重要影片的全然不同的名单：不是盖戴而是格里戈利·查克莱和安德烈·塔尔科夫斯基（Andrei Tarkovskii），不是《唱歌的女人》而是《雁南飞》（1957 年）和《石榴的颜色》（1970 年）。受欢迎影片列表中的有些影片的确在国内和国际电影节上获过奖。而有些被评论家和历史学家认定具有重要艺术价值的影片也在苏联赢得了大量的观众，尤其是在赫鲁晓夫时代。《雁南飞》是在西方最著名的战后苏联影片之一，是 1957 年的票房第十名，仅售出 2,800

多万张门票。但在总体上，苏联观众表现出对类型片或者娱乐影片的一种明显偏爱。

在20世纪60年代和70年代，当接受社会学家的询问时，苏联观众始终如一地确定他们喜欢喜剧、探险剧和音乐剧等类型，包括外国的和国产的。社会学家也发现，人们也会选择看那些他们认为质量差的影片。比如，一群高中生当被问到哪些电影"比较平庸"时，列举了他们也说是自己已经看过多次的影片，包括法国喜剧片《千面人方托马斯》(*Fantômas*)。[57]类似地，在爱沙尼亚的调查发现，观看率最高的影片，全部都是爱沙尼亚出品的影片，但从观众那里得到的质量分却是最低的。[58]当被问到哪些影片最有价值的时候，许多人确定是那些在媒体上被认可的严肃而重要的作品。观众知道他们应该喜欢什么，但这并不能改变他们的行为。这是记者玛格丽特·希金斯（Marguerite Higgins）在1954年的旅行中发现的一个现象：她遇到的每个人都嘲笑战利品系列影片《人猿泰山》，但每个人都看了它们。[59]

印度的进口片过去经常被认定为对观众"不合适的"那种影片，而自从它们通过某些措施成为苏联市场上最成功的外国影片之后，它们就受到了特别关注。在电影界有一个共识，认为是中亚和高加索地区的观众驱动了印度（以及中东）电影在苏联的市场。苏联媒体倾向于回避这个问题，强调观众的团结统一，但却在电影政策被讨论和总是遭受批评的各种会议上被提及。在1957年的一次共青团全体会议上，一位来自阿塞拜疆的官员表示了担忧，加盟共和国的许多年轻人对印度文化要比对"联盟共和国人民的文化成就和有趣的风俗传统"更加熟悉。[60]（这一点特别有趣，因为1957年距离印度电影首次登陆苏联市场只有短短几年。）[61]当中亚—高加索品味在1966年的一次电影制作人工会关于发行的特别会议上被提出时，它只是被当作笑柄——

第二章　新苏联电影文化

至少根据当时捍卫一种罕见立场的发言人 I. 列夫谢娜（I. Levshina）是这样的。

> 我们对着我们自己大笑（更早的时候）："瞧瞧他们（发行官员）在高加索地区的工作开展得多么差。"但事实上并非如此。有些事情我们不想理解。但我们必须理解，我们各个民族的道德——政治的统一决不意味着他们的美学观念的统一。印度电影对于高加索人来说就像是本土电影。他们是相关的民族，而印度的音乐、印度人的思维方式——它们是和高加索人一样的，是他们自己的……我们为什么不让他们看这些电影呢？[62]

如果没有很好的比较数据，是难以给出有关中亚和高加索观众方面的说法的。中央委员会 1964 年的一个特别调查发现，这些地区有大量印度和中东电影的观众以及有关这种说法的各种传闻证据。一位后苏联时代在中亚地区工作的记者，将勃列日涅夫时代在这里长大的人确认为"吉祥儿童"（Shri children）。*"对于数百万的塔吉克和乌兹别克人来说，20 世纪 70 年代的印象都是被这样一种混合的感受所占据的，其中有冰激凌、葵花籽，还有孟买银幕上的超级明星拉基·卡普尔（Raj Kapoor）在炎热而漆黑的夜晚高声唱出的数首《萨姆根》（Samgan）和《施里 420》（Shri 420）中的歌曲。"她如此写道。"用印度语一路过关斩将地唱出那些得到喝彩的歌曲而无需理解歌词的意思，这种能力成为并且一直是勃列日涅夫时代的中亚人的一个特点。"[63]然而，中央委员会的调查员也发现，中亚和高加索地区的欧洲

---

* Shri 来自于印度语里对男性的尊称，或者对成就者的专称，圣或吉祥的意思。——译者注

商业片的观众规模和印度片的观众规模一样大,甚至比印度片的观众规模还要大。1963 年,格鲁吉亚 53% 的人口观看了法国惊险片《三个火枪手》,而只有 28% 的人口观看了印度片《爱在西拉姆》。(经典影片《士兵之歌》只有 6.3%。)在阿塞拜疆,印度影片和法国影片并驾齐驱。[64]

20 世纪 90 年代,历史学家苏达·拉亚高帕兰(Sudha Rajagopalan)与大约 50 位来自前苏联的俄罗斯和非俄罗斯人进行了深度访谈,讨论他们有关印度电影的经历。她的几位来自非俄罗斯受访者就电影对他们的特殊意义做了评论:一位阿美尼亚人回忆说,他观看的第一部印度电影给他留下了深刻印象,因为这是第一次他在银幕上看到影片主角看上去和自己相像;一位塔吉克的观众说,他认为印度电影音乐之所以在这个区域受欢迎是因为那里的人们觉得这种音乐听起来感到熟悉。[65]但拉贾戈帕兰本人在对印度电影在苏联的流行的分析中并没有单独挑出任何一个民族。(她也遇见了许多莫斯科的俄罗斯人竭力要为她唱印度语的电影插曲。)拉贾戈帕兰发现,印度电影以其异国情调、童话般的品质、黑白分明的道德准则、关注于家庭关系,以及严肃认真又令人神魂颠倒的爱情故事等吸引了广大的苏联观众。

全苏联范围的统计数据证实了这一点。《爱在西姆拉》在 1963 年售出了 3,000 万张票,其中只有 100 万张是在阿塞拜疆,格鲁吉亚的售票量或许与此相当。[66]即使生活在该地区以外的每一位阿塞拜疆人和格鲁吉亚人(塔吉克人、阿美尼亚人等)都买了一张《爱在西姆拉》的票,这也无法说明该片成功的原因。数百万的俄罗斯人、乌克兰人以及苏联各民族的人蜂拥而来观看印度和中东电影。中亚和高加索地区很容易成为被认为是低俗品位的替罪羊的目标:这里是大量乡村人口的地区(在城市居民的眼里,到处都是文化土包子的自然栖息地),

而在苏联的语境中，它们也屈就成为具有"异国情调的"和"丰富多彩的"地方文化的地区，这种文化很可能使它们与发展中世界人民的距离拉得更近。毫无疑问，列夫谢娜是对的：这些地区的一些人的确将印度和中东电影当作"他们自己的"，而且可能它们在这些地区比在其他地区吸引了更大人口比例的观众。然而，印度和中东电影的受欢迎是一个全国范围的现象，就像《三个火枪手》以及获得罕见成功的苏联的类型片《两栖人》和《吉普赛女王》一样。

几位电影学者已经将苏联电影的品位置于一个与革命前的俄罗斯文化传统相关的连续体之中。比如，尼亚·佐卡娅（Neia Zorkaia）将受欢迎的影片与"*lubok*"*版画——描绘神话故事、历史人物、土匪和其他民俗类型的廉价流行插画——联系在一起。她认为，在苏联（以及后苏联）电影中，一部影片成功的关键在于"*lubok*元素"的体现，其特点是"极其简单"并且依赖于"易于辨识的原型形象"、浪漫、幽默以及毫不含糊的结局。[67]在苏联上映的这类印度影片（整个印度电影中的一个子集）非常符合这种通用的描述方式，就像1955年至1980年期间苏联制作的受欢迎影片列表中绝大多数影片一样；其中大多数影片都是直接而不是委婉的叙述，有可爱的主人公和可恨的恶棍，有清晰的开头、过程和结局。[68]电影发行官员很少发表他们的意见，但当他们发表意见的时候，他们对大众品位给予了实事求是的评价："一些人认为，一部电影最好的广告就是当媒体说关于它的不好的事情的时候……（我们的）观众开心地去观看纯粹娱乐性的，也可以说是"轻量级"的……影片，"一位官员在1956年如此写道。[69]

大致而言，对苏联电影品位的这种描述与我们所了解的有关青少

---

* 流行于俄罗斯的一种印刷法，特点是图形简单，引述文学、宗教和民间流传故事，常用来装饰房屋和酒馆。——译者注

莫斯科的黄金时代

年和二十多岁年轻观众的行为密切相关，当时电影市场相对开放而观众对先锋电影嗤之以鼻。它同时也显示了与斯大林时代之间重要的连续性。尽管观众在20世纪30年代和40年代没有多少选择，但某些电影仍然升至票房榜首，而按照规则，它们都不是艺术上具有挑战性的作品；它们是风格上属于类型片的影片，无论是苏联制作的影片还是二战后西欧和美国的影片（战利品影片）。评论家马亚·图罗夫斯卡娅（Maya Turovskaya）将其称为苏联观众的"另一种品位"，并且认为它不仅在数十年间广泛而持续，而且与世界其他地区的观众的品位极其相似。（关于这一点，她看到了一种观众"常态"的迹象。）[70] 看电影的黄金时代和新的苏联电影文化没有改变观众品位的基本形态。它们所提供的是在影院以及与影院相关的地方表达这种品位的许多新的机会。

流行品位的问题：谁的过错？

图罗夫斯卡娅的"另一种品位"一词是她在苏联解体后生造出来的。她解释说，在苏联时期，电影界的专业人士干脆说成"不良品位"——当他们谈及这类问题的时候。图罗夫斯卡娅的同事佐卡娅回忆说：

> 在苏联电影业，没有任何领域比电影发行以及在电影院电影与观众之间的关系更加封闭、欺骗、纠结于谎言、作假、错觉、盲目和愚蠢，也没有任何领域比之守卫和审查得更加具有警惕性。这种看法来自于过去经历过的某个人，真的！说塔尔科夫斯基是一位好导演和一名爱国者……比暗示说观众更喜欢娱乐片，譬如印度影片要更加容易获得通过……对于当局而言，你就成了一个

第二章 新苏联电影文化

思想空虚的宣传者；对于精英而言，你就成了庸俗和谄媚者的代言人，以及创造性探索的敌人。[71]

迫切需要明确肯定的是不良品位没有大范围存在。"我不相信在我们国家只有 1,100 万人想看《列宁的故事》（*Rasskazy o Lenine*，1957 年），这……比《两栖人》的观众少了六倍，"一位评论家在《电影艺术》上十分恼火地如此说道。"这不可能！"[72] 不良品位可能因此被归咎于其他因素：不完善的发行政策、腐败的地方官员，以及某些领域的观众的不成熟（年轻人、农民、中亚人和高加索人以及老年妇女通常是被怀疑的对象）。

苏联主要的电影杂志《苏联银幕》的读者从富有教育意义的文章中很好地了解到不良品位的问题，评论家们在文章中解释了为什么像《两栖人》这样的影片是一部具有腐蚀性的影片并且对观众审美发展是有害的。一些观众来信表达了他们与评论家们一致的观点。一位莫斯科的教师表达了她的恐惧，觉得"正常而善良的人"被印度和阿拉伯电影迷惑了。她说，当她谈论自己喜欢的电影时，她的朋友们觉得她装腔作势。"在这种情况下该怎么办呢？"她问道。"如何激发别人对美、对真理、对艺术的渴望呢？对我来说，品位教育的唯一办法似乎真的就是禁播。"[73] 其他观众来信与评论家们进行讨论并且对他们的文化权威表示异议。S. 拉萨丁（S. Rassadin）曾经斗胆严厉批评过《两栖人》，后来发表了一篇援引自他收到的堆积如山的愤怒来信（大约 600 封）的文章："你的任务是像镜子一样反映观众的意见，"一位男士写道，"但你却写了你自己的狭隘观点（otsebiatinu）！"[74] 亚力山大·利普科夫（Aleksandr Lipkov）批评了一部由拉吉·卡普尔（Raj Kapoor）主演的影片而收到了更糟糕的来信："哼，如果我碰到那位利普科夫的话，我会割断他的喉咙（原谅这种粗野）。"[75]

尽管在数量庞大的苏联观众中迥异观点的存在不是令人感到惊讶的，但它们出现在最重要的苏联电影杂志上却是文化环境正在变化的一个重要标志。[76]一些消费者在表达他们非正统品位的时候越来越大胆，而新的电影文化对他们也更加开放，即使像多数情况一样，对于这种表达的语境受到评论家的轻视（也就是不良品位在此证明了一种观点）。从20世纪60年代起，社会学研究也提供了关于观众行为有悖于苏联理想类型的新的重要信息。鲍里斯·菲尔索夫（Boris Firsov）是一位先锋社会学家，他在2001年表示，这种新研究的主要智力创新就是揭示了"文化'消费者'是文化交流的一个主体，而不是被动的'接受者'"。[77]那些写信反驳评论家的《苏联银幕》的读者们一定会同意这种观点。

然而，流行的不良品位的活跃不是许多电影制作人、评论家或文化官僚们认为值得调查研究的事情，而且甚至那些对这个话题具有专业兴趣的社会学家也经常流露出他们对观众感到沮丧。无论如何，电影社会学家数量上是很少的而且他们的方法也受到限制。重要的——并且显著的——是文化在苏联社会学中是一个地位不高的领域；更多的重点放在了对劳动和工人阶级的研究之上。[78]结果是，苏联整体上对电影观众有一个原始的理解（而且进一步讲，对广播和电视观众的了解我们也可以同样这么说）。宽泛的轮廓建立起来了，但却没有进展。甚至意识形态的固定观念以及青年观众的范围都没有清晰地界定。战后西欧的电影学者告诉我们，意大利人喜欢家庭情节剧，而英国人喜欢喜剧，而且他们也分析与宗教、阶级、性别、地区、年代以及许多其他因素相关的模式。[79] 2亿人口的苏联拥有许多观众，而恰好在这个期间，观众第一次有机会将自己划入一个显著的等级。然而，苏联将

第二章 新苏联电影文化

流行品位界定为不良品位就设置了一种阻碍分析的动态，并且代之以陈词滥调、替罪羊以及在许多领域的防守和偏执。当 6,600 万人去看《两栖人》以及 4,400 万人去看《热情似火》的时候，《列宁的故事》在苏联影院只售出 1,100 万张门票，这的确是真实的。苏联电影界将这一状况视为一种市场现实，并在某种程度上通过俯就于观众而视之为一种社会学意义上的现实。苏联电影依赖于这两种现实——首先是为电影产业提供资金，其次是突出其精英地位和监护作用。[80] 但是，在意识形态方面，流行品位是不易消化的，并且对于像莫斯科的教师那样的一些人是相当麻烦的事。是谁的过错？

对于一个肩负着提供角色模范重任的电影体系而言，其最显著的问题，尤其针对年轻人，是外国进口商业片的惊人成功。在斯大林时代的最后一段时间出现的针对战利品电影的有限抗议，在他去世后，当苏联不断向更多新的外国影片敞开大门的时候得到了回应，并且这些抗议被放大了许多倍。大多数新的进口影片的原产地都来自社会主义阵营，但苏联媒体一直将他们的大部分关注集中于少数来自资本主义世界的影片。它们成为评论家和官员们所谓的"资产阶级文化渗透"的祸害的代名词。早在 20 世纪 60 年代，主要的祸害是《威猛七蛟龙》，导致日益严重的苏联青少年犯罪问题的原因与这部美国西部片有关。共青团的领导人谢尔盖·帕夫洛夫（Sergei Pavlov）在 1962 年写给赫鲁晓夫的信中报告称，苏联的孩子模仿这部电影中"土匪和暴徒"结成七人团伙并且"攻击路人……好像这样做是一个笑话"。[81] 执法人员写信给媒体称，少年犯招认说他们从《威猛七蛟龙》中获得灵感；像一些焦虑的家长一样，有些人呼吁对赞扬"土匪"的影片予以禁止。[82] 当时还是莫斯科国家大学（MGU）学生的政治科学家威廉·陶布曼（William Taubman）发现，一位年轻的同学很赞同这种提议：

95

莫斯科的黄金时代

"不给他们提供更坏的榜样去模仿的话，小流氓给我们带来的麻烦就已经够多了。如果给他们看劫匪片或者牛仔片以及印度片的话，那他们就会在真实生活中开始扮演其中的角色了。"[83]

《威猛七蛟龙》的一些元素已经进入俚语和时尚，这一事实就像影片的暴力镜头一样让一些评论员感到很麻烦。[84]著名的文学评论家维克托·什克洛夫斯基（Viktor Shklovskii）曾经写过，他在地铁里看到男孩子们头上的一种异样的头饰，最后才意识到它们是国产的牛仔帽，就是在普通的苏联帽子上加上一个卷曲的铁链。这让什克洛夫斯基伤感地回想起，20世纪30年代的男孩子们如何经常戴电影主人公夏伯阳风格的帽子。"我希望看到苏联创作的电影主人公能够成为我们的男孩子们的榜样，"他写道，"这样他们就能像我们的银幕上的主人公们那样行为、言谈、实现英雄业绩以及穿着打扮。"他将《威猛七蛟龙》戏称为"一种异域电影"。[85]对于什克洛夫斯基以及许多其他人而言，外国商业电影流行产生的问题不仅是它传递了有害的价值观——是"反"苏维埃的——而且它也是外国的或者非苏联的；它让人民疏远了他们自己的文化和政治传统。就其核心而言，这是关于电影身份的英雄模式的一种表述，也是文化冷战的一种简单演算。就像一位老一代的杰出导演在1966年的一次特别会议上指出的那样："我对这个问题很感兴趣：为什么美国没有抛弃这种西方风格而是将它发展到了极大的程度，并且为什么波兰、法国和意大利将它当作一种武器？"他说，他的结论是这是他们方面做出的一项"老练而聪明的"决定。"他们没有共青团中央委员会，但他们却有聪明的制片人，而且他们远不止操纵他们自己的年轻人——他们正在操纵我们的年轻人。"[86]

正是这种对电影的理解增强了对于改善苏联电影的呼声，要求创作现代的苏联英雄并且赋予他们鲜明的风格。巴甫洛夫在给赫鲁晓夫的信中也提到了《夏伯阳》，强调说孩子们曾经模仿"他"以及斯大林时代的另一部经典《青年警卫》（*Molodaia gvardiia*，1948 年）中的主人公们，而不是《威猛七蛟龙》中嗜血成性的土匪。对于资产阶级文化渗透和苏联的无所作为的担忧并不局限于政治和文化精英。同样的观点也可以在那些寄给国家摄影委员会、党、共青团管理机构和媒体的信件中发现。1963 年，一位来自凯比谢夫的男子写道："我渐渐明白，我们已经让我们的电影作品屈从于资产阶级文化。我们的电影产业最近给我们带来了什么好电影了吗？没有。《马克辛的青年时代》在哪里？《伟大公民》在哪里？《列宁在十月》在哪里？"在列举了斯大林时代的其他经典影片之后，他继续写道：

> 为什么没有任何公共检查员去日夜监督街上那些青少年的行为？毕竟，我们正在培养我们自己的接班人；我们正在培养共产主义的建设者。但一切都正朝往相反的方向。我们正在培养掘墓人、粗野、莽撞和目无尊长。而所有这些正好伴随着爵士乐和低俗影片的上映而发生。我特别担心我儿子的命运，而其他家长也担心他们的孩子。世界接下来会发生什么？[87]

接下来所发生的在大多数方面都是非常熟悉的。苏联继续引进那些被确定为意识形态污染物的影片。《威猛七蛟龙》在 20 世纪 60 年代初引发的混乱在 20 世纪 60 年代末因为法国电影《千面人方托马斯》（*Fantômas*）而被重述，尽管在后来几年，苏联媒体允许粉丝们表达更强烈的声音，有时还就几个问题发表有关支持和反对意见的读者来信。"诅咒爵士乐和'狂野西部'的时代已经过去了，"一位来自塔什干的男子如此写道，"最好开始讨论有关所必须要做的事情，从而让我们的电影看起来有趣!"[88]20世纪70年代媒体赋予粉丝们甚至更大的空间来维护自己,并且谴责那些没能创作出他们想要的电影的制作人。[89]到了1975年,针对墨西哥传奇剧《叶塞尼亚》的辉煌成功,以及杂志已经收到的支持这部电影的巨量读者来信,《苏联银幕》的评论听上去几乎是失望懊恼的。"所有这些已经被谈论过上千次了,正是这个原因无数次地阻止我利用教育者的讲台去解释,艺术的目的和使命不是表现华丽的服饰和对未来有重大影响的激情,而是对这个世界以及生活在世界上的人的真实、确切和深远的探索……但我们在此:我无法阻止我自己!"然后,这位评论员继续解析这部电影,将它的情感效果与一次狂欢节的短途旅程的情感效果进行对比,并说他认为观众狂喜的反应"令人悲哀"。"最令人痛苦的实际上是那些写给编辑的信,因为来信者真诚地认为他们看到了一部非凡的影片,一部艺术作品。"[90]

苏联的电影文化因此在20世纪70年代变得更加乐于表达其他的品位,而电影产业,正如我们所知的那样,也开始尝试类型片的制作并取得了一些成功。但是就因为耶尔马什时代对大众电影的推动并没有改变这个产业的结构及其核心价值,关于电影、观众以及品味的话语的词汇仍然在本质上保持相同。一次又一次地,政治领导人警告说大众文化正在成为阻碍苏联思想统一的一种武器,并且年轻人尤其易于受到影响。媒体刊登了来自担忧的家长、教师以及其他政府人物呼吁禁映、更好的美学教育和新的苏联英雄的信件。对资产阶级文化渗透的疑虑,以及对"当代夏伯阳"的呼唤是坚韧持久的冷战时期的苏联文化。

最终,使苏联电影院对于不良影片的上映或者观众对于这些影片的不良品位在意识形态上进行同化是不可能的。关于这些与产业、机

第二章 新苏联电影文化

构和个人利益相关的现象，以及与几代观众对电影的期待相关的现象有诸多真诚可信的解释。苏联电影市场是一个非常复杂的有机体，而观众永远比苏联话语的夸张描述、评论家和乡巴佬更加多样。但苏联的大众文化并没有为清晰地考虑其内部的动态留下空间。它要做的是对国内的替罪羊以及大多数时候越过边界的敌对势力的谴责。

尽管大众文化的广受欢迎对于那些严肃看待电影的意识形态模式的人而言是最明显的问题，但对于苏联的观众来说却不完全是个问题。相反，它最好是被看作更为普遍的观众态度模式的一个子集，这种普遍态度是观众由于面对外国商业模式而受其影响却不受限于它们的各种态度。当它发生的时候，苏联观众不需要资产阶级渗透就已经获得了不良品位，或者已经融入了外国的或者非苏联的作为一名电影观众的模式。他们既有苏联传统，也有一个要去描绘的繁荣的新的苏联造的电影文化。

"司机，开灯！"苏联影迷和他们的明星

1958 年，导演埃尔达尔·梁赞诺夫（El'dar Riazanov）在离开首映式时被影迷们包围了。事实上，被包围的不是导演而是他的男主角尼古拉伊·赖伯尼科夫（Nikolai Rybnikov），导演本想开车送他回家的。但"大约 500 名女影迷"把这两个男人围堵在车里。"车窗都被女孩子们的身体覆盖了……一双双欣喜的眼睛看着我们——不，是看着他——从各个方向，"他回忆说。女孩子们开始反复呼喊，"司机，开灯！"好让她们看见他们最喜爱的明星，梁赞诺夫照做了，但同时"肯定地"意识到自己选择了"错误的行当"。[91]（但让我们顺便提一下，尽管赖伯尼科夫可能已经赢得了这些姑娘们的芳心，但正如梁赞诺夫所暗示的那样，导演是车的主人。）演员奥列格·斯特里兹赫诺

夫（Oleg Strizhenov）记得曾经在家里受到影迷们的骚扰，有一次甚至在电话里骂了文化部长 E. S. 福尔采娃（E. S. Furtseva），当时他把她错当成影迷了（"滚……你，你个白痴！如果你再打，我就要把你抓起来，劈断你的腿！"）。[92] 弗拉迪米尔·科伦伊夫（Vladimir Korenev）回忆了他的《两栖人》的巨大成功如何使得影迷们蜂拥而至他的公寓大楼，以及信件如何潮水般涌入他的邮箱，"每年大约有上万封信，"包括求婚信和色情照片。[93] 苏联的女明星们也受到了潮水般的关注。《两栖人》的另一位主演阿纳斯塔西娅·弗廷斯卡亚（Anastasiia Vertinskaia）说，她收到的影迷来信甚至比他还多，每天大约 70 封。[94] 柳德米拉·格尔琴科（Liudmila Gurchenko）也是如此，她描述了自己当时如何不知所措，她看到满大街与自己极其相似的人——年轻妇女们模仿她的发型、衣服和举止——在她的首部影片《嘉年华之夜》(*Carnival Night*) 上映之后。[95] 外国影星访问苏联也是被同样全神贯注关注的对象。

"明星"这个词既指一个实实在在的人，也指与电影和电影之外的信息相关的一个综合体，借用理查德·戴尔（Richard Dyer）的话，就是一种"媒体文本中的形象"。[96] 在资本主义环境中，明星文本已经主要与电影的营销（广告、宣传等）相关。苏联电影同样使用演员形象来推广各部影片，而且更普遍的是宣传苏联的理想，但它将"明星文化"斥为对电影艺术的一种资本主义的歪曲。与明星相对立的因此是苏联电影艺术的基本原则；而本质的对比是明星与英雄的对比。争论认为，在资本主义明星文化中，观众作为个体和群体被操纵从而形成对演员的情感依附。明星文化也是一种狂热仰慕者文化，或者被美貌和魅力所迷惑——被在利润追逐中昙花一现的明星形象所征服的观众文化。相反，苏联电影宣称要通过将观众与英雄们紧紧地联系在一

第二章 新苏联电影文化

起来提升他们的境界，这些英雄是那些显示出非凡胆量、技艺和自我牺牲精神的人物（例如飞行员、运动员、革命烈士）或者做出杰出劳动功绩的人物（例如矿工斯达汉诺夫、多生多育的"英雄母亲"）。[97] 尽管苏联英雄也是文化概念，但在理论上，他们没有狂热的仰慕者而只有模仿者。不是他们而是他们的成就，通过社会主义体制使他们作为文化的核心成为可能。每一个苏联人都是"备选英雄"；电影消费促使一个人成为候选人。[98] 苏联演员无论多么值得尊重，都是"英雄主义演员"，因此必然处于他们所表演的英雄人物的阴影之中。

像西方的精英文化一样，革命前的俄罗斯文化对于表演抱有一定的鄙视，视之为一种具有操纵性的、贪婪的并且特别"女性化的"职业，经常将之与卖淫联系在一起。[99] 在苏联的环境下，这种负面观点由于 20 世纪 20 年代的电影先锋运动，及其将职业"资产阶级"演员从银幕上消除的战斗口号而得到强化。导演们都是新革命电影的大师，甚至在 20 世纪 30 年代先锋运动被强制要求改变其最初的许多原则之后，表演作为一种缺乏艺术性的形式这一污点都从未完全抹去过。[100] 对于演员来说，衡量成功的标准就是他们如何抹杀自己的个性，并且在导演的监督下，如何表现那些观众所需要的鼓舞人心的英雄。在斯大林时代，鲍里斯·巴布什金（Boris Babochkin）因其转型为银幕上的夏伯阳而备受赞誉；柳博夫·奥尔洛娃（Liubov' Orlova）的成功就在于她与她所塑造的苏联灰姑娘形象的合二为一。观众可以获得的关于这些演员电影之外的信息很少，身份抵制的风险被降到了最低。（譬如奥尔洛娃的上流出身从未公开过。）[101] 观念——苏联电影艺术的根本观念——是宣传英雄而"没有"明星和影迷，宣传健康并且富有成效的偶像化而没有危险的偶像崇拜。

即使在 20 世纪 80 年代，翻阅苏联的电影百科全书查找明星地位

莫斯科的黄金时代

的定义的读者，只能找到一个关于好莱坞自1910年至20世纪70年代的明星制度的冗长解释，却没有任何对国内情景的解释可供参考。[102] 苏联的评论员们将明星身份—影迷身份相互作用的方式称为大众文化电影的基石，是利用演员和控制观众的关键机制。（许多西方的电影学者也持有这样的观点。）[103] 对于苏联电影来说，其目标当然被定义为思想性的而不是商业性的：反复灌输社会主义价值观，提升美学感受力，动员大众加入建设共产主义的英雄事业，同时提供富有文化的休闲。[104] 尽管如此，苏联电影的方法仍然经常被用以与商业体制的方法相比。

举个例子，电影学者理查德·泰勒（Richard Taylor）认为，斯大林主义的电影在许多方面是"经典"好莱坞电影的一种"红色明星体制"的类似物——并且鉴于苏联人对20世纪30年代好莱坞的迷恋，一种家族相似性是合乎情理的。[105] 不过，如果我们考虑明星影像的内容及其试图建构跨越银幕屏障之间的关系的方式的话，那么，两种体制之间的差异性总是超过相似性的。引人注目的是，一本美国杂志《生活》在20世纪40年代刊登了一位苏联演员最发人深省的肖像。她是柳博夫·奥尔洛娃（Liubov' Orlova），由摄影师玛格丽特·伯克—怀特（Margaret Bourke-White）访问她的别墅时拍摄的。尽管奥尔洛娃是那个时代最为耀眼的光芒，但没有任何苏联出版物刊登过她的居家形象——甚至抽着烟——与她的丈夫兼导演格利戈里·亚历山大洛夫（Grigorii Aleksandrov）在一起，或者像《生活》那样列出他们女仆的薪水。[106] "红色明星"的形象几乎将电影之外的内容都宣布无效。形成鲜明对照的是，个人信息在构建资本主义明星影像时至关重要，因为据说它可以在演员和观众之间建立直接而亲切的关系。这也使得资本主义明星文本比斯大林主义的变体更不稳定并具有更多意义。没有任何红色明星的离婚或者酗酒、同性恋关系或者家庭暴力曾威胁会突然出现在苏联的公共空间里，就像它们在好莱坞明星体制的温室内发生的那样。围绕斯大林主义电影的文化体制力争让观众不是与演员本人而是与他们所饰演的英雄人物建立起亲密关系。从定义上看，苏联观众是一个将电影视为一种艺术形式和一所英雄主义学校的群体：一种鉴赏家和爱好者类型的观众，而不是肤浅的狂热爱好者类型的观众。

1953年以后，苏联电影依然在斯大林时代形成的框架内运行。"一部电影的成功在很大程度上取决于我们是否被它的主人公吸引，"一位评论员在1963年如此解释说。"但当我们遇见银幕上的人的时候，我们是在遇见演员。电影作为一种观赏物的特殊性、真实性在于，一个演员只有当他赋予角色以生命并且迫使我们和他一起共同赋予角色以生命的时候才能取得成功：这样就把银幕形象与观众联系在了一起。"[107]这就是苏联模式，只要苏联电影是自我定义为反好莱坞的、最重要的苏联艺术的"苏维埃"电影，它就会保持这种模式。但是电影领域在斯大林去世后的爆炸式发展、与非苏联世界与日俱增的相互接触，以及苏联的日常工作和休闲生活的根本性变化也都在推动文化朝着截然不同的方向发展。观众在票房方面有更多选择（外国的和苏联的），在影院以外也有更多的方式来参与电影活动（迅速发展的电影文化），以及更多的自由来决定他们参与的方式。门被打开而朝向新的对待电影的态度——一种新的个性化的并且可以突破意识形态模式界限的维度。这方面的一个证明就是苏联明星身份—影迷身份相互作用的方式。

像"明星"这个词一样，"粉丝"这个词既反映了一种社会现象，也反映了一种文化概念。从社会学意义上讲，电影粉丝身份意味着对看电影的一种超乎寻常的兴趣，尤其是对个别演员或者作为一个群体的演员的生活的兴趣，并以各种行为表达出来。20世纪50年代和60

莫斯科的黄金时代

年代的苏联评论员很少使用"粉丝"这个词的标准翻译，而且除了拍摄一些电影节上的人群之类的照片之外，苏联媒体大多都避免对粉丝行为的实际事件进行报道。梁赞诺夫与斯特里德诺夫的那些纠缠不休的仰慕者的故事不会出现在当时的出版物上（它们是在"后"苏联回忆录中被发表的），甚至在今天，似乎前苏联的有些明星也明显不愿意公开讨论此类事情。我们可能会认为，由于这个原因在苏联的语境下谈论影迷身份是不合时宜的。然而，观众行为的一些基本事实并不难以从各个途径进行收集：人们确实写了数百万封的信，演员公开露面时的确引起签名风暴，等等——那就是说，在严格的社会学意义上，影迷身份如果不可量化的话，却是可以鉴别的。更重要的是，影迷身份作为一种文化概念而存在于苏联却甚至没有一个名称：粉丝是反模式化的，一位名副其实的观众、一位电影的仰慕者或者朋友，他们中的任何一种都不是粉丝。一位观众在1964年给《苏联银幕》的信中勾勒了这种区别：

> 有些人去看电影就像周六去澡堂——出于必要或者习惯。而其他人，可以说是像品尝"甜品"那样地观看电影。还有一种群体收集演员的签名和照片并且了解谁要和谁结婚，以及所有其他的电影八卦。在我看来，这是扭曲的……我看电影为了获得建议，获得关于生命和人的知识……电影对于我来说是一所研究人类的大学。我是那里的一名学生，一名永远的学生。而且我对此感到幸福。[108]

《苏联银幕》是塑造笔者称之为"影迷"的反模范形象的主要平台，并且不遗余力地构建它：1957年的第一期就主要描述了一名年轻女子为了得到明星们的签名而溜进宾馆的故事,她有时扮作美甲师,并且收集他们的烟头或者掉落的一绺绺头发。[109]她(而且几乎总是一个"她")将成为该杂志一个熟悉的形象:浅薄、追星、自我放纵的粉丝。她会受到嘲笑,如果可能的话,还会受到教育。评论家们经常引用她的话嘲笑像《两栖人》这样的影片以说明不良品味的含义。

这家杂志收到了大量的读者来信,许多是直接写给演员索要从签名和照片到借钱和个人建议等任何东西的。定期地,它会惩罚读者纠缠演员们。[110]一位编辑责骂一名年轻女子说:"如果你稍微动脑筋想一想的话,你就会老实承认你没什么特别的内容要写给一位女演员。"[111]在一篇专门关于粉丝来信的文章中,一位演员描述她对于所收到的来信的失望;她说它们经常都很肤浅,对于她的作品缺乏她所期望的严肃的艺术评价。而杂志的编辑则进一步说道:"这些人发泄情感时那种随便的口吻及过分的胆量让人觉得很无礼。"[112]

《苏联银幕》也收到大量梦想进入表演界的年轻人的信件;"我如何才能成为一名电影演员?"(kak stat' artistam kino)的信是杂志社的邮箱里最常会收到的信——如此之多以至于编辑们准备了提前印出的回信格式。《苏联银幕》告诉它的读者,他们像所有苏联人一样作为苏联电影艺术的"合著者"已经"在电影中"了,[113]并且试图通过公布有关进入苏联国立电影学院的长期可能性的统计数字以劝阻梦想者。[114]它也会嘲笑他们。当一位抱怨小城镇生活的女子说她"真的希望至少能出现在一部电影中……我想过那样的生活"的时候,《苏联银幕》提醒她一位非常有才华的诗人就来自于与她的镇子比邻并且更小的一个小镇。"很显然,这个问题不关乎一个人所在城市的大小,而在于她的能力、才华和勤奋。而勤奋显然是拉丽莎所缺乏的东西。"[115]评论家维克托·奥洛夫(Viktor Orlov)1965年的一篇文章将读者来信的摘录拼贴在一起以表明表演梦想的肤浅。"一个想成为演员但却没有任何才华的人应该怎么做？"他引用了一位年轻女子的话。"没有什么你能做的，亲爱的娜塔莎。上学或者找一份工作……这难道不是很明显的吗？""一位认真的八年级的公民"写信询问，要想成为一名演员，是否"必须要漂亮，拥有一副好嗓子，当然还要有关系"，奥洛夫回答说，"是否必须要漂亮？是的，想象一下。但不是你认为的那种含义。一则香水广告的美丽不是必需的。但真实和内在的美丽、有意义以及丰富的个性是不可或缺的。"好嗓音是重要的，他补充说道，但当谈到"关系"这个问题时，奥洛夫认为它"无礼"而拒绝回答。他将对表演的兴趣归因于简单的虚荣。"你愿意让我告诉你一个你想成为电影演员的原因吗？理由很简单。你每天看着镜子里自己的脸。你认为它很有吸引力（谁年轻的时候没有吸引力？），而你认为太可惜了除了你之外没有任何人会'贴近地'看到它。"[116]

这些《苏联银幕》评论中的社会性别（和性别歧视）特征现在充满了字里行间，但在当时这是理所当然的，并且在其他文化中也很普遍。[117]一些苏联的明星在公开回顾他们的职业生涯时确认，年轻女性是最活跃的影迷，但其他人不是这样的；多数人如果他们提到粉丝，完全是非常笼统地讲。[118]没有任何超出传闻的证据（没有任何关于《苏联银幕》的信件统计数据），证明或者反驳这种刻板印象是困难的。苏联媒体文化将年轻女子描述成比年轻男子更容易怀有演艺梦想，也更积极地卷入某种粉丝行为，诸如写情书和收集明信片等。[119]男影迷的形象分为两种。一种是少年"男孩们"，他们据说模仿《威猛七蛟龙》的主人公在帽子上加卷铁（或者是十年前将头发剪成泰山式样的）。年轻的男影迷在某种程度上有点女性化和病态的形象，与性感的低腰裤的形象相重叠。另一种是受到暴力资本主义影片诱惑而犯罪的年轻

第二章 新苏联电影文化

人——一个远比列宁格勒牛仔更加令人恐惧的形象——的故事。但在这种分割的银幕两边,男性影迷的态度在意识形态方面是清晰的:毕竟,任何一个模仿银幕英雄的男孩子都在扮演苏联模范,这一模范是为了说明苏联文化应该如何发挥作用。是年轻妇女们说(而男子通常会少很多),她们梦想扮演那些在意识形态方面已经真正越出轨道的人。与其被激励着去效仿那些英雄,她们渴望加入那些为亿万人塑造英雄的人的特殊行列——将自己与普通百姓分离开来而去过一种富有魅力的传奇生活。这就是以哈哈镜形式呈现的苏联电影和英雄身份的模式:影迷们爱上的是他们自己(既不是英雄也不是思想)并在苏联的银幕上分派"自己的"角色。对于那些相信进步依赖于年轻人在新的水电站大坝项目、医院、化肥厂和建筑设计公司发挥作用的人们而言,它是一面为一个出了错的文化而正在飘扬的红旗。

在西方,学者们已经阐述了多种文化形式的影迷人种论,这些论述的主要主题之一就是被鉴定为(或自我鉴定为)粉丝的人,远不是那些被动的接受者,而是能为他们手中的素材赋予他们自己的含义。[120] 影迷研究带有一种强烈的民粹主义而且经常是庆祝的语气。笔者的目的不是在这些方面来阐述苏联的影迷文化,无论是正面的还是负面的,尽管笔者确实认为对于文化消费者来说扩大了的选择显然比有限的选择更好。笔者在此所谈论的关于影迷的种种事实——在苏联,一个人可以体验像对尼古拉伊·赖伯尼科夫(Nikolai Rybnikov)这样一位演员的热情,并且选择观看他的全部影片,收集有他照片的明信片,甚至放纵她自己扑向他的车——标志着新的个人自由以及普通苏联人民可以获得的更加丰富多彩的文化资源。笔者觉得没有理由认为在形成情感纽带方面,与一个历史人物的情感纽带总是好于和一个荒诞不经的人(夏伯阳与两栖人)的情感纽带,或者与一个人物的情感纽带总是好于和一个演员（赖伯尼科夫塑造的工人阶级英雄与作为一个明星文本的赖伯尼科夫）的情感纽带，梦想成为一名科学家要好于成为一个银幕上的性感女人。通常情况下，笔者也认同民粹主义倾向的影迷学者的观点，与受到影响而形成的形象之间建立的那种想象的关系，不一定不如与我们选择标记为真实的客观物质的面对面的形象之间建立的关系。

我们从回忆录以及其他各种证据中了解到，在斯大林的"红色明星"时代，人们也梦想成为演员和进入演艺界，即使他们对银幕之外建构明星形象的信息知之甚少。影迷行为在后斯大林时代不是新事物，而是它在范围、语气和语境方面发生了变化。1970年的苏联青少年可以回顾一下他们父母的生活，想象一下一个只有相对很少的人才有途径进到电影院的时代，一个不用提及票房选择和繁荣的电影文化，并且至少作为与时间和金钱相关的东西去享受它们的阶段。明星身份—影迷身份相互作用的方式是苏联在改善生活标准方面成功的一个鲜活标志。但它也标志着苏联社会环境的重要变化。在停车场让一位明星的轿车无法启动，炫耀你的愚蠢行为（因为那就是任何权威人物描述此种行为的方式），并坚持你的要求（"司机，开灯！"）显示出某种自信甚至勇气。当时的评论家说了这么多："这些人以为他们是谁？"是所有关于影迷的文章的潜台词。显然，他们是一些觉得被允许去做这些事情的人，很像那些给《苏联银幕》写信的影迷，认为自己有权要求信息，表达他们的想法并且与评论家理论。而事实上，《苏联银幕》像所有新的电影文化一样，既亮绿灯也亮红灯。苏联电影文化着重忙于它说它鄙视的事情：号召力、魅力和神秘。惩罚人们将情感投入在演员和表演方面的这种文化也非常有效地促进了这种情感投入。

第二章　新苏联电影文化

电影节和魅力

电影环境在斯大林去世以后正在发生改变的最初迹象之一就是电影节在苏联的复兴。1954 年，首先是莫斯科，然后是其他城市开始组织外国电影特别周，并且接待来访的电影制作人，1959 年，苏联电影节中的贵妇莫斯科国际电影节大张旗鼓地重新恢复。[121]但电影节现象不仅关乎国际关系。一次全苏联范围内的电影节在 1958 年首先揭幕，[122]而大量其他电影节也在共青团、工会组织、加盟共和国的文化部、电影制作人工会以及各大城市和城镇的资助下在全国各地举办。20 世纪60 年代是苏联电影节的鼎盛期。二十年以后，在票房大片《莫斯科不相信眼泪》中，导演弗拉基米尔·曼绍夫（Vladmir Men'shov）安排了他的年轻主演们在莫斯科新落成的普希金大剧院外被一大群电影节影迷们包围的场景，让人回想起了那时候的激动、兴奋。

在拓展电影的途径以及产生和传播明星影像的过程中，电影节都被当作是新的苏联电影文化的一个关键因素。例如，1960 年的"当代人的银幕形象"电影节，十多位莫斯科导演和演员带着他们的电影来到了里亚赞省（由于电影节在其他地区同步进行，另外十多位电影人也去了那些地区）。这次电影节由电影制作人工会和俄罗斯文化部联合举办，它被宣传为一次观众与制作人见面的机会，可以向他们提出问题并且给出建议和批评。这种被熟知的"创造性会面"的形式在苏联文化中得到广泛推广，类似于其他公共事件中那些掌握权力的人被召集来回答大众提问。电影制作者很早之前就在其他环境下参加过此类会议。[123]强调关于后斯大林时代电影节复苏的重点，也在于一种扩展以及扩展可以改变文化本身属性的一种方式：不仅现在有更多此类活动，而且在战后时代随着出版和广播媒体的急剧发展，苏联人参与这些活动的范围得到进一步拓宽。在"当代人的银幕形象"电影节上，最多只有几百名集体农民观看了导演 V. 多尔曼（V. Dorman）在访问里亚赞之外的集体农庄时与挤奶女工跳舞，而在城市里则或许几千人挤在影院里去看他和他的同事并且大声地要求他们的亲笔签名。《苏联银幕》关于电影节的报道包括了这两地的活动及其照片。有一幅照片显示了一辆被朝车窗里观看的人们完全包围住的轿车，其标题是，"这是什么——一次交通事故吗？不，这是热情友好的里亚赞人民在见到了他们热爱的电影艺术家之后久久不愿他们离去。"[124] 魅力是一种货币，可以随着增加的流通量而获得增值，因此大众媒体对于艺术节现象来说意味着的比仅仅是参与人数呈指数增长要多得多。一次地方性的电影节演变为一次全国性的事件。一次普通的"创造性会面"变得超乎寻常。

苏联媒体的各个专业领域对于国际电影节的宣传甚至更为重要。20 世纪 60 年代，半年举办一次的莫斯科国际电影节吸引了具有世界声望的电影制作人，以及苏联印刷媒体和广播媒体的广泛报道。[125] 不仅一般性的与艺术相关的报纸 [《真理报》、《莫斯科共青团报》（*Moskovskii komsomolets*）、《闪烁》（*Ogonek*）等]和出版物 [《苏联文化》（*Sovetskaia kul'tura*）、《文学消息》（*Literaturnaia gazeta*）]报道了莫斯科电影节，而且那些与电影没有明显关系的报纸也发表了一些文章，这些报纸包括（面向苏联海军的）《苏联海军报》（*Sovetskii flot*）、（关于林业的）《林业报》（*Lesnaia promyshlennost'*），以及（面向学校教师的报纸）《教师报》（*Uchitel'skaia gazeta*）等。《苏联银幕》的报道是所有出版物中最广泛的也是最视觉化的。例如，对于 1965 年的第四届莫斯科国际电影节，这家杂志对于活动的前后进行了全面的报道，并且配有多页照片：读者可以看到捷克演员奥尔佳·肖伯洛瓦（Olga

Schoberova）在特里特雅科夫（Tretyakov）美术馆专注地看着一幅画的照片，拉基·卡普尔访问莫斯科建筑工人时头戴安全帽的照片，索菲亚·罗兰从看上去有些羞怯的导演谢尔盖·杰拉西莫夫（Sergei Gerasimov）那里接受颁奖的照片，美国人苏珊·斯特拉斯伯格（Susan Strasberg）手舞足蹈地与演员同行尼娜·德罗比谢娃（Nina Drobysheva）亲密交谈的照片，以及其他一些人的照片。[126]

正如它的官方口号"为了电影艺术中的人道主义，为了各民族的和平与友谊"所强调的那样，莫斯科电影节推广了电影作为一种国际语言的概念，这种国际语言促进对话并且扩大相互理解的承诺。苏联对电影节的报道与西方关于电影节的报道形成了鲜明的对比，西方举办电影节据说纯粹并且自私地为了利润。而莫斯科将自己定位成一个艺术家诚实正直的捍卫者以及一个和平使者。苏联电影人与外国电影人——特别是那些来自发展中国家的电影人——拥抱和真诚交谈的画面对于展示苏联电影进步的作用十分重要。苏联媒体报道的外国友人的评论常常带着一种对他们苏联同行的羡慕的潜台词。这种羡慕产生于对苏联电影经典和俄罗斯传统的敬意，这两种敬意既源于仪式性的赞扬，也源于苏联艺术家们优越的工作条件——那是专注于自己的艺术而忽略市场野蛮需求的机会。

然而，尽管苏联艺术家相较于外国明星的优越性曾经是故事的寓意，无论是电影节程序还是媒体报道都一致地模糊意识形态的鲜明路线。莫斯科电影节换来了苏联明星的实力——苏联电影人的个人魅力和集体吸引力。尽管苏联女演员的服装经常比他们的外国同行更加朴素，当然不是穿着日常服装参加重要的电影节，该如何解释她们的着装呢？她们没有穿着演员的工作服（比如某人穿着彩排的礼服或者戏装）亮相，而是与当代西方电影明星的统一款式相似：闪闪发光的面

莫斯科的黄金时代

料做成的拖地、露肩和露背的长裙，细高跟鞋，耀眼夺目的珠宝——所有与休闲、财富和炫耀联系在一起的服装。由于大多数苏联演员并不富有，能有一件任何价位的晚礼服是困难的，许多人都要为自己的一身行头去争取；另外一些人拥有国家为他们征用的类似于工作服的服饰。

苏联和外国演员在一些庆祝活动中的形象常会激起我们或者他们的对比，这种对比是苏联电影身份认同的根本问题。但一次电影节的星光闪耀的氛围比其他任何活动都更明显地是"他们的"意识形态的势力范围，而苏联选择打这张牌至关重要。尽管无人公开承认，但正是通过莫斯科电影节去竭力吸引大牌的外国明星，并且力争与戛纳或者威尼斯电影节展开角逐——而不是通过其他方式。很能说明问题的是，只有在莫斯科国际电影节或者国外电影节的语境下，苏联媒体才将苏联演员称为明星。[127] 似乎记者们除了用明星实力之外再找不到其他概念来描绘主要电影节上那些非凡魅力和大众崇拜的场景。在这些时候，苏联媒体也对那些官方文化所鄙视的对象表现出异乎寻常的气度：痴迷的影迷。挤在一起的人们为了一睹他们的偶像而不辞辛苦，并且情不自禁地面露喜色，以及被索要亲笔签名的人们包围着的演员们，这些画面都是电影节报道中的家常便饭。而在这些画面中，苏联的电影节参加者却与严肃的电影艺术鉴赏家——的理想模式相去甚远。随着国际电影节在市中心的举办，所有的明星纷至沓来，仲夏时节的莫斯科在苏联媒体的报道中也笼罩着戛纳或者威尼斯那样的光彩神韵。

明信片与电影的个性

新的苏联电影文化的魅力经常是与战后（尤其是 20 世纪 60 年代）的技术现代化联系在一起的——飞机旅行，广播新闻，人、图像以及

第二章　新苏联电影文化

思想通过太空迅速移动——而这肯定是各种电影节的实情，特别是国际电影节。然而，就像新的电影文化建立在新技术以及它们令人激动的图像基础上一样，新的电影文化同样也不受限于它们。如果我们要在苏联人的日常生活中追踪电影最显著的痕迹，我们首先要提及的就是印有苏联和外国明星图像的普普通通的明信片。

像电影节和俱乐部一样，电影明信片不是战后的新生事物——消费者在几十年前就已经也在购买它们了。[128]但在看电影的黄金时代，明信片的发行具有前所未有的并且真正广泛的范围，将演员的图像一直置于苏联日常生活的主流之中。电影制作人工会报告称仅在1960—1961年间，明信片就销售了6,600万张。[129]相比之下，《苏联银幕》尽管是唯一全国流通的大众电影杂志，但在20世纪60年代中期只有300万—400万份的印制量。关于电影的图书出版了几万或者可能几十万册。一本关于奥列格·塔巴科夫（Oleg Tabakov）的图书出版了大约5万册，但这位演员本人估计20世纪60年代印有他的图像的明信片的流通量大概有600万—700万张。仅一个版本的塔巴科夫（有几个版本）的明信片的印量就有100万张。[130]

苏联的电影明信片有各种不同的样式：有小的黑白照（大约是常见明信片的一半大小），有较大的适宜于邮寄的彩色明信片以及系列图片明信，有时代表各个国家的电影（比如，法国演员，印度电影）。大多数卡片都印有演员在摄影棚拍摄的照片或者"大头照"而不是剧照。许多人热衷于收集它们，交易它们，并将它们存放在精心设计的特殊相册里。它们很便宜——几个戈比一张——而且从来都供不应求。为了回应索要明信片或者关于哪里能得到明信片的询问的许多来信，《苏联银幕》定期公布影迷们可以寻找的一家莫斯科商店的地址。

明信片交易是电影制作人工会的一项投资,他们——通过它的宣传工具苏联电影艺术宣传办公室——制作和发行卡片从而赚取收入。工会使用演员的肖像却并不向他们支付版税,但如果他们是苏联演员,像所有工会成员一样可以从卡片交易的收入中收益福利,诸如度假房产和住房项目。即使扣除制作和发行成本之后的每张卡片只净赚1戈比——做一个保守估计——数百万卡片,年复一年,累计起来便成为可观的金额。

同样,如果说从财政的角度考虑,这种交易十分有意义,它也使意识形态方面被搅混得不连贯。也许,利用外国影星的肖像来资助电影制作人工会,可以合乎情理地作为一种冷战时期文化的现实政治。但苏联演员呢?将他们的画像为了私人用途而进行兜售所利用的态度,与苏联电影的艺术、道德和政治使命无关,而一切却与诸如号召力和魅力等有关。明信片将苏联演员带出电影而将聚光灯照在作为个体的他们的身上,同时帮助将演员与角色分离,而因此将电影的意识形态框架置于一边。人们不再收集英雄的建筑工人的画像;他们收集尼古拉伊·赖伯尼科夫(Nikolai Rybnikov)的照片。这种差别尽管棘手但却是真实的。尽管赖伯尼科夫的确扮演过建筑工人,并且他的形象确实与这些人物的英雄主义联系在一起,但明信片交易却通过单独销售他的形象而将两者隔离开来。尽管这可能从将人们带入影院的意义上有助于宣传电影,但这与宣传苏联电影艺术和英雄是不一样的。相反,照片明信片演绎并且激发了与将电影作为艺术和勇气的学校的概念相对立的价值观。一张照片明信片缩小了苏联电影的尺寸,将它与敌人混在一起["我想用赖伯尼科夫换你的琼·马雷(Jean Marais)"],并且还将它出售了。这是一种——微不足道的对象,却是某人自己的——电影魅力,而且它建立了一种与某个具体个人之间的、人与人的关系。一张明信片是对参加电影的个性化和拥有的一次邀请。

解读《苏联银幕》

这是一个问题吗？当一位来自格鲁吉亚的年轻读者写信给《苏联银幕》，担心她的明信片收集毫无意义并且有害的时候，《苏联银幕》邀请阿莱克谢·巴塔洛夫（Aleksei Batalov）来向她澄清。巴塔洛夫是苏联最著名的演员之一："在翻阅（明信片）相册的十分钟内，"他写道，"我就彻底痛恨演员的照片，以及与之相关的每一个人。"[131]

如果明信片以具体化的形式承载了新的苏联电影文化的矛盾的话，那么，《苏联银幕》就是这些矛盾的全面体现。[132]其他杂志和报纸也报道电影，但《苏联银幕》既是电影新闻业的核心，也是全苏联最受欢迎的出版物之一。像新的电影文化的许多其他方面一样，它并非新生事物，从理论上说，却在斯大林主义休眠状态的后期之后就已经复苏。1957年，它的后斯大林时代的第一期解释说，文化部经过16年重新开放这份杂志，因为认识到了电影的"巨大作用……在对广大工人，特别是年轻人的思想和政治教育方面"。[133]四年以后，《苏联银幕》的发行量翻了一番而达到40万份，而对杂志的监督权则从文化部移至电影制作人工会。工会为了这个转移进行了艰苦的游说，这个转移就像明信片交易一样，将财政收入纳入了自己的腰包。1962年，它又发起了一次成功的运动，将发行量增至160万份，但甚至这个发行量仍然供不应求，因此很快又增加到260万份。[134]编辑们说，对实际读者数量的合理估计应该是这个水平的四倍或五倍。[135]

《苏联银幕》是苏联出版物中的佼佼者，这在20世纪50年代末和60年代尤其如此；在这些年中，它建立了苏联电影文化新闻业的主线。它是一本大开本的杂志，尺寸可以与《生活》相比，并有一种时尚而有趣的外观。标准的 20 页版面当然总能涵盖大量的文本：有关于电影历史和美学的评论和文章、讽刺漫画、读者来信、访谈、报道，以及所有与电影相关的官方发布等。在党召开代表大会的时候，或者在赫鲁晓夫访问世界各国的时候，《苏联银幕》就会进行报道以纪念这个时刻，即使这个时刻与电影没什么关系。但此类政治报道通常只限于一两页，因此这种文本内容在总体上对于一本苏联出版物而言是不过分的。每一期《苏联银幕》登满了照片、漫画，以及其他吸引人的图形设计元素，许多都是彩色的（而且色彩的运用几十年来得到了增加）。前后封面几乎总是满页的苏联电影专业人士——导演以及更多时候是演员——的彩色整幅照片或者剧照。我们从传闻中（也可以从当时电影的布景装饰推断）得知，人们会将《苏联银幕》上的照片裁下来并且挂起来，而杂志的彩色封面似乎就为了这个用途而设计的；特别是封底，通常没有文字，用作展示是很理想的。

《苏联银幕》的另一个标志性特征是它在字面意义上和比喻的意义上将苏联和外国电影置于同一页面。杂志建立之初就是苏联人民与非苏联世界之间的一个重要渠道。翻开 1957 年的第一期，读者会发现两页关于当代外国电影的内容（涵盖了捷克斯洛伐克、中国、印度和奥地利的电影）以及来自拉基·卡普尔、西尔瓦娜·帕姆帕尼尼（Silvana Pampanini）和其他外国演员的祝福。后来的各期向读者介绍了各国的电影，对于资本主义社会的电影给予了显著的关注（法国、意大利和美国电影得到了特别充分的描述）。来自外国电影人的问候以及访谈和简介成了一个标准特征。关于苏联在海外成功的报道亦是如此——苏联电影人在海外同行中的声望，以及外国观众对苏联电影的感谢。这份杂志明白地表示，苏联电影艺术和苏联电影院里的银幕都理所当然地具有国际性。

第二章 新苏联电影文化

《苏联银幕》传达了标准的意识形态信息。电影世界被分为两个阵营：资本主义和社会主义，反动和进步，或者时常作为它的"受害者"的好莱坞和苏联电影。像印度和埃及等国出品的电影既是进步的也是反动的，取决于它们被认定的"品质"，毋庸置疑，品质是由其思想性来决定的。所有好的影片都是艺术，而艺术是反商业的；也就是说，尽管电影可能是在市场条件下制作的，但它的创造者和它的价值观总是与市场抗争的。因此，甚至一部在好莱坞这头野兽的腹地制作的影片也有可能取得进步资格，而《苏联银幕》的确拥护一些资本主义的影片。但更常见的方法是批判影片的资本主义"模式"，以捍卫反对它的艺术和艺术家们。

没有灵魂的大众文化电影机器对演员的剥削是《苏联银幕》最喜爱的主题之一。举一个典型的例子，1960年的一份关于贝蒂·戴维斯（Bette Davis）的职业调查，描述了她一生为了"创作现实主义的艺术作品"所进行的斗争，以及她后来被无情的电影制片厂的管理者所抛弃。"这就是许多才华横溢的好莱坞演员的命运，因为在好莱坞唯一能带来成功的是金钱，"文章做了如此结论（其作者是一位美国人——这对这种类型的文章来说并不少见）。[136]《苏联银幕》经常为那些不断抱怨从未被给予严肃而有挑战性的角色的外国演员们发出声音，并代表他们表示抗议。这在譬如关于法国演员马丽娜·弗拉迪（Marina Vlady）的许多文章中是一个常见的思路，她在20世纪60年代得到了大量报道（毫无疑问，部分是因为她有俄罗斯血统）。[137]杂志也刊登了无数关于演员陷入商业交易圈套的故事。1962年的一则故事标题为"制片人—种植园驱赶者，或奴役合同"，并支持意大利的克劳蒂娅·卡迪纳尔（Claudia Cardinale）努力脱离那个据说没有角色选择权、没有休息时间并且禁止她结婚的制片厂。[138]导演也经常被描写成要为追求他们神圣的艺术事业——杂志明确表示这是他们作为苏联电影专业人士与生俱来应该拥有的权利——而斗争。杂志认为，马塞尔·卡内（Marcel Carné）关于拍摄大仲马（Alexandre Dumas）的电影的决定是一个悲剧，因为这位法国导演只对当代题材感兴趣。"当一位最杰出的导演被迫要么去做他无心去做、但制片人会掏腰包的事情，要么再一次失业的时候，如何谈及'艺术自由'？"[139]

作为一种规则，《苏联银幕》用更多的篇幅来报道那些遭遇诽谤和虐待的外国大师，而不是外国的（商业）影片。大众文化影片当然被定义为低级的东西；它主要的缺陷——包括色情和暴力的道德堕落，以及轻浮举止——是资本主义文化产品无法避免的副产品。在1963年的系列文章《西方电影神话》（*Myths of Western Cinema*）中，评论家以典型的按类型的方式剖析了资本主义电影制作的类型。譬如，喜剧被标注为"一种将人们的注意力从现实生活中的迫切问题中分散开来的一种手段和一种'伟大的抚慰者'，因此从艺术的角度看，仍然处于不成熟的初级状态"。[140]恐怖片、惊悚片和战争片被认为在观众中灌输一种暴力品味，并且应该为西方不断增长的犯罪率而承担责任。[141]

对受压迫者的同情和对正义的支持、苏联文化体制的内在优越性及其对手的背信弃义是苏联宣传中驾轻就熟的策略。不只《消息报》一家出版物刊登了关于玛丽莲·梦露自杀的题为"一位影星的悲剧"的报道，宣称她的死"毫不含糊地证明了"大众文化的堕落。"玛丽莲·梦露是好莱坞的牺牲品。好莱坞给了她生命却又谋杀了她。"[142]《苏联银幕》最大的特色并不是它所表现的这些大家熟悉的意识形态注释，而是它们非同一般的和声。关于贝蒂·戴维斯的一篇文章，在为明珠暗投的命运感到哀叹时，也同时介绍了她的作品，当时苏联观众对其几乎完全不知道，文章中还配上她的七幅照片（一幅室内照和

第二章　新苏联电影文化

六幅电影剧照）；关于戴维斯的视觉材料的整个篇幅大大超过了关于她的文字描述。《苏联银幕》有关外国电影的文章基本都采用了相似的模式。梦露的影片只有《彗星美人》（*All About Eve*）和《热情似火》（*Some Like It Hot*）这两部在苏联发行过，但这并没有阻碍这家杂志对她进行图文并茂的评论。同样也是在《苏联银幕》上而不是在电影银幕上，苏联的大多数观众认识了"法国新浪潮"、詹姆斯·邦德——实际上，是当代外国电影的绝大多数流行趋势。鉴于所有对资产阶级文化渗透的宣传，在苏联放映的外国电影的范围实际上非常小，只是所有影片中的小部分。阅读《苏联银幕》让读者有一种二手消费的体验，吸引他们进入一种对国际电影的想象之中，除此之外难以观看到。[143]

这种信息放在苏联的意识形态框架中无可厚非。但杂志对于图像资料的大量使用就超出了这个框架的范围；任何读者都可以欣赏和展示那些在苏联媒体中饱受诟病的影片中的图像。《苏联银幕》的反西方的评论也清楚地显示出，它除了单纯的道德和美学教育之外还得到了更多的好处。杂志不过是将意识形态置于带有神秘气氛的温和的煽动功效之中。

1960年的一篇涵盖甚广的题为"'自由世界'的电影"的文章，表面上分析了可怜的小比利时（此为文章中的表述）被好莱坞影片淹没，却成了将恐怖、惊悚和爱情影片连在一起的一长串清单。"他们说一部影片的片名是它的'名片'，"文章开头写道，"那就让我们来看一下这个清单吧。我要提醒一下读者，你会感到《坐立不安》……我请你在《谋杀犯与你谈话》时不要害怕……如果你喜欢，你可以看《致命的吻》或者你可能发现自己在《虐待狂的网》中，看着《街道上的血》，并且目睹《快乐至死》。"这篇文章就以这种极有煽动性的方式写了满满两页，甚至标题还模仿了恐怖电影的字体，因为任何读者在对影像进行对比时都可能注意到，美国电影宣传中也包含这样的内容。[144]

1962年的一篇关于法国新书《好莱坞巴比隆》（*Hollywood Babylone*）的评论解释说，"明星崇拜"是商人充分利用观众的"不健康兴趣"的一种玩世不恭的策略的一部分。（评论本身的题目是"鲜血与肮脏的交易"。）与此同时，它又通过暗示来嘲讽曾经受到像《好莱坞巴比隆》这种书的污染的读者，认为他们也将会得到这些信息。每个人都知道，他们不会得到的；这样的书并没有在苏联出版。但评论却让读者瞥见了完全一样的内容："这本书提供了一幅好莱坞道德堕落的图画，带有后宫的'梦工厂'、制片人的冒险行为、酗酒、淫荡以及各种可能的变态和滥用毒品的方式！"或者，"该书展示了真假参半的情书的照片，为情人或者犯罪行为而支付的银行支票的照片，以及对这些犯罪行为进行的简要说明。"在嘲讽的最后，文章还插入了"鲜血与肮脏的交易"一文中的一张图片：一本美国电影杂志《机密》的封面，上面的人物是杰恩·曼斯菲尔德（Jayne Mansfield），身穿紧身黑裙的她裸露着肩膀，对着相机显出媚态。[145]对于那些懂英语的《苏联银幕》读者来说，其中"杰恩·曼斯菲尔德在山中的古怪周末"的标题也让他们沉思。

有关八卦的八卦是新的苏联文化的一个至关重要的风格，它既提供了新的信息，也提供了一种新的文化经验。美国演员迪安娜·德宾（Deanna Durbin）一度是苏联电影观众的宠儿，但很少有人了解她的私生活。《苏联银幕》在1965年发表了一篇关于德宾的文章，描述了她息影后在巴黎郊外如何被狗仔队跟踪。正如这篇文章的一个小标题"辉煌的代价"所说的那样，这是一种耻辱，是资本主义道德败坏的一种标志。但《苏联银幕》也刊登了一幅狗仔队所拍的德宾的照片。"你可能也认出她了？"杂志问它的读者。"不予置评"（对这些有关八卦之八卦的报道的一种比喻）被作为第二个小标题。[146]这家杂志走在通道的两侧并且效果很好。确切地说，我们可能会问这里的主要信息是什么：一个中年德宾的形象还是它的思想光辉？要认识到的关键点在于消费《苏联银幕》的人不需要确切答案。杂志的这种方法既为读者提供了廉价的兴奋剂（尽管是以可测的剂量），也让读者感到一种道德上的优越感。瞧她如今多邋遢（或者可爱，衰老等）！瞧她被那些贪财图利的狗仔摄像们跟踪是多么可怕！从这个意义上来看，有关八卦之八卦所传递的意识形态信息并没有跑题；它是主题的一个组成部分，也是人们对于苏联电影文化体验的一个组成部分。

再重复一遍，尽管《苏联银幕》并非唯一提供有关外国电影信息的出版物，但它是苏联观众的主要信息来源，并且它也相当重要，因为它将外国影片与苏联影片连在一起评论。这种连在一起评论的一个目的是为了擦亮苏联一侧的声望。但是向外国人开放主流电影杂志，不亚于向外国影片开放银幕，这也有可能会腐蚀苏联优越性和卓越性的思想。一方面，将外国人和苏联人的图片放在一起就产生了直接的对比，而这些照片并不总是对苏联有利。阿纳斯塔西娅·弗廷斯卡亚如何像一个美女那样站在奥黛丽·赫本和索菲亚·罗兰旁边呢？《苏联银幕》是一个尤其需要这种比较的文化产品。另一方面，将外国和苏联的图片混在一起实际上可以抚平两者之间的差别。尽管苏联电影产业界声称它没有打造西方意义上的明星，但《苏联银幕》以及其他出版物上的苏联和外国演员的形象看上去往往十分相似，而且它们的用途可能也是相同的：有些人剪下弗廷斯卡亚的照片；另一些人则更喜欢赫本的照片。演员的形象在日常生活中的位置跨越了意识形态的界限。

然而，《苏联银幕》却用了极大的篇幅试图维护这种界限，并且不仅体现在它对外国电影文化的批评中。杂志的大部分都投入在苏联电影艺术上，它将苏联电影艺术描述为一种勤劳人民的战友式的领域———一种以理想的形式表现的社会主义的制作过程。毫无疑问，你会发现同样具有才华并且专注的人们共同工作于整个国家的各个实验室和建筑工地以及集体农场；电影的作用就是为数百万人描述这个现实。《苏联银幕》描写一位演员的标准撰写方法就是聚焦于他或者她的工作及其随着时间推移产生的进步。正如人们所了解的那种风格，许多"富有创意的描述"通常开篇都会讲述某位演员在苏联国立电影学院接受的艰苦训练，以及从一个学徒成为电影大师的故事。关于专业技能培训方面的特点通常也是强调繁重的训练，并且配上有抱负的年轻演员攻读大量文学和数学大部头著作的照片。[147]访谈也常常采用很严肃的口吻。苏联演员们讨论他们应该如何通过广泛的阅读、揭示人物本质的努力来为他们的角色做准备，以及他们对观众和艺术负有何种责任。不时地，读者会发现有文章抱怨一些堕落和专制的导演阻碍了一名演员成长为一个艺术家，但大多数情况下，杂志还是提倡对导演权威的尊崇。在它刊登的文章中，导演几乎总是一种英雄形象，是辉煌的苏维埃艺术传统的真正继承者。对导演的这种过度关注显示出杂志整体上倾向于将电影视为一种劳动、使命和艺术，而或许不是其他什么。

然而，由于它对外国电影的报道是真实的，《苏联银幕》既有严格的意识形态框架，又有丰富的已然超越其界限的信息。由于杂志尽可能地强调电影制作是一项严肃的社会主义的工作，同时也是一门艺术，因此它也展现了一个与社会其他部分有着奇特关系的具有独特个性的世界。关于电影专业人士的个人信息充斥杂志的版面。1962年的

第二章　新苏联电影文化

一篇关于演员柳德米拉·卡萨特基娜（Liudmila Kasatkina）的文章引用了她的话，她认为对于她而言所有的成功都没有她儿子阿莱西卡（Aleshka）重要。她说，"天啊，我不想吹嘘，但你们自己可以看到他是多么可爱的一个小男孩！"而《苏联银幕》顺便还刊登了一张抓拍的照片，照片上卡萨特基娜和她的儿子都张着双臂仿佛就要拥抱。[148]同样还有其他演员谈论他们的日常生活以及他们的家居照——柳德米拉·谢格洛娃（Liudmila Shagalova）和她收集的邮票以及她用呼啦圈做运动，柳迪亚·斯米尔诺娃（Lidiia Smirnova）越野滑雪，斯韦特兰娜·克海里特诺娃（Svetlana Kharitonova）烹饪和遛狗。斯米尔诺娃的照片标题告诉读者，滑雪已经花了"工作前的一个小时"，而呼啦圈的照片又解释说对于一个要保持体形的演员来说这项运动是多么重要。但这些充其量只是微弱的关联；而报道的原则焦点还是演员工作之外的生活。读者从《苏联银幕》还可以了解到，尼古拉伊·赖伯尼科夫（Nikolai Rybnikov）的父母曾经反对他选择的职业（他们曾希望他能成为一名医生），以及他业余时间喜欢滑雪、钓鱼和观看冰球比赛。[149]因诺肯迪·斯莫克图诺夫斯基（Innokentii Smokhtunovskii）告诉杂志，他在生活中最大的障碍就是羞怯。[150]《苏联银幕》的记者对大师级的导演也给予明星待遇，他们中的许多人都被拍摄了在家中的照片。甚至还有一张是导演谢尔盖·杰拉西莫夫与他的妻子兼合作者塔玛拉·马卡洛娃（Tamara Makarova）在一起煮汤的照片；他俩都穿着围裙。[151]

《苏联银幕》中这类素材的数量总是非常有限的，与《机密》之类的杂志的报道相比就是受抑制的。尽管苏联电影界有许多明星夫妇，但影迷们却没有他们婚礼的照片，也没有关于他们离婚的内部消息。[152]从传闻和评论家对肤浅的影迷们吹毛求疵的评价判断，人们仍然有办

莫斯科的黄金时代

法**办**此类事情进行闲谈八卦。而且《苏联银幕》提供定期的话题——有人甚至会说是邀请——来展开八卦：认真琢磨电影人银幕外的生活并将这样的生活方式用于自己的生活中。随着大量使用自然状态下拍摄的照片，并且将封面设计得便于展示，杂志成功地为观众将电影个性化，即使它并没有直接涉及个人事务。它建立并激发了人们对个体的个性世界的兴趣——不仅是对英雄和故事的兴趣，或许对英雄和故事根本就不感兴趣。

《苏联银幕》以及苏联总体的电影新闻按照人们的需求来描写演员，尤其是人们希望了解并与之建立联系的演员；人们也可以在家拥有他们（贴在墙上的一张照片、一个签名）而不必和他们相识。当时的苏联文化中与演员最相似的——运动员和宇航员——也同样是媒体偶像。但没有哪位苏联演员，尽管你在杂志和报刊亭能找到许多他的照片，曾经像尤里·加加林（Iurii Gagarin）和他的同事们那样因为他们在太空取得的成就而被官方视为名人。毕竟演员都期盼着能扮演一次加加林。他作为一个在电影作品范畴之外的个体代表着什么呢？演员在角色之外又代表什么？苏联文化对这个问题的首次回答简单而坚决：演员是艺术家，而苏联演员是社会主义艺术家，其作品是为了教育和鼓舞观众；严格来说，了解角色之外的演员的唯一理由是理解他或者她的创作过程。但确切的是，关于演员的电影之外的个人信息，苏联文化如今也正在以空前的数量提供这类信息，并使人们将这些信息个人化，培养对它们的喜爱并且拥有它们。

电视与电影的家庭化

电视技术是新的后斯大林主义电影文化中唯一的新元素，并且可以说是最强大的。的确，电影和电视在争取观众注意方面是竞争对手，

第二章 新苏联电影文化

而且鉴于苏联电影的播放时间依然占据很高的比例,包括许多新的故事片仍然在影院放映,它们之间的竞争在苏联比其他国家更为突出。[153] 20世纪70年代,当电视接口达到饱和状态的时候,整体的电影票房出现下跌,大多数当代观察家认为这两种现象之间有着直接的因果关系:电视是杀害电影的凶手。但是,尽管苏联的长期趋势很明显是观看电视而不是观看电影的人数在不断增加,这更多地说明了休闲方式的变化而不是人们实际上对电影和电影文化的参与。从更广泛的苏联文化的视角来看,电视可能被视为对电影的支持,不仅因为如此多的电视节目实际上是电影节目。电视同时也通过介绍电影产业和电影专业人士来推广电影,而在此过程中电视极大地拓展了面向观众的信息和体验的范围。如果新的电影文化的标志是个人化和培养对电影的喜爱的话,苏联的电视广播以强有力的新形式体现了这两点。

譬如,苏联一直最受欢迎的电视节目之一《全景电影》(*Kinopanorama*)。[154]《全景电影》于1962年由中央电视台引入,是每月定期播出的时间为90—120分钟并且完全关注电影的节目,它一直播放到苏联解体(以及之后)。一位主持人、一个或两个嘉宾坐在扶手椅上,一边抽烟、一边喝茶、一边聊着电影界的事;主持人会是一位电影专业人士(并且苏联电影界几位最显要的人物多年来一直掌控着这把交椅);嘉宾则是苏联的导演、剧作家、演员和评论家,偶尔也会有一些来访的外国人。像苏联所有的节目一样,《全景电影》得到了很好的编排和管理;20世纪60年代,当它采用直播形式的时候,编辑会提前选择谈话的主题、撰写脚本并且对一些段落进行排练;1970年变为录播,这可能降低了编辑的血压水平但不是管理水平。无论如何,《全景电影》成功地为苏联的电视节目创造了一种非同寻常的、非正式的并且亲切的风格,而尽管它避免公开谈论私人话题,但它用评论的方式向观众展现了一个个性化的电影界。当然,在镜头前饮茶和吸烟是它的一部分。(还记得柳博夫·奥尔洛娃,那位只在《生活》杂志的页面上扮演随意交谈者角色的"红色明星"吗?苏联电影文化现在拥有了这样随意交谈的空间。)同样重要的是这个节目本身努力在屏幕鸿沟之间建立联系。观众写信给《全景电影》,就像他们给其他许多受欢迎的节目写信一样,《全景电影》将许多这些来信结合到它的节目中。有一次,一位观众写信询问几年前出现在一部影片中的一位年轻演员的情况,这部电影是主持人阿列克谢·卡普勒(Aleksei Kapler)在1964年至1971年间撰写的。(这部影片是1939年的经典影片《列宁在1918》)。卡普勒在节目中读了这封信,由于他也不知道答案,于是就请观众与节目组联系问一下他们是否有任何消息。20分钟以后,当节目仍在播放过程中的时候,他告诉观众他刚刚接到那位演员的邻居打来的电话;她现在住在诺金斯克市的某某地址。不久之后,《全景电影》就请她来到莫斯科,谈谈作为那部苏联经典电影中的演员,她的年轻的职业生涯。[155]

苏联观众也有其他方式来接触演员。许多人写信给《苏联银幕》、莫斯科电影制片厂以及其他电影制片厂,甚至也写信给国家摄影委员会。但是电视广播具有更加个性化联系的潜力——或者更加个性化联系的感觉——因为只有在电视上,观众才能看到和听到演员如何回应他们。而电视通过像《全景电影》这样的节目以及聘请像阿列克谢·卡普勒这样的主持人而使这种联系成为可能,他的亲切随和以及对于个性化和口语化语言的偏爱("哦,天哪,我忘记片名了!我已经写在什么地方了,但我找不到我的笔记了。")促进了观众的交流体验。[156]这种变化的另一个关键实例是被称为"电视咖啡馆"(televizionnyi kafe)的节目类型。

第二章　新苏联电影文化

20世纪60年代初，随着共青团将推广"电视咖啡馆"成为解决文化休闲问题的一个方案，中央电视台开始播出一个叫作《蓝色小火焰》(Goluboi ogonek)的电视节目，这个节目成为数百万人主要的晚间娱乐，并且复制到全国的地方电视台。[157]（可以肯定地说，知道"电视咖啡馆"的人数要比实际去咖啡馆的人数多很多。）这种方式类似于《全景电影》，因为观众可以在相对随意和社交性的背景下与有趣的嘉宾们"约会"，但这里的背景是一家虚构的咖啡馆：《蓝色小火焰》的布置有一个风格化的背景，其中包括莫斯科电视塔沙波洛夫卡、一个表演的舞台，以及为嘉宾准备的小圆桌，嘉宾来自的领域从电影人、歌剧演员和芭蕾舞演员，到获奖的运动员、矿工、军人、宇航员和流行歌手。[158]主持人穿梭于这些桌子之间，并且在表演的间隙以令人愉悦的笑话参与嘉宾的表演。美国当代最著名的电视评论家杰克·谷尔德（Jack Gould）热情洋溢地描述了他在1965年观看的这个节目（美国广播公司网播放了30分钟的片段）：

> 有一个女子合唱团，这些女孩子们就好像是来自杰基·格利森（Jackie Gleason）表演秀。一个木偶乐队表演了一段哑剧，配乐是格伦·米勒最受欢迎的曲子"情绪（In the Mood）"。伊迪丝·派亚克哈（Edith Pyekha）是了解在演唱一首歌曲中有效推销的细微差别的歌手。还有一位很好的魔术师、哥萨克舞者以及几位莫斯科大剧院芭蕾舞团的演员。[159]

在电视直播的日子里，《蓝色小火焰》以及其他咖啡馆类型的节目要比《全景电影》之类的访谈节目更加紧密地编写和彩排。故意偏离设定的节目是极其罕见的。譬如，1962年，诗人安德烈·沃兹内森

莫斯科的黄金时代

斯基（Andrei Voznesenskii）在中央电视台的《蓝色小火焰》里因为朗读了一首诗而引发了一场骚乱，他没有事先与节目的制片人说明清楚。[160]并且由于没有台词提示器，以及早期苏联电视中缘于故障频发而几乎肯定会发生的一些技术问题增加了不可预测性的因素。主持人和嘉宾必须依赖于他们的机智，并且有时候必须即兴发言。观众甚至会看到一些真正的自发行为，就像在一次节目中，一位嘉宾是一个集体农庄的女主席，在与主持人结束交谈的时候，令人惊讶地试图爬到桌子底下。导演让她"讲一点自己的事情，然后移到荧幕外面"，于是她决定趴到地上是最好的办法。[161]

观众们"去"一次电视咖啡馆表面上是为了表演，但这种方式也使他们沉浸于一种轻微的偷窥癖的形式中，或者使他们想象他们也是嘉宾能够与全国有影响力的人肩并肩地坐在一起。从这个角度看，参加节目的获奖挤奶女工和矿工，尽管他们不是这个节目的明星，却代表着屏幕前面的观众。或者，观众可以把自己想象成主持人，凭借电视技术的奇迹，而将这些天才的嘉宾邀请到自己家中。这也是当时的电视人和评论家所推动的概念，他们在咖啡馆类型剧中总是兴高采烈的。[162]"《蓝色小火焰》之所以能够赢得观众，得益于它亲切、随和以及与那些长久以来我们已经习惯仰视的人们平等相处的快感，"一位评论家说道。[163]在电视咖啡馆里没有八卦和丑闻；观众们在这些节目中听到了关于个人生活的宝贵的点点滴滴。但获得个人体验却不必讨论个人本身，这是苏联电视对新电影文化贡献的精华所在。就像《全景电影》一样，电视咖啡馆节目为观众提供了体验与电影专业人士亲密接触的新形式的可能性。毕竟，电视广播传递了在一种预先设定的环境中的画面和声音，而这种环境要比一家电影院或者工厂俱乐部中的一次创造性会议更加亲切。尽管电视上放映的电影亦是如此，但《蓝色小火焰》、《全景电影》以及类似节目皆因被标记为"真实的"而具有特色——或者，我们也可以补充说，因为这些节目都是现场直播，从而使得现实生活的互动感更加强烈。电视展现了角色以外的演员形象，并且提供了一次与作为个体的他们一起参与电视节目的机会。（"她到底穿的什么啊？"观众问道。"他的声音听起来与电影中那么不同！""她太坐立不安了。""他是左撇子，就像我一样。"）

个性化和家庭化的变化并非电视技术本身固有的，正如一张苏联制作的明信片并不必然需要一个演员光彩照人的大头照、一本电影杂志并不必然要求有穿着薄纱长裙的女人照片及关于八卦之八卦。它们是多种选择，是构成后斯大林主义电影文化的各种决定的结果。对于电视来说，将电视技术输送给每个家庭的决定是至关重要的，但选择提供某种形式的节目也同样重要。

《全景电影》的国家使命就是对观众进行有关电影艺术的教育，而这也是卡普勒的目标，无论他在节目中如何随意率性。1971年，他向一位访问者讲述了最近和他一位电影同事访问一所中学的经历。那位同事是一位性格演员，他告诉学生们，他曾参演过电影《"y"行动》，"噢！"孩子们喊道。《"y"行动》确实是一部票房大片。但当这位演员继续说他只是在其中扮演了一个小角色一名警察的时候，他们就失去了兴趣。卡普勒很沮丧："我想向观众介绍一个将其一生奉献给电影的人，他在银幕上做的，可以说，是与一些饰演帅哥主角的平庸演员们一样的事情，"他说。"但所有的女孩子都爱上了那个角色，却没人知道这位真正有才华的演员。"[164]

这种模式如今已经为人熟知。卡普勒正在竭力应对苏联明星文化的阵阵狂风，而这些正是他自己制造的狂风。他的访谈评论的语言在这一点上十分有趣。"我希望能够向电视观众介绍一个将其一生奉献给电影的人。"某件事或者某个人阻止他这么做了吗？苏联的电视节目的存在或消亡不是通过评级——事实远非如此。苏联电视播放了大量被怀疑是不受欢迎的节目。《全景电影》无须通过赢得观众的认可而证明它的价值。

卡普勒于 1979 年去世，我们不可能再问他为什么要不断采访那些扮演"帅哥主角"的演员。但他的自传却提供了思想的源泉。阿列克谢·卡普勒 [1904 年出生，原名拉扎尔·卡普勒（Lazar Kapler）] 作为一名基辅的演员开始了他的职业生涯，然后在斯大林时代连续撰写了几部作为电影经典的主流影片，包括两部获得斯大林奖的影片（《列宁在 1918》和《她保卫了祖国》[1943 年]）。与斯大林的女儿斯韦特兰娜（Svetlana）的短暂爱情激起了斯大林的怒火，此后他被指控为英国间谍并以这一莫须有的指控而被定罪，并在劳改集中营中度过了十年。1954 年，他获释后重返电影界，并撰写了两部 20 世纪 50 年代和 60 年代苏联最流行的影片，一部滑稽喜剧《远航》（*Polosatyi reis*, 1961 年）和轰动一时的大片《两栖人》。[165] 换句话说，像卡普勒那样了解苏联文化的人很少；他知道斯大林主义成功的高度与斯大林主义压制的深度；他了解高雅的思想剧、传奇剧和喜剧；他在创造票房成功方面显示出他对苏联观众的口味亦是了如指掌。卡普勒不但采访那些饰演帅哥主角的演员，同时也为他们的角色撰写剧本。尽管他十分希望观众会对他认为拥有真正才华的演员们更加感兴趣，卡普勒作为一名剧作家和电视主持人，似乎很珍视与这些帅哥主角之间的联系。我们可以将此解读为一种自私的或者悲观主义的形式。但在 20 世纪 60 年代，电视并不是致富的道路，不仅如此，卡普勒的人生也将他显示为某种具有苏联电影特征的人。苏联电影的成功就是他的成功。《全景电影》的存留无须得到观众的认可，但笔者认为卡普勒希望它

第二章 新苏联电影文化

覆盖的观众范围越广越好。借助在演播室围坐着讨论饰演帅哥主角的演员和观众中的追星女孩,宣传苏联电影和教育观众的目标可以得到推进。

或者可以吗?这是新的苏联电影文化提出的问题。

新的苏联电影文化的悖论

在1961年上映的电影《迪马·戈林的职业生涯》(*Kar'era Dimy Gorina*)中,阿列克桑德尔·德姆亚南柯扮演迪马,这是一个年轻而有点书呆子气的单身汉,正努力在一家银行展开自己的职业生涯。命运让迪马在去泰加林出差的途中遇到了一群具有英雄气概的苏联年轻人,他们欢迎他加入他们的集体,并教给他劳动和友谊的价值。迪马从一个养尊处优且自私自利的梅夏宁(小资产阶级的、市侩的人)转变为一个真正的苏联人。他放弃了银行的工作,找到了一份与这个集体在一起的工作,连接穿越泰加林的高压线,从此每个人都快乐地生活。

从多个角度看,《迪马·戈林的职业生涯》都是一部经典的苏联式的人走向成熟的故事片。[166]其好与坏的类别被简明地标示给观众——本性/钱财、集体力量/狭隘的个人主义,当然,还有共青团/非共青团(迪马直到在森林中与模范青年在一起时才加入了这个集体)。迪马最初浅薄的一个明显标志就是他对电影明星影像的痴迷。电影开始的一个场景就是迪马一个人穿着睡衣在自己的房间里,伴随他的还有他的两种收藏:邮票和电影杂志,其中苏联和外国的"标本"都有。凝视了一会儿邮票之后,迪马想到了一个主意,此时背景音乐也转成了一种意气风发的曲调。拿起一把剪刀,迪马开始翻阅他的杂志,剪下各个女明星图像上他最喜欢的部位——最好看的鼻子、最漂亮的嘴唇、等等——并将它们组合在一起拼成一个新图像。迪马制作了他自己的明星，一个苏联人—外国人的混血儿，当对自己的手艺感到满意之后，他坐回椅子上，冲着她做梦似地微笑。当他来到泰加林的时候，他遇到了他拼制出来的那个女子并且爱上了她。她叫加利娅（Galia），是一名女领班〔由塔季杨娜·科纽克赫娃（Tat'iana Koniukhova）扮演〕并且是那个教育迪马成为真正苏联人的年轻人集体中的一员。

在很大程度上以《苏联银幕》的那种说教式的批判方式，《迪马·戈林的职业生涯》是一部反驳其自身也参与其中的明星文化的影片。[167]在真实的苏联妇女与电影明星之间的二分法在这部电影中就像所有其他的好与坏的二元对立一样明显，同时它也得到了恰当的解决。就像我们所了解的，迪马这个银行雇员不可能已经是共青团员，我们也知道作为林业工作者的迪马的卡车上也不会有光彩照人的电影明星照片。电影的圆满结局证明苏联人实际上不需要这些图像；理性的女人就在身边，迪马只要从他那狭隘的世界解放出来就能找到她。然而，即使《迪马·戈林的职业生涯》令人瞩目地拒绝了明星文化，它也由于认为明星文化是有益的而削弱了自己的论点。电影引导观众粗暴地对待他们周围的那些影像——把它们剪成碎片——然后利用这些碎片和他们自己的想象去创造某种新的并且富有个性的有意义的东西。[168]电影显示出明星形象本身就是达到目的的一个手段；它可以引导观众发现苏联日常生活中的美好和英雄主义。无论如何，如果迪马没有将电影杂志上的东西放在他面前，他还会识别美好并且设想自己的理想吗？而如果他没有爱上加利娅，迪马还会做出留在泰加林的重要决定吗？这个决定导致了他的再教育、他作为一个真正苏联人的救赎以及他的快乐。

《迪马·戈林的职业生涯》对于明星文化以及苏联观众的模棱两

可的表达，是整个苏联电影文化所面临的困境的象征。刊登明星的影像，无论在苏联还是世界其他任何地方，都是吸引观众进影院看电影并与之交流的一种有效方法。但交流什么呢？任何一个苏联观众都知道迪马在泰叶林发现的不是一位普通的苏联年轻女子；他发现了塔季杨娜·科纽克赫娃，当时的一个家喻户晓的美女。非明星的迪马所创造的正是苏联观众所熟知的一位明星。除此之外，迪马本身也不是迪马，而是阿列克桑德尔·德姆亚南柯，他正处于自己演艺生涯的极大成功之中，他所扮演的大多数角色都是有书生气的、体面的、陶醉于爱情的年轻人。德姆亚南柯也是一位苏联电影明星。由于苏联明星基本上都是外貌出众且魅力不凡的人，对他们的关注具有将注意力从影像转向影像制作者、从信息转向信息传递者的风险。

  苏联文化毫无疑问总是在冒这种风险。尤里·洛特曼（Iurii Lotman）认为，尽管在电影院中观众有可能甚至有必要忘记演员，但电影是一种符号过于密集的媒介，并且与日常生活过于贴近，从而使得演员和角色的完全认同。由于这个原因，他坚持认为电影演员总是以"一个给定角色的演绎者"和"一种电影神话"而同时存在。

  像"查理·卓别林"、"让·迦本（Jean Gabin）"、"马斯楚安尼（Mastroianni）"、"安东尼·奎恩（Anthony Quinn）"、"阿列克谢·巴托洛夫（Aleksej Batalov）"、"伊戈尔·伊林斯基（Igor Il'linskij）"、"马莱卡亚（Mareckaja）"，以及"斯莫克图诺夫斯基（Smokhtunovskij）"这样的概念，对于观众来说是一种现实，并且较之在影院中观看电影，对观众理解角色更具影响力。电影观众有意而持续地将有一位核心演员的电影连结成一个系列，并将它们当作艺术整体的一种文本和一个种类。[169]

莫斯科的黄金时代

洛特曼的著作将"演员的神化化角色"视为任何电影文化的一种不可避免的组成部分，也是一个具有阻碍创作力的潜在性的问题。但对于仰赖电影形象来激励英雄主义，以及对劳动、艺术和苏联传统的尊重的苏联文化来说，这种神化化的角色具有潜在的破坏性。如果银幕上放映英雄主义的形象能够彼此匹配并且相得益彰，而且在文化中没有任何与之相悖的地方，那么电影就可以传达一种强有力的、统一的信息——演员与英雄的形象清晰地统一在一个概念的整体中。可以说，20世纪30年代和40年代，当时的苏联文化没有多少可以进行对比的观点，也没有电影之外的文化方式，那时的苏联文化最接近这种引领观众观念的理想。然而，即便在那个时代，似乎许多观众也与演员建立了个人关系，这种个人关系的建立基于对演员的个性、容貌以及其他主观因素（尤其是他们早期对电影的记忆）的理解，这些主观因素独立于他们对演员所扮演人物的理解之外。苏联文化可能尽了最大的努力将观众的注意力一直聚焦于夏伯阳及其英雄主义思想之上，而不是扮演他的演员鲍里斯·巴布什金，但人们给这位演员写信咨询建议以及特殊爱好的事实本身意味着融合的过程从未完成。[170]

后斯大林主义的20世纪50年代至70年代，具有政治、社会和文化维度的苏联电影经验发生了转变。电影数量以及观众观看电影途径的大幅增长促进了洛特曼所强调的角色之间的联系。在影院之外也发生了重要的变化。从明信片到电影节，从电影刊物到电视，电影比从前任何时候都更加融入苏联人的日常生活之中。这种电影文化中有一些传递了苏联意识形态对手的形象和观念，这一事实被许多当代人认为是一个突出的问题。但是本土形象和经验也同样重要。新的苏联电影文化为观众开拓了空间，使他们能够与演员和电影建立新的关系，并且在电影的说教作用之外对它们加以思考。像那些给《苏联银幕》

第二章　新苏联电影文化

写信索要照片、签名并且梦想成为演员的"傻女孩们"一样，迪马·戈林这位年轻的银行职员被塑造成了一个可怜而无价值的形象。但迪马的确富有想象力，而且得益于苏联电影文化中的那些影像，他拥有一种充满幻想的生活。在银幕上，幻想自然地吸引他径直走向苏联生活的现实——劳动、自我牺牲以及集体精神。苏联文化帮助迪马成长为一个真正的苏联英雄。在银幕之外，数万民众继续收集着那些明星的影像，并以他们自己的方式与之进行联系。做为明星和影迷的助产士，苏联电影文化为观众提供了机会，使他们绕过苏联的英雄文化，并且像迪马那样，穿着睡衣独自坐在家中创造自己的理想。在以任何方式理解这种关系与将电影作为主要的，尤其是针对年轻人的道德和美学教育者的苏联官方电影模式之间的根本冲突时，不必想象这些理想是反苏联的。

最常被建议的解决方案是创作引人注目的新的年轻英雄，从而促进对英雄主义经典作品的宣传。20世纪60年代，电影产业进行了重新修整，并且重新放映了许多斯大林时代的经典作品。尤其在1964年，《夏伯阳》被用来作为一种大众推广运动，重新冲印的1,800个拷贝在全国发行和首映。然而，当时，夏伯阳这个形象已进入了苏联民间文学的领域，而且许多——可能是大多数——年轻人都更有可能分享关于他的黄色笑话，而不是买票去看原版电影。相当多的人都通过电视观看了《夏伯阳》，与电影一样，它依然是苏联电视广播的常设节目。[171]然而，当《夏伯阳》作为就餐、与亲朋好友讨论，或者在门口等待约会时用来品味的某种事物的时候，它与20世纪30年代的《夏伯阳》不属于同一个世界，那时它是地方影院里连续6个月放映的唯一一部电影——是的，对于许多苏联人来说，它是他们曾经看过的唯一一部电影。

莫斯科的黄金时代

斯大林去世之后，电影领域发生的翻天地覆的变化——在制作、基础设施以及电影文化方面——以许多重要的方式将苏联电影远远拉出了它的意识形态框架。但关键是要认识到，所有这些变化也有助于使电影成为媒体时代苏联文化中一个令人讶异的成功案例。一年40亿的票房收入、餐桌上谈论的《夏伯阳》或者《全景电影》以及沙发上的明信片相册，都必须被看作是它们当时的成就。这就是新的苏联电影文化的悖论，是成功的失败。

第三章　听到缪斯之声后的回应：苏联环境下的外国无线电广播

当人人歌剧公司在 1955 年将其出品的《波吉和贝丝》（*Porgy and Bess*）引入苏联时，年轻的杜鲁门·卡波特（Truman Capote）作为《纽约客》的一名记者也随行而至。卡波特将他的故事称为"缪斯之声被聆听"（"The Muses Are Heard"），这是在与一位严肃的苏联文化部官员交谈时他曾多次听到的一句短语。"当大炮沉默时，缪斯之声就听到了，"这位官员说，而这的确是一个历史时刻：自 20 世纪 20 年代以来，没有美国剧团访问过苏联。[1] 但是尽管《波吉和贝丝》让莫斯科与列宁格勒少数受邀观看的人震惊，但其他外国的声音已经让苏联大众欣赏了数年——苏联当局认为这些不是缪斯之声，而是来自英国广播公司（BBC）、自由电台（RL）、美国之音（VOA）、德国之声（Deutsche Welle）、梵蒂冈电台（Vatican Radio）以及许多其他组织在第二次世界大战之后迅速开始向苏联播放的危险的诱惑。[2] 苏联政权也即刻采取了一种防卫性的干扰策略予以抵制，或者在"敌人的声音"被获知的地方用广播信号加以遮挡。这是一场失败的战役。截至 1955 年，苏联用于干扰的费用比用于自己节目广播的费用要多，鉴于他们所抛出的干扰数量以及精准干扰的不可能，电台管理部门的官员们正

莫斯科的黄金时代

在讨论他们将迅速使国内无线电广播网络全面瘫痪的可能性。³ 电视，战后苏联现代化的神童，也在一些领域受到威胁：1958年，立陶宛的通讯部部长恳求莫斯科取消在晚间的无线电广播干扰，以便人们可以观看维尔纽斯电视台。⁴ 与此同时，在几个主要城市的市中心之外的地区，外国广播电台没有什么困难就可以避开干扰。大炮是沉默的，而声音却听得到。

我们所知道的许多关于在苏联的外国无线电广播是我们曾经从以前的广播电台中听到的，而且这是一次庆祝的合唱。⁵ 苏联的公民也从旁帮腔：对于一些人来说，外国无线电广播是关于苏联境内境外事件的一个重要的信息来源；而对于另一些人来说，则是了解西方流行音乐的一个方法和了解另一种生活方式的一个入口。至今，在英国广播公司播音员塞瓦·诺夫戈洛谢夫（Seva Novgorodtsev）的网站上的留言簿中，仍然充满了来自苏联时代的粉丝们的祝福，感谢他在20世纪70年代和80年代主持的流行音乐节目；诺夫戈洛谢夫，像另一位音乐主持人美国之音的威利斯·康诺弗（Willis Conover）一样，是战后年代一个被广泛认知的文化符号。⁶ 然而，至于所有这些人物和广播电台收到的总体上过分的赞扬，很少有对它们与苏联文化政治和实践之间的关系的分析。外国无线电广播现象的这段历史对于了解媒体时代的苏联文化到底告诉我们什么呢？

我们应该开始提醒自己，外国的声音在苏联的成功是以苏联文化的雄心和成就的范围为基础的。正是对文化这一社会主义理念的关键的投入，才使得广播在1960年传送到了大多数苏联家庭。但与此同时，苏联的外国无线电广播的现象也突显了苏联普遍存在的盲点和弱点。这个特洛伊木马的最大讽刺就在于，它在很大程度上是由被它征服的人民的双手建造的：苏联工业制造的短波收音机播放了敌人的声

第三章　听到缪斯之声后的回应：苏联环境下的外国无线电广播

音（即便政府也在将大量精力投入到阻止它们的徒劳努力中）。

从某种角度看，这是一个令人震惊的失败，并且是在宏观层面上苏联政策不一致的一个好的实例。然而，还有另一个角度需要考量，那就是强有力的官僚主义和意识形态的逻辑发挥作用从而推动苏联无线电广播的发展，并且将其设定为对于不同的个人和机构而言的一个成功故事。正是在这个框架内，外国广播这个具体问题在官方的雷达显示屏上忽隐忽现。我们也必须考虑面向苏联的外国广播可能对苏联政权产生益处的各个方面。毕竟，对于声音入侵的叙述有许多可以提供给苏联当局。这有助于在解释国内意识形态群体（特别是被大众文化的危险诱惑而引诱的更年轻的一代）一些明显的薄弱点的同时，确认他们的世界观（与资本势力的历史斗争以及他们在此斗争中的领导作用）。外国向苏联广播的现象也是对它的现代的、科技先进的社会的一个响当当的确切证明，是对它的国际重要性的一种含有讽刺意味的赞扬。在1963年至1968年期间，苏联几乎全部取消了对外国广播的干扰，即使苏联媒体继续抨击敌人的声音。对一些观察家而言，这看上去好像苏联当局已经适应了一种怀有敌意却又有益的和平。

尽管敌人的声音的意识形态类别有其用途，但他们还没有确定外国对苏联的无线电广播的事实的确带来了真实而棘手的问题。政府当局在最根本的层面上所反对的是信息。[7] 干扰的方式在各个时期不一样，但大体上苏联并没有尝试用纯音乐的内容来干扰这些广播，也没有特别地干扰非苏联各个民族语言的外语广播节目，比如英语。被认为最具有侵犯性的节目与苏联国内事务相关。有可能是关于自然灾害的新闻，或者苏联国内被禁止的文学阅读节目；也有可能是来自流亡者的关于历史事件的第一人称的叙述，譬如集体化或者对克里姆林宫政治的分析。1968年，是关于捷克斯洛伐克"带有人类面孔的社会主义"邪说，以及随后触发了全面干扰的恢复的镇压的新闻。然而，有证据表明，政府当局在1965—1966年间就已经朝这个方向转变了。[8] 外国广播传播了苏联政府不希望民众获得的信息，不用说，这使得干扰成为它的自然状态，尽管这种干扰没有效果。

但可以说，正是在苏联国内的外国广播这个事实而不是其节目的信息内容，最能说明问题。通过打破苏联政权对媒体的垄断，外国广播使苏联政权关于苏联日常生活中文化消费的模式和意义的主张被破坏。[9] 事实上，在第二次世界大战后的第一个十年，苏联政权的媒体垄断就已经受到了外国电影的挑战，因为那些著名的战利品影片主导了全苏联的电影银幕。但《人猿泰山》和《我梦中的女孩》是在一种被控制而又非常公开的苏联框架下被呈现出来的；它们是战利品，是对长期遭受苦难的人民的一种堕落的回报，而且定义又是如此被限制的。另一方面，外国广播提供了一种对日常生活没有限制且附有各种设计的未经许可的、私人的体验。它在苏联的空间里的出现是对苏联政权的强大实力的一种赞美；它的广受欢迎意味着苏联文化是不合格、可以取代甚至无关紧要的。

外国广播通过向苏联观众介绍新的媒体模式而成功改变了广播本身的条件。尽管许多听众无疑觉得苏联的无线电广播节目让他们感到亲切和快乐，他们也可以收听到像《最新消息》（*Poslednye izvestiia*）之类的节目，但这些体验并不是苏联广播企业关于自身定义的核心。在苏联的环境下，无线电广播是用来教育、鼓舞和组织各种集体的；娱乐相对于教育总是次要的，而信息是在根据长期政治议程而必须知道的基础上予以提供的。换言之，广播是有计划的文化经济的一部分，与流行口味和实效性没有什么关系。与此相反，外国广播竭力将自己表现为苏联观众的亲密朋友，以及他们获得信息和得到满足的权利的

第三章 听到缪斯之声后的回应：苏联环境下的外国无线电广播

拥护者。外国电台的节目经常混合各种形式（新闻和音乐）以及各种文化类型（高雅和低俗、严肃和轻松），[10]并且采用与苏联文化等级和思想提升观念直接对抗的方式宣传为了娱乐而娱乐。[11]最后，外国无线电广播塑造了与苏联媒体极为不同的时间关系；用一个词表达，它就是及时性，它传播的不仅是新闻而且是"突发新闻"（"breaking news"），外国的无线电广播告诉苏联听众他们想知道的，需要的，甚至是他们在一个现代社会中有权时时跟踪的。

如果听众对敌人的先进轻蔑拒绝的话，所有这一切都没有关系。但他们没有拒绝，外国的无线电广播在苏联听众中受欢迎的程度是苏联政权在国内和国外都面临的一种困境。外国广播将苏联的媒体文化置于防守状态，并迫使其展开它所不希望的，更确切的说，是完全无力维持的一种对话。截至20世纪60年代初，在广播电台和党组织工作的许多人得出结论认为，唯一的解决方案就是用自己的方式击败敌人；1964年，要求媒体改革的骚动导致产生了全天新闻播报，以及基本采用外国模式的娱乐电台，即被熟知的"Maiak"（灯塔或灯标）。但是，尽管新电台在听众中很受欢迎，但它却未能实现鼓舞听众拒绝外国无线电广播的诱惑的主要目标。更糟糕的是，"灯塔台"（"Maiak"）设法让自己看上去既像是苏联广播理念（从其政治和文化使命的角度上）打了折扣的版本，又像是外国广播的一个二流的模仿版本。这不仅是媒体时代苏联文化的一种困境；它也是冷战时期苏联政权的一种政治责任。

无线电化的讽刺

20世纪20年代和30年代，苏联已经在推广电台广播技术方面取得了重大进步。像"电气化"（elektrifikatsiia）一样，"无线电化"

（radiofikatsiia）是社会主义现代化的一个关键词：据说，有了无线电广播，城乡之间的文化鸿沟将消失。现在将无线电广播带到乡村，看着落后的过去跃入光辉的未来。这种愿景鼓舞着全苏联的无线电广播俱乐部中当地的热情支持者们。[12]它也助推了政府在收音机生产上的大量投入（世界排名居前），并在20世纪30年代，以莫斯科为基地建立了一个中央化的网络。尽管苏联有独立式的无线电收音机（priemniki），但大多数苏联无线电广播是通过无线电广播传播交换系统运行的，这个系统（通过长波、中波和短波）接收信号并将其传递给有线装置。[13]截至1941年，大约有700万台收音机，其中有近600万台是各种类型的有线公共扩音器，苏联的广播信号可以传播到苏联的几乎每个角落。[14]

尽管20世纪30年代，无线电广播已是一种大众现象，但却是第二次世界大战时的经验巩固了它在苏联文化中的地位。[15]正是在战争期间，数百万人第一次学会了依赖作为日常生活的一个基本特征的广播。1941年，苏联政权没收了所有独立式的无线电广播台用于军事用途（同时，似乎也是为了将民众与外国广播隔离开来），[16]而这意味着，甚至比20世纪30年代还要多的苏联无线电广播收听的地点是有线的公共广播。人们聚在这些收音机旁边收听最新的新闻，但他们也会在一起收听苏联的文学先导们背诵诗歌和朗读俄罗斯经典（包括整部的《战争与和平》）。他们聚集在一起收听交响乐、动人心弦的流行音乐，以及"广播会议"中的无数次演讲，这些会议是由从战士的母亲到白俄罗斯科学工作者等的任何人召集的；他们收听每天朗读的前方战士的往来家书，甚至当他们并不期盼能收到亲人消息时也会如此。广播是作为最高政治和军事权威的莫斯科的声音；它是高雅文化及其价值观的传播渠道。与此同时，苏联的战时广播也是一个慰藉和鼓舞的空

第三章 听到缪斯之声后的回应：苏联环境下的外国无线电广播

间，在审查范围之内，它也是一种人民的论坛。[17]

无线电广播在战时的表现增加了大众的尊重和期望，同时也提升了它在苏联政府眼中的形象。早在1944年，在之前被德国人占领的领土内重建有线网络的工作就开始了，而在1945年，苏联政府宣布将5月7日作为国家的广播假日。"广播日"褒奖了广播在战时作出的贡献，同时也庆祝50年前A. S. 波波夫（A. S. Popov）发明了收音机。[18]无线电广播因此在苏联拥有了一个历史性的、民族主义的系谱，这个系谱从它在一位"进步的"俄罗斯科学家的思想中诞生，到20世纪20年代一名卓越的布尔什维克儿童，到20世纪30年代在社会主义建设中的一个充满活力的角色，以及最后它所经历的战火考验和卫国战争伟大胜利的时刻。

在战后的第一个十年里，苏联大力推进了无线电化。截至1955年，苏联工业每年生产的收音机的产量是整个战前时期产量的好几倍。[19]1950年收音机的年销售量比1940年高出十倍；五年以后，年销售量达到了1940年的22倍的水平。[20]事实上，这使得1955年的收音机的总产量达到了3,300万台，几乎比1940年翻了五番。十年以后，苏联无线电收音机的数量再次翻了两番多，到了大约每100人拥有32台收音机的水平。[21]这是令人赞叹的增长，反映了苏联政府一个重要的财政投入的领域，其中许多投入都是在战后的基本重建时期，当时的战后重建需要各种资源。但在细节方面却有些不尽人意：在苏联新的收音机中，较大比例的产品都不是传统的有线产品——角落里的扩音器，厨房墙上的音箱；它们都是独立式的收音机。1950年，有线收音机的数量仍然远远多于独立式的无线电收音机；1955年，两者的数量非常接近（1,300万台无线电收音机相对于1,950万台有线收音机）；而到了1963年，这种比例关系已经完全颠倒了：苏联的无线电收音机多于

138

莫斯科的黄金时代

有线收音机（3,500万台相对于3,400万台）。[22]

这种从有线到无线收音机的转变有着非常深远的含义，这在当时几乎完全没有被认识到。一方面，它意味着曾经作为一种盛行的集体和公共的活动如今正在进入个人体验的范畴，因此就远不是简单地量化、监督和控制——其实，它正开始从总体上看起来越来越不像一种传统的苏联现象。（成群的听众汇集在一起参加一次广播大会或者参加广播剧的演出，这都是在做某种易被归为一种苏联活动类别的事情，无论是社会的、文化的还是政治的。但那些独自在家中收听广播的听众可以说是一样的吗？）另一方面，关于无线电广播更为关键的问题——并且是仅仅有助于增加它们潜在的非苏联特性的问题——是这些收音机中有相当数量能够收听短波广播。事实上，根据1949年广播管理部门呈递给党的中央委员会的一份报告，几乎所有的由苏联工业正在生产的独立式无线电收音机都具有接收短波的功能。正如电台管理部门，即中央广播（Glavradio）的领导人 A. 普兹恩（A. Puzin）指出的那样，这意味着它们"被设计成不仅为了接收苏联的广播节目，而且也接受外国电台的节目"，用他的话说，那是致力于"对苏联和人民民主最龌龊诋毁"的节目。普兹恩建议全面遏制短波收音机的生产。[23]九年以后，于1958年，中央委员会自行调查发现，生产不仅在继续而且繁荣兴旺：自1949年以来，苏联所生产的具有短波功能的收音机比全世界所有国家加在一起的数量还要多。这意味着苏联现在拥有大约2,000万台收音机随时可以调到诋毁苏联的外国电台的波段上。当普兹恩发出他的警告的时候，还仅有50万台。[24]

究竟怎么回事？拥有引以为傲的集体传统的苏联广播如何在战后前期似乎开始变成一种个人体验的现象了呢？更令人奇怪的是，苏联，这个自称是广播的历史发源地的国家，如何让现代苏联的无线电广播

第三章 听到缪斯之声后的回应：苏联环境下的外国无线电广播

变成了非苏联的甚至是反苏联的一种物质媒介了呢？尽管对于这些问题没有一个单独的答案，但却有可能识别出在广播发展中让此类事情成为可能的一系列因素，以及趋于压倒和掩盖其他因素的一种发展势头。

第二次世界大战的体验再次被证明是关键。战争初期，苏联人将其主要的广播设施疏散到了内陆地区并且变成短波，这样更适宜于远距离传播。显然，短波不一定意味着带有个人使用者调频键盘的独立式收音机，而在战争期间，莫斯科将短波用作大部分有线系统的一部分，向电台发射中心发送广播，然后通过线路进行传播。但和平时期的情况如何呢？理论上，苏联有线系统向广大人民进行广播是理想的，但它在战争期间的效果是最佳的，当时收音机的使用集中在城市地区和一些特殊的目标区域（这就是为什么战时无线电广播的影响被使用不多的收音机数量掩盖了）。无论如何，为了广播而将苏联广袤的疆土用电线连接起来是一项巨大的工程，即便目标是将发射中心连接扩音器而不是各个家庭。利用有线系统的无线电化需要三种在苏联乡村长期缺乏供应的东西：设备、专业技术以及可能是所有东西中最重要的电力。[25]

乡村一直是苏联无线电广播系统的致命缺陷。根据中央广播普兹恩的说法，1947年，乡村地区的人口约占总人口的65%，但所拥有的广播设备还不到全部广播设备的20%；大多数的集体农庄根本没有收音机。[26] 20世纪40年代后期，无线电化运动批评工业和通讯部拖了他们的后腿，并召集年轻的无线电广播爱好者将他们的专业技术带到乡村。尽管有线系统仍然在整个项目中占据了大部分，但这次运动同样呼吁增加无线电收音机：技术上它们是一个更为简单的选项（无线电广播爱好者期刊发表了设计图），并且通常是由电池供电的，这对于成千上万个盼望着承诺许久的无线电化的村庄来说是一个更好的选择。1947年,普兹恩在《真理报》上提出理据,预计要花十多年时间来满足乡村对于使用有线系统的需要(他认为需要2,000万—2,500万台收音机)。"显然,乡村不可能等待这样一种速度,"他认为。如果苏联人民集中精力生产无线电收音机的话,他们可以"将广大乡村的无线电化所需要的时间减少数倍"。[27]

有线系统遭遇的挑战在某种程度上解释了战后时期无线电收音机产量增加的原因。同样值得强调的是人们想要购买它们。收音机是这段时期消费者投资增长最快的领域之一,并且从消费者的角度来说,家里能有一台独立式收音机具有绝对的益处。[28]但是短波产品又如何呢?二战期间最初使用短波的基本依据——其对于远距离传播的优越性——在战后远没有那么重要了。包括莫斯科中央广播在内的大多数电台,早就恢复了中波和长波频率,尽管有些地区仍然使用短波广播,但不必认为这些地区拥有最高密度的短波收音机。事实恰好相反。根据中央委员会1958年的调查,"达至85%"的短波被发现出现在苏联的欧洲地区——正如中央委员会所注意到的,这一地区根本没有苏联的短波广播,而"唯一能收听的"是敌人的无线电广播。[29]

也一直被斥责的是,截至20世纪50年代末,多达60家外国电台每天在特定的时间向苏联广播。干扰不仅徒劳无益而且更糟。根据苏联自己的估计,苏联的干扰信号通常超出外国广播信号强度(千瓦)的3倍,而且经常达到10倍甚至20倍。这种干扰的成本是巨大的,中央委员会称运营成本"达到了数亿卢布",总额超过了苏联用于国内和国际广播的支出总和。[30]尽管如此,在莫斯科、列宁格勒以及一些其他大城市的中心以外的大多数地区,敌人的声音很容易被收听到。更糟糕的是,干扰操作使得许多地区无法接收来自加盟共和国和全苏

第三章　听到缪斯之声后的回应：苏联环境下的外国无线电广播

联的广播：苏联人正在干扰他们自己。由于敌人的广播是唯一能收听的节目，一些农民据说选择用他们当地的有线网络播放美国之音和英国广播公司的节目。[31]

1958年，短波广播的问题已不是新闻了。早在1949年，苏联部长会议就下令停止生产短波收音机；1953年再次颁布了这一命令，当时《真理报》也向中央委员会转达了苏联公民要求他们的政府消除这些声音的相关信件。一位来自萨拉普（距离莫斯科1,000公里的乌德穆尔特共和国）的退休人员抱怨，"那些令人痛苦的下流、刺耳、歇斯底里的叫喊声激起了人们的愤怒，破坏了人们的心情和勇气。苏联通讯部采取了'一些措施'来减低并且只是减低——别无他法——这种令人厌恶的英美的歇斯底里。但肯定可以做更多吧？肯定能够采取一些措施予以干扰，彻底地干扰美国之音和英国广播公司的这些下流节目吧？"[32]苏联部长会议也持同样的观点，1953年宣布加速干扰器的建造。[33]

最初，鉴于苏联任何种类的无线电收音机的数量如此之少（1950年拥有360万台），对于无线电广播问题的这种防御式策略似乎并不牵强。[34] 20世纪40年代末，美国之音和英国广播公司的人员担心苏联的干扰会太有效，同时在西方就是否继续向苏联阵营进行广播也有些争论。[35]但美国、英国以及其他外国电台并没有取消他们的节目，而是加强力量并设计各种技术以击败他们的对手，比如在节目中间改变频率，利用"裁剪器"（clippers）来强化播音员的声音，使其语调听上去更高昂、更有穿透力，同时"拥抱"（cuddling）或者用与苏联国内电台接近的波长进行广播，从而使精确干扰几乎不可能。[36]苏联用越来越强大的干扰电台予以回应。

这是一场升级的战争，尽管苏联似乎在一些年里把握住了这场战争,但截至20世纪50年代中期,他们却正在输掉这场战争。在许多会议上,无线电广播的官员们都公开表达了他们对于干扰的失望之情。在1955年的一次关于无线电广播未来的讨论会上,一位官员说,"对我来说,似乎我们正在把自己的头埋到沙子里。"他认为,即使拨给"无限制的"资金,也不可能将外国广播封锁在苏联的疆土之外,而且目前他们面临着由于干扰而使国内广播网络瘫痪的危险。广播管理部门的领导在这次会议上再次呼吁限制短波收音机的销售。[37] 但是就像之前那些对产品的禁止提议一样,这次提议也石沉大海,而外国无线电广播的声音却只变得更加强大。

调至外国电台本身并不是一种违法行为。事实上,利用短波提高对外国文化和语言的认识可能被认为是一种进步的国际主义行为,当然,如果听众能够明智选择的话。正是这种选择产生了问题,因为外国文化好与坏的界限往往是模糊的。人类学家亚历克谢·尤尔查克强调了这种灰色地带对于听众是多么有用,认为它使得收听敌人的声音"至少在社会主义后期,似乎是完全可以接受的";他认为,全苏联的人民都在"非常公开地"收听。[38] 然而,历史记录更具纹理。首先,社会主义后期的政治氛围——20世纪50年代至80年代,按照他的定义——极大的不同,正如苏联人民与大众媒体的关系一样。尽管收听这些声音在比如1975年可能是不值得注意的,尤其是在尤尔查克聚焦的那些有教养的城市人口,但在赫鲁晓夫时代,大多数苏联人将不会对此掉以轻心,当外国无线电广播的现象对于许多人来说仍然新奇的时候,政治局势是在不断变化中的,而且苏联向非苏联世界的新的开放是喜悦和焦虑的一个源头。其次,正在聆听那些极为重要的内容的人:与塔吉克人收听来自伊朗的宗教广播,或者西伯利亚人收听北京广播电台有关文化大革命的报道相比,爱沙尼亚人收听芬兰电台则处

第三章 听到缪斯之声后的回应：苏联环境下的外国无线电广播

于极不相同的（作为一种有规律的、更好的）状况。而更普遍的情况是，收听那些被定义为敌人的声音时，尽管社会可以接受，却永远不会逃脱苏联当局的怀疑的目光。

那些被克格勃召见回答问题和接受"牧师关怀"（所谓预防性的），或者根据刑法被起诉为"反苏联行为"的人们，很可能已经被侦探到他们的收听习惯了。（克格勃也会拦截寄往敌人电台的信件。）刑法第58条第10款（"含有企图颠覆、损坏、削弱苏联政权的宣传或者煽动言论或者个人的反革命罪行"）以及第190条（自1966年生效）（"故意散布错误观念，诋毁苏联国家和社会结构"）可以被解释为包括复述从外国无线电广播收听到的内容。[39]例如，1957年的警署记录中，一位年轻的乌克兰管道工因为触犯第58条而被逮捕，他被控告"自1956年夏天开始一直向工人们叙述外国无线电广播的节目和反苏联的诗歌"。[40]（1964年以来的其他记录以"收听美国之音、英国广播公司节目"的评论作结论。）[41]再譬如，1968年，设法使美国之音在整个爱沙尼亚海滩播放的一名男子——他正在收听的无线电广播与一个扩音系统连在一起，而他自己并不知情——看到他的案子被驳回了。[42]这种情况从来都不是一目了然的，而事实上我们还需要大量了解不同时代、不同年龄、不同地区和不同种族的苏联人民如何并且为何收听外国广播。

苏联当局从未确切地知道有多少比例的人口正在收听广播（电台自己也不知道）。[43]爱沙尼亚官员可能是最先获得调查数据的，因为爱沙尼亚的媒体专业人士在苏联率先发展了对听众进行研究的研究部门。1966年，爱沙尼亚中央委员会估计，在白天的特定时间，"有70%的广播听众"收听芬兰和其他外国电台。[44]一年以后，在邻近的立陶宛，对大学生的一项研究显示，35%的大学生据说正在收听这些电台。[45]

莫斯科的黄金时代

1968 年，当这个研究部门为中央电台研究这个问题时，它发现全苏联城市地区接受调查的人中接近 50% 的人承认至少偶尔会收听外国的无线电广播。[46]最后，在 20 世纪 70 年代中期，克格勃援引了苏联科学院的一份研究报告，其给出的一组数据是，80% 的莫斯科的大学生和 90% 的高中生和技校学生；另一份对莫斯科以外地区学生进行的调查的报告数据接近 40%。[47]

在研究这些数据时，我们应该再次反思这些被调查的听众在苏联政治和文化想象中发挥的有益作用。2003 年，中央委员会国际部的一位前资深党员告诉自由电台，他认为外国无线电广播的听众规模及其影响力被有意夸大了。"它们被夸大只为了一个简单的原因，就是为了传达……你自己工作的一种巨大成效感，首先你就必须夸大对手的行为"，他解释说。[48]鉴于这种原因，不仅是克格勃在受制于这些声音的广大苏联听众的印象中具有重要的利害关系——从更广泛的意义上讲，整个苏联的政治精英亦是如此，对于他们而言，外部威胁既使他们的权力得到确认，又为他们的失败进行辩护。甚至电台和社会主义者也得到良好的激励，从而在推动他们自己工作的时候强调意识形态对手的实力。

苏联听众的确切规模过去和未来都是难以了解的，但外国无线电广播的影响力的证据却大量存在。外国广播不过是有助于爵士乐在苏联的复兴和当代西方流行音乐在苏联的流行。[49] 1960 年前后，在莫斯科市中心的苏联旗舰百货商店 GUM 购买了新收音机的消费者，会被人上前询问是否愿意花点钱将其改装成短波收音机。这种现象在其他地区也很普遍，由于官方对无线电广播业余爱好者的鼓励，以及对零部件和维修服务的黑市交易的容忍而无意间得到推进。[50]党和共青团的官员们发现，外国的无线电广播插手了苏联 1956 年和 1957 年大范围的学

第三章 听到缪斯之声后的回应：苏联环境下的外国无线电广播

生动乱——他们焦虑地意识到，正如它在波兰和匈牙利的更多相应事件中所做的那样。[51]发生了学生将从英国广播公司慢速播报的广播节目中摘录的报道张贴在学院墙上的事件。[52]一些因1956年的"反苏联"活动而被拘留的学生告诉当局，他们通过收听外国无线电广播而发展了自己的思想。[53]当第二年党和共青团官员坐下来进入问答环节的时候，他们经常发现自己必须要驳斥或者解释前天夜里美国之音或一些其他外国电台报道的某些事情。而许多人并不为收听这些电台而道歉。"一个人收听英国广播公司的节目有什么可耻的？"一名学生想知道。"谁在干扰外国电台的无线电广播节目，又是为什么？"[54]

在闭门会议中和在公共场合，包括在大众媒体上，苏联当局因为外国媒体腐化听众而定期攻击它们。在后斯大林主义时代，官方列出的受外国腐化影响的清单越来越长——外国游客和交换学生、翻译的电影和文学作品、来访的展览和文化团体、美国杂志、口香糖、摇摆舞……但可以说，敌人的无线电广播在官方的想象中占有一席荣耀之地。在官僚机构中有多个部门负责转录和分析外国广播，他们的报告有时相当复杂，会定期送到党的精英们的收件箱里。尽管电波干扰到了1960年已不再是一件公共讨论的事〔它在主要审查机构中央检查局（Glavlit）的禁止事物清单中〕，[55]但它也不是秘密，电台人员以及党和国家管理部门都很清楚干扰如何无效而有害。

苏联领导人，特别是赫鲁晓夫，在外交策略中阶段性地尝试利用干扰问题。苏联的方法是从政府运营的各主要电台得到保证，诸如美国之音、英国广播公司和德国之声，用停止干扰作为交换，让它们保证停止"冒犯性"（被认为是反苏联的）节目。苏联也试图要求减小直接面向苏联的广播功率，并尝试用美国之音来抵制更加令人反感的自由电台——如果美国政府同意在自由电台中严格控制的话，那么苏

莫斯科的黄金时代

联会暂停对美国之音的干扰。[56] 1956 年春天，当赫鲁晓夫出访英国时，干扰首次被解除以作为一种表达善意的措施（当年秋天，匈牙利发生动乱后再次恢复干扰），1959 年 9 月赫鲁晓夫出访美国时干扰也被解除（直至苏联于 1960 年 5 月击落一架美国的 U—2 侦察机）。苏联于 1963 年 6 月再次解除干扰——这次缓解持续到 1968 年 8 月入侵捷克斯洛伐克（在 1967 年埃及与以色列之间的六日战争期间有一次额外的管制）——然后从 1973 年 9 月到 1980 年 8 月在波兰宣布军事管制。但即使在这些时期，开放空中电波的想法基本上是空想。莫斯科继续对英国广播公司、美国之音以及德国之声的节目进行有选择地干扰，并完全截断北京广播电台、自由电台以及其他几个电台的节目。[57]

外国广播和苏联的回应一直被认为是问题。但不知何故，苏联工业仍然继续制造数百万台的短波收音机，干扰尽管阶段性地被解除，但实际上仍然是苏联在整个冷战期间处理敌人声音的默认机制。这是在大的政治环境下违背逻辑的一种情况；正如一位观察员所说，这是苏联"搬起石头砸自己的脚"的一种情况。[58]不去将虚假的一致性强加给苏联，笔者认为有两种逻辑以直接和间接的方式促进了短波发展和外国无线电广播的渗透。首先是与苏联体制中苏联人的计划经济、官僚体制和职业生涯决策的基本特征相关；其次是与苏联广播电台面临的至关重要的国际背景有关。

关于计划和葡萄牙播音员

让我们首先问一下，是谁负责战后苏联的广播和外国广播问题？这个问题很简单，但鉴于无线电广播兼跨技术、社会文化以及政治领域，其答案就不简单了。苏联的广播在苏联国家管理机构中有其官方部门；自 1957 年起，国家广播电视委员会（在所有苏联加盟共和国内

第三章　听到缪斯之声后的回应：苏联环境下的外国无线电广播

都有类似的结构）负责生产和节目制作。[59]几乎所有战后的电台广播节目都是提前录制的（截至1964年为95%），并且基本上在制作过程中就接受电台编辑团队（redaktsii）内部的专业人士以及中央检查局的审查。[60]诸如有线中继系统以及电台建设等技术问题，理论上在苏联通讯部以及加盟共和国级别的类似机构的控制之下。但实际上，开发和利用现代通讯基础设施是一件复杂的事，自然涉及广播电台本身以及一大批其他的国家部门：国家计划委员会（Gosplan）与投资和计划金融部、负责收音机制造和销售问题的轻工业和贸易部、针对非法业余无线电活动（无线电流氓）[61]和干扰的边界警察和民防部门、负责与苏联对外广播和国内的外国广播电台相关的外交问题的外交部，等等。与标准的苏联做法一致，国家广播与电视委员会向中央委员会组织报告——在这种情况下，是向它的宣传和动员部门广播部汇报。

克格勃在有关敌人的声音的事情方面发挥着特别重要的作用，而且不仅仅在"教育"任性的苏联观众方面。塔斯社（TASS），苏联主要的新闻机构，将监控这些声音作为向苏联政府总体汇报有关外国媒体的一部分，一些加盟共和国广播委员会也建立了它们自己的监控操作，[62]但这些工作实际上是克格勃的专长；克格勃的特工人员据说对外国广播的内容作了最为详尽的分析，定期向中央委员会集中汇报，从而为党和共青团的活动家们所用。[63]克格勃也会监控这些声音何地与何时在宏观（全苏联）范围内可以听到。它报告有关外国的新的尝试并提出政策回应的建议：比如，1959年，就是克格勃向中央发送消息称，来自苏联—伊朗边境的强大电台在俄罗斯、阿塞拜疆和亚美尼亚境内24小时广播，从而建议向伊朗政府提出正式抗议。[64]最后，克格勃利用自己非公开的方法打击了敌人的声音：反间谍活动（在自由欧洲电台/自由电台，想必还有其他电台有克格勃的卧底）、暗杀以及造

莫斯科的黄金时代

假运动。[65]毫无疑问，克格勃在苏联电台内部也有一些操作部署。

当时，苏联的无线电广播是一个拥有许多烹饪师的厨房，他们之间的关系可能是紧张的。电台谴责苏联通讯部的无能和专横；[66]加盟共和国级别的通讯部和广播委员会抱怨说他们缺乏资金；[67]莫斯科的中央电台批评地方电台的节目不合格；地方无线电广播委员会指责莫斯科给他们的支持太少；在无线电广播管理部门内部，各个不同的团体也相互指责；每个人都在抱怨干扰，抱怨被低估以及没有足够的资金。中央委员会负责裁决所有这些问题以及其他问题，它确实做了：一封致中央委员会的信函在总体上引发了某种调查并形成了一份报告。与此同时，中央委员会也负责协调整个苏联媒体的发展（即关于"改善苏联无线电广播"、"关于进一步改善无线电广播和电视工作的措施"等命令）。中央委员会在媒体领域的工作，像在其他领域一样，事无巨细，同时行使着管理、立法和行政的职能。

了解了这些情况，让我们来分析1963年中央委员会主席会议上一段简短的关于短波无线电广播问题的谈话：

> 赫鲁晓夫：让我们……找出一个解决方案，使我们生产的收音机只能接收我们电台的广播。
>
> 柯西金（Kosygin）：不要短波。
>
> 波诺马廖夫（Ponomarev）：业余爱好者们很快会将它们改装，实际上，（停止生产）是一件困难的事。
>
> 赫鲁晓夫：他们不会把所有的都改装。
>
> 伊里契夫（Il'ichev）：只要我们继续生产短波，他们就会改装它们。我们自己在给他们提供机会。
>
> 勃列日涅夫：我们生产了900万台。

第三章 听到缪斯之声后的回应：苏联环境下的外国无线电广播

赫鲁晓夫：我们为什么这么做？

伊里契夫：发布过一个决定，但人们没有照此执行。最大的障碍来自贸易部：他们认为没有短波消费者就不会买（收音机）。他们不买，就会出现过剩。

赫鲁晓夫：但我们必须削减产量。

柯西金：当没有其他选择的时候，他们就会买了。[68]

这次谈话一无所获，就像早前关于停产的决定一样。但因此得出结论认为主席团无能或者由其构成的最高组织功能失调就过于简单了。中央委员会在媒体领域没有很好地配备人员是确实的：这次会议召开时，仅有四人从事广播工作。赫鲁晓夫本人在这次谈话的另一个观点中提到了这一点，他提到不仅广播电台，也包括电影、剧院和其他的他称之为"意识形态问题"的领域。"这里四个人，那里四个人……全都是分散和不足的，这就是为什么这方面的问题也是无法控制的。"[69]但问题远不只这些。赫鲁晓夫提议建立一个新的委员会，由中央和各加盟共和国派代表组成，以掌舵意识形态之船，但正如他的同事们指出的，中央委员会已经有一个思想委员会了。问题很明显，并不缺乏提议的解决方案。

在一个责任和竞争利益重合的体制里，不同的利益能够推动——和阻碍——不同时期的提议，但却不能制定一个连贯而统一的政策。这种动态是显而易见的典型的苏联官僚主义。[70]就无线电广播而论，消费者和生产者（或者计划实现者）的利益都能设法产生有效的影响。如果我们回顾1958年中央委员会的调查，我们会发现与1963年赫鲁晓夫和其主席团同事们针对短波繁荣的讨论类似的一种解释："商业考量"已经绑架了无线电广播事务，他们指出。从另一个角度看，这

莫斯科的黄金时代

是一种常规的官僚主义替罪羊。（应该回想起第二章中提到的腐败的电影发行官员的形象，据说他是支持大众文化而歧视苏联影片的。）另一方面，商业考量是一个值得探讨的解释。

苏联消费者的确需要短波收音机，而工厂的经理（以及生产和发行过程中许多其他的负责人员）也想要完成他们的计划。当然，苏联消费者需要许多苏联工业不能生产的东西；并且也有许多方法可以实现纸上制订的计划目标而根本不涉及生产。[71]这不是简单的"供给满足需求"的爱情故事。但仍然不难想象对一个产品（一台无线电收音机）的需求，以及与量化成功（生产和销售的收音机数量）有关的额外补贴如何导致短波收音机生产一直不断的。短波具有动力——在计划经济中要改变其方向从来不是一件易事——并且它满足了很多特殊的利益，即使它据说破坏了更普遍和更抽象的利益，比如苏联人民的"思想健康"。党和国家官员也有一种浓厚的兴趣希望能够报告他们所在的地区已经成功地"无线电化"了。20世纪60年代中期，7,000万台苏联收音机的确意味着7,000万个无线电广播，无论它们在哪里，无论它们播放什么；这是一种容易理解和公布的成功，它的魅力不容忽视。

短波现象中的第二个主要因素——苏联广播的国际环境——也涉及到书面的数字逻辑和苏联成功的意象，但是在一个更为广阔的思想框架之中。我们必须理解的是，即使当苏联在抵制敌人声音入侵的时候，它也在从事自己的广泛的国际广播。众所周知，莫斯科电台的历史可以追溯到20世纪20年代，但与国内广播一样，它在二战期间获得了巨大的发展动力。战后时期，国际广播得到进一步强调，整个60年代，莫斯科电台的发展速度快于苏联国内广播。[72]在播放的整体数量（按小时计算）方面，以及莫斯科面向世界播放时使用的语言数量方

第三章 听到缪斯之声后的回应：苏联环境下的外国无线电广播

面——从战争结束时的21种到1958年的45种，以及20世纪60年代末的超过65种。[73]苏联的国内广播也获得了发展，同样以多语种广播而声名远扬，20世纪60年代苏联国内广播的语言超过了60种。但粗略的数字可能会产生误导。

苏联国内媒体发展的代名词总是集权化，这也意味着莫斯科中央电台和加盟共和国级别电台广播量的不断增长。中央电台专门说俄语，尽管加盟共和国级别的电台的确使用名义上的语言（比如，加盟共和国命名时使用的民族语言）而且通常有好几种，但它们也会转播中央电台的节目。直接的后果是整体上俄语占主导地位，而以少数民族语言播放的节目非常有限。较之加盟共和国内的电台网络，大多数讲朝鲜语和德语的苏联人从莫斯科电台更有机会收听到用他们自己语言广播的节目。

即使是在较敏感的西方边境地区，对多语言广播的支持——以及播报时间——并不总是有力的。在拉脱维亚，地方中央委员会知道，让拉脱维亚电台在外国电台广播的高峰时间播放中央电台的节目的含义——当地不讲俄语的人会调到敌人的电台——却又为1959年的现状进行辩护。"不可能"不转播莫斯科的节目，因为这将"脱离那些懂俄语但看不到《真理报》摘要和（中央电台的）《时事要闻》的大多数听众"。拉脱维亚政府表示，干扰是唯一的解决方案。[74]邻居爱沙尼亚采取了不同策略，在尝试增加爱沙尼亚语言的广播时间方面有时也很成功，也许是因为其领导们认为资本主义的芬兰人也会收听他们的节目。[75]但在乌克兰，地方政府经常在获得建设公共广播设施的资源和扩展多语言节目两个方面面临短缺。例如，1964年，我们看到乌克兰电台的官员游说中央委员会，将切尔诺夫策州的"摩尔多瓦"语的广播增加到每天40分钟。[76]他们成功了，但以此速度，在多语言广播方

莫斯科的黄金时代

面莫斯科电台击败了它们，莫斯科电台的语言包括阿萨姆语、古吉拉特语、卡纳达语，还有奥里亚语：印度的四种语言，莫斯科在1960年代末开始以这四种语言每周至少广播7个小时。[77]甚至在1968年"布拉格之春"期间，乌克兰的领导人佩特罗·谢里斯特（Petro Shelest）也有理由抱怨在他的共和国里广播正在被忽视。同年7月，他在日记中吐露了对乌克兰西部的担忧："（官方）电台和电视实际上根本不起作用，（而）居民们都在收听西方电台，观看西方电视。"乌克兰官员们曾多次联系莫斯科的中央委员会、部长会议和国家计划委员会，"希望能为共和国获得合适的技术设备，"正如他所经历的，一切都是徒劳。[78]六个月以后，乌克兰人仍然在抱怨他们还没有收到那些被承诺用于西部边境的广播（尤其是电视）建设的资源。[79]这不是单纯无能的问题，尽管无能肯定是一个因素：中央可能对乌克兰的广播建设的支持做得很糟糕，但它的确在1968年向捷克斯洛伐克发动了一场大规模的广播运动，促使广播时间从每周20小时增加到160小时。[80]

外国广播在苏联媒体系统内享有一种特殊地位，并且莫斯科电台本身就是一种独特的专业环境。它的员工主要是由一群受过高等教育、具备必要语言技巧的苏联人——比如，乔·（约西夫）·阿达莫夫［Joe（Iosif）Adamov］，北美广播部的传奇式的主持人——以及外国移民和他们的子女组成的。（可能超过了混入其中的克格勃的平均人数。）[81]因为被看作是与外国媒体竞争，莫斯科电台给予其记者们相对较好的资源，包括阅览外国出版物，并允许他们为了与听众相关联而寻求不同的技术。国际节目会举办一些有奖竞赛，比如，像阿达莫夫那样的播音员能够发展更强的播报个性，并且培养与听众之间比在国内电台可能的更加个人的关系，国内电台，除了少数几个特殊人物［尤里·莱维坦（Iurii Levitan）是最重要的］之外，是出了名地对明

第三章 听到缪斯之声后的回应：苏联环境下的外国无线电广播

星反感的。[82]

莫斯科电台起初也强调及时和有效的新闻报道，并且培养一种新闻专业理念，这种专业理念被证明是有极高影响力的。弗拉基米尔·波兹纳（Vladimir Pozner）、弗拉德·里斯特耶夫（Vlad List'ev）、亚力山大·柳比莫夫（Aleksandr Liubimov）、艾夫根尼·基谢廖夫（Evgenii Kiselev），以及许多其他苏联电视上的名人（不必提政界的艾夫根尼·普里玛考夫〔Evgenii Primakov〕以及众多文学界的灯塔式人物），都从对外广播开始的。[83]在勃列日涅夫时代，莫斯科电台据说也是苏联广播界唯一一个允许编辑播报苏联最高官员的演讲和政治局声明的部门。[84]

尽管莫斯科电台的特殊地位从未有明文规定，但已经明显得足以激起国内电台员工的不满。1957年，参加讨论最近中央委员会批评的员工抱怨说，驻柏林、伦敦和巴黎的电台记者只为莫斯科电台工作，而国内电台却要努力争取才能获得向海外派驻记者的批准。[85]哈萨克电台的领导几年后在他的共和国抱怨说，对外广播的优先权转化成了这样一种局面，即三分之二的地方人口被从国内网络切断开了。问题是哈萨克斯坦只有两个长波电台，剩下的都是短波，用于向加拿大和巴西等国家的对外广播。"我不理解为什么我们向通讯部支付了如此巨大的资金，而哈萨克人却听不到自己的广播，但外国人却能。"[86]

从表面看，这是一个合情合理的问题，但却是缺乏更宽广视野的问题。莫斯科电台之所以调用这么重要的财政和管理资源，因为在苏联所讨论的电台环境不仅是国内的，也是国际的，或者马克思列宁主义意义上的国际主义的；鉴于苏联政体的意识形态前提，这两种环境是不可分割的。这也是为什么1964年在一次关于青年的特别会议上，一位来自广播和电视管理部门的代表用最悲观的语气概括了这些声音的危险性，并在总结时提醒他的听众，"我们不是赤手空拳的，我们也向国外播放有影响力的广播节目。"[87]换句话说，这是一场战争，在这场战争中，苏联不是唯一的战场，苏联听众的耳朵也不是唯一的褒奖。

1957年2月，中央委员会主席团计划强化苏联对外宣传的效果，部长会议在第二个月批准了一项关于此事的命令。新近出现的匈牙利危机是一个明显的催化剂。"我们的宣传并没有完成任务，"该命令说道，"出版、广播、电影以及苏联其他面向海外的宣传机构，未能利用对匈牙利事件的合理信息和分析来还击针对苏联和共产党的诋毁浪潮。"一个问题是包括无线电在内的宣传的物质基础，命令列出了一系列对苏联广播实力的改善：新的发射器、有线和无线转送线以及设备——如果必要的话，甚至包括外国制造的昂贵设备——并将通讯部的预算提升到6.5亿卢布之多（在该提议的命令中）以覆盖其成本。同时包括的还有改善与拉丁美洲、东南亚和远东之间联系的计划，这反映出苏联对后殖民地世界不断增强的兴趣和参与。[88]

因为后殖民地人口中较高的文盲比例，苏联将无线电广播视为用于后殖民地人口的一种特别强大的工具——并以证明了此种观点的媒介去了解他们自己的历史。一种特殊的苏联模式的无线电收音机文化，作为与西方文化，特别是美国文化的对立面，也同时被兜售给后殖民地的听众们（莫斯科也顺便向那些缺少第一手知识的听众们，将这种西方文化解释为粗俗的、种族主义的，等等）。收音机是"展示外交"的完美选择，向社会主义阵营的潜在的年轻听众，展现苏联模式相对于资本主义的优越性。[89] 1963年，赫鲁晓夫就此观点在莫斯科召开了一次特殊的"第三世界新闻记者会议"："尽管殖民主义者之前仅仅依赖皮鞭和刺刀，但现在他们却用思想来粉饰他们的行动，应该说，非常

第三章 听到缪斯之声后的回应：苏联环境下的外国无线电广播

娴熟地运用出版、广播、电视、宗教，以及其他具有意识形态影响力的手段。"他告诉与会者，唯一的解决办法是社会主义的办法，这种方式使文化生产的各种手段都掌握在人民手中："只有社会主义才能使新闻成为受欢迎的新闻。"第三世界媒体的唯一模式是苏联模式，如同莫斯科电台所体现的，并且在苏联国内得到了莫斯科会议这样的事件的反复锤炼。[90] 20世纪70年代，苏联通过领导结盟的后殖民地国家和非结盟国家，反对西方试图推广"自由流动的信息"的取得属于人权而非政府特权的理念，从而扩展了这一观点。苏联的观点是"自由流动"的讨论不过是掩盖资本主义统治阶级对新市场执意主张权力的另一种烟雾弹。苏联广播是献给第三世界国家听众的一份礼物，而西方广播却是对其国家主权的一种攻击和对其未来发展的一种威胁。[91]

事实上，尽管拥有相对的特权地位，苏联国际广播节目却遭遇了许多与给国内节目造成麻烦的那些问题相似的问题。短波问题也在此出现：大量的苏联对外广播都是短波的，但在许多国家消费者早就已经转成中波和长波收音机了。苏联的干扰器无意间也阻碍了莫斯科电台，就像干扰国内电台的节目一样。[92] 尽管国际台依赖大量的外国裔员工，但它的节目总体上却要适合所有人群：理解不同观众的品位和需求，对于外国观众而言不再像以前比国内观众占据优先。一位在莫斯科电台非洲组工作了许多年的员工说，苏联广播与其观众之间的文化隔阂被认识到了却被忽视了。"民歌和经典歌剧的旋律以及与思想评论相混合的芭蕾舞剧，占据了大量的广播时间，"他回忆说。"国家广播电视委员会的领导人认为，问题可以通过向观众大量灌输有关我们文化艺术成就的信息得以解决。"[93]

尽管如此，凭借其原始规模和覆盖范围，莫斯科电台作为世界革命者有效地迎合了苏联领导人的虚荣心。莫斯科的国际之声通常对于

莫斯科的黄金时代

苏联国内消费来说也是一件值得骄傲的事情。世界级的国家应该拥有世界级的文化,他们要向世界宣说。很少有苏联人有机会评估印度人和印度尼西亚人是否真的收听莫斯科电台,但来自国内媒体的信息却是清楚的。"世界每个国家的邮政人员都知道'莫斯科电台'的地址……对于数百万外国听众来说,莫斯科之声是理性的声音、真实的声音、良知的声音,"《真理报》如是说。[94]苏联文化遍及的范围——普希金之声、斯大林格勒的故事、莫斯科戏剧季新闻,并且所有这些都传播到你在地图上几乎找不到的地方!——都作为苏联的实力和声望的证据得以表现。正是以这种方式,苏联的国内和国际宣传彼此交融,并且至少在理论上它们彼此相互强化。作为苏联传递给世界的声音的莫斯科电台,也具有国内宣传的功能;苏联国内的媒体是世界效仿的典范。关于某个领域的一席话在全世界都可以收听到。

正是在这种语境下,短波问题和敌人的声音能够顺利地滑入和滑出官方雷达显示器。从苏联政府的角度看,就自身发展而言,在苏联国内发展短波能力没什么意义——并且对于那些建议终止其生产的各位观察家而言亦无意义。但是短波问题从来不是一个独立的问题。与此相反,它与其他问题捆绑在一起,诸如,如何实现生产计划和开展事业,如何找到更多合格的对巴西广播的葡萄牙语播音员,如何在埃及增强功率以覆盖更大的听众群体,等等。与此同时,隶属于"无线电广播"这个总标题之下的短波,其状况与许多看起来像是成功的确切标志的事情裹在一起:数以百万计的无线电收音机产自苏联,同时数以百万计的听众收听苏联的广播,不仅在国内而且在地球的远端。从宏观的角度看,苏联的无线电收音机政策并不一致,甚至是自我破坏的,如同当时许多官僚机构的观察员所指出的那样。它同样也证明了实力。短波收音机产品有其支持者和势力,尽管它经常被标注为一

第三章 听到缪斯之声后的回应：苏联环境下的外国无线电广播

个问题，但在缺少一个持续对手的情况下，它一直在生产。

竞争与改革的局限

截至1960年，随着大约6,000万台无线电收音机的使用，苏联当局终于发现自己的国家可以称之为无线电化了——尽管在一些方面也许不是他们所希望的。战后时期的无线电广播已经完全背离了苏联集体文化消费的传统而转为个人体验的范畴。收听无线电广播作为一种实践看上去不再那么易于辨识为苏联的实践，这也引发了对它在人民生活以及更广泛的社会主义建设事业中的作用的质疑。聚集在公共扩音器周围召开一次广播会议、收听一次弗拉基米尔·马雅可夫斯基（Vladimir Maiakovskii）的诗朗诵，或者收听一次大合唱，都对所收听到的无线电广播的内容没有任何疑问。（尽管听众个人的内心体验可能已经突破了所谓的政治动员或者文化提升的范围，但基本的问题——他们正在收听什么以及他们为什么收听——在理论上很容易回答。）放置于室内关起门来收听的无线电收音机，或者带在路上听的晶体管收音机，原有的模式皆不复存在：当人们的收听活动变成私人活动时，他们正在体验什么呢？这个问题也同样适用于无线电收音机的兄弟——电视——而从某些角度看，电视对于许多观察员而言更加麻烦，因为它似乎对人们的肢体行为具有如此巨大的影响（实际上正在束缚他们）。截至20世纪40年代后期，收听无线电广播由于其与外国广播的联系而具有了令人不安的意味。在战后的苏联，无线电收音机已经朝着个人消费的方向发展。外国广播、敌人的声音推动了这种趋势，使所有的个人收听似乎更加私密且违背社会常规。

对于人们为何收听外国广播，苏联的意识形态库房中有相当多的陈腐解释。据说，对于外国电台所播放节目的喜好是资产阶级过去的

莫斯科的黄金时代

一种"延续"(perezhitok)。敌人的广播目标对着年轻人,他们自然更易受到外国的诱惑(而当代的年轻人更是如此,因为与上一辈的苏联人不同,他们未曾在革命斗争和战争的火炉中锤炼过)。外国广播看起来坦诚直率,但实际上是西方正在投入数百万而进行的一场极其精密的心理战的形式;因此,苏联尚未战胜它的这一事实如果不可接受的话,在当时至少是可以理解的。

正是这些理论在每次关于资产阶级文化渗透问题的会议上被苏联官员们搬出来运用。(20 世纪 60 年代,像"美国新闻署"、"福特基金会"这类词汇通过这种讨论进入了苏联的词典。)[95]然而,这种情况也许像意识形态词汇一样具有逻辑性,但仍然有一件无法绕开的非常棘手的事情:敌人无线电广播的受欢迎让苏联的无线电广播很没面子。当这种竞争在 20 世纪 50 年代和 60 年代不断加剧的时候,你不难发现官员和电台的专业人士都宣称这是糟糕的。

让我们稍停片刻,来看一下苏联的主要电台在 1963 年的某个周一必须播放的节目内容。

上午 6:30   土地和人民。

    8:45   为那些守候家园的人——尤·雅克夫勒维(Iu. Iakovlev)的短篇小说,"他杀死了我的狗"。

    9:45   麦克风旁的作家。

   10:00   儿童剧"伊万—博伽蒂尔(Ivan-bogatyr)"。

   11:10   当心灵在歌唱。一场音乐会。

下午 12:20   为了地球上的和平——音乐文学作品。

    1:10   我们热爱诗歌。听众咨询节目。

    1:35   一段美好时光。歌曲音乐会。

第三章 听到缪斯之声后的回应：苏联环境下的外国无线电广播

2∶00　分分秒秒。关于塔什干挖土机工厂的节目。

3∶00　埃斯特拉达音乐会。

4∶10　儿童节目。A. 穆莎托夫（A. Musatov）和 M. 廖申科（M. Liashenko）。故事"白桦树"的章节。

5∶00　电台邮箱。

5∶15　麦克风旁的学者。人民改造自然。

6∶30　电台合成节目"乌拉尔河的博伽蒂尔"和乌拉尔河重型机械制造厂点播的音乐会。

8∶05　苏共7月全体会议和经济科学任务——与院士 K. V. 奥斯特罗维西亚诺瓦（K. V. Ostrovitianov）的谈话。

9∶20　"夜幕下的村庄"音乐会。

10∶30　十天的波兰音乐艺术节。大师表演。

如果我们将这个周一的节目与下一个周一的节目比较一下，会发现有一些不同——可能是一档晚间体育报道节目，直到20世纪70年代这都是广播电台的一个强项，或者一部歌剧（20世纪60年代，中央电台每周会播放9—10部带有解说的未经删节的歌剧），或者下午的一场政治演讲。但是由于苏联的节目编排在设计上如此一致，所以即便是单独一天的节目就很能说明问题。首先，我们应该注意到音乐节目的主导地位。苏联广播电台始终将大量空中时间赋予音乐，但在战后时期其所占比重大幅提升：作为一种规律，中央广播电台超过50%的播放时间给了音乐节目（同时加盟共和国级别的电台也基本上保持相同的比例）。[96] 其次，我们可能会问，新闻在哪里？事实上，听众每天会定期收听新闻简报，但它们在官方时间表上的缺席——以及总体上时事资料的缺乏——告诉我们某些关于新闻在节目等级中的地位的事情。

159

第三，我们可以看到广播电台继续强调集体体验和观众参与（在此通过观众点播节目的形式）。最后，具有节目的整体定调：富有思想性和目的性，不展现个性也不玩游戏。节目表宣称，广播电台严肃地对待自己和自己的听众。

20世纪50年代末和60年代初，苏联广播是官方严厉批评的对象。随着关于外国电台的特殊问题的一系列秘密指令的出台，中央委员会（在1960年和1962年）公布了两项命令概括了苏联广播电台的罪状。命令指出节目"粗糙"而"平庸"，充斥着"枯燥乏味的朗读"、"虚假而冠冕堂皇的报道"以及"煽情的"配乐；它"散发着无聊和冷漠"。因此，听众对苏联广播电台没有显示"极大的兴趣"也就不足为奇了。中央委员会总结认为电台工作者是问题的根源：他们中许多人未能理解他们手中所掌握的东西——"教育大众最为有力的手段"——而且他们缺乏主动性。[97]

尽管发布对苏联广播电台的批评可能是极其严厉的，但它却从未引起对苏联广播模式的总体优越性的质疑。虽然在电台官员与政党的媒体管理者的不公开会议上，以及关于电台状况的大大小小的内部报告中，苏联广播电台相对于西方的劣势仍然是一个主要的议题。中央广播的普兹恩曾在1955年严厉斥责他的工程师未能在技术上缩小与西方的差距："窃取西方的设计，"他告诫他们。"同志们，你们必须窃取，但我们现在没有窃取。"[98]两年以后，在一次全苏联关于如何改善广播的会议上，电台的工作人员公开了与外国电台的令人反感的对比，并抱怨说他们没有获得完成工作所需的资源。"我们听说英国广播公司有400人效力于新闻部，而我们中央广播电台新闻部只有20到30人，"一位来自摩尔达维亚的官员抨击说。[99]电台工作人员经常利用外国竞争的威胁来争取获得加薪、更多的员工，以及引进设备和出版物所

第三章 听到缪斯之声后的回应：苏联环境下的外国无线电广播

需的硬通货的注入。新闻尤其是一个痛处，电台的专业人士对于在苏联信息体制内被当作二等公民而诉苦。他们是对的。主要的报纸塔斯社，甚至莫斯科电台都有驻外记者，而国内的新闻节目却只能捡些边角料。截至1959年，莫斯科的广播电视管理委员会的主要办公室甚至还没有到中央委员会办公室的直线电话。在基辅和许多其他加盟共和国，以及地区首府的电台和电视办公室连一台电传都没有。[100]

鉴于所有苏联广播的基本原则："莫斯科优先，"加盟共和国和地区级别的电台总体上比中央电台的情况要更加糟糕。没有任何具有全苏联意义的报道——而实际上，这或多或少意味着任何重要的新闻项目以及具有国际视角的任何事情——应该在中央电台尚未报道之前先由加盟共和国电台播放。如果美国之音报道了一起你所在地区的事故，或者你所在共和国的第一书记在访问德国时发表的一份公开声明，该怎么办？不要紧：莫斯科仍然拥有优先权。这个原则在边境地区带来了一些特殊问题，那些地方接收敌人的声音至少和接收苏联电台的效果一样好，并且经常好于苏联电台。[101]中央可能而且的确有过惬意的时光。1967年，爱沙尼亚电台的官员说他们自己有时也会收听芬兰电台，以获取莫斯科以外的重要政治演说的基本信息，因为塔斯社向他们转发这些信息是如此缓慢。[102]

在外国电台的冲击压力下，苏联广播电台的新闻报道状况确实有了一些改进。自20世纪50年代末开始，中央电台给予新闻播报的时间稳步增加（并且由于中央设立了标准，地区电台也增加了新闻播报的时间）。[103]1960年的命令正式将电台划定为信息食物链中的首个环节——塔斯社的报道将首先转给电台，其次是出版媒体——并强调及时报道的重要性，1962年的命令也有同样的规定。20世纪60年代初，广播电视管理委员会的领导是米哈伊尔·卡尔拉莫夫（Mikhail Khar-

179

lamov），他是以阿列克谢·阿德朱贝（Aleksei Adzhubei）为首的赫鲁晓夫的非正式"新闻集团"的成员，并与媒体现代化的主张如此息息相关。[104]在与电台专业人士的闭门会议上，卡尔拉莫夫直言不讳地指出了用自己的方式与外国电台展开竞争的必要性。1963年，他在基辅向一个团体表示说，干扰不是解决办法：

> 我们在这个问题上花费了如此多的资源和精力，而如果我们在广播上花同样多的资源和精力的话，我们就不需要干扰了……人们为什么收听美国之音和英国广播公司的节目？我们在这里是有罪的……现在，我们的许多听众已经变得更有文化，受过教育，他们想知道许多事情，而我们却隐藏了许多事情，这样下去，我们人为地激发了他们对外国广播节目的兴趣。

卡尔拉莫夫继续说道，解决这个问题的方案是及时报道："我们不应该有任何一个事件的报道迟于美国，这是最起码的。因为最先分析一个事件的人就是赢家。"[105]

上述是对广播专业人士鼓舞士气的话的实质内容，但日常的情况仍然非常不同。问题不只在塔斯社（它继续滞后），[106]也是作为教育和动员工具的所有苏联媒体的特征。当然，加盟共和国和地区广播的工作仍然受制于莫斯科优先的强制原则。与1960年中央委员会的另一项广播命令相吻合的报告中，他们提出了一个共同的主题，该命令特别阐述了与敌人声音的战斗，这个共同的主题是他们成功地提供了更多来自莫斯科的内容，特别是在黄金时段。这就意味着直接灌输（阿塞拜疆声称，"目前，我们正在播放全苏联范围都在广播的所有关于国际主题讨论的节目"），或者将莫斯科的节目译制成当地语言。[107]但它

第三章　听到缪斯之声后的回应：苏联环境下的外国无线电广播

也意味着向听众提供印刷媒体的内容：当各个地区播放了一个又一个报道的时候，听众需要听到中央媒体的消息。20 世纪 60 年代初的改革很可能将电台规定为新信息的首要媒介，但并没有取消《真理报》作为苏联媒体领域核心的地位。的确，任何媒体改革都不会。[108]

米哈伊尔·内纳谢夫（Mikhail Nenashev）像许多其他人一样，将苏联政府权力的核心——中央委员会，描述为一个特别注重书面文本的环境。内纳谢夫在改革期间将继续领导苏联的电视，但在勃列日涅夫时代，他是中央委员会蜂巢中许多蜜蜂中的一员，他回忆说，在那里"所有部门的工作人员都不断地写些东西"。[109]尽管这些内容大部分只是内部使用，而且从未在中央出版物上出现过，但这些最富声望的文字项目成了——苏联领导人的讲演词、政策声明，等等。这些文本从不归功于像内纳谢夫这样的人。"署名权"保留给那些有官衔的人，包括中央委员会的书记们，当然，还有苏联的最高领导人。[110]在这种文化和政治环境中，拥有这样的组织结构和价值观（并且这种设置在更低的层级被复制），无疑任何率先对某个事件进行分析的人都不是赢家。这就是统治整个苏联媒体运作的结构和价值观。

苏联新闻报道最突出的特点，像官僚报告的撰写一样，从来不是事实本身，而是"对待事实的态度"（otnoshenie k faktu）。很少有记者对这种方式存有争议；事实上，校准态度是一种政治家的游戏，而不是一种新闻的游戏。[111]陪同赫鲁晓夫出访的卡尔拉莫夫批评苏联记者群体，认为他们缺乏西方同行们的那种动力；卡尔拉莫夫讽刺说，一旦一位苏联记者发表了几次文章，他就觉得为追述一个故事"去奔波很不体面"。[112]也许这是对的，但你也很可以想象一位苏联记者会想，"何苦费那个劲呢？"1965 年，电台在德里的通讯员由于本末倒置，将事实置于态度之前而受到惩戒：他没有首先获得莫斯科的准许就记录了——不是广播，而只是简单地记录——对印度总理进行的采访，他的错误严重到惊动了中央委员会的办公室。[113]当中央电台的宣传节目编辑部（redaktsiia）的工作人员，针对美国之音的一个节目（一位美国牧师的演讲）而编辑一个强硬的回应节目的时候，花了23天才通过审批程序。[114]

如同一位工作人员在一次党小组会议上说的那样，苏联电台被迫"谨小慎微"。他来自中央电台的文学与戏剧节目编辑部不是宣传节目编辑部，但有必要认识到问题总是比新闻更广泛。有许多诗歌和故事被拒绝播报但后来却得以出版的例子。[115]如果这似乎符合逻辑的话，那么看看下面的这种情况：电台人员如果播报了已经出版的作品也可能陷入麻烦。[116]

尽管音乐对于东西文化竞争而言或许是最为重要的领域，但音乐节目的标准却没有更清晰。众所周知，外国电台的吸引力之一——也许是对如此受当局关注的年轻人最主要的吸引力——是西方的当代流行音乐。苏联电台从听众来信中了解到他们自己的节目是如何彻底地令人感到沮丧。20世纪50年代末，中央电台为了应对如潮的抗议信而实际上减少了歌剧节目的数量。[117]所有关于与敌人声音进行斗争的指令都要求在黄金时段播放更多的"轻音乐"，而苏联电台的传统与这种主张非常吻合。娱乐往往被冠之以为听众创作"积极情绪"的字眼，并成为指令的主要内容，尽管听着咏叹调和序曲进行放松肯定是很理想的，但这种"文化休闲"却不是大多数听众所期望的，至少目前还不是。但是当电台在20世纪60年代开始编制更多西方流行音乐节目，特别是更多自产自销的（或者苏联阵营的）类似音乐的时候，他们经常会因此受到严厉批评。比如，中央委员会1962年颁布的严酷命令中指责电台人员用"现代派和爵士乐"来迎合"庸俗趣味"，并

第三章　听到缪斯之声后的回应：苏联环境下的外国无线电广播

且明确地提醒他们在美学教育中的作用。[118]中央电台音乐部门的领导还将这个问题界定为苏联在冷战中的领导力问题："有必要说的是我们在海外的同志真的需要我们的轻音乐，"他在1957年的一次全国电台工作者会议上对他的同事们如此说。"他们说，为了与美国的爵士乐和美国的影响进行斗争，我们需要建立与之相抗衡的某种东西。"[119]某种东西，但什么东西呢？

1964年，共青团领导谢尔盖·巴甫洛夫（Sergei Pavlov），在捷克斯洛伐克向中央委员会提交了一份令人毛发直竖的有关国家事务的报告。他解释说，捷克斯洛伐克不仅受到外国电台的攻击，还有电视台的攻击，尽管他们的共青团组织正在试图"击退年轻人对西方文化的兴趣"，但却惨败。巴甫洛夫描述了当地仿效甲壳虫乐队的"大摇滚（big beat）"团体的扩散，以及他们那些难以驾驭的粉丝。在五一国际劳动节那天，他说警察对布拉格的一场室外音乐会的介入引发了一场严重的公众骚乱：数百民众阻止了交通并且，他报告说，"反苏维埃主义开始了——反共产主义和反苏联的口号。"巴甫洛夫指出，这场骚乱的根源是捷克斯洛伐克的媒体政策缺乏意识形态奋斗精神，是一种"在细节上过分纠缠"的政策。"哦，你们有爵士乐，我们也有，"他模仿着捷克斯洛伐克人语气。"让我们阻止他们收听卢森堡电台；让他们收听捷克斯洛伐克电台。"巴甫洛夫警告说，"这改变不了什么，因为最终没什么不同。"[120]

谢尔盖·巴甫洛夫是著名的强硬派，但事实上他与他的同事们分享的观点与那天上午他们可能在报纸上已经读到的没什么区别。苏联电台与所有的苏联文化一样，需要进攻而不是防守，正是这个论点，并且要实现它的话，就必须有所不同——去提供其自身的形象、经验和价值观，而不是适应或者回应敌人的声音。不可能是在细节上过分纠缠的。在许多方面，对于认真与地西方进行意识形态斗争的任何人来说，这都是一个无法避免的结论。

问题并不在于——像一些人所认为的那样——爵士和摇滚说出了自由和个人主义的语言，因而与苏联式的文化管理存在内在的矛盾。[121] 西方大众文化的历史中充满了严格操纵的，甚至被制造出来的成功故事。在苏联世界中，对高雅文化形式压倒式的偏爱以及长期以来关于"健康"娱乐与庸俗之间的界线冲突，使得采取这种路线比在西方更成问题。在美国和欧洲，对高雅文化的偏爱当然也广泛存在于评论界。但是态度与体制是两件不同的事：在苏联，对高雅文化的偏爱既被广泛地体制化，又被供奉于体制政治身份的中心。轻音乐不太可能是——一些人可能说是愚蠢的——一条路径，不可能是任何向往在作曲家协会开展事业，或者创作一个大写的艺术的苏联音乐家的一条路径，因为苏联文化体制将这两个目标表述为相互强化的关系。

斯大林去世以后，苏联音乐界所发生的是在官方渠道之外的一次喷发活动，以及一种断断续续的官方妥协方式。截止20世纪50年代中期，根据S. 弗雷德里克·斯塔尔（S. Frederick Starr）的说法，苏联的每个城镇都有一支爵士乐队。[122] 1957年的莫斯科国际青年音乐节催化了苏联流行音乐的变化，不仅因为它将波兰爵士音乐家、英国乡村爵士乐演奏者，以及美国的摇滚乐带到苏联；由于音乐节组织者也批准苏联团体参加比赛，在音乐节开幕前几个月，本土爵士乐团在全国各地举行的地方音乐节中一起表演。作曲家协会对这一场景十分愤怒，谴责（负责音乐节的）共青团宣传"低俗"音乐；党的中央委员会对此进行了调查，同意这种说法，但没有紧接着采取体制性的打击。[123] 20世纪60年代以及之后的时期，爵士乐和摇滚乐听说可以在大学和工厂俱乐部、宾馆餐厅、艺术节甚至广播和电视上演奏。苏联媒

第三章　听到缪斯之声后的回应：苏联环境下的外国无线电广播

体继续怒斥资产阶级文化渗透，政府继续间或诉诸禁止措施，但实际却在解除对这些表演的限制，正如大卫·古列维奇（David Gurevich）所回忆的发生在1966年的一次高中舞蹈表演那样，当时乐队演奏了甲壳虫乐队的"不能为我买到爱（Can't Buy Me Love）"。[124]但流行音乐所点燃的社会化已经成为共青团以及其他组织"文化工作"的一部分，在这些组织里流行音乐拥有其粉丝而且——或许更为重要的是——它创造了收入。

但是，即便爵士乐和摇滚乐已经在苏联的机构层面被淹没，但从意识形态角度来看，这种状况丝毫不能被轻松地消化。新颖而独特的苏联形式又在哪里呢？按照典型的苏联方式，委员们被召集在一起撰写报告。1964年，莫斯科的新闻界指出，中央民间艺术院（the Central House of Folk Art）正投入"巨额资金"创作新的舞蹈——例如，"舞迷之舞"就是由一位舞蹈专家，也是治疗性体操教授和五项全能教练（！）开发出来的，并且在青年杂志上和俱乐部进行了推广。[125]根据共青团自己的报告，大多数年轻人都无视这些新型舞蹈以及对外国舞蹈的禁令［当时获得文化部批准的舞蹈只有两种，分别是东德的利普西舞（lipsi）和恰恰舞］而跳自己喜欢的舞。[126]

在音乐方面，从守成转向创新的努力在某种程度上是成功的。截至20世纪60年代中期，苏联文化的确形成了应对西方乐队的答案。比如VIA，或称之为"声乐组合"，尽管他们可能是青春的、电器化的，甚至蓬头乱发的，但直言不讳地说，他们不是摇滚乐队："摇滚"在官方的讨论中，至少直至20世纪80年代都只适用于西方。相比之下，VIA是苏联的机构，由"艺术委员会"合法注册和规范，并且他们被设想为要表演严格的苏联曲目：作曲家协会的歌曲或者各种传统的民间曲目，以及被精选出来的有限的原创曲目，偶尔也有英语歌曲。

莫斯科的黄金时代

十年里，出现了超过 15 万个注册团体，对于少数几个团体来说，VIA 的身份不仅带来了爵士乐音乐会和电吉他，还带来了享誉全苏联的名望。[127] 20 世纪 60 年代末和 70 年代，最受欢迎的 VIA［来自列宁格勒的波尤西切吉他乐队（Poiushchie gitary）、莫斯科的维斯利·柳拜塔乐队（Veselye rebiata）以及明斯克的佩斯涅瑞乐队（Pesniary）］在全苏联巡回演出，赢得电台广播的单曲冠军，并出现在电视和电影中。

单纯考虑所涉及的作为表演者和观众的人数的话，我们可以说 VIA 在许多层面上按照苏联文化政策在运作。但是官方资助团体的大量涌现并不等于非官方团体的终结；许多音乐家躲避伴随 VIA 身份而来的控制，继续在各种边缘地带工作。VIA 的成功并不意味着苏联人对当代西方流行乐和摇滚音乐的喜爱已经结束——远非如此。尽管强调苏联曲目，但有些团体用俄语翻唱英语原创曲目也获得了巨大成功。更有针对性地说，VIA 在声音和风格上最像的是摇滚乐队这种大众文化。佩斯涅瑞乐队的专长是民间歌曲，但对于带着电声吉他、留着长胡子的他们，没有歌迷会误认为是传统的苏联民歌组合。这个是关键。20 世纪 70 年代广播电视的领导谢尔盖·拉平（Sergei Lapin）认识到了这一点，在报告中要求他们在上中央电视节目之前刮胡子和换服装。[128]

我们要清楚，我们在此不是讲述有关个人体验的领域。苏联的摇滚乐是衍生物，但在制作和使用它的人眼中，这并不意味着它是虚假的。就 20 世纪 80 年代自我定义为摇滚乐者的苏联人而言，借鉴西方是一种深思熟虑且富有创造性的行为。[129] 苏联的西方流行音乐——及其在苏联的衍生物——的粉丝们听到某些述说他们体验的事情，以及某些与苏联文化的理想不是必然相违背的事情。[130]

但或许讽刺的是，对于摇滚乐者及其观众行得通的，对于谢尔

第三章　听到缪斯之声后的回应：苏联环境下的外国无线电广播

盖·巴甫洛夫们和谢尔盖·拉平们的世界来说却永远行不通，而且关于苏联与西方的文化竞争问题，正是这些人具有更为锐利的目光。苏联摇滚乐，如果不是作为一种寄生体验而是作为一种寄生概念的话，在意识形态层面是永远行不通的。苏联文化为了成为苏联文化所需要的——按照它的自我定义——是某种无可辩驳的独特的苏联事物，某种可以让人们忘记他们曾经听过的"爵士乐"或者"摇滚乐"那样的外来词语。正如文化保守主义者一直警告的那样，战后时期主导苏联景象的流行音乐是正好相反的。

马亚电台

将改善广播的主要初始动力追溯到赫鲁晓夫时代不是偶然的，这一时期是战后对于一种社会主义升空的乐观主义的高潮阶段，就像从发射塔升空的人造卫星那样升向光芒四射的未来。这个时期，苏联媒体政策在连贯性上所缺乏的都用出色的表现来进行弥补。每年都有更多的无线电收音机、更多的电台以及更大范围的听众；每年苏联媒体都在全苏联乃至全世界扩展它的覆盖范围。扩展本身可以长时间地鼓舞人们对于文化及其竞争力的乐观主义。解读 1963 年干扰政策变化的一种方式就是对这种乐观主义迹象进行解读。[131]同样的热情和不断高涨的职业自豪感同样也驱动许多人从事电台工作，20 世纪 60 年代初，他们创作了一系列新节目，这些节目将在之后的 25 年的节目表中具有最重要的影响。（电视也出现了同样的现象。）有些节目，比如《青春》（*Iunost'*），赢得了亿万观众，而《青春》的工作人员甚至在党的会议上夸耀那些来自节目爱好者们的书信，他们说得益于这些广播节目而使他们失去了对敌人的声音的兴趣。[132]但这一时期真正的创新是 1964 年全苏联网络的结构调整，创立 24 小时新闻和娱乐电台"马亚台"。其概念很简单：25 分钟的各种音乐并且以轻音乐为主，然后是 5 分钟的最新消息，每半小时不间断地向全苏联播放。[133] 伴随着这种创新，苏联电台改变的不只是它的结构；它也改变了自身最重要的原则。

当时来自中央委员会宣传和动员部的亚历山大·雅科夫列夫（Aleksandr Iakovlev）后来与电台行政管理部门的一位副主席一道被称作马亚的缔造者，如果从将这个项目诉诸文件并通过官僚体制来领导它的角度看，的确如此。尽管在更深的层面上马亚的创始人是外国电台。正如雅科夫列夫所回忆的那样，正是敌人的声音的流行强行推动了改革问题："人们更喜欢听外国电台，因为我们的电台大量播放的是'泡泡糖'和'崇高的废话'。"[134] 不仅如此，马亚的主要榜样就是长期以来以一种直接和自觉的方式与外国电台进行竞争的两个领域：莫斯科电台的国际广播和爱沙尼亚电台。马亚台的副主席恩维尔·马米多夫（Enver Mamedov）曾担任莫斯科电台的领导人许多年，莫斯科电台将自己视为世界级的电台，并且培养了一种新闻专业的理念。当马米多夫调至马亚台这家国内电台时，他带来了莫斯科电台独特的敏感性，并且督促那里的员工效仿这个典范。五分钟新闻版块——纪律严明、高效、可靠——非常符合莫斯科电台的精神。马亚台也直接利用莫斯科电台的工作人员，他们中的一些人在 1960 年的命令颁布后被调至国内新闻部并且正在推动改革。[135]

马亚台的另一个主要榜样爱沙尼亚电台没有被雅科夫列夫承认，但它可能更重要。在爱沙尼亚，地理位置、爱沙尼亚语和芬兰语的相似性，以及无线电广播（和电视）的高拥有率为外国媒体的渗透创造了一个完美的风暴条件。爱沙尼亚的状况代表了最接近于苏联各地文化市场的状况，关键是当地的媒体专业人士没有回避这个挑战：爱沙尼亚媒体选择（在当地政治精英们的至少部分支持下）尝试一些竞争

第三章 听到缪斯之声后的回应：苏联环境下的外国无线电广播

性的策略，他们进行观众调研来指导他们的工作，这在当时实际上还属于苏联的未知领域。[136]爱沙尼亚电台的领导在1963年的一次在莫斯科召开的全国会议上汇报了他们所做的努力，解释说当他们从听众调查中确定人们正在收听譬如"美国之音"11点钟的节目时，他们开始安排在11点播放像体育和新闻这类他们最受欢迎的特色节目。[137]在这个时间段，为了将听众从敌人的电台那边吸引过来，爱沙尼亚人同时还设定了一种新闻和娱乐相结合的广播节目，这种节目使用了不久便广为人知的马亚格式："5+25"（即5分钟的新闻和25分钟的各种音乐）。

爱莎尼亚电台的专业人员由于他们的创新态度而得到媒体界的普遍认可，但在许多方面，他们遵循党的指令正在做他们被认为应该做的事情：在与资产阶级文化渗透作斗争的过程中采取一种"积极和战斗的"姿态。1964年8月，中央广播电台也继续采取了这种进攻姿态；毫无疑问，马亚台的设立旨在将听众从外国电台那里吸引回来，而在几年以后，媒体人士甚至将公开在行业刊物上提及这一因素。但从这种发展的逻辑来看，设立马亚电台是一次斗争。一位被中央委员会派往爱莎尼亚调查外国电台影响力的技术专家记得，他的上级告诉他回到莫斯科时要对当地的创新保持沉默，因为它们太具有争议性。[138]起初，中央委员会反对马亚台的理念，而且除了马米多夫之外，电台行政管理部门的上级领导也反对。雅科夫列夫回忆说，只有当他退一步提出让马亚台采用与敌人的电台相同的频率播放的建议时——利用马亚电台进行干扰，这一提议他说他知道在当时是假的——中央委员会才予以采纳，而且只有在附带了这个限制条件之后，他才争取到了中央广播电台的人员的加入。

是什么招来如此反对？雅科夫列夫的解释凸显了根深蒂固的利益：

189

提议的话一说出来，中央委员会的办公室就"布满"来自第二电台员工的抗议信。[139]至于爱沙尼亚电台，可能是其新的 5＋25 模式中的娱乐部分具有某种争议性。从莫斯科派遣的专家指出爱沙尼亚正在播放"相当大胆的"音乐。1963 年，由于制作"娱乐"而不是作为青年节目主要目标的"进步思想内容"，所有的爱沙尼亚媒体都遭到来自共青团中央委员会的斥责。据说，电台过量播放了爵士乐和笑话，而当一位级别较高的员工被要求对电台的节目安排给以解释时，他说电台的编辑"自我定位于芬兰电台，它们的节目非常有趣。"[140]

总而言之，这是与马亚电台理念相关的问题：如何制作出一种新的文化产品与你的竞争对手的产品相似到足以将它的节目爱好者们吸引过来，同时又独特到足以代表自己的立场？你如何制作某种模仿节目看上去像是原创、独立且令人自豪的？中央广播电台反对马亚电台的员工无疑是在保护他们自己的利益，但不愿走这条路也是完全有道理的。这是由外国电台的威胁引发的变革，并且将外国人的做法付诸实践，但这样还是真正的苏联电台吗？

尽管马亚电台在许多方面的进一步发展已经在苏联电台开始了——越来越强调新闻和轻音乐——它同时也带来了新的挑战。所涉及的新闻报道的庞大数量就让这个新生电台成为当时区别于所有苏联媒体的另类。在马亚电台设立之前，新闻部一直都只为中央广播电台准备个位数的每日新闻节目（而电视台的新闻节目则更少）；现在，每半个小时播报一次新闻，24 小时不间断，一天要准备 48 个不同的新闻节目。[141]这种新的形式意味着从更多来源收集更多信息，马亚电台的工作人员撒的网要比任何国内电台之前撒的网的范围都要广（他们不愿意每节重复播报新闻，那是一种非专业的做法）。[142]这种模式使得坚持最重要的"对事实的态度"成为一件更加草率的事，并且增加了

第三章 听到缪斯之声后的回应：苏联环境下的外国无线电广播

犯错误的风险，尤其是在 24 小时不间断的节目安排之下。如同一名员工回忆的那样，首先一个最基本的需要解决的问题是谁将签署这些要播报的节目文本。审查人员晚上是不工作的。[143]

马亚电台对于苏联广播而言是一个新生事物，它需要电台的专业人士发展新的方法。即便如此，一堵坚固而高大的墙还是矗立在他们与根本变革之间：苏联的信息等级制度。尽管马亚电台比任何所见到的苏联媒体都更加及时，但它却无法与诸如英国广播公司、美国之音等外国电台展开竞争。当你要等待莫斯科的批准的时候是无法抢先报道一则新闻的，即使你就在莫斯科。当阅读前马亚电台工作人员的回忆录的时候，会对他们强调他们的报道作为对听众的一种服务如何可靠（必定每半小时播报一次）以及如何具有其文学价值留下深刻印象；在一整套国际新闻面前他们没有落后而且不想落后。整个 20 世纪 60 年代以及之后，包括马亚电台在内的苏联电台不断发现自己处于回应敌人已经抢先播报的信息的状态——或者，更多的情况是，由于担心会引起对那些声音和信息本身的更多注意而不作回应。换句话说，这家新电台尽管为新闻记者提供了新的体验，但它本身并没有给苏联的媒体实践带来最重要的改变。

然而，马亚电台的确代表了苏联文化的一次激进转变，为了理解这一转变，我们必须看看收音机的另一面，看看这家新电台精心安排听众与时间、听众与文化消费活动之间的关系的各种方式。苏联电台一向因其节目内容极其刻板以及节目时间安排宽松而与众不同。尽管在广播中所说的内容极为重要，而且如果说了错误的内容，可能会有人被辞退，但没有人会希望讲话的领导在每周同一时间甚至在节目安排的时间（推迟几分钟也可以）说她的那段话。一档节目是一个文化事件、一个政治事件，甚至可能是一个社会事件——像《青春》这样的节目可能结合了三种因素——并且在它准备好的时候进行播放，节目多长就播放多长。在理想的情况下，听众收听广播是为了超越时间，从而奇迹般地被运送到过去或者未来，以及世界的其他地方。马亚电台所做的却截然不同。它那严谨的节目安排和马不停蹄的节奏，将听众置于此时此地，并且意味着此刻，或者最多在24分钟之后，有他们需要知道的消息。由于马亚电台的出现，电台不再是关于节目或者任何事物本身：它是一种服务，一种现代生活的必需，借用马歇尔·麦克卢汉（Marshall McLuhan）在同时代的著名表述，是"一种人的延伸"。[144]

这一点没有比马亚电台对待音乐的态度更清楚的了——而且，别忘了，音乐节目构成了该电台所播放节目的超过80%。不足为奇的是，马亚电台进入了关于西方流行音乐的持续争论中，但它也遭到报纸更广泛的批评，认为它违反了文化等级制度并且丢弃甚至颠覆了原本应该作为其主要目标的东西：美学教育。1965年，《苏维埃音乐》(*Sovetskaia muzyka*)杂志的编辑在写给中央委员会意识形态委员会的信件中总结了反对者的意见。马亚电台的节目主要由轻音乐构成，"经常模仿西方风格，"她说，而且它所提供的任何"严肃"音乐都在听众不方便的时段播放。雪上加霜的是，马亚台播放严肃作品时没有经常提及作品的名称或者作曲者和演奏者的名字。令人震惊的是，该电台还经常在音乐播放的中间切断播放。

> 譬如，不久前，我听到他们在新闻之后播放了一首由R. 格利尔（R. Gliere）指挥，N. 卡赞采娃（N. Kazantseva）演奏的协奏曲的录音而没有作任何说明……这种做法将音乐降至某种就其思想美学内容而言为中性的一种"听觉背景"。这种做法没有培

第三章 听到缪斯之声后的回应：苏联环境下的外国无线电广播

养听众聆听音乐并且对其进行沉思的习惯；没有将音乐作为一种伟大、深沉和丰富的艺术而灌输对它的尊重。

编辑 E. 格罗谢娃（E. Grosheva）告诉中央委员会，杂志已经收到大量来自音乐爱好者关于马亚电台的信件。她打印了其中一封信，在该电台的诸多罪状中，这封信谴责它"中途切断了普罗科菲耶夫（Prokofiev）"的作品，这让她获得前往亚历山大·雅科夫列夫办公室的出差机会，她说雅科夫列夫维护马亚电台甚至拒绝承认严肃音乐与轻音乐之间的区别。[145]格罗谢娃写信给中央委员会的高层，让他们相信雅科夫列夫"极其不理解这些问题"，尽管中央委员会最后支持了他，但她的观点却并非异乎寻常而且不能被忽视。如果像"广播日报"的社论所声称的那样，苏联广播的一个目标就是文化提升，那么在马亚电台的那些咏叹调、民歌和流行音乐的轻快循环中，提升在哪里？所提升的是听众的情绪，或者电台的编辑部希望如此，这的确也是苏联广播的官方目标之一。但就像无止境的新闻循环一样，不间断的娱乐模式创造了一种非常不同的收听体验。它迎合了一种文化消费者而非审美家或者节目制作过程中的唯美主义者。没错：马亚电台播放了相当多高尚严肃的音乐。格罗谢娃和其他有类似想法的批评家想要知道的是，如果苏联电台不教的话，听众将如何学会热爱高尚严肃的音乐并最终喜爱它而不是轻音乐之类的东西。马亚电台没有教听众。它的形式说明该电台的主要目的是让人们收听，不是别的。

1965 年，广播和电视行政管理部门组织研究局对马亚电台进行了一系列调查（主要是俄罗斯共和国地区的听众），发现这家新电台已经赢得了非常多的听众。总体而言，70% 的听众汇报说他们至少有些时候会收听马亚台，36% 的听众将自己描述为"固定的收听者"。在

莫斯科的黄金时代

收音机拥有率高并且收听信号清晰稳定的莫斯科以及其他几个地区，这家新电台的收听率几乎接近100%。[146]

然而，如果马亚台被认为在吸引听众方面是一种成功的话，那它在分散敌台对于听众的吸引力的目标方面却不能说是成功的。广播和电视研究局1968年的一次调查发现，47%的人确认自己是外国电台的收听者（研究者公开强调）；只有不到10%的人将自己描述为"定期的收听者"，而15%的人说他们自己没有直接收听外国电台而是间接收听外国电台的广播。这份调查局限于城市地区，但与马亚电台的调查不同的是，它覆盖了多个共和国。它同时也收集了一些关于听众品味以及他们的社会背景的有趣信息。自称为该电台收听者的最大群体属于16岁至30岁的范围；男性的数量多于女性（52%比41%），并且大部分人在夜间收听。然而，受教育程度与收听行为之间没有明确的相关性：除了那些处于最低层次的人（他们有较低的收听率），不同背景的人收听外国电台的数量基本相同。有趣的是，当被问到收听外国电台什么节目时，他们分成了两个基本势均力敌的阵营。大约45%的人说他们只收听音乐，而数量大致相同的人说他们只收听新闻；10%的人说他们两者都收听。[147]

苏联的研究人员将国内电台的缺乏与敌人的声音的成功直接联系起来。"包括第一电台和马亚电台在内的苏联电台节目的低灵敏度和狭隘性，导致了一部分听众定期或者偶尔收听敌台的状况。"听众报告称，他们收听敌台不仅由于苏联媒体资源所无法提供的东西，而且也由于它们的及时性。研究人员在此参考了马亚电台早先的一份调查以表明这家电台如何离谱：新闻播报时段不到1%报道的是前几个小时内发生的事件，而且几乎没有现场报道（总量的0.5%）；大约35%的播报时间用于对根本没有清晰参考时间的事件或者观点的讨论。[148]

第三章 听到缪斯之声后的回应：苏联环境下的外国无线电广播

他们认为解决的办法是提速，但我们知道这件事说比做更容易。卡尔拉莫夫在广播和电视管理部门的继任者尼古拉·梅西亚切夫（Nikolai Mesiatsev）在回忆录中写道，他就提速的问题接触了"政治局的同志们"。"我试图说服他们每则新闻可以分为两部分：第一部分是对事实的实际传递，而第二部分在第一部分之后，并不需要立即播报，是对事实的评论——那就是，在我迅速将事实播报以后，高层权威们会有时间来说……我们要如何确切地对事实进行评论。"[149]需要说明的是，梅西亚切夫有着无懈可击的资历（第二次世界大战、共青团、为克格勃工作以及作为1964年赫鲁晓夫下台的一位可靠的幕后参与者）——他不是问题。从他的陈述中看不出1968年的布拉格之春后他是否接触了他的同志们，我们知道这一事件被解读为放松对大众媒体控制的诸多危险中的一次具体教训。但甚至在1968年以前，梅西亚切夫就已经在高层获得许多支持者的说法也是值得怀疑的。1965年，他发现他要求解雇三名政治评论员（两名广播评论员，一名电视评论员）的提议被驳回了。梅西亚切夫认为，继续依赖《真理报》和《消息报》的政治新闻记者来播报是在削弱苏联回应敌台的能力；中央委员会的结论是苏联广播不需要内部评论员。[150]

在信息等级制度中，将权力授予更多的民众可能会有助于苏联媒体对抗他们天然的滞后性。但这对于位居高层的人来说绝不是一件优先考虑的事情。保留等级制度是一件优先考虑的事情——并且不仅由于被认为的安全原因（对流氓媒体的担忧），还有虚荣心的原因。苏联媒体文化被定义为一种自上而下的教育事业（教授政治、文化和社会价值观）。那么，至于滞后性，当长期坚持的价值观危在旦夕的时候，稍微有些滞后又算什么？为了给一位政治局成员撰写一篇发言稿，就要让由内纳谢夫这样的共产党官员组成的团队待在

莫斯科的黄金时代

乡间别墅数天,有时数周的时间。这不是一种为了回应或者变革而设计的文化。

与此同时,利用最新消息和动人的歌曲,外国的广播节目正在推动另一种文化模式——一种没有清晰方向的、一次性的即时文化——进入苏联的日常体验,并且做得很成功。梅西亚切夫回忆起得知外国电台正在赢得胜利时的压抑心情:"它像是对我们虚弱无力的一种羞辱一样持续地笼罩我,"他写道。马亚电台是苏联为了与敌人的声音展开竞争而做的最大努力,但它只是一个权宜之计。马亚台认为,因为每半小时播报一次的节目形式以及对节目时间安排的严格遵守而使新闻变得重要,但却未能传递突发新闻。在音乐方面,通过播放轻音乐以及更重要的是通过将所有的音乐、甚至是严肃音乐展现为一种个人体验的配乐,而使西方电台的娱乐模式被确认为有效。这是被剥去了麸皮的苏联文化。尽管许多人显然在收听它——毕竟,马亚台是受欢迎的——却不能希望吸引听众离开敌台。

听到缪斯之声

敏锐的当代苏联媒体现状观察家亚历克斯·英克尔斯(Alex Inkeles)和雷蒙德·鲍尔(Raymond Bauer)做了最佳的表述:"苏联的本质就是公民的沟通行为必须被当作他们与政权关系的维度之一。"[151] 向苏联及其支持者进行广播的外国电台倾向于采纳这种观点,并且在收听敌台和反对政权之间画有一条明确的界线。毫无疑问,外国电台由于其理念而对许多人来说非常重要,包括信息自由传播的根本理念。但缪斯是缪斯,而不是一个前进的命令,而且想要了解在任何文化经验中什么吸引民众以及启迪会将他们带往何处,始终是困难的。收听外国电台并不等于持有异议,我们也不能说它必然会产生异议。

第三章　听到缪斯之声后的回应：苏联环境下的外国无线电广播

关于苏联与外国广播之间的瓜葛的故事更加含糊不清和有趣。试想一下赫鲁晓夫和他的同志们在短波广播繁荣时期抓着脑袋感到疑惑的场景。"我们为何这么做？"赫鲁晓夫问，因为正如任何人都可以看到的，它是极其适得其反的。（赫鲁晓夫继续将美国人作为例子，因为他认为他们很聪明地通过禁止短波生产而向他们的人民封锁莫斯科电台。）苏联的冷战媒体帝国缺乏连贯的媒体政策；它所拥有的是苏联文化，而这意味着无线电广播领域的巨大发展，包括国内和国际。它有助于做事业，同时也是自豪和声望的源泉；它的成功对于许多人来说是有用的和可以理解的。正是在这种背景下，我们必须考虑在苏联收听外国广播的发展。

苏联当局对敌人的声音的直觉反应总是扩展他们自己的广播，尤其是国际广播，以及干扰：不惜一切代价维持信息的等级制度，生成越来越多服务于你的利益的信息，将它传播得更广，更大声地说出来。这种回应反映了苏联政治文化的核心价值观以及苏联的文化观，两者是一对孪生姐妹。它是在工厂里拿着扩音器的政治鼓动者（或许正在朗读一份载有来自高层的权威表述的报纸）；它也是舞台上的一位表演者和一位安静地坐着的目光仰视的观众。它无关乎速度、风格、最新事物或者个人愉悦。作为一种媒体体验，这对于苏联当局而言是有意义的，而当苏联数百万民众用手中的频道拨号盘来选择媒体时代的不同理念时，当局被证明无法将他们的电台问题在这些方面概念化。外国广播的成功在于改变苏联内部媒体体验的条件。外国电台使苏联电台看起来很糟糕——过时，守旧，谨慎，不现代，不与外国电台在一起，不足够好。这在苏联生活中是一种普遍现象：宝马牌轿车也让拉达牌轿车看起来很糟糕。但驾驶一辆宝马车（或者更为现实的是在电影中看着一辆宝马车）不是一种私密的日常体验；而收听广播却是的。更重要的是，尽管没有理由认为在苏联的环境中想成为一个现代、时尚、充满文化气息的人需要一辆宝马车，但有充分的理由认为你需要并且可以合理地要求好的收音机。[152]收音机是苏联文化；文化处于苏联社会主义誓言的核心。而这使得接受与西方开展文化竞争的条件、结果又完全达不到这些条件成为苏联政权一次明显的政治失败。

第四章 在苏联为电视找个家

20世纪70年代，莫斯科巨大的奥斯坦金诺电视塔被不遵守传统规范的人视为一根"针"，因为其所谓的作用是向苏联大众柔软的静脉中注入宣传。[1]截至那个时期，苏联电视台是一个庞大的企业，在全国的员工达数万人，通过跨越11个时区的多个频道进行广播，覆盖了绝大部分的家庭。从苏联境内外的对手的角度来看，这一媒介的发展有一种不可避免的逻辑：在苏联国内的传媒体系中，电视自然基于大众教化与安抚之上。[2]但是，电视的轨迹在战后时期不可避免地比奥斯坦金诺电视塔直冲云霄的路线所表明的要更加混乱，更加充满政治、社会和文化的矛盾。

电视技术带来了大量新的机遇，用雷蒙德·威廉姆斯（Raymond Williams）的话说，"任何新技术出现的时刻都是一个选择的时刻。"[3]严格说来，电视对于战后时期的苏联而言并非一项新技术；20世纪30年代，在莫斯科和列宁格勒就已经有了实验性的电视广播，而且中央新闻定期报道有关这一新媒体的发展。[4]尽管如此，直到战后，实际上是直到20世纪50年代后半期，这项技术才开始在苏联全面发展；截至20世纪70年代，它已发展成为庞大的政治、文化和社会机构，即人们所熟知的苏联电视台。这是一个复杂而且经常混乱的过程，不易置于标准的历史分期中（譬如斯大林主义和后斯大林主义时期，赫鲁晓夫的解冻时期和勃列日涅夫的停滞期），并且不易受新技术解释的影响，这个过程太容易被忽视。正如威廉姆斯在他对西方传播的发展进行分析时所解释的那样，我们都太习惯将电视看作是一种主要的公共机构并且习惯于电视的基本形式，以至于我们倾向于将这两者皆视为"由技术决定的"。但是如果我们像威廉姆斯那样再进一步观察的话，这种必然性的色彩就会褪去，同时我们就能看到过去的人们以及他们所做的重要选择。[5]

在 20 世纪 50 年代和 60 年代的苏联，政治、社会和文化等各领域的许多人都明白，当涉及电视的时候，各种选择就出现了。有些人忧虑，另一些人则无动于衷，相当多的人看着电视技术而深受鼓舞。1956 年，莫斯科的电视最高官员仍然是广播电台管理部门的领导（Glavradio），因此当时电视在苏联的媒体体系中几乎没有地位。但他当年第一次将地方电影制片厂的导演召集到莫斯科并告诉大家，他们正在作为"这个领域里彻底的开路先锋，不同于其他国家业已形成的格局"。[6] 苏联电视广播这个我们将在第五章里见到的自称为"热情支持者"的领域，当时在几乎可以想象的每个方面都处于不断的变化之中。电视与苏联的政治传统，以及与群众动员方式之间的关系问题在很大程度上尚未解决。这种新媒体的权利和责任相对于艺术的问题，以及它在现代苏联生活方式中的作用问题亦是如此。什么人以及什么内容属于这个荧屏，什么人负责节目安排和捍卫空中电波，什么人应该观看，以及何时且为何观看——所有这些问题直至电视达到其机构成熟的 20 世纪 70 年代为止都没有明确答案。现在，电视成为苏联人民获得官方政治信息和文化的唯一最重要的来源，得到了广泛推广和严格控制，并且成为苏联生活的最重要的机构，这种状况似乎就像晚间新闻节目"时事新闻时间"（*Vremia*）的主播会说"同志们，晚上

第四章 在苏联为电视找个家

好"一样可以预料。然而,一旦我们剥去宿命论的色彩,一幅更加斑驳但妙趣横生的画面就会呈现出来。

一个方面是明确的:几十年来,苏联政权在投资电视技术方面做了一次不含糊的选择。在战后的大多数时期,电视及其相关的技术都处于国际交流的前沿,它们向国内外的观察家们提供了一个关于苏联科学实力的强有力的象征。作为一种只要轻弹开关就能给数百万观众允诺知识和娱乐的工业产品,电视充当了一个关于社会主义"美好生活"的合适标志,以及苏联在冷战的国内战场上的竞争力的证明。从实际角度看,电视广播保证了其观众具有史无前例的规模,而且鉴于外国电台的问题,也保证了其观众可以与非苏联世界隔开——或者在卫星出现之前的那些年里似乎是这样的,当时电视的覆盖范围受限于它对传输信号的转播站和电缆的依赖。事实上,即使没有卫星的超级覆盖范围,数百万居住在苏联的西部边界地区的人民也能够收看到外国电视节目。但这是一个相对可以控制的问题,即使在20世纪70年代,当卫星广播建立时,从政府的角度看,电视总是一个比无线广播更加安全的媒介。简而言之,无论在象征意义还是实际意义上,电视技术都呈现出巨大的机遇,苏联政府毫不犹豫地投资于它的发展。伴随着苏联新闻界在荧屏之外的衷心欢呼,全苏联的人民都知道了一种叫作苏联电视的现代社会主义奇迹正在迅速成为苏联生活的寻常特征。

然而,在《真理报》以及最新的计划中似乎写得如此清晰的内容,在20世纪50年代和60年代的现实中却往往呈现出一种模糊的景象。选择投资一项技术与决定如何利用和管理它不同。从这个角度看,甚至如同苏联学者们所承认的那样,这个"宣传国家"的领导者们起初是杂乱无章、缺乏创造性,甚至超然物外的。[7]高层的优柔寡断就为较低层级的倡议打开了一扇门,特别是在20世纪50年代,我们看到

莫斯科的黄金时代

消费者、业余科学爱好者以及地方的政治精英们在推动电视发展方面都发挥着重要作用。但需要再次重申的是，对技术的热情并不能转化为有效的管理，也不能解决苏联应该如何利用电视的重要问题。答案是什么呢？一个明显的思路就是政治交流。然而，到了20世纪60年代，地方政治精英在竭力将电视技术引进各自地区的同时，似乎在很大程度上还对它的宣传潜能都漠不关心，并且尽量与镜头保持距离。另一个思路就是文化提升，苏联新闻界热情地宣扬电视直接将文化传递给大众的无与伦比的能力。但与此同时，在已经确立的艺术领域——戏剧、电影、文学、舞蹈——的专业人士都表现出对这个新媒介的冷淡。电视在战后初步建立的几十年里，处于受赞扬和遭诋毁、受纵容和被忽视的矛盾境地。

美国的社会科学家们对苏联政治宣传体制内的电视进行了开拓性研究。[8]本章建立于他们的洞察以及一些新的档案资料和其他来源之上，从而为战后苏联的电视从少年得志者到苏联的基本机构这一演变轨迹勾画出一个新的解释框架。这里所采用的方式必然不是综合性的，但却力图成为多维度的方式，探寻苏联电视发展领域不仅包括政治也包括文化和社会的因素——因此是尖锐的。笔者认为只有"从3D"的角度来检验历史，我们才能掌握苏联背景下电视问题的本质。苏联电视所提供的（或者未能提供的）文化教育以及观看电视的社会现象是苏联背景下的政治问题；同样，政治精英们对一种新媒体的机遇与挑战的反应在很大程度上与他们如何定义诸如艺术和休闲等事务有关——那就是，他们随着对文化和社会的理解而曲折变化。

如果说起初苏联政权在宣传和资助电视方面比它考虑如何利用电视做得更好，那是因为在苏联的背景下电视在许多方面作为一种象征比作为一种现实看起来更好。以家庭为基础的电视广播是二战后世界

第四章 在苏联为电视找个家

范围内的现代化标准，但在苏联它却不是一个与政治、文化和社会实践的最佳配合。的确，甚至在苏联的国家控制范围之内，电视还是为新的实践打开了大门并且导致许多棘手的新问题，尤其当它涉及消费模式的时候。

作为战后时期苏联成就的标志的个体家庭也是一个复杂难解的问题。当宣传和文化提升通过角落里一个发光的盒子来进行的时候将如何运作？如果观众在听交响乐和关于列宁的演讲过程中打盹，或者嘲笑演讲者并对他们的发型说三道四，或者根本不收看重要的政治和文化节目，谁能确切地了解？而如果人们坐在家里的电视前，这不是正将他们从音乐会、电影院、业余体育运动以及公民活动那里吸引过来吗？观看电视是否适合一个如尼基塔·赫鲁晓夫所承诺的会"赶上和超过"西方并且在有生之年实现共产主义的人？苏联传统是要适合大众的政治和文化动员的，而电视看起来像是不能正常动员的；苏联传统赋予集体和公共环境以特权，而电视广播却抵达了个体和无名观众的家中。苏联政权从未有过任何媒介能够将信息传递给如此多的民众，也从未有过任何媒介潜在地与其要传递的信息如此地不同步。

最后，尽管电视技术存在着刚入门时遭遇的那种矛盾，但它确实在苏联体系中找到了归属。地方电视广播的活力以及消费者给予的巨大欢迎促使电视走到最前沿，而随着时间的推移，苏联中央部门开始对利用这一技术做出更清晰的选择——也对政治和文化精英的参与提出更明确的要求。20 世纪 70 年代，电视被有效地集中化、标准化并且被调动起来成为苏联人民宣传、文化和娱乐的主要来源。奥斯坦金诺作为世界最大的电视中心，拥有世界最高的电视塔，是苏联骄傲的象征。但就像奥斯坦金诺不是一日或者一年建成的一样，苏联电视技术的制度化是一个过程，正如雷蒙德·威廉姆斯所说的，是"在特殊的环境中的一系列特殊的社会决定"。每座苏联公寓里的每台电视机作为证明社会主义传递美好生活的能力的象征，已经使这项技术变成了一种无可辩驳的情形。电视技术正像苏联政治、苏联文化以及苏联的生活方式一样将电视机这一象征带进生活。

投资电视

在斯大林去世后的最初几年里，许多访问苏联的外国人都惊讶于电视技术会出现在一个显然仍然在为高质量的食物、衣服和住所而奋斗的国家。美国记者玛格丽特·希金斯（Marguerite Higgins）报道说，"苏联最奇怪的景象之一"是莫斯科郊外的木质房屋顶上的电视天线。她敬佩地写道，"尽管房屋破旧到几乎倒塌，但拥挤在狭小空间的两个家庭却各自拥有一台电视机。"[9] 这是 1955 年，当时苏联大概有 100 万这样的家庭，大部分在莫斯科。截至 1960 年，这个数字涨到了接近 500 万，截至 1963 年再翻了一倍，达到 1,050 万，而截至 20 世纪 60 年代末几乎达到了 2,500 万。[10] 与当时美国的那些统计数据相比，这些属于不太大的数字，1948 年至 1955 年期间，美国三分之二的家庭都购买了电视机。但美国在电视发展方面仍是一枝独秀。20 世纪 50 年代末，就电视机的数量而言，苏联是欧洲大陆国家中最多的，在全世界排名第四。一旦考虑人口规模，苏联的排名自然要下降，但即便如此，与东欧社会主义兄弟国家相比，苏联的情况相对是好的。[11] 除了对比之外，希金斯更重要的观点是：苏联人正在选择以惊人的速度生产和购买电视机。

苏联对电视技术的强大财政投入是无可争议的。1964 年至 1970 年，苏联电视广播的领导人尼古拉·梅西亚切夫（Nikolai Mesiatsev）争取让"政府不惜代价地发展大众电视广播"，"尽管国家的生活还很

第四章　在苏联为电视找个家

困难。"¹² 1960 年，苏联开始破土动工修建奥斯坦金诺综合体时，大约 30% 的集体农庄（这是依据官方统计）还没有通电，数百万城市家庭还居住在拥挤的公共公寓内。¹³ 尽管电视非常昂贵，但它却从未被当做一种奢侈品。20 世纪 60 年代初，每延伸 1,000 米的无线电中继电缆花费约 1,000 万卢布，同轴电缆花费约 2,000 万卢布；截至 1982 年，苏联已经延伸了 9 万公里。¹⁴ 仅奥斯坦金诺项目的最初预计投入就达到了 1.27 亿卢布。的确，根据亚历山大·雅科夫列夫（Aleksandr Iakovlev，时任中央委员会广播电视部党组领导）所说，政治局拒绝批准如此巨额的支出，因此资金是渐次获批的。¹⁵ 但财政投入显而易见，它将电视与战后苏联避免进行大量投资的许多其他技术区别开来。1960 年，在这个超过 2 亿人口的国家只有 430 万部电话，而且超过一半是公用电话。¹⁶ 当年，汽车产量最高达 52.5 万辆，而政府采用各种方法来抑制个人拥有汽车。¹⁷ 但苏联政府却持续扩大电视生产和推动电视消费；更重要的是，它选择推广一种个人化的国内版本的电视。当奢侈消费品价格在 1959 年上涨时，电视不仅被排除在奢侈消费品之外，而且电视机的价格降低了。¹⁸ 两年以后，苏联部长会议宣布了进一步的福利：终止对电视拥有者征收许可费。这些按季度收取的费用是一项主要的财政收入来源——仅 1961 年就达到 9,500 万卢布，几乎相当于当年对电视和无线电广播的总的投资预算（1.02 亿卢布）。许可费是资助国家广播系统的常用手段，包括苏联阵营的人民民主国家在内的大多数国家将许可体制一直维持到 20 世纪 70 年代。苏联政府愿意放弃这些资金来源并且推动电视发展，是如同其在消费者层面推动电视技术的任何一种强劲投入那样的一种好的迹象。¹⁹

苏联人民同样也证明是这项新技术的热心投资者。全苏联都有要成为电视机购买者的等候名单，整个 20 世纪 50 年代和 60 年代，工厂

莫斯科的黄金时代

都在努力跟上需求的步伐。[20]从各国记者的报道中判断，一台新电视机在20世纪50年代末要花费850到2,600旧卢布（85到260新卢布），而20世纪60年代中后期的价格基本与此相同。[21]这些价格使一台电视机需要花费好几倍的平均月工资，甚至是数倍的城市居民的月工资：1963年生产电视机的高级工程师每月挣140卢布，打字员挣55卢布。[22]一位愿意也能够花费巨额款项的苏联消费者通常买到的是一台只有明信片大小屏幕的电视机，而更重要的是，这是一台注定会破损的电视机。[23]苏联政府自己承认，20世纪50年代末大部分新电视机使用的前6个月内至少会坏掉一次。[24]这一时期，新闻界经常刊登读者来信，信中表达了他们因为新买回家的一台电视只能闲置在角落里而感到无奈；不仅电视机有缺陷而且修理电视机所需的零配件无处可寻。[25]

将金钱和时间投入到电视上的消费者原本是为了每天观看几小时电视的那份快乐：20世纪50年代末，莫斯科中央电视台作为苏联最发达的电视台，每天播放4个小时的节目（截至1956年有两个频道播放节目）；其他地区的许多电视台的播放时间更不规律，时间也更短。最后，从新闻界收到的许多投诉信以及以前的电视专业人员的回忆中判断，播放节目的技术质量经常是很糟糕的。观众抱怨电视显现波浪形的、不清晰的画面，有汽笛声和嘶嘶声并且镜头上出现手指和其他无关的物体；电视让他们眼睛流泪并感到头痛。[26]鉴于这种情况，许多电视演播室仍然能够播放任何节目简直是个奇迹。譬如，20世纪50年代里加的第一个电视演播室小到每次只能有一个人出现在镜头上。由于照明技术的质量不好，这个电视演播室与大多数莫斯科的电视演播室一样，里面相当热（42摄氏度）。[27]就像全世界早期所有的电视一样，苏联的早期电视（电影除外）几乎全部都是直播节目，观众们看着这个学步中的媒体一再摔倒。

第四章　在苏联为电视找个家

尽管如此，但正如《纽约时报》的记者哈里森·萨利斯博里早在 1954 年所观察的那样，莫斯科人"坦率地热衷于电视"，而且不仅他们如此。[28] 20 世纪 60 年代的社会学调查发现，一个人购买电视的决定与工资水平、职业活动或教育背景没有直接关系；所有社会群体中的人都在购买。[29] 对于同样数量的钱（并且假设这些产品都有供应——一个被公认的宽泛假设），消费者可能已经购买了其他被当时的苏联媒体推广的作为现代生活方式一部分的家用电器：可能是一台吸尘器，或者一台小冰箱，或者两者都买。而很多人的确购买了。但同样肯定的是，数百万消费者却不买吸尘器或冰箱而购买了电视机（或者首先买电视机），尽管其价格昂贵，还有易出故障的名声以及许多观众所嘲笑的低品质节目。如果任何新技术出现的时刻都是一次选择时刻的话，那么苏联消费者兴致勃勃地选择了电视。

地方选择和中央特权

当 20 世纪 50 年代和 60 年代电视机的生产和消费大幅增长的时候，电视广播的基础设施也同样得到增长。有关苏联电视台数量的数据讲述了一个戏剧性的故事：1955 年只有 9 家电视台，1958 年 12 家。但截至 1960 年，这个数字飞升至 84 家，1965 年达到 121 家。[30] 当然，这个新媒体所雇用的人数在同一时期也从 400 人膨胀到接近 1.8 万人。[31] 这样的数据似乎显示了中央精心策划的一次发展电视技术的运动。但事实上，至少截至 20 世纪 60 年代初期，苏联电视爆发式的增长在很大程度上应归功于地方的倡议。

谁是电视的地方推助器？在符拉迪沃斯托克，他们是维克多·纳扎仁科（Viktor Nazarenko）和他的一群工程师同志，他们在 1956 年建立了第一个演播室。[32] 在第聂波罗彼得洛夫斯克，类似的一群人说服当

莫斯科的黄金时代

地矿业机构允许他们使用在他们大楼里的一座塔进行广播。[33]在喀山、哈尔科夫以及其他许多城市，通常由民防组织经营的业余无线电俱乐部成为这个新媒体的先锋。[34]由于苏联文化对科学知识的强调，许多人有动机和技术在他们自己的社区内开发电视。令人惊奇的是他们的行为被规范的程度如何的小。当然，没有地方党和政府的官方批准，任何演播室都不可能成立；而且地方党委书记经常是城里第一位在其公寓内安装电视机的人，也是促使地方建立和运营电视台的最初推动者。但直到1957年电视观众人数已经达到数百万的时候，党的中央委员会才建立了一个管理电视的团队，作为（由雅科夫列夫领导的）宣传和动员部的一个分部；并且直到1957年，这个产业才在隶属于苏联部长会议的国家广播和电视委员会或称 "Gosteleradio" 这样的国家机构中站稳脚跟。[35]在此之前，文化部和信息部共同监管电视，信息部负责技术问题，包括新演播室的建设，而文化部监管节目制作。或者根据文件规定需要监管的事项。实际上，虽然拥有尤·纳扎仁科和希望拥有自己电视台的地方党委书记们，甚至在1957年管理机构重组之后，中央政府也无法确切地说出这个国家到底有多少家电视台。

1958年，国家广播和电视委员会向中央委员会递交了一份正式投诉，抱怨"所谓'业余电视中心'"突然与官方演播室同时出现，并且"得到地方组织（意指地方的党组结构）的事先通知和保护"。这些让国家广播和电视委员会恼火的中心，"利用地方组织提供的资金以粗疏的方式得以建立，没有部长会议的许可……也没有考虑制作电视节目的基本条件。"在某些情况下，一旦一家官方中心在当地开设，"地方组织"就将他们自建的演播室迁至邻近的城镇，而在另一些情况下，业余中心会马上申请官方身份和资助。[36]国家广播和电视委员会表示：这种"杂乱无章的加盟共和国电视"，刺激了电视在错误区域

第四章　在苏联为电视找个家

的销售，同时导致正确区域——即拥有官方中心的附近城市——的短缺，并且掠夺了加盟共和国的财政收入（因为收看业余中心节目的观众不交电视许可费）。[37]但是国家广播和电视委员会对业余中心的不满主要是他们提供了不合格的服务。以下是该委员会副主席如何在1963年乌克兰的一次电视台领导会议上对情况做的描述：

> 无论谁，只有向信息部表明一种更好的状况，或者更有说服力，或者更有勇气，那里才是演播室出现的地方。因此不久以前，他们在一个地方开设了一个演播室……而结果这个地方没有剧院，没有（音乐）剧团。而你不得不运作……你不得不把设备利用起来。因此，他们每晚在那里播放两个独奏者的演奏：一个演奏俄式三弦琴，另一个演奏手风琴。[38]

国家广播和电视委员会直至1963年仍然在控告业余电视演播室——而且，在莫斯科，那些拒绝服从的地方党委书记正面临受制裁的危险——这说明了苏联电视早期发展的状况。[39]投资与有效管理之间的脱节是巨大的。

苏联电视集权于莫斯科从来都不是问题。在技术和管理方面最相类似的广播电台为集中式的网络提供了一个现成的模式，但更重要的是，这种现象根植于文化之中并且在事实上也根植于政治体制中。[40]作为一项原则，莫斯科电视台是中央和全苏联的电视台；原则变成现实只是一个时间和技术发展的问题。20世纪50年代初，苏联开始着手将地方电视台与莫斯科连接起来，作为次重要的顺序，接着让每个使用有线电缆的地方电视台与电视中转台彼此相连。随着卫星技术的使用，偏远的西伯利亚、远东、中亚以及莫斯科偏远的北部地区（截止

莫斯科的黄金时代

1967 年）被连接起来，加上做为中央电视核心的雄伟的奥斯坦金诺综合体的竣工，集中化管理获得了一次飞跃式的发展。[41] 截至 20 世纪 60 年代末，中央的声音和影像横跨了苏联的 11 个时区。

从实际角度看，这意味着许多由地方业余爱好者建立的电视台都在开播的几年内被关闭了，而那些仍在播放的电视台发现，在有线电缆（或者后来的卫星转播）建立之后，它们的节目要为莫斯科让路了。当时，在许多地区，电视的发展引发了语言的重大变化，因为中央电视台的俄语第一频道代替了用地方语言广播的节目。（也可能地区直接与莫斯科相连而不是与加盟共和国级别的电视台相连；在乌克兰南部的扎波罗热州的部分地区直至 1970 年都保持这种状况，使用莫斯科—第比利斯电台转播线。）[42] 20 世纪 60 年代和 70 年代，大部分较大的加盟共和国和地区的电视台都发展了双频道，有时是三频道的体系，这在理论上允许他们既可以播放自己的节目也可以转播莫斯科的节目。[43] 然而，大量莫斯科制作的节目——譬如《时事新闻》（*Vremia*）诞生于 1968 年 1 月，即奥斯坦金诺建成的不久之后——却是所有地区的所有频道强制性播放的节目。[44] 莫斯科居于首要地位是所有苏联广播的基本原则。

关于集中化如何在广袤的苏联得以实现的历史具有多重维度，对此任何详细的讨论都超出了本书的范围。但这里要强调的一个非常重要的观点就是集中化也是在共和国层面上运作的一种力量，如果共和国级别的广播官员确实有时会反对莫斯科的首要地位，他们也很可能以提供更好的节目为由而与中央联合。让我们以乌克兰为例。乌克兰因为拥有苏联第三大电视台（俄罗斯以外的第一大电视台）以及令人印象深刻的发展速度而感到自豪。但在 1951 年末，当它的基辅演播室首次播放的时候，观众数量只有很少的几千人；十年以后的《乌克兰

第四章 在苏联为电视找个家

真理报》宣称该共和国拥有观众数量达 1,200 万人（总人口约为 4,000 万）。[45]这些观众中的许多人毫无疑问会同时收看三弦琴演奏者的演奏，但关键要明白基辅已经比莫斯科还不能容忍业余运作。乌克兰当局将目光定位于一个共和国的网络系统：集中化的、专业化的并且配得上乌克兰电视台的大名（Ukranis'ke Telebachennia——UT——1965 正式命名）。地方的流氓电视台是一种软弱而非实力的表现。迟至 1964 年，我们还发现乌克兰中央委员会训斥地方官员，因其"在共和国的电视化过程中……给予地方利益以优先权"并要求立即予以关闭。[46]

当然，与莫斯科的关系并非没有紧张的时候。譬如，在 1966 年，乌克兰广播和电视管理部门的领导米高拉·斯卡契科（Mikola Skach-ko）向国家广播和电视委员会发出了一封愤怒的信，抗议中断对乌克兰足球的广播（一场基辅对奥德赛的比赛）。在没有警告的情况下，莫斯科就要求经过基辅的西向电缆专门用于中央电视台关于社会主义阵营电视财团英特维德涅（Intervidenie）的报道。"谁为这次对地方电视台节目的满不在乎的侵犯负责？"斯卡契科要求得到解答。[47]然而，乌克兰的领导也可能是中央电视台的一个不知疲倦的啦啦队长。20 世纪 60 年代初，在一次全苏联广播电视官员的会议上，斯卡契科告诉他的同行们他管理的主要目标是"给乌克兰的广播电台听众和（电视观众）听到他们的莫斯科本地声音的机会"。因此，他们的计划是在他们所有的节目中"增加全国性节目的总体比例"。[48]来自乌克兰的较低级别的媒体专业人士也都对中央电视广播表示支持。一位来自文尼察的官员于 1959 年在基辅召开的一次广播和电视工人的集会上表示，乌克兰的某些人无法收听莫斯科的节目是"不正常的"。他特别指的是广播电台，但也值得听一听他的解释传递给整个地方媒体的态度。

莫斯科的黄金时代

"在乌克兰有许多广播电台,"他说,"但没有一家有独具自己特色的艺术形象。他们总是在转播基辅的节目,对我来说,这似乎说明了广播电台的听众为何要收听外国广播。"用他的话说,解决办法就是"祖国的心脏"莫斯科的声音。[49] 与此类似,顿涅茨克电视台的领导在1963年告诉他的同事们,"我们要以中央电视台为中心,因为他们更优秀。中央电视台更好"。[50]

所有这些声明听上去都像一个谄媚者合唱团中的独唱,但他们也的确说出了基本事实。乌克兰电视台是省级电视台;它从未得到制作高品质广播节目所需要的资源——没有从莫斯科得到,更重要的是也没有从基辅得到。[51] 因此,乌克兰制作的电视节目普遍被认为整体品质不高。鉴于广播电台的先例和电视广播的经济学,苏联集中于莫斯科的网络系统的兴起对于业内人士来说不足为奇。毫无疑问,制作一个节目之后传递给数十个地方要比制作数十个独立的节目便宜得多,特别是如果你可以拍摄或者录制你的作品并发行拷贝的话。20世纪60年代,一些苏联官员认识到了这一点,看到了他们在视频方面的未来以及可以反复使用的俄语电视节目的中央投资。在理论上,地区电视台没有理由为了得到中央资金而不提供节目,可以说,像乌克兰这样的共和国拥有高比例的俄语电视专业人员,比其他任何地区都更适合加速一搏。关键是生产高品质的节目要值得通过莫斯科向全苏联发行。1963年,国家广播和电视委员会副主席向乌克兰电视台的领导说明了情况:

> 坦率地讲,还从未有过一个真正的中央电视广播网络……实质上,"中央的"这个词被莫斯科电视台非法挪用了。没有根据将莫斯科的节目称为"中央电视",因为其他城市和地区实际上

第四章 在苏联为电视找个家

直到最近才开始播放该节目。那是哪种中央电视？……这就是为什么我们需要考虑如何将这个节目做成一个真正的全国性节目，将反映收看莫斯科电视节目的亿万观众的兴趣。[52]

这些都是20世纪60年代中央电视台的全国网络系统初具规模的时候，衡量乌克兰电视台和其他共和国级别的电视节目的参数。莫斯科主导着在这个行业工作的人们的视野。对于许多有抱负的电视专业人士而言，他们的梦想就是让自己制作的节目被莫斯科选中，通过全国的网络系统播放，或者被莫斯科调离原工作岗位。许多电视台的领导都希望通过让更多的节目在中央电视台播放来提升他的电视台的地位：电视台是划等级的，而较高的级别意味着较高的薪水。[53]地方电视官员也将进入中央电视台的最佳节目视为提供品质服务最确定的方式——而且，经常以此抵挡观众的批评。当顿涅茨克电视台的领导表示他的电视台以中央电视台为中心，因为中央电视台更好的时候，他补充说，如果不这么做，观众就会找电视台的麻烦。[54]

苏联电视的发展在很大程度上归功于地方的推动，但是三弦琴演奏者的鼎盛时期非常短暂。截至1959年左右，莫斯科当局提高了对新媒体的审查和他们的要求。鲍里斯·菲尔索夫是列宁格勒电视台未来的领导，也是当时共青团组织内一颗冉冉升起的明星，他认为赫鲁晓夫1959年的美国之行促进了这个变化，因为它向苏联领导人展示了电视的潜在力量以及控制它的必要。[55]与此类似，亚历山大·雅科列夫将20世纪60年代对电视的新的关注，与卫星技术的发展和担心它会很快招致外国电视的入侵联系起来。当科学家们确定无法将人们与卫星广播隔开的时候，雅科夫列夫说，莫斯科决定其最佳的防御是一次好的进攻，进攻形式便是更好的苏联制作的电视节目。[56]

莫斯科的黄金时代

两种解释都有道理，但从更广泛的角度看，我们可以将外国无线电广播的威胁视为苏联电视发展过程中的一个关键因素（就像在国内电台的发展过程中那样）。尽管干扰依然是默认策略，但对其无效性的认识不断增强，20世纪50年代末——实际上就是1959—1960年——苏联试验解除干扰。电视被认为可以改变人们的注意力。中央委员会1959年的一项关于外国电台问题的命令——"关于敌人的宣传"，对此有明确的阐释："电视的发展及其节目的改善是限制人们接触敌人宣传的重要手段。"[57]

当局很快发现电视在许多边界地区也出现了问题，特别是在爱沙尼亚，当地有较高的电视拥有率，爱沙尼亚语与芬兰语的相似性以及地理上的接近都为广播的渗透创造了理想的条件。[58] 捷克斯洛伐克的布拉格之春触发了对整个苏联西部边境地区，特别是乌克兰西部地区观看外国电视的担忧。但在总体上，这个阶段的电视技术还不允许未受邀请的外国电视广播的渗透；即使在20世纪70年代和80年代的卫星时代，情况也从未像官方臆想的那么激烈（从官方的角度看）。在苏联大众媒体中地位独特的电视在本国土地上大体上能够不受挑战地得以发展。

1960年，中央委员会公布了第一份关于电视的重要声明——一项无论语气还是对发布所进行的宣传都异乎寻常的命令。[59] 其中，莫斯科的领导们抨击苏联的电视广播是不合格的，他们直接归咎于电视员工，指责他们的极端无能，对于地方官员，他们说这些官员未能监管和培育电视。这不是五十步笑一百步吗？从某种意义上讲，是的：截至1960年，许多地方官员表现出的对电视的兴趣要比他们在莫斯科的同行们大得多。1957年，赫鲁晓夫第一次坐下来在克里姆林宫接受电视访谈，这恰恰是针对哥伦比亚广播公司的《面对国家》（*Face the Na-*

第四章 在苏联为电视找个家

tion）节目的；苏联电视台只是后来才临时被邀请加入访谈，并且幸运地能够挤出一些镜头用于搭载报道。[60]事实上，苏联的地方和中央当局在早期对待电视广播的姿态非常类似。两者都由于这项技术主要作为一种（地区地位和苏联现代化的）象征而感兴趣，因此高度重视（电视机、电视台、员工、节目时长等）数字。融入到每天的广播业务——不仅建设还要测算如何在实际上利用电视——从未成为地方和中央优先考虑的工作重点。

电视与苏联的政治交流传统

我们也许会讶异于专业宣传家们不愿意利用电视，但我们应该记得他们没有空手抵达这个媒体。相反，从托木斯克到塔什干的党委书记，包括第一书记赫鲁晓夫，来时都以一个强大的传统和广泛的机关组织为武装，它们都服务于直接的口头鼓动——讲演、集会、问答会议等等。[61]通过比较可以看出，电视与所有大众媒体都是传播信息的匿名、流动的手段。一个人看电视，听广播或者读报纸容易开小差——入睡，换台，用报纸包三明治。但如同社会学家亚历克斯·英克尔斯（Alex Inkeles）在他对斯大林主义时代民意的经典研究中所阐述的那样，一位鼓动者的身体语言有明显的优势：这"给了党格外的保证，确信其信息将传播出去"，从而消除了复杂研究技术的必要；直接鼓动也意味着"观众不必被吸引或者被动员去行动——因为鼓动者走近观众而不是相反"。[62]将各种传播方式结合起来是苏联的普遍做法（譬如有组织地收听广播），至少理论上，与一个有技巧的鼓动者进行的个人接触，加上同辈的压力将减少观众不参与的风险。实际上，许多人都同样地开小差。党和共青团的工作人员了解这一点。然而，正如1959年的《共产党人》所抱怨的那样，他们表达了对老方法的一种持

193

莫斯科的黄金时代

久的偏爱：

> 出版1万—1.5万份宣传册有时被认为比在电视节目中针对同样主题的广播更重要。在电视上读一份演讲稿对某些人来说似乎不是那么重要的事情，而出现在一个容纳300到500人的会堂里似乎更负责任：毕竟，你可以计算多少人到场以及多少问题被问到了。[63]

《共产党人》将这种"数豆子"的方式归咎于"习惯"的作用，但问题不只于此。对直接鼓动和团体环境的坚持根植于党的精英们的许多传统态度中——对普通苏联人理解政治信息能力的怀疑，对个人而不是团体行为的不信任，以及对监督、衡量以及控制的信赖。这同样也造就了良好的事业意识。20世纪60年代中期，共青团中央当局仍然督促地方领导人注意，呼吁他们将"广播和电视青年分部改成他们直接领导的机构"。[64] 然而，正如斯蒂芬·索尼克（Stephen Solnick）曾经解释的那样，注重成员数量的增加或者大众集会的参与人数，是有雄心壮志的中央和地方年轻的党的工作人员最稳妥的事业路线。[65] 当一个会议能够解决的时候，为何让自己卷入可能引起震动，或者就是纯粹尴尬的电视？

事实上，赫鲁晓夫时代出现的重要扩张不仅在大众传媒领域，同时也在传统的政治鼓动活动方面。1961年，参加讨论党的计划草拟的地方会议的人数登记在册的就有460万人。[66] 正式的政治教育系统的报名人数在1953年至1964年间从400万增加到3,500万—3,600万。[67] 在更加普遍的意义上，赫鲁晓夫时代大力鼓励人们通过诸如工作队、民间治安、业余艺术以及同志大院等团体活动，参与到社会主义共同体的新愿景中。像政治教育课堂、宣传演讲以及电影放映一样，所有这些团体活动都具有被量化的韵味。

电视的确尝试了它自己的数豆子形式。由于20世纪60年代复兴的社会学，国家广播和电视委员会建立了一个观众调查部门，更全面地对具体节目和观看习惯进行调查。但是，这种调查长期资金不足，并且在很大程度上被创作类型和管理者们所忽视（见第五章）。评估观众规模最受欢迎的方式始终是查阅观众来信。电视工作者计算观众来信的数量——数量越多，假定的观众数量就越多，节目也就越有影响力——而清理信件很快成为电视工作人员迷恋的一件事，就像过去他们的电台和印刷媒体的同行们那样。（它也是一项强制性的要求。）然而，信件查点从来无法与查点一次演讲的听众人数或者票房收入的表面上的牢靠性相比拟。此外，信件中表达的信息——从社会学研究的角度来看，同时对于那些查阅的人而言——倾向于令人不快：按这些来源判断，最受欢迎并且最有影响力的节目是娱乐节目，而且具有绝对的优势。类似于传统演讲的政治教育节目显然不受喜爱，而且令人怀疑的是，可能都没有人观看。数豆子的方法没有必然地发挥电视的优势。

中央委员会1960年的命令要求地方官员在电视方面发挥积极作用，并且特别指出他们要定期出现在荧屏上；1962年，再次发布了同样的命令。[68]但一年以后，一个评估团队发现哈尔科夫的领导人抱着如此"差的态度"对待电视，因为当地电视台竟然努力寻找一些人来纪念社会主义乌克兰45周年。有些人，像负责该地区宣传的书记，向审查人员承认他们"害怕上电视"，[69]而另一些情况是，政治人物总是就风格和表现方式问题与电视人员发生冲突。记者G. V. 库兹涅佐夫（G. V. Kuznetsov）回忆了自己与新闻部长之间发生的这样一次冲突，当时这位部长要参与他的节目的录制，这个节目是20世纪60年代中期的一个每周新闻专题节目。赫鲁晓夫首先试图说服这位部长，如果他同意就他的国际书展的话题接受采访的话，要比他只是演讲做出来的电视效果更好。这位部长畏缩地命令摄影师开始摄制。库兹涅佐夫回忆说，"他从包里取出一卷列宁著作，举到他的脸部位置，然后开始演讲。然后，他把这本放在桌子上，弯腰取另一本书，从镜头中消失了。有许多本书。摄影师几乎无法更换录像带。"[70]

举着列宁选集第五卷以遮住半边脸，在苏联电视新崛起的专业人士看来不是一种优雅的或者有效的表现方式。它完全是一种政治风格，也是大多数苏联管理者感觉舒服的方式。而电视广播将他们这些当时的政治精英置于一个陌生的领域，并要求他们去适应。当时的许多其他人物——例如，理查德·尼克松和夏尔·戴高乐——最初也畏缩但很快就成为媒体老手了。[71]截至20世纪60年代中期，苏联部长可能勉强接受在电视上出现的必要性；的确，他可能甚至曾经亲自做过关于电视在政治教育方面的重要性的热烈讲演。但他却不想丢下他的装有列宁著作的袋子来与记者做一次面对面的交流，或者采纳关于如何表达其观点的建议。矛盾的是，对于电视所获得的所有投资以及对其发展所投入的精力而言，苏联的政治精英们对电视的心态仍然是矛盾的；一旦需要他们亲自参与的时候，他们却要与之保持距离，并且对于他们而言没有任何动力要走得更近。

1960年的命令要求领导人进演播室的同时，也要求各家报纸对电视多加报道，而这是一项它们不完全接受的命令。苏联主要的全国性日报并不经常报道电视；它们比电视更愿意报道大众事件（演讲、游行）以及电影和文学。报纸直到1959年才发布每日的节目时间表（别忘了，当时苏联已经有接近500万台电视机了）。[72]在一个以高度差异化的新闻出版而感到自豪的体制内，直到1966年（当时的电视观众已经到达了 6,000 万）才有了流行的针对电视和电台广播的大众出版物，而该出版物在一年之后停刊了。[73] 从多种角度看，电视在苏联的政治宣传世界里属于二等公民。

电视与苏联文化的"级别表"

如果苏联的宣传传统是电视矛盾处境的一个因素，另一个因素则是其与艺术理念的关系，特别是与苏联文化精英的关系。与其他国家的情况一样，苏联早期的电视在播放艺术和电影方面不是那么顺利。一方面，电视依赖它们作为内容，并因此而赢得赞誉。电视是"美学教育最广泛和最灵活的途径……是宣传美丽的最有力的工具"，《共产党人》在 1965 年如是赞叹道。[74] 然而，整个 20 世纪 50 年代和 60 年代，电视工作人员都抱怨受到那些创作机构的怠慢，而被迫播放一些二流的作品。著名的喜剧演员伊格尔·伊尔恩斯基（Igor Il'inskii）在《文学新闻报》（*Literaturnaia gazeta*）上异乎寻常地表达了强烈反对这种抵制电视的立场："我们怎么能给人民最糟糕而不是最佳的艺术实例……将它们传播给大批观众？"他向同行艺术家们威胁道。"我们到底是什么人？是商人，还是政策制定者？"[75]

正如伊尔恩斯基所指出的那样，部分问题是对竞争的敌意。在电影产业里，有些人对美国和欧洲的范例持有一种忧虑的目光，在那里，电视的兴起经常伴随着电影票房收入的大幅下滑。早在 1951 年，当时这个国家只有三家电视台，电影艺术部四处游说要求限制电视播放纪录片和动画片——实际上，是为了禁止电视播放故事片。[76] 这项运动失败了；但忧虑并没有散去。文化部长 N. 米哈伊洛夫（N. Mikhailov）在 20 世纪 50 年代末向中央委员会抱怨说，新闻界在这一点上对电视的批评太过分了。他认为，"在故事片刚上映不久很快就在电视上播放无疑会对计划的完成造成伤害。"中央委员会同意他的观点并将报纸的编辑们叫到它的办公室接受指示。[77]1966年,剧作家E. V. 布拉金斯基（E. V. Braginskii）对他的一位同事观众说,"当人们说'没关系,观众总会去看电影'时,我很想给电视台发一封电报,向他们做得很差的工作致敬,而使人们仍然会去看电影……但如果他们开始做更有才华的节目,我们就要完全失业了。"[78]许多影院经理也有同样的担忧,他们尝试着采取一些自我防卫的措施。譬如,在哈巴罗夫斯克的一家影院决定,只有当地电视台同意买断所有空座才会向电视镜头敞开大门。[79]哈尔科夫的影院公司则完全将电视拒之门外,迫使当地电视台从波尔塔瓦和奥廖尔邀请剧团。[80]甚至莫斯科大剧院也一度通过访问外国剧团来限制电视播放他们的演出。（中央电视台以邀请莫斯科大剧院的人才到莫斯科电视台来演奏作为还击。）[81]

诸如此类的保护政策遭到了官方的严厉批评,大部分政策都很短命。[82]按照西方的标准（影院放映与电台播放之间的等待期短到只有一个月）,苏联电视允许播放新近上映的电影是非同寻常的,而在20世纪60年代,地方电视台（Riga）也可以播放当地影院里放映的所有影片。同样,在苏联文化中仍然保留着一种隐含的等级制度——如同《共产党人》所说的"级别表",藉此影射墨守成规的沙皇官僚主义。电视这个暴发户的级别很低。[83]许多成熟的创意专业人士继续对这个新媒体抱以冷漠、屈尊甚至蔑视的态度——如同我们所了解的那样,是许多党的精英同样抱有的态度。[84]电视与在文化级别中地位同样低下的广播电台之间的关系对它没有任何帮助。但它的地位也与电视这一媒体的两个独特因素有关：作为一种文化氛围的电视产品和作为一种活动的电视消费。

早期的苏联电视在许多方面都是年轻的创意人才缺乏的领域。20世纪50年代,大部分接受过戏剧和电影导演、演员、记者、摄影师等

第四章 在苏联为电视找个家

教育的人，如果有任何其他就业选择，就不会进入电视行业。在这些领域已经立足的专业人士，尽管可能（或者确实）作为嘉宾参加电视节目，但却很少进入电视行业。一个重要的原因无疑是相比其他领域，电视业的工资低（其地位低下的一个明显标志）。[85]结果，电视业的年轻工作人员时常被迫成为多面手：同一个人可能要撰写和编辑脚本，设计和搭建场景，还要拍摄节目或者画外配音。早期电视简陋的环境造就了一个令人兴奋的工作场所，但也导致了许多粗糙的节目，无疑将导致许多创意专业人士的继续嘲笑。一位爱沙尼亚电视的开拓者回忆说，"在那些年，决定投身于电视行业需要一定的勇气，不仅因为它意味着要从零开始。错误、失误以及有时候职业技能的欠缺都给了成熟艺术的代表们、尤其是电影人嘲笑我们的理由。"[86]

从长远角度看，苏联电视的确通过改善自身表现找到了部分解决自己声誉问题的方案。随着工作人员的专业化以及技术发展（尤其是视频技术），电视能够发展出自己节目的风格，也因此赢得了一定的文化影响力。[87]但可以说，电视从未突破到进入苏联文化级别表的最前列。类型影片遭遇了相同的命运；制作一部被视为轻浮之作的票房大卖影片所获无几，无论是在财政还是社会资本方面。然而，甚至一位类型影片的制作人在苏联语境下也是一个艺术家；一部被指责为愚蠢之举的影片属于失败的艺术。服务于一家大量发行的报纸的记者尽管本质上每天不制作艺术，但也是一位作家，也许有一部重要的作品、一本书正在创作中。尽管电视的热情支持者方面发动了呼声很高的运动，但它却几乎不被承认是艺术——那才是最高荣誉。相反，它很快就被归到家庭（byt）领域：每天的家庭生活但也是每天个人重要的需求和欲望。这种与家庭的联系在确定电视在苏联文化中的地位方面发挥了关键作用，并且有助于进一步解释党和文化精英对待这个新媒体的矛盾心态。

电视与家庭

尽管从统计的角度来讲，截至1970年苏联的大部分家庭才拥有了电视机，但苏联记者在数年前就开始将电视视为一个重要的大众现象。[88]早在1956年和1957年，新闻陈述中针对这个新媒体就已经常规地使用"必需品"这个术语，并且使"电视成为日常生活的一部分"这句短语成了一时的陈词滥调。对中央新闻出版界而言，这或许是可以理解的：在报纸发行的城市出现的任何现象，特别是让它的精英们感到担忧的现象，通常都是比周边地区所发生的任何事情更重大的新闻。（我们可以想象许多编辑和他们在莫斯科的朋友们当时都在购买他们的第一台电视机。）但是《文学新闻报》在遥远的符拉迪沃斯托克同样也在1957年将电视标记为"一个日常生活的事实"。中央新闻界很乐意刊登有关电视在偏远地区或者不可能的地方——比如，在海上的浮冰之上，或者在航运船只上，或者在一个家庭进行野餐的地方——出现的报道。[89]地方报纸也刊登文章和信件来证明电视的重要性。经常性地，如同来自符拉迪沃斯托克的报道中所说的那样，新闻出版界支持那些对电视技术现状感到失望而要求采取行动的消费者。一群来自马格尼托哥尔斯克的观众抱怨当地电视中心的建设，"真的拖延得太久了。请告诉我们什么时候我们终于有机会在家里坐在电视机前以一种文化的方式休闲。"[90]来自基洛夫的一位观众写道，"一段时间以前，我们已经接受了我们作为'外省人'的现状。现在，我们不想安于现状了，因为时间已经改变了许多东西。居住在遥远的城市和地区的数百万工人已经能够过着像莫斯科人那样的富裕和充实的生活：有电视，也有胶片电影。唯一的问题是这没有意义——为什么他们不拍摄最优秀的表演者和最好的剧团？"[91]

尽管从字面意义上讲，电视对大多数人来说不是日常生活的一部分，但它却以异乎寻常的速度和显著的特征进入苏联的官方文化和陈词滥调领域。这种特征是家庭的和难以满足的。当新闻界报道电视出现在像浮冰之上这样奇异的地方时，故事令人困惑之处在于故事发生场所的不协调：电视被认为是基本上以家庭为基础的现象。它也被表现为以一种猛烈并有些急促的方式接管家庭世界的事物。[92]弗拉基米尔·萨帕克（Vladimir Sappak）作为那个时代最有影响力的电视评论家，从一种抒情和几乎神秘的角度表现了电视的力量：

> 离开那个小小的荧屏经常是困难的。为何如此，我们甚至真的无法解释。如果我偶然打开电视，看到上面正在播放一部电影或者剧院演出，我会像他们说的那样用一只无畏的手将它关掉。但我总是看到那些我们如此熟悉的播音员正在播报新闻，或者一个球员们匆忙奔跑的足球场，一堂英语课，或者穿着白衬衫、戴着红领巾、用银铃般的声音朗诵为某个场合而写的诗歌的孩子们，而我的手会不由自主地在关机键上犹豫起来。这是一个你随时都能看的地方，而不用彻底调查事情的核心；你可以仅仅观察某个时刻生命的运动，而让你内心的惰性活跃起来，呆呆地看着鸟儿如何飞翔，小草如何生长……而你的手将不会做任何动作去停止屏幕上这种生动的生活，去关掉它，去让它缩短。[93]

如上所述，电视机是家中一个强大的并且像人们可能会说的令人陶醉的存在。缘于它呈现"生命的运动"的能力，小小的荧屏具有一种动态存在的品质特征；电视本身是鲜活的。这个时代关于电视的另一种

莫斯科的黄金时代

最有影响力的声音来自谢尔盖·穆拉托夫（Sergei Muratov），他向这个媒体投下了一种更具嘲讽并且隐约含有威胁的目光："一旦你获得一台红宝石牌或者节奏牌的电视机，你很快就开始注意到你生命的温度……已经以一种根本的方式发生了改变。你可能无法估计浪费在红宝石身上的时间。那个蓝色荧屏显示着它的术语，将它播放的节目强加于你。你认为它属于你，但事实上，你属于它。"[94]

在当代新闻的版面上，电视机是一名指挥官而观众经常被表现为高要求和有需要：对电视机故障以及无聊或粗糙的节目的抱怨永无止境。苏联媒体有着呈现消费者投诉的悠久历史，在赫鲁晓夫时代也有过投诉激增的情况。[95]但电视不仅是一种工业产品（电视机），而且是一种文化复合产品（节目），也是一种社会现象（观看电视）。这些是对一种不同秩序的抱怨和需求。苏联媒体不断将电视描述为一种拥有强大力量改变人们生活的必需品。一旦消费者变成观众，他们就拒绝再安于以前没有电视的匮乏生活。

如果电视——好的电视——突然成为日常生活的必需品，它也是观众通过努力工作挣来的。从这个角度看，电视是更接近于权利的东西，正如格言说的那样，"苏联人有权利在一天的工作之后坐在电视前放松，"说这句话的人不是别人而是列昂尼德·勃列日涅夫。[96]苏联官方文化有时能够认同花一晚上时间坐在一把安乐椅上的那种快乐：

> 哨声吹响。你工作的一天就此结束。白天的劳动完成了，夜晚的休闲活动也开始了。人们通常会说：影院和剧院都向你敞开着，文化公园和舞蹈馆任你参加，展览和图书馆静候你的光临。在这种老套的说法之后，我要加上：6到8小时的电视节目等着你。
>
> 你在工作时严肃而缄默，但现在你可以像孩子一样大笑；白

第四章 在苏联为电视找个家

天你紧张而有压力，但夜晚，坐在电视机旁，你将忘我地享受一段快乐时光。总之，像他们说的那样，你将享受一段令人愉悦的时光，一个百分百地属于你的时光。[97]

从观看电视的视角看，观众独自处于自己的世界里，沉浸在自己的快乐中。[98]这是作为撤退到家庭的电视。注意到节目内容不清楚而且也不是非常重要：正是电视媒体自身产生了这些惊人的效果。这个媒体区别于其他所有媒体的特征在于它在家庭中的社会定位；待在家里促使积极的苏联人转变成消极而单纯的观众，从工人变成苏联媒体在其他语境下所嘲笑的那种沉迷于家庭的人。但在崇尚应得的休闲这一概念的语境下，至少存在一些赞许类似于一种苏联沙发土豆的空间。

尽管休闲的权利在苏联文化中不是一个新观念，但它的确在20世纪50年代和60年代期间获得了新形式和新动力，这部分地归功于官方缩短工作时间以及后斯大林主义时期社会学研究的复兴。苏联消费者长期以来要求电台播放更多轻音乐，要求电影中有更多喜剧和音乐剧，以此来主张他们休闲的权利。但作为休闲的电视却有所不同，因为在苏联的语境下，观看电视包含独特的内涵。看电影作为某种集体的、积极的且具教育性的活动，符合传统的休闲理念。看电影的历史传统是人们以有组织的集体形式从工作场所去看电影。与此相比，看电视尽管当然意味着教育，但也意味着独处和消极。观看电视不需要其他人，不需要特别参与物理世界（不需要旅行，不需要计划）；一个孤独的观众只需打开家里电视开关，然后坐下。存在于看电影和看电视之间的某个地方是收听广播。尽管像电视一样，它也可能带来被动接受，收音机不需要静止（人们经常在收听电台的时候做着其他事情），而且它也与看电影那样的社会活动非常类似的跳舞有很大的关系。[99]尽管在技术上有类似性，广播不像电视会与孤立联系起来。很能说明问题的是，有一种收听广播的形式经常在苏联的宣传中描述为一种孤立行为，它就是收听外国广播——被描述为一种反社会行为以及一种情绪不稳定的迹象。

对于研究休闲活动的苏联社会学家来说，问题是"理性的"和"受到培养的"人如何计划他们的自由时间，其结果在他们看来经常是令人沮丧的。1965年对《共青团真理报》读者的一次大规模调查结果显示，"仍然有一部分人拥有的是一种欠发达的休闲文化，是不够成熟的品位和需求以及对如何管理自由时间不充分的认识。"[100]从研究方面看，这些人逃避诸如音乐会、参观博物馆、业余艺术、阅读以及体育运动之类的活动。其他的研究发现正是这些人——被确定为拥有不成熟品味的人——在电视机前花费的时间最多。截至20世纪60年代中后期，列宁格勒85%家庭拥有一台电视机，社会学家鲍里斯·菲尔索斯创造了一种电视收视率类型学，根据观看电视的多少，将观众界定为四种特定的观众人群。将最高级别（令人印象深刻的每周27小时）与最低级别（不到3小时）区分开来的是教育：菲尔索夫发现教育水平越低，看电视的时间越多。[101]性别是第二重要因素，在活跃的观众中，男性比女性多得多。[102]随后的研究发现农村居民是最活跃的观众，尽管农村的电视机密度较低。总体而言，20世纪70年代的研究显示各个群体的电视收视率都在稳步提升。[103]

苏联的社会学家没有反对电视，但他们的确反对将他们所观察到的对电视的过分感兴趣，与在他们看来属于"一个人的文化需求的非充分发展"直接联系起来。[104]苏联电视的矛盾是，在它的节目中，它趋于准确开发那些需求——从文化上提升观众并且宣传所有"理性的"休闲活动——同时也提供许多这些休闲活动的电视版本。

第四章　在苏联为电视找个家

苏联电视将观众们输送到这些活动地，让他们坐在无数的音乐大厅、剧院、运动场里，等等。尽管电视将文化带给大众，同时又鼓励他们离开电视积极参加文化和社会生活，当然，它不是要求必须这么做。电视参与了传统休闲理念的论述，同时又作为一种社会实践挑战这种论述。

在更广泛的文化范围内，电视的地位如此易变和模糊。观看电视很显然被很多人认为是一种个人的且相对容易的甚至慵懒的休闲方式。印刷媒体嘲讽，有时批评那些沉迷于电视的人。一位专栏作家开玩笑说，几千年后的考古学家们会发现"电视催眠"的证据，并认为看电视是20世纪人们的一种"宗教仪式"。[105]在大众杂志《闪烁》刊登的漫画形象中，看电视的人们经常独自一人在一个空间里，或者对他们周围的其他人一无所知。比如，一个漫画中表现一个男人和一个女人，两手叉腰坐着，正在观看一台被锯成两半的电视机播放的节目，这个图像强调了观看电视的孤独特征（见图4.1）。[106]漫画家们表现观众——在这种情况下总是男性——如此放松以至于睡着了，但他们也表现各种在电视前眉飞色舞的观众形象（见图4.2）。[107]

大量漫画作品都呈现出电视观众完全被荧屏形象吸引以至于他们没有注意在他们身边发生的某些重要的事。有一幅漫画描写了两个快乐的盗贼通过给门卫一台电视机而蒙骗过关；一旦他被荧屏图像催眠，他们就溜进去抢劫一只保险柜（见图4.3）。[108]另一幅漫画描绘了一个家庭挤在一台电视机旁，浑然不觉远处水槽里溢出的水已经漫进了他们的房间；荧屏上是一只沉船的画面（见图4.4）。[109]偶尔，新闻界甚至会发布人们靠在他们的新电视机上的照片，这是一幅很有趣的肖像，既试图赞扬家庭技术的到来，同时也巧妙地强调人们对电视的依赖。

图 4.1　"不再争论。"《闪烁》第 34 期（1960 年）。

20 世纪 60 年代，新闻界提供的是关于电视的更阴暗的形象，谈及它的"催眠效果"以及"电视暴食"问题，或者人们不加区别地观看（尤其担心儿童）。最险恶的形象是西方电视，而不是苏联电视，他们经常挑出并放大西方对电视的批判。譬如，1969 年的一篇题为"家庭荧屏：朋友或敌人？"文章，描述了一种"无法控制的'信息爆炸'正在稳步将人们推入紧张的关键阶段"，并鼓励对退回到个人生活做出一种"防御反应"。作者警告说，"在资本主义状况下，在信息媒体中的革命……强化了对立的社会成员之间的疏离与个人之间的隔阂。"[110] 但有理由猜想在防范西方出现的问题方面此类批判的有效性如何——或者那是否的确是他们的目标。似乎对至少某些作者来说，这也是一种引导苏联观众对这一媒体在总体上进行批判性思考的有效方法。"家庭荧屏"尽管表面上是关于西方的，但却配上了苏联电视的一幅照片（一幅奥斯坦金诺的摄影棚的照片）。同样，菲尔索夫开创

第四章　在苏联为电视找个家

— Раньше, когда у нас не было телевизора,
муж страдал хронической бессонницей.
Рисунок О. Калласа (Таллин).

图 4.2 "在我们拥有电视之前，我丈夫饱受慢性失眠的困扰。"
《闪烁》第 1 期（1959 年）。

性的社会学研究的特点是对"以人为本的"苏联电视的一种有力支持，同时也通过对西方媒体社会学的讨论让读者熟悉当代对电视的批判。菲尔索夫也用了一整章的篇幅讨论苏联的电视狂热症（telemania）。[111]这些实例的相关性不在于是否有一个使用准则而在于最终结果：关于电视作为一种社会实践，在苏联文化中流传着一种怀疑的甚至批评的言论。

20 世纪 70 年代，在国家广播和电视委员会强有力的新领导人谢尔盖·拉平（Sergei Lapin）的警惕注视下，对电视的任何形式的批判都非常困难。拉平公开斥责一位记者在文章中建议一位抱怨家人看电

图 4.3 "给老人一台电视是一个天才的创举。"《闪烁》第 36 期（1965 年）。

视成瘾的妇女应该停止看电视。"让她把自己的电视关掉，"拉平训斥说，"但是为什么要教其他人也这么做？"[112] 美学电视批评是 20 世纪 60 年代才刚刚建立的一个领域，同样在拉平的注视下也与国家广播和电视委员会下属的观众研究部一起被有效地关闭。[113] 20 世纪 70 年代仍然保持相对开放的唯一批评讨论的领域是关于电视对儿童的影响。社会学家继续探索这个问题并参加了由家长、教师以及健康专业人士参与的公开讨论。较大的担忧是观看电视已经作为儿童的第一休闲活动而取代了读书、音乐和运动；许多人也担心它会分散年轻人学习的注意力并且破坏他们的睡眠。[114] 可获得的统计数据实际上相当惊人：20 世纪 70 年代初对俄罗斯共和国的 4 万多名儿童进行了一次调查发现，75% 的学龄儿童每天观看 2—2.5 小时的电视。研究者确定了另一个更

第四章　在苏联为电视找个家

图4.4　"拒绝评论。"《闪烁》第22期（1966年）。

为活跃的观众群体（周工作日连续观看5个小时，周日观看8个小时），他们患有"所谓的电视病"，症状包括"易怒、焦虑、失眠、丧失耐心、头疼、视力下降"甚至"惊厥发作"。研究人员建议唯一的治疗手段是禁止看电视：两至三周不看电视，儿童的电视病症状就会消失。[115]

在苏联语境下有关电视瘾的讨论总是煞费苦心地指出，只有未受过教育和没有准备的人才会处于真正的危险之中，而儿童是这类人的主要代表。适用于每个人的解决方法就是发展人们更广泛的文化兴趣，并教他们如何有选择地观看电视。新闻报道提供了一些家长的事例，他们通过示范和计划的力量来"将他们的孩子从电视的桎梏中解救出来"。[116]从更广泛的意义看，不仅儿童，所有的观众都被鼓励与电视建立积极的、有选择的和有计划的关系——有效地使观看电视成为一种

"理性的"休闲形式。《真理报》引述了一位集体农庄工人的话,"电视机是一个好玩意儿,但最好和另一个人一起观看,"因为这样的话,人们就可以相互讨论他们所观看的内容。[117]通过推广集体和参与性的收视,官方文化努力将电视这个新媒体融入苏联社交和休闲的传统理念中。

电视技术与冷战时期的家庭

如果作为一种家庭媒体对传统理念表现出如此明显的挑战,电视又是如何在苏联家庭中开始的?毕竟,如同雷蒙德·威廉姆斯(Raymond Williams)在他对西方电视发展的研究中所强调的那样,这个技术本身没有任何固有的家庭特征。尽管现在很难想象,20 世纪 30 年代和 40 年代,许多人,甚至美国人和英国人,都在质疑电视是否适合家庭使用。一些人认为电视技术太过昂贵无法惠及普通的大众消费者。另一些人看到早期家用电视的微小屏幕以及无线电广受欢迎的程度,认为这个新媒体永远不可能实现。他们想象电视的未来必须在影院中特别配备投影屏幕。[118]纳粹德国建立了公共收视系统,就像战后日本一段时间内的做法那样(在商业赞助下),没有任何事情会阻止苏联这么做。[119]

关于苏联电视计划的证据是混合的。尽管苏联工业在战前生产的电视数量极少,但他们的电视设计包括家用的和像工人俱乐部这样的公共场所使用的两种。[120] 20 世纪 50 年代和 60 年代,苏联的城市里有许多用于观看电视的公共场所,从俱乐部到公园,从博物馆到儿童之家。早在 1951 年,莫斯科的索科尔米基公园就在能容纳 200 到 300 人的露天亭阁播放电视,而日丹诺夫的一家街道公园有一个专门的大厅,装有 9 台电视机并且收取 2 卢布的门票。[121]当电视来到乡村的时候,经

第四章　在苏联为电视找个家

常采用集体观看的形式，有时候由地方电视台的流动小分队组织观看。譬如，托木斯克和基辅的电视工作人员在 20 世纪 50 年代经常奔走在向有疑惑的集体农场宣传电视的路上，托木斯克电视台也在城镇经营所谓的"电视观众的集体礼堂"，有时候要收费。托木斯克电视台的领导对他的莫斯科同行们说，现在铁路区域"不道德的行为和警察拘留减少了"，他们在该区域有五个这样的礼堂。"七点钟左右，孩子们就坐在电视机前了。"[122]

在电视刚出现的头几十年内，似乎明显的是，基于实际的综合考虑（如何覆盖大部分的集体农场）、社会关切（天黑后如何控制年轻人）以及财政利益等，至少有一些利用有组织的集体观看而进行的实验。由于苏联强调集体活动——当时赫鲁晓夫正在努力重新加强的一种总体上的意识形态倾向——人们可能期盼得更多。但是战后苏联电视发展的主要动力无可争议的是家庭化。正如我们所了解的那样，苏联的消费者在这个动态过程中发挥了重要的作用：如果不是由于他们压倒性的热情，电视可能不会如此迅速地进入家庭。尽管如此，但这种热情却得到了由中央计划的苏联工业的支持，他们所生产的电视机主要是为了个人而不是集体消费，并且通过财政刺激政策（价格政策、许可费的取消）而使得拥有一台电视机在广大范围内易于实现。

1956 年，苏联电视台的领导可能用他们是"超炫全新的创新"这样的理念来将他的员工团结在一起，[123]但苏联电视当然不是自成一格的；相反，苏联电视像所有苏联文化一样根植于国际背景之中，这一背景是电视发展的一个必要因素。换句话说，当时苏联挑战西方特别是美国，彼此开竞赛，看哪种体制能够最适合建造火箭，能够为火箭科学家和其他每个人提供一个满意的现代生活方式，值此之际，电视技术能绽放于荧屏之上至关重要。这场决斗的标志性时刻是 1959 年在

莫斯科的黄金时代

莫斯科举办的美国展览，副总统理查德·尼克松用一个明亮的"奇迹厨房"来体现资本主义的优越性。但电视也在厨房辩论中发挥了作用：它的作用不亚于电冰箱，电视机成为冷战时期科学进步与幸福生活之间纽带的强有力的象征性标志。在进入现已著名的厨房展览之前，尼克松将赫鲁晓夫的注意力吸引到几台彩色电视显示器前，这一举动据报道激怒了这位苏联领导人。在"挥手说再见"时，他坚持说彩色电视没什么特别的，并补充说苏联会很快在经济上超越美国。尽管尼克松承认苏联在空间技术方面领先，但他还是强调美国在电视方面的优势。不，赫鲁晓夫坚持说，美国在这方面也不是更先进的。[124]

赫鲁晓夫所说与事实不符合（比如，彩色电视机是几乎十年以后的事），但他在展会上对电视表现出的强硬表明了一种更广泛的敏感性：从一开始，电视就被苏联人确定为苏联的，就像人造卫星是苏联的一样，苏联政权在大众传播的发展方面不会被资本主义的西方超越，就像在火箭科学领域一样。20世纪50年代，以家庭为基础的传播显然是现代化的国际标准。这次，苏联家庭也发展成为苏联政权致力于提供生活标准的一个非常强大的标志，就像赫鲁晓夫宣布的那样，每个家庭到1980年都将拥有独立的公寓。苏联的媒体为了清楚地说明这一点，对新房屋用图文进行了描述，这些新房屋是配有"现代的"家具尤其是电视机的"现代的"家。甚至计划者们也附和地确定家庭电视是一种现代生活基本用品："城市家庭的规范性消费预算"只确认了两个基本的家用电器——冰箱和电视。[125]

苏联文化已经将电视看作现代生活方式的根本要素，并且看作苏联传递生活方式以及凝聚全苏联人民的科学力量的象征。印刷媒体相对来言对节目安排没什么可说的：它们更有可能讨论诸如游行、书籍甚至电影院等大众事件，而不是电视节目。新闻界所报道的是电视技

第四章　在苏联为电视找个家

术——包括它的弱点，也包括它占据的时间和空间。随着更多的地区通过同轴线缆、中继站以及20世纪60年代中期的卫星相互连接并与莫斯科连接，记者们在题为诸如"另外100万观众"等的文章中，赞扬了电视网络中"空白点"的终结。5月7日的电台日，每家报纸都夸耀说俄罗斯是广播技术的诞生地，而苏联凭借在卫星技术方面的专业技术，是广播技术未来发展的最佳统筹人。[126] 1967年，新落成的奥斯坦金诺举行了热烈的庆祝活动，奥斯坦金诺综合体被称赞为社会主义技术和管理的一次胜利，也是献给苏联人民的"一份堪比宇宙的礼物"。[127] 奥斯坦金诺那令人惊叹的规模，咄咄逼人地超越了所有的外国竞争者，借用苏联的套话说，举全国之财力和物力，它成为了苏联电视的代名词。[128] 如官方文化中所赞扬的那样，苏联电视——数百万人民在数百万个房间里陪伴着发光的盒子——是一个基本上集体的现象，也是一个基本现象：苏联电视是社会主义优越性的例证。

苏联体制下的家庭电视：拉平时代

总体而言，电视在苏联的发展轨迹有一种必然性的意味——社会主义科学、管理技巧以及财力投入（或者思想控制的驱动力，取决于你的视角）的骄傲之作，由奥斯坦金诺上空的针塔作为象征。但电视花了很多年才在苏联体制中找到了归宿。消费者对这个新媒体表现了一时的热情，他们个人的投资是推动电视发展的一个重要因素。早期设立演播室的人们的热情也是一个推动因素，这些人包括技术迷和地方政治人物。与此相反，莫斯科人起初反应迟缓：苏联时代在这一领域的权威专家A. 尤洛夫斯基（A. Iurovskii）将20世纪50年代在电视基础设施建设方面的"严重错误"归咎于"对它的宣传潜能的低估"。[129] 但是考虑到苏联政治宣传的传统，莫斯科的反应可能也是符合

莫斯科的黄金时代

逻辑的。同样重要的是，苏联精英中的许多人都对电视作为一种文化氛围抱以相当的蔑视，并对它的社会影响感到担忧。电视的成功总是与那些闲居家中沉迷于对家庭的小小个人关爱的数百万苏联观众的形象紧密联系在一起的。

关于电视广播的污点从未完全清除，因为苏联文化的等级表直到苏联解体时都很有威力。苏联领导人会继续夸耀他们的人民是世界上最热烈的读者、最热情的电影观众，但永远不是最热情的电视观众。然而，电视作为一种设定的现代苏联生活方式的必需品赢得了持续的投资。截至20世纪70年代初，苏联广播信号遍及70%的人口，苏联的电视机数量估计达到了3,500万台。截至1985年，数字改写为遍及93%的人口（能够接收到中央电视台第一频道）和9,000万台电视机。[130]像无线广播一样，电视技术在战后媒体时代拥有强大的动力。随着规模和覆盖范围的发展，电视也不断受到有效的——并且从许多电视工作者的角度看，令人焦虑的——集中化和控制。

人们普遍将谢尔盖·拉平在1970年就任国家广播和电视委员会主席视为一个转折点，标志着"国家电视黄金年代"（1957—1970年）的结束及其"发展和停滞"的最后阶段（1970—1985年）的开始——如果我们引用后苏联时代俄罗斯出现的第一部关于苏联电视历史的书。[131]然而，尽管拉平是一位非同寻常的强有力的管理者，与苏联电影界的菲利普·耶尔马什（Filipp Yermash）一样，更应被理解成一种病症而非病因。数十年来，扩张、集中化以及控制是苏联媒体政策的核心。随着时间的推移，改变苏联电视的是能力——包括技术的与机构的——以及高层的政治焦点。能力与焦点彼此交融，是"黄金年代"的主要发展。

第四章 在苏联为电视找个家

首先,技术与机构的能力,苏联广播的关键是1967年奥斯坦金诺中心的建成,以及全苏联范围的网络的形成。莫斯科广播公司的工作就这样变成了苏联电视台:正是这个网络通过有效的地方化和边缘化解决了区域广播的问题。随着集中化的网络的建成,对全部产品的控制就变得更加直接。但是当苏联电视台从直播转成20世纪60年代末的另一个现象即录播时(截至1970年,90%的中央电视台的节目是录制的),中央控制和标准化的能力就得到了进一步强化。[132]

第二个因素,高层对电视的政治关注也经过一个逐步发展的过程,这里我们必须考虑个人体验随着时间的推移在改变对电视的态度中所发挥的作用。毕竟是在这些年里,观看电视首次进入苏联精英的家庭生活。当节目编排人员将儿童节目《晚安,小不点儿!》(Spokoinoi nochi, malyshi!, 1964 –)移至后一个时间档的时候,正是居于高位的家长们不断地(或许是不顾一切地)打来电话,才使得这个节目恢复到它的正常时间:他们的孩子不看这个节目就拒绝上床睡觉。[133]对于那些家长——以及那些在20世纪60年代养成了他们自己观看节目癖好的人来说——电视的力量表达得响亮而清晰。我们也可能会考虑苏联首批大型电视事件对个人的影响——比如,尤里·加加林于1961年胜利返回莫斯科,或者是两年后约翰·F.肯尼迪的国家葬礼,两个事件都在苏联进行了直播。

因为过去总是事故不断,早期的苏联电视也从负面意义上向当局展示了它的影响力:监督和控制这个媒体的必要性是通过一个又一个丑闻来加深其印象的。但是,当提及电视的负面潜能的时候,如果我们找一件确定是最让苏联当局感到震惊的事件,迄今为止最具代表性的应该是1968年的布拉格之春。在苏联当局看来,大众媒体的异端邪说是捷克斯洛伐克危机的核心。勃列日涅夫在8月13日与亚历山大·

莫斯科的黄金时代

杜布切克（Aleksandr Dubĉek）的一次电话交谈中反复强调了这一点。他说这个问题"不是一些孤立的事例而是一次有组织的运动；右派分子被牢固地置入了大众媒体和信息机构的所有分支中"。这种局面直到杜布切克采取"果断措施"解决"人员问题"之后才得以挽救。勃列日涅夫重复说，第一个根本步骤是开除捷克斯洛伐克电视台的领导人。[134]

1968 年，当苏联电视台遭受到一则周期性丑闻的打击时，国际语境将警钟放大成一种全面的戒备，从而加速了变革。1970 年，像所有苏联媒体一样，电视当时也在开展大规模的庆祝列宁诞辰 100 周年的纪念活动。1968 年 2 月，一个由业余电影制作人创作的节目播放了一位扮演青年列宁的演员与导演马克·唐斯科伊（Mark Donskoi）在戏外的一段互动。气氛是愉快的，当顿河给这个年轻人指导的时候，很轻松地与他讲话，并拍拍他的肩膀。这个节目的编辑与制片人后来对播放这一场景做了解释，他说这个片段展示了塑造列宁形象时所做的"细致"工作。[135]另一位电视专业人士在后苏联时代回忆录中说，当他看到这个节目的时候"心脏有一刻停止了跳动"，知道将会引起一场骚动。[136]这是一个不太重要的节目，在只限于莫斯科地区的新教育频道（第四频道）每晚 11 点左右播放一次。[137]换句话说，很少有人会看到它，但这不是重点。中央委员会所想要知道的——以及它的调查员直接切入的——是"对列宁形象如此极端的不得体和不尊重"如何得以广播出去的。[138]他们的结论（在 1968 年 4 月的一份报告中被提出）认为这远非一个孤立的事件，列宁—演员丑闻是国家广播和电视委员会内部广泛存在的松懈症状，它至少部分源于缺乏管理重点。解决方案：对广播进行一次重大的管理整改，通过强化集中化的网络力量来增强控制（并且减少或者在多数情况下取消区域节目），同时在整个媒体

第四章 在苏联为电视找个家

系统内给予电视更大的影响力。中央委员会得出结论,苏联应该有一个全面的电视和广播部,拥有一个安全而强大的资金来源,全面控制全国范围的广播技术资源,以及相关的电视和广播职业培训机构。是时候严肃对待电视了。[139]

继列宁—演员丑闻之后,鉴于捷克斯洛伐克媒体的"人员问题",国家广播和电视委员会开展了一次堵住思想漏洞的广泛运动。1968 年至 1970 年,员工们花了许多时间开会讨论他们对于"确保控制"广播的责任,以及在他们的队伍中"加强教育工作"的必要性。[140]这些关于电视的故事配合了更广泛的趋势。1969 年,中央委员会书记处颁布了一项命令以支持在苏联文化机构中的意识形态管理。[141]这项新命令的主要内容是使得位于领导岗位的人员对确保思想的正确性承担个人责任,而最重要的是扩大领导的定义:譬如,在电视领域,被组织进入编导队伍,普通编导人员的工作及其党员证现在就处于可能失去的危险之中。在某种程度上,情况总是这样:编导基于整个组织和节目的制作而与作家、导演和技术人员进行合作,但却要单独负责签署节目的播放。[而"签署"是字面意义上的:编导签署一份比较详细的计划直播或者录制的节目大纲,即所谓的"麦克风文案"("mikrofon-naia papka")。][142]但考虑到"社会主义与资本主义之间激烈的思想斗争的情况",以及与近期捷克斯洛伐克事件的虽然没有被提及、但是十分明显的联系,1969 年的命令清楚地表明现在编辑与制片人的责任——与处罚——将加大许多。当年年底,创意工会非常联合会议呼吁针对资产阶级文化影响要有一条更严格的界线,并且提高苏联艺术家的纪律性和对党的拥护。[1969 年,亚历山大·索尔仁尼琴(Aleksandr Solzhenitsyn)被作家协会开除。]第二年,即 1970 年,中央委员会的思想机构、最重要的"活跃"(thick)杂志以及苏联广播的高层经历了全面的变更。[143]尼古拉·梅西亚切夫（Nikolai Mesiatsev）离任，谢尔盖·拉平继任。[144]

自1970年至改革时期一直担任国家广播和电视委员会主席的谢尔盖·拉平在苏联的广播史上是一位传奇人物。以前的电视专业人士们提及他的时候带有厌恶、尊重甚至敬畏，但却从来没有无动于衷。2008年的一部献给拉平的电视纪录片使用了非常阴郁的背景音乐，并且以一个"戴面具的人"为主题，用间谍片的手法表现了他的故事。（当然，一部关于一位表面上缺乏魅力的广播官员的纪录片这一事实本身就十分能说明他在媒体界持续存在的神秘感。）[145]对于电视工作者来说，拉平以一种完全矛盾的伪装来象征国家的权力：富有成效的和具有破坏性的，文雅的和满口脏话的，思想坚定的和愤世嫉俗的。人们对有关谢尔盖·拉平文化水平的逸事有高度一致的看法，他典型地以真正苏联的方式热爱文学。他的私人图书馆据说收藏了大量苏联没有的流亡出版物，达到了让他以前的员工奉若神明的程度。拉平在提升电视的财政投入和声誉方面获得了较高的评价。但与此同时，许多人回忆说他是创造力的杀手，是克里姆林宫里主人的谄媚者，一个无情的老板。[146]

在他于1970年4月就任的时候，位于莫斯科的国家广播和电视委员会大约有1,500个人丢了工作，包括中央电视台编辑组12名领导人中的8名。[147] 1969年关于加强思想管理的命令也给了国家广播和电视委员会一记重棒，但这些新措施表现为不同的尺度：1,500名员工相当于全体员工的约10%。[148]在1971年的一次与来自中央委员会的同志召开的会议上，拉平提到这一举措是财政廉洁的一个例证，并说这么做节省了180万卢布。[149]但在国家广播和电视委员会的许多员工看来，这看上去像是一次清洗，并为这位新主席的风格设定了基调。仅次于

第四章 在苏联为电视找个家

对拉平图书馆的崇拜的逸事是，关于他发现员工穿迷你裙和留胡子之类的行为而当场解雇他们的逸事。

在拉平传奇的迷雾中定位他似乎不太可能。尽管我们有许多关于传闻的思考，但对于广播的档案记录随着时间的推移变得更加呆板和公式化（而在20世纪60年代这就已经很明显）；像在其他文化领域一样，广播界最重要的工作都是通过电话和面对面的方式进行的。[150]我们知道拉平是"勃列日涅夫的人"——总书记最喜欢的人，据说，20世纪50年代末他担任驻奥地利大使期间两人初次相遇，然后在关键的1965年至1967年担任驻中国大使，当时他直接向勃列日涅夫汇报关于文化大革命的情况。[151]拉平也夸耀他在苏联媒体界的重要经历，曾在斯大林主义时代末期担任电台管理部门的副主席，并于结束在中国的任期之后担任塔斯社的负责人。

1970年夏天对苏联广播的经过长期规划的行政整顿开始了。苏联部长会议下属的国家广播和电视委员会变成了苏联部长会议电视和广播国家委员会。尽管这不是1968年提出的那个全面的部，但在命名上的变化却显示了广播尤其是电视的整体地位的提高，它现在获得了首要排名。这种新结构也成功地提升了莫斯科广播官员的权力，正如早期设想的那样，高于共和国和区域级别的同行。（1977年的宪法确定了最终的名称改变，去掉所有与部长会议的关系——广播现在直接是苏联电视和广播国家委员会——这标志其地位的再次提升。）整个20世纪70年代，政府加速了对广播的投入：1979年的计划预算（电台与电视）为13.144亿卢布，大约是1967年预算的4倍。[152]苏联电视大幅扩大了它的覆盖范围，利用新的无线电中继和电缆线以及卫星连接，包括新的与国际卫星网络的连接，使得苏联广播在理论上扩展到前所未有的覆盖范围。随着工资水平的提高以及那些有影响力的人物最终有资格获得与其他艺术领域类似的国家奖项（"人民艺术家"荣誉等），电视在苏联文化体制内赢得了更大的影响力。电视专业人士获得了前所未有的全面的额外待遇，包括住进新的公寓区和普通人的度假区，而对于电视精英们来说，可以出国旅行，配备司机，拥有限制性商店的购物资格以及可以在比莫斯科的奥斯坦金诺针塔上的第七天堂餐厅更高级的特殊餐厅就餐。[153]

我们可以说，苏联电视终于在20世纪70年代迎来了它的巅峰时刻，而拉平则经常被赞为这一成功的策划者。现在广播在中央委员会有了一个正式成员（梅西亚切夫曾经是候补成员），许多人说他与勃列日涅夫的私人关系对这一切来说是至关重要的。主席拉平显然习惯在他的员工面前与总书记通电话，并在会议上引用与他的谈话。至少有一位与拉平关系密切的知情人士称，他对策划1970年的整顿也负有个人责任。[154]或许如此，但我们应该回想一下重组广播界的计划至少能追溯到1968年，并且提出成立电视和广播部的时候，有趣的是部长候选人的名单中甚至没有出现过拉平的名字（有梅西亚切夫的名字）。[155]对苏联电视进行扩张、集中化和标准化的动力先于拉平之前很久就已经存在了，而且可以说，在他到任后建设全国网络系统之前的十年里，这种动力就呈现出了最强劲的动势并且获得了最重要的成果。总之，许多归功于他的事情——更强硬的思想路线、莫斯科的主导地位、电视的发展及其不断提升的地位——实际上是更广泛的趋势。拉平继承和建设了一个体制；他并没有创造或者改变一个体制。

然而，尽管电视发展中一直存在连续性，当提及拉平时代的时候，我们仍然立足于坚实的基础之上。在机构重组和领导层调整大约20年以后，1970年迎来了苏联电视的同一个老板整整15年。他的任期提供了一种稳定——或者，有些人说的停滞——这种稳定前所未有，而

第四章 在苏联为电视找个家

仅就这个唯一的理由，使得将它视为一个时代变得有意义。不仅如此，这位主席的形象及其所传递的价值观都是至关重要的。拉平传奇是与祖国融合在一起的一种神秘而无限的权力，苏联的国家权力。不少人将他的形象与斯大林的形象进行比较，但更为恰当的是，他的形象与20世纪70年代和80年代苏联电视的形象重叠在了一起。拉平培育了他的传奇，并且用他的个性和政策的力量推动了对电视进行思考的一种独特方式。

像苏联的电影艺术一样，苏联的电视不仅仅是一种思想工具；它本身也是一种思想结构，一种品牌身份——苏联电视。尽管梅西亚切夫以及其他广播界的领导者们无疑都会在原则上达成一致，但却是拉平最全面而有效地实施了这种政策思考模式。据说他喜欢说"批评苏联电视就是批评苏联实力"，所以他非正式地严禁新闻出版界对电视进行批评是符合逻辑的。撤销国家广播和电视委员会的调研部门也是有道理的，因为它的存在就意味着将苏联人民、他们的媒体和他们的领导人分开，而这种分开是不可能的。（就像真爱意味着永远不必说对不起一样，真正的思想统一意味着永远不需要民意调查。）观众调查也带有大众文化方法的意味。莫斯科电视首批热情的支持者之一鲁道夫·勃列茨基（Rudol'f Boretskii，我们将在下一章遇见他），在20世纪70年代初就中断了他的事业，因为拉平反对他写的一本书，书中提出电视应该向目标观众介绍节目时间表并且以观众调查为支持，而不是继续提供，用他的话说，"无序而不系统的海量信息，那种海量信息观众当然无法吸收。"[156] 事实上，电视广播像电台一样正朝着这个方向发展；截至1972年，旗舰新闻节目《实时新闻播报》（Vremia）在晚间9点都有一个严格的现场播报。但拉平在读勃列茨基的书的时候发怒了，因为它赞成借鉴资本主义媒体的做法。"什么,那么《真理报》现在应该从《纽约时报》吸取教训吗?!"这位主席在他办公室举行的一次一对一的较长的会议上大声斥责了勃列茨基。[157]

谢尔盖·拉平的广播宇宙只有苏联。再一次,问题不是其他媒体领导持有不同的观点。苏联电视正在永恒地"宣扬全新的轨迹"。这是苏联媒体概念的实质。然而,在拉平的领导下,对基本原则的实施具有独特的基调、焦点和成果。梅西亚切夫不仅愿意考虑外国经验,而且还亲自出国考察资本家们正在做些什么,并且始终紧盯着改进之处——例如,在苏联落后的录像带技术领域。[158]梅西亚切夫的前任对学习西方也显示出一定的开发性。[159]

在拉平的领导下,苏联电视重心更为内向,它的国际立场更具防御性。鉴于其外交工作和塔斯社的经历,对于这位主席而言,这种做法从某些角度看是奇怪的;苏联广播界没有比谢尔盖·拉平更见多识广的领导人了。尽管拉平凭借他的资格是一位强有力的政治人物,但就像他的前任一样,也是遵照上层的要求把握他的方向。(我们也可以推测他比大多数人更理解苏联文化在国际领域所面临的问题。)当他掌管国家广播和电视委员会的时候,苏联政权已经被敌人的声音的问题困扰了二十多年。对1968年危险的信息泄露的记忆是真实的,对外国卫星入侵的忧虑越来越严重。当苏联电台继续大量的国际努力的时候,还没有一家莫斯科电视台能与莫斯科电台相提并论。20世纪70年代,苏联电视的国际影响力达到了它最大的潜能,但却没有进行重要的投入以成为世界电视。[160]

而苏联政府将其注意力聚焦于利用国家机构以国家主权的名义反对跨越边界的"信息自由流动"。在拉平时代,苏联提议签订一项国际公约以阻止在没有获得政府同意之前利用卫星向私人住宅进行广播——这一提议在各个方面得到了发达国家和发展中国家的支持,因为它们担心美国对全球电视市场更大的控制权。[161]尽管如此,但在20世纪70年代结束时,随着联合国教科文组织《关于媒体的声明》(Declaration on the Media)在1978年发表,苏联政府这次国际法的辩论基本上失败了。在日常实践中,它早已经失败了,因为全苏联人民用他们的收音机和电视机选择了"自由流动"。[162]在拉平的领导下,苏联电视注重扩展、控制和推动它的内部王国。1970年6月,这位新上任的国家广播和电视委员会主席批评他的员工,并要求他们在工作中"更加跟上时代,政治上更加成熟,反应更加敏捷",他不是在谈论在新闻竞赛中与外国竞争者展开较量的问题,就像梅西亚切夫曾经做的那样,或者回应观众的需求和希望;他说他指的是最近在列宁奖颁奖典礼上所做的"具有敏锐的党的意识的讲话",电台和电视在某种程度上没有对讲话进行充分报道。"而不幸的是,这不是唯一的疏漏——我们有许多这样的疏漏,"拉平说。"我们必须协调一致来支持党的路线。"[163]

1988年的前电视专业人士圆桌会议的一位参加者说,我们觉得拉平时代的电视是一种克里姆林宫的"宫廷"电视,拉平扮演了首席朝臣的角色。[164]从文化和社会角度来看,电视无疑是一种更为复杂的现象;如果它的前20年,即20世纪50年代和60年代的历史意味着什么的话,那就是苏联的政治精英从来不是唯一重要的演员,从多个方面看,都远不是最活跃的演员。电视曾经是并且仍将是与苏联某种核心价值观的一种尴尬契合——一种思考政治宣传和集体行动、教育和文化休闲本质的圆钉配方孔的方式。但是苏联电视的确在人们的生活中找到了归宿,包括苏联领导人的生活和苏联政权的生活。宫廷电视的概念虽然不能囊括成熟的苏联电视总体,但对于理解其发展却是至

莫斯科的黄金时代

关重要的。

首先，我们要记住一个基本事实，即政治精英与他们的家庭现在都在消费电视，并且形成了有关他们的体验的看法。苏联电视，不亚于苏联电影，有义务回应来自上层的指示。像勃列茨基所做的那种电视节目的科学安排，在面对那些需要用《晚安，小不点儿》来让他们的孩子上床睡觉的高级别父母们打给国家广播和电视委员会的电话时什么也不是。其次，同样是一个基本事实，随着苏联广播的发展，政治精英们出现在荧屏上的频率也在不断增加。20世纪50年代后期和60年代，苏联领导人从未接受第一代电视专业人士（以及通过他们的声明）倡导的那种广播方式：以来信和来电、圆桌会议以及访谈的形式与观众直接沟通。在拉平时代的电视上，主要是由一群精英专家在节目中担当这个角色，譬如，《＜真理报＞政治评论家鲁·A. 朱可夫回答电视观众的提问》(*Na voprosy telezriteli otvechaet politicheskii obozrevatel' gazety 'Pravda' Iu. A. Zhukov*) 这样的节目。电视精英充当普通苏联领导人的代理人，他们的这种现身收获甚少。从他们的角度看来，更好的是在官方会议、假日庆典、外宾招待会等诸如此类的活动上经过精心舞台策划和视频编辑的现身。电视专业人员给这类节目起名叫："拼花地板报道" (parquet floor stories)。纪录片制作人玛丽娜·戈尔多夫斯卡娅（Marina Goldovskaya）当时是中央电视台的女摄影师，回忆了她和她的同事如何对付拼花地板的任务：

> 所有常规镜头都要在前15到20分钟之内完成。因为过了这个时间，与会者就会安静地打瞌睡，这是我们的数百万观众不应该看到的……我必须在前几分钟之内拍完所有的特写镜头——饶有兴趣的面部表情，充满智慧和光芒的眼睛……如果你没有立即

第四章 在苏联为电视找个家

拍完,那就只能等到午休之后,那时代表们愉悦地回来并且在接下来的至少 15 分钟之内保持清醒。[165]

勃列日涅夫据说对他自己的拼花地板报道有特别的标准:放映时间是其他领导人的三倍("3∶1 规则")并且至少要中景镜头(头部和肩膀要充满画面)。[166]1982 年,当这位总书记笨拙地向拉平颁发列宁勋章时,奖章在镜头前从他手中滑落,拉平向他保证不会有观众看到他抖动的双手。"没什么,列昂尼德·伊里奇(Leonid Ilich)。我们的人会处理这件事。"[167]苏联电视是为苏联精英服务的,并因此在苏联体制内如鱼得水而且是为苏联体制服务的。

许多人曾推测过拉平主席对他的电视王国持什么个人看法。有一些前员工推测,像他这样如此"有文化",能够长篇吟诵安娜·阿赫玛托娃(Anna Akhmatova)的诗,并且能够用他非凡的敏锐讨论小说家鲍里斯·帕斯特纳克(Boris Pasternak)命运的人,在担任克里姆林宫那些耄耋之年的元老们的朝臣时一定感到痛苦。而另一些人更愿意将他视为苏联极端的愤世嫉俗者,在那装着稀有书籍和许多电话的办公室里独自大笑,在他对上司和下属的优越感中获得安全。当然,要从多方面考虑的拉平传说是由这位主席作为一个管理工具而亲自培育的,然后由在广播界工作的人们继续下去并加以阐释。拉平传说提供了更多关于这些评论者而不是他的价值观的可靠信息,忍受痛苦和愤世嫉俗是他们的集体认同的两极。拉平其人可能符合这两者,或者两者全都不是。

因此我们就只剩下拉平时代的苏联电视,这个技术与组织实力、国家团结以及现代生活方式的象征:苏联的旗帜深植于战后媒体时代的各个领域。在苏联的背景下电视在早期年代明显的尴尬局面没有消失。20世纪70年代，观看电视发展成为最受大多数苏联人欢迎的休闲活动，但这从来也不是纯粹而不含糊的骄傲的一种源泉。（即使苏联电视鼎盛时期的领导人也是因其阅读习惯而成为传奇。）但随着时间的推移，电视尴尬的边缘磨蚀了权力的意象和愉悦。苏联领导人并没有夸耀说这个国家每晚都在电视机前的沙发上入睡。他们自诩说苏联电视为观众提供了世界上最好的文化和政治教育，同时它也是世界最大的网络系统，拥有最高的电视塔，最多种的广播语言以及最广泛的传播范围，并且它是苏联的。他们欣赏报道中的奉承话，喜欢曲棍球比赛或者歌剧节目、每晚仪式化的《时事新闻》、游戏节目或者备受欢迎的科学节目。苏联电视或许是对苏联传统文化理想最重要的挑战，在许多方面也是苏联所有大众文化形式中最成功的一种形式。

第五章　苏联文化中的电视与权威

5月7日是苏联广播电视节，这一天媒体职业人士可以自我满足一下，也正是以这种精神，流行电视节目《蓝色小火焰》的主持人告诉观众一个她认识的小女孩曾经宣告说没有上帝，"因为如果有的话，他们早就已经让他上电视了。"[1] 这一年是1967年，当时苏联大张旗鼓地开始启用他们的全国网络枢纽奥斯坦金诺。但正如《蓝色小火焰》的主持人用那种幽默方式所暗示的，对于许多在电视领域工作的人来说，兴奋的源泉流淌得更为深远。开拓苏联电视广播的那代人——20世纪50年代和60年代的热情支持者们——见证了一个拥有内在非凡实力的媒体：电视通过其基本特征揭示了他们所谓的真相、现实以及那个时代的个人或者个性（lichnost'）。那位询问关于上帝的小女孩的父亲尤里·别利亚耶夫（Iurii Beliaev）本身就是一位电视纪录片的先锋导演，他曾经在题为诸如《库页岛的性格》（*Sakhalinskii kharakter*）以及《每日探索之旅》（*Puteshestvie v budni*）等影片中谈到"透射灵魂的小秘密"。[2] 别利亚耶夫和他的同事们确信对个人和日常生活的探索是观众所需要的，更确切地说，是他们在斯大林主义之后所需要的。电视的热情支持者们看到电视的真实性正在取代斯大林主义的虚假和夸夸其谈；他们想象个人崇拜通过一种被许多个人颂扬的文化而从人们的思想中明确地清除，这些个人是将要作为个人成长与公民行为模范的值得尊敬的个人。通过这种方式，苏联电视的热情支持者们将这个媒体想象成一个建设新的苏维埃共同体的革命机制；在苏联看电视，对于一个更加美好而真实的世界而言，将是富有成效的休闲方式。

大多数用俄语对苏联电视的研究[3]都是从这些早期的热情支持者的角度写就的；事实上，这个领域最著名的学者本身全都是以前的电视专业人士。不足为奇的是，他们倾向于对苏联电视自诩的人文主义表示肯定，并且认为20世纪50年代和20世纪60年代是它的黄金时代。[4]热情支持者们聚焦于现实、日常生活以及个性，这被理解为一种具有长期积极效果的内在进步的现象。与这一时期的电影、文学以及杂志非常类似的是，电视因为培养了对个体的尊重以及它对开放与政治和社会生活中的真诚的渴望而赢得了赞誉；这些价值观据说已经导致社会的意识形态复原——对从苏联官方价值观中所获支持的一种默契撤离。据说在20世纪70年代，随着不断强化的政治控制扼杀了早期电视的创新精神，并且迎来了一段文化停滞的时期，这些发展趋势在很大程度上被迫从荧屏上消失了。戈尔巴乔夫时代，公民为导向的电视节目的爆发便体现为一种复苏；20世纪50年代和60年代的苏联电视作为一种原公开性（protoglasnost）被扼杀在了摇篮里。

这当然是关于解冻时期的常见叙述，而在本章节中笔者想通过探讨苏联电视的热情如何在实践中运作——特别是像个性和现实等关键的热情支持者范畴，如何对构建那个时代最著名的节目发挥作用，而重新审视这个时期。哪些个人以及谁的现实属于家庭荧屏，这对于电视的热情先锋者来说远非中立的问题，因为在他们的看来荧屏本身远不是一个中立的空间。早期的苏联电视专业人士将所有文化都视为道德（常被标注为"精神"）教育以及政治动员的一种机制。定义与有效利用像现实和个性这样的概念的动力让电视业新的专业人士在许多

第五章　苏联文化中的电视与权威

场合与政治当局发生冲突。但在多数重要的方面，对电视的热情与政权的价值观同心协力，特别是在对待观众的态度方面，都将观众当作是文化的病人而不是文化的赞助人。尽管作为改革者的电视热情支持者们远不是非意识形态的，甚至最负争议的节目也从来不认为自己是反苏联的。与此同时，苏联电视的热情支持者们也显示出对欧洲和美国的当代公共服务广播概念的亲近，尽管政治语境截然不同。

在他们自身以及苏联的语境下，赋予这些热情支持者特征的与其说是他们（道德的或者政治的）价值观本身，不如说是他们将自己视为一个团体的方式以及他们概念化电视的方式——两种根植于苏联电影先锋传统以及更广泛意义上的俄罗斯—苏联知识分子传统中的立场。[5] 电视的热情支持者们相信，应该是他们决定哪些现实片段要广播出去，谁算作一种适合出现在家庭荧屏上的个体；毕竟是他们正在创造一个让苏联个体和社会再生的新的电视空间。基于这个原因，笔者认为早期电视的基本冲突是基本上被热情支持者对"自由的"实验和"保守的"政权控制的叙述模糊了的冲突：为针对苏联观众的权威而进行的争夺。电视前二十年的创新发展是一部分人以及媒体对苏联文化框架内一种针对权威的追求。[6] 此外，它也是一种含糊不清的成功。尽管电视的热情支持者未能按照自己的条件去创造一种新的社会主义人文主义的和新的苏联共同体的文化，但是电视广播却赢得了更多的观众。20世纪70年代的电视为大多数苏联民众提供了休闲活动的选择。然而，这些观众们绝大多数都喜欢——甚至更喜欢——电视的热情支持者们认为是反动、因而已经拒绝的节目形式。对于电视的热情支持者们而言，理想的观众是一个积极的、有创造性并且有公民意识的个体。通过电视所帮助创造的是镜子的另一面：作为一种娱乐的被动消费者的电视观众。

莫斯科的黄金时代

早期苏联电视以及电视的热情支持者

那些开拓了苏联电视节目的男男女女们将自己称为热情支持者，但他们也使用像"浅尝辄止者"甚至"失败者"之类的措辞。[7] 很少有人出于对这个新媒体的热爱而从事电视行业，并且没有人带来专业技术；许多人从未见过一次电视播送。事实上，早期的电视工作者经常是那些在他们接受过训练的专业领域失败了或者看不到前途的人。他们通常都受过良好的教育——往往在电影、戏剧或者新闻领域——而且绝大多数都很年轻。20世纪50年代，对于一名受过教育的年轻人而言，可能真的从大街上走进电视台就能得到一份电视工作。1956年，列昂尼德·德米特里耶夫（Leonid Dmitriev）就有过那样的经历。当时他和一位朋友都毕业于著名的国际关系学院，听说莫斯科电视台正在招聘员工，他们就乘电车到了那里并且告诉门卫他们梦想着在电视领域工作。（事实上，德米特里耶夫至少梦想一个在电影领域的事业，但是却被苏联国立电影学院拒绝了。）十分钟以后，他们与电视台名叫莎波洛夫卡（Shabolovka）的导演见了面，又过了十分钟，他们就成为苏联电视台的雇员了。[8]

在他们的回忆录和回忆中，德米特里耶夫与他以前的同事都一致地将早期的电视氛围描述为特别地充满活力和平等。L. 佐罗塔雷娃（L. Zolotareva）回忆了一个"激发希望"的"年轻而富有创新精神"的工作场所。"你可以感觉到自由以及一种创作和表达的机会，"她在2002年的一次访谈中如此评论道。[9] A. 戈里高利安（A. Grigorian）记得20世纪50年代的时候"实际上每天在走廊里都有新面孔出现"，并且"你（ty）"（非正式的"您"）使用得很普遍，甚至在不同级别的人之间也如此。"那个时候，在电视未得到探索的潜力面前我们都是

第五章 苏联文化中的电视与权威

平等的，"他解释说。"我们都是年轻人，而因此将我们与电视联系在一起。我们愉快地承担起我们肩负的重任，而我们承担它不是因为恐惧而是因为良知。"[10]

自由、希望和共同体的精神是许多人与赫鲁晓夫时代联系起来的某种东西，特别是那些当时的年轻人。然而，由于这一媒体的新奇性及其员工的特殊构成，电视属于一个特例。最突出的事实就是20世纪50年代（直至20世纪60年代），无可比拟的、年轻的、热情的浅尝辄止者们的确主导了苏联的电视演播室，将电视节目传送到苏联数百万的电视机。这些热情的支持者们认为自己参与到了一个纯粹的发明过程中。"没人知道电视是什么。没人知道如何做电视，"德米特里耶夫告诉一位采访者说。"那是一个不断发现的时代。"[11]而当像德米特里耶夫这样的热情支持者，如他们所看到的那样不断进行电视创新时，他们也正在一个新的领域将自己创造为创意专业人士。苏联电视的开拓者们所经历的是一种与电视非同寻常的个人的且强烈的认同——的确，一种在自我（或者一群人）与这个媒体之间的幸福的困惑。早期电视工作的经历是一种充满活力的自我发现的过程；成功的电视广播对于他们来说成为一种自我实现的形式。

电视被许多人视为未知领域，这一事实赋予这个工作一种冒险的气息，而这就意味着早期的热情支持者们也享有一定的自由。对重大新闻事件——胡志明于1954年到访莫斯科的首次电视广播就是亚历山大·尤洛夫斯基（Aleksandr Iurovskii）的想法，他曾是《火焰》杂志的记者。尤洛夫斯基已经操作了苏联电视的第一则（体育报道除外）来自一家莫斯科巧克力工厂的新闻报道，当他在一个清晨阅读报纸发现胡的代表团将在当天抵达莫斯科的时候，他决定"抓住这个机会"在电视上现场报道这个事件。报道是成功的，但是回想起来，最值得注意的是这一行动的动力源于莎波洛夫卡手下的一名普通编辑。尽管尤洛夫斯基在广播和电视管理办公室的确通过特殊电话线获得了"上层"的批准，但正如他所说的，当时上层显然并没有向他传达自己的观点或者要求。尤洛夫斯基玩了一个复杂的游戏。首先他告诉上层人士他获得了报道此事的命令，但没有说明谁下达的命令——也没有向广播和电视的主管部门（Glavradio）表明想法，当时主管者不在办公室。当上层批准了他的计划以后，他立刻向主管部门报告他从上层获得了命令。[12]

尤洛夫斯基的叙述，尽管只描述了他自己，但却道出了1954年前后电视领域的整体情况。苏联政治精英们大多在早期漠视（或者忽视）这个媒体，不仅给技术迷们提供了发展地方电视台的机会，同时也让像尤洛夫斯基这样的热情支持者们在节目制作方面发挥了主动。更加简化的中央管理机构国家广播和电视委员会（Gosteleradio）[13]的创立，中央委员会党组织新成立的电视工作小组（两者都成立于1957年）的加大参与，尤其是1960年颁布的关于电视的命令，所有这一切都是针对早期电视的分散化的特征的。这些变化也对创作方面增强了控制，越来越多的管理目光瞄准了电视制作过程中的所有环节。十年甚至五年之后难以想象尤洛夫斯基在1954年玩的技巧。

实际上，电视广播并不是真的未知领域，因此如此多的电视的热情支持者共同怀有的神秘感也就更加有趣。广播电台已经对类似于胡志明到访事件的报道设立了先例（如同尤洛夫斯基所承认的那样），苏联电视与电台在技术上和组织上具有非常紧密的联系。电视制作由编辑采用与电台（其本身模仿印刷媒体）相同的方式进行管理，并且电视与电台两者都由相同的政府和党的组织进行管理。但就像电视广播在家庭的地位没有预设一样，原创节目的发展也是如此——它的原

第五章　苏联文化中的电视与权威

理、形式以及结局——是在电台而不是一系列具体选择基础上的一种必然发展。

让我们看一看莫斯科电视台（即中央电视台）1956年10月10日星期三的节目表。[14]

第一频道

下午7:00　《一只麻袋里的100万》——新动画片

7:30　《德意志民主共和国成立七周年节目》

8:00　《在我们朋友的地方》——电视节目

8:10　《300年前》——基辅电影制片厂1956年的故事片

9:50　《羊脂球》——莫斯科电影制片厂1934年的故事片

第二频道

6:55　鱼雷对泽尼特——足球赛

马上引起我们注意的是给原创节目的时间所占比例很小。只有10分钟的《在我们朋友的地方》和30分钟的《德意志民主共和国成立七周年节目》可能是直播节目（周年节目更像是一部记录片），当晚给了电影大约4个小时的播放时间以及足球赛两个多小时的播放时间。1956年前后，即便中央电视台的莎波洛夫卡这位全国最好的、资金最雄厚的导演，用以制作原创节目的资源也很少。主要的演播室也只有300平方米。当时没有拍摄影片的设备，没有服装和道具部门，甚至没有排演场地。[15]莎波洛夫卡手下的一名老员工鲍里斯·里维托夫斯基（Boris Livertovskii），向笔者详细讲述了他发明的播放主持人静止画面时无须将其手指放在镜头里的办法：观众一直在抱怨这些手指，报纸甚至刊登了关于这方面的读者来信，然后他解决了这个问题。[16]如果这

莫斯科的黄金时代

是苏联中央电视台的状况，那么试想一下喀山电视台（建于1955年）或者哈萨克斯坦的乌斯特—卡缅诺戈尔斯克（Ust-Kamenogorsk）电视台（建于1958年）的状况。1957年，一篇同情地方电视广播实验的文章描述了"焦急的年轻人"——弗拉迪沃斯托克电视台的员工——为了寻找冲洗交卷的化学制品跑遍了市里的商店。[17]

全国各地的电台远比电视的基础要牢固。不仅配备更好，而且拥有富有经验的专业人员，包括派往苏联各地和外国站点的记者。电台制作的那种原创节目——针对不同人群的戏剧、音乐剧、教育和信息节目等——是早期电视只能梦想的。电台制作也相对要便宜些，整个20世纪50年代和60年代，电台广播在苏联大部分地区的覆盖范围要比电视广得多。

鉴于这些差距，为什么没有在广播领域促成一个劳动力部门，为电台和电视分配不同的职能呢？20世纪60年代初，国家广播和电视委员会的领导人米哈伊尔·卡拉莫夫（Mikhail Kharlamov）告诉他的员工，他们的工作归结为三项任务。第一项，"最重要的，"他说，是"动员人民解决目前的问题——经济、政治、美学，等等。"第二项是"为人民提供教育材料，发展文化从而提高人民的水平"。卡拉莫夫将广播媒体的第三项任务描述为"不太重要的"，是"娱乐"。[18]了解这一框架，我们就能想象一个职能划分的体制，它将广泛意义上的动员和教育赋予了电台，而将高雅文化和娱乐在很大程度上交给了电视。这就是说，电台可以继续进行每日新闻播报以及一些教育和艺术节目；而电视将自由地完成长远目标，在向无法获得有组织的娱乐的亿万观众播送恰当的轻松娱乐节目的同时，使高雅文化成为每个苏联人日常生活的一部分。记录片作为电影产业发展成熟的一个领域，可以继续提供关于国家和国际事件的意象。

第五章　苏联文化中的电视与权威

苏联的电视广播回避了这种职能路线，而是在所有领域将电视作为一种普遍的媒介进行深入发展。一个因素是感觉到外国电台在苏联境内的广播带来的威胁，以及发展一种引人关注（并且想必"安全"）的替代媒体的愿望。普通苏联人的热情也很重要，这意味着不仅那些各地的技术迷们在许多领域推动政府重点发展这项技术，而且全苏联的人民决定成为电视观众并需要大量的节目。最后，我们不应该低估那些新崛起的电视专业人士的影响力，尤洛夫斯基们和里维托夫斯基们从内部有力推动了电视的创新发展。

电视的热情支持者们为他们的工作带来了一种救世主般的热情。在早期，当演播室只有衣帽间那么大的时候（可能一个月前就是衣帽间），他们没什么选择，只能依赖其他的文化形式，特别是电影和戏剧来弥补节目的缺乏。但他们为自己设定的目标不仅是由电视播送文化，而且使它"电视化"。譬如，如果电视传播戏剧，那么它应该是根据这个媒体的特点而设计的电视戏剧（televizionnyi teatr）。电视上放映的戏剧与电视戏剧之间的区别可能第一眼看显得微不足道，但是对于电视的热情支持者而言却至关重要。"我们认为电视是一种艺术——一种还没有成为一门艺术但即将成为一门艺术的某种东西，而我们正在参与其转变，" R. 科比拉娃（R. Kopylova）于 2002 年回忆说。[19]与她同时代的尤洛夫斯基在1960年为电视奋力呼吁时没有这么犹豫——并且在苏联主要的电影期刊上写道："电视现在已经成为世界上一扇巨大而明亮的视窗。今天，电视已经成为一种引人注目的艺术表达的手段，一种面向人民的新的、有吸引力的、重要的艺术。"[20]这是一种有争议的——并且对于某些成熟艺术领域的人来说——甚至可笑的观点。1957 年，当 L. 德米特里耶夫（L. Dmitriev）、A. 戈里高利安（A. Grigorian）以及 R. 鲍里茨基（R. Boretskii）三人在主要的文化周刊《苏联文化》（*Sovetskaia kul'tura*）上发表了"电视是艺术"一文提出自己的呐喊时，他们不得不应对人们为"电视是艺术"添加问号的企图。

现场直播：局限和努力

如果电视真的是一门新艺术，那么它的任务就是发现自身独特的审美原则和表达方式，因此释放它真正的力量。关于这个问题，电视的热情支持者们是一致的：这个艺术的精髓就是现场直播（zhivoi 或者 priamoi efir）。在电视领域工作的人以及为苏联的印刷媒体撰写电视评论的人——并且在这两个群体之间有很大程度上的重叠——都抱有这种信念。

现场直播在整个 20 世纪 50 年代和 20 世纪 60 年代的大部分时间都是苏联电视广播的中流砥柱。在录影带盛行于苏联之前的那些年，另一个主要的节目制作方式是胶片录影广播，而由于这相对昂贵，苏联人倾向于将其用于他们认为有文化和政治意义的事件：十月革命纪念日，玛雅·普利塞茨卡娅（Maia Plisetskaiia）的表演，康斯坦丁·菲丁（Konstantin Fedin）在他的办公室朗读他的作品，尤里·加加林完成他历史性的太空飞行之后回去向赫鲁晓夫汇报——这些是最经常使用胶片录制的电视节目。在整个早期年代，苏联电视都缺乏足够的设备以及可以用于胶片制作的装备：实际上，20 世纪 50 年代的新闻节目积极向业余电影制作人征集素材就是它们自身局限性的一种反映。[21] 而苏联电影制片厂却没有动力将他们的制作设备转用于电视产业，许多电影人对电视有一种屈尊和忧虑的复杂情感。就像导演谢尔盖·杰拉西莫夫（Sergei Gerasimov）在 1963 年所提出的那样，解决竞争问题的一个方法就是不畏艰险。"我们需要与电视进行非常严酷的

第五章　苏联文化中的电视与权威

斗争"，他对他的电影同行们说。"我想我们有能力与电视达成一次协议，我们可以为电视制作影片并在将来让电视与电影彻底分开。"[22]尽管格拉西莫夫的设想没有实现——苏联电视继续大量播放主流电影制片厂的作品——电影的确在电视这个新媒体的扩展和专业化过程中承担了越来越重要的角色。苏联第一部为电视创作的电影，是莫斯科电影制片厂在1964年至1965年期间为国家广播和电视委员会制作的分为四部的二战剧《我们惹火上身》（Vyzyvaem ogon' na sebe）。20世纪70年代是苏联电视电影和连续剧的鼎盛时期，有一些是由电视台自己的电影部门"荧光屏"（Ekran）（成立于1968年）制作的，另一部分则是由电影制片厂授权的，并且许多影片都由主流电影明星主演。苏联电影艺术与新贵苏联电视之间的重叠最后远远超出许多势利的电影人在1960年前后所做的想象。

苏联对电视现场直播的依赖仍然持续了许多年——比多数其他发达国家要长，也比它自称的主要竞争对手美国要长得多，而在1961年的时候美国的直播时间仅占总播放时间的27%（并且正在快速衰退）。[23]苏联滞后的意义是巨大的，但当时在很大程度上并没有得到充分认识。美国的制片人和广告商们很早就发现观众不仅喜欢重复收看电视播放的影片，而且尽管电影的初期费用高于直播，但这种联合的潜在利润却是相当大的——并且不仅在美国国内。[24]从直播到胶片录制节目的转变促使美国电视产业向外国市场的渗透，截至20世纪50年代末已经得到相当的发展。早在1962年，美国电视广播节目从海外市场的联合收入已经与国内市场的收入持平。[25]苏联在这方面的确有一些电视节目通过于1960年为社会主义阵营的相互交流而建立的组织"电视联播网"（Intervidenie）在海外播放，"电视联播网"也组织了与作为西欧集团模式的欧洲电视网（Eurovision）的交流。然而，这些交流

259

的范围是非常有限的：20世纪60年代的任何一年里，苏联为欧洲电视网制作的节目最多20部左右，或者40个小时的广播时间（1965年的数据）。[26]这种交流节目由于苏联方面的技术问题而备受困扰——估计有50%原本作为交流的节目因为错误的线路转播以及其他小故障而失败。苏联从欧洲电视网获得的节目始终多于它提供给对方的节目，通过电视联播网的交流同样如此，比如，1968年，苏联接收节目的时长大约是其输出节目的两倍（281∶144）。[27]

值得一提的是，这些对于苏联电视来说都是微不足道的——只是充斥媒体时代的国际节目洪流中的一滴水珠。由于苏联电视在原创电视节目中限制使用电影，破坏了技术交流，同时也使其在视频方面的发展被拖后，苏联在电视发展的关键时期阻断了其在国际上推广自身电视文化的可能性。截至20世纪70年代，当苏联已经不仅在潜在供应（产品储备）方面而且在巨大而尖端的卫星传播网络领域都得到发展的时候，美国在国际市场上的霸主地位已经确立了。[28]

当然，成功地向国外推销苏联电视也意味着向政府机构和商业企业进行兜售，而他们是否对苏联的东西感兴趣是一个悬而未决的问题。一些同时代的人的答案是肯定的。1963年，文化交流官员告诉中央委员会，美国和加拿大的公司正在"不断询问"分为多部的电视电影；苏联电视无法传送这些节目"让我们失去了广泛的宣传渠道以及赚取硬通货的额外机会"。[29]然而，鉴于许多苏联电影在国外乏善可陈的票房表现，以及苏联电影出口公司（Sovexportfil'm）在寻找发行商过程中面临的困难，我们应该质疑苏联电视产品至少在商业方面做得如何。1970年，向资本主义世界推销社会主义电视产品的年度活动电视联播网通讯论坛，吸引了来自西欧、北美、日本以及巴基斯坦的93位代表，但苏联的销售收入只有8万卢布（折合价）。[30]（而根据一位以前

第五章　苏联文化中的电视与权威

的员工提供的信息，国家广播和电视委员会在20世纪70年代每年从资本主义国家的制片人那里购买电视节目的预算大约为50万美元。)[31] 苏联一向在交流方面做得比销售好，但事实上，即使在社会主义"兄弟"国家播放苏联节目也要花费相当大的精力。[32]

苏联在电影和视频技术上的相对落后更加剧了它在国际市场上的困境，同时也对国内电视的发展带来严重影响。只要苏联电视仍然依赖于直播节目，苏联中央电视台和地方电视台在节目方面就相对地难以彼此提供多少帮助。一些同时代的人将对直播的依赖视为一个问题，但20世纪60年代的专业人士们却仍然相当怀疑重播与多部分的电视电影的可行性。即使是在1965年的《我们惹火上身》获得成功之后，认为观众不会观看这种节目的怀疑仍然持续了数年。尽管苏联电视在20世纪70年代转成了多部分的电视电影，但它从来没有接受美国和其他西方国家观众所熟悉的那种虚构类的电视连续剧（the spectrum of serial fictional programming）。最终，满足国内市场的问题通过有效利用卫星转播以及录像带而得以解决，这两者在国家广播和电视委员会的领导人尼古拉·梅西亚切夫（Nikolai Mesiatsev）于1966年访问西欧，并对那里的电视设施进行评估之后，列为首要发展的对象。尽管20世纪60年代的大部分时间，包括中央台和地方台在内的所有苏联电视台，都因为制作一次性的现场直播节目而在这两方面受到了相当大的限制。

总体上，这些直播节目的长期和战略意义当时在苏联的各种讨论中并没有突显出来。日常控制被认为是更紧迫的问题。20世纪50年代和60年代，电视直播是一件冒险和伤脑筋的事。电视的编年史中充满了直播节目的各种失误，例如，精神高度紧张的美国播音员，根据合同需要在节目中享用赞助商的产品，他居然在香烟有过滤嘴的那一端点上了火,并且如此反复地吸了一支又一支。美国的播音员顶多是将他的工作记录在案,而苏联的同行们就没有这么幸运了。失误,尤其是口误是苏联电视中极其严重的事情,因此需要给予相当大的注意力。20 世纪 50 年代中期曾出现过一个著名的实例,一位播音员因为一次意外的口误而被当场解雇。他将"列宁主义者的一代"(pokolenie lenintsev)说成了"懒骨头的一代"(pokolenie lenivtsev)。胶片录制的节目,就像录制的电台节目或者文章的校样一样易于编辑。中央电视台的尼古拉·卡索夫(Nikolai Kartsov)回忆起编辑一段拍摄于 20 世纪 50 年代末赫鲁晓夫出访丹麦期间的影片,从而使得这位苏联领导人的评论暂时不会被听到的经历。(卡索夫和他的同事们一致认为影片播放出来会令人感到尴尬。)[33] 苏联电视以同样的方式定期编辑国际花样滑冰比赛,以更易被接受的古典音乐或者苏联歌曲代替西方流行音乐。[34] 尽管电视直播的有些操作性是可行的,但是要保证对编辑的真正控制和安全唯有利用拍摄好的(或者录制好的)节目才能做到。

错误和意外可能会给电视员工带来广泛的影响。正如导演科赛尼亚·玛丽尼娜(Kseniia Marinina)回忆的那样,"如果主持人说错了什么,我们所有人都要为此付出代价。我们的后背总是(汗)湿的。"[35] 在"懒骨头—列宁主义者"口误一案中,不仅是不走运的播音员断送了电视生涯,这一事故也让莫斯科电视台的领导丢了工作。[36] 如果在直播节目中受邀嘉宾说了某些不恰当的话,电视人员也要付出代价。在节目直播之前与嘉宾排演一下他们要说的内容,这对电视员工来说是标准的工作程序。这一信息会记录在由编辑和导演签署的"话筒文件"中。就像所有出版社和报社一样,苏联文学和出版管理局(Glavlit)的审查官也在国家广播和电视委员会开展工作,但是他们的人不多。1960 年,苏联文学和出版管理局的代表呼吁国家广播和电视委员会的党小组成员提供更多的合作；当时莎波洛夫卡那里只有四位电台和电视台审查官。[37]很显然，这样的人员配置水平对于每天那么长时间的节目的审查任务来说是不够的，此外，当时直播节目占据主导地位也给审查带来了技术问题。审查的责任在很大程度上落在了电视工作者身上，要求他们相互审查和自我审查。[38]

话筒文件和直播前的准备在细节程度上有所不同。在许多情况下，受访者会将事先写好的文字或者由节目的工作人员写好的文字背下来，然后进行大量的排练。这是对街上的行人——或者，更有可能是工厂里的工人或者电视台内部的工程师——进行现场采访时最常见的做法。安排与像艺术家和知识分子这样的"专家"进行采访往往更自由一些，而从电视工作人员的角度来看也更成问题。专家嘉宾偏离记录在文件中的主题被认为是比普通人做同样的举动更严重的一种违规。

作家列夫·卡塞欧（Lev Kassil）参加1959年的一个节目《美国遭遇》（*Vstrechi v Amerike*）时的情况就是一个例子。刚刚从美国回来，卡塞欧利用出现在电视上的机会，用他的话说，"简单地谈论一下美国人"，他将美国人描述成"一个伟大的民族"，"他们真正懂得如何以一种独立的精神做人"并且"没有丝毫循规蹈矩和虚伪"。这位作家热情地谈论他乘坐游船在哈迪逊河沿岸看到的爵士舞，又滔滔不绝地讲述了空调和摩天大厦等事物。[39]国家广播和电视委员会立即作出反应，向中央委员会汇报解释说卡塞欧"偏离了"他们之前一致同意的话题。这是1959年，不是尤洛夫斯基设法直播胡志明来访的1954年；[40]中央委员会党组织现在的警惕性更高并且干预也更多，它要求行业杂志《苏联广播电视》（*Sovetskoe radio i televidenie*）公开发表对卡塞欧和中央电视台的批评（"因其给这位作家提供了在摄像机前就政治主题即兴发挥的可能性"）。[41]负责这个节目的员工避免了严厉的官方斥责——受到相对较轻的处罚，但依然很严重，如同 V. N. 科兹洛夫斯基（V. N. Kozlovskii）在 2002 年的一次访谈中所解释的那样：

> 当时我们害怕受到斥责吗？（笑）我不知道。现在看起来有点好笑，但我们当时感到害怕。不仅是因为他们要扣你的奖金。这些事情被公布了，每个人都来问你："为什么？如何发生的？"……你一天要向你的熟人们解释数十遍为何受到了斥责。这是一件令人不愉快的事情。[42]

官方斥责的公开性在苏联广播文化的核心中起到一种互相依存的警钟作用。电视专业人员没有选择而只能相互依赖，以及依赖于那些他们邀请来在节目中展现良好判断的人——以避免偏离并按原则行事。

鉴于这些困难，我们如何解释早期电视的热情支持者们对直播节目的极高热情呢？专业炫耀？当然，直播节目的冒险特征增强了兴奋度和同事情感。科赛尼亚·玛丽尼娜回忆说，当她一宣布直播开始，她和她同事的后背马上就开始冒汗了，"但我们对于我们的工作异常充满热情。"恐惧和热情、勇气和灵感是早期电视这枚硬币的两面。而且，对于那些对电视艺术创作充满激情的人来说，直播节目是 20 世纪 50 年代和 60 年代掌握的工具。的确，当录像带变得更普及时，许多电视人都将这项技术视为一种专业进步。但是，许多其他人并不将其视为进步，这样的事实说明，与直播节目的浪漫关系远非单纯的职业自豪感和选择的匮乏那么简单。对于许多早期电视的热情支持者而言，直播节目是电视的精髓，是一种强大的社会与道德力量。

电视艺术与"活生生的现实"的魅力

有趣的是，对于电视直播的想象最引入注目的阐述不是来自一位圈内人士，而是来自一位名叫弗拉基米尔·萨帕克（Vladimir Sappak）的戏剧评论家，他 1962 年出版的《电视与我们》（*Televidenie i my*）一书成了电视的热情支持者们的圣经。[43] 迄今为止，很少遇见哪位热情支持者不提及本书的天才作者。这缘于许多理由，其中之一就是它的绝对新奇。当时苏联的报纸和杂志很少发表电视评论，而在这方面著书立说更是稀缺。（我们可以回想一下，党在 1960 年针对电视的第一份主要声明中要求印刷媒体对电视给予更多关注。）但比这本出现在苏联书店里叫作《电视与我们》的书的独特性更重要的是作者观点的独特性。从第一页开始，萨帕克就展现了他的态度特征：对电视力量的一种强烈个人的并且有时候近乎神秘的解读。

尽管萨帕克不在那些早就已经准备宣布电视是一门艺术的人之列，但他的确看到了正在形成中的艺术，他的书的任务之一就是帮助定义这个媒体正式的品质，并推动其发展。他坚持认为电视的精髓就是"存在效果"（effekt prisutstviia），或者电视广播使观众产生身临其境的感觉的能力，创造那种他们就在电视的活动场景中的感觉。这种品质是直播节目专属的范围；对于萨帕克而言，电视电影并非真正的电视。他对电视所期望的——以及他认为唯有电视直播所能够提供的——不是虚构而是真实。

> 是的，如果电视镜头设法追随林荫道上的那些退休老人，或者在街头玩耍的孩子，或者——让我们设想一下不可能的事——在半小时过程中，一位出租车司机不断变换的乘客，我想不出有什么比这更有趣了。我们甚至不能想象被不经意抓拍的生活会向我们揭示什么样的秘密（zhizn', zastignutaia v rasplokh）。[44]

这段陈述直接参考了 20 世纪 20 年代首先提及"抓住不经意间的生活"的电影制作人吉加·维尔托夫（Dziga Vertov）的理论著作，是《电视与我们》中被引用最频繁的段落之一，并且从字面上看也是最神秘的一个段落。为什么当孩子在街上玩耍而出租车就停在角落里的时候，我们还会去看电视上的他们？为什么我们需要一个镜头去观察我们的邻居？

撰写《电视与我们》的这个人似乎有一个简单而又令人沉痛的答案。萨帕克自童年时起就长期患病，他被迫在室内度过了其短暂生命中的大部分时间（在他的书出版之前，他就去世了）；我们可以想象电视广播在他每天的世界里的特别活力。但萨帕克本人坚持认为，观看电视直播的世界的体验具有改变每个人的日常生活的力量，而不只是那些缺乏社会或者文化表现机会的人。正如他所理解的那样，通过电视镜头来观察不经意间捕捉的生活，是一种与亲眼目睹你眼前的生活（或者用艺术表现的生活）有着质的不同的体验。萨帕克认为电视直播具有"展现真实的完美程度"，[45]真实性（podlinnost'）是其本质，而因为这个原因，任何虚假的记录或者不一致性都会立即在荧屏上显示出来。《电视与我们》包含了大量电视节目的实例，萨帕克认为这些例子由于镜头讲述真实的能力而被揭露了真面目，经常因为它们违反了电视的另一个天然品质，即自发性，或者即兴性（improvizatsionnost'）。这些并不是严重欺骗的例子，而只是小伪装和缺乏诚意的例子——萨帕克所谓的"小谎言"。有一位记者让一名交警"随意"叫停一位司机来接受采访，但从每个人的表述来看显然整个情节是精心排练过的。[46]一对医生夫妇讨论他们在伊拉克工作的经历，但他们的故事没有说服力而且节目也乏味，因为两位医生甚至从不看对方。[47]一位穿着优雅晚礼服的女演员讲述着她如何努力"创作一个朴素劳动者的形象"。[48]在一个投票站接受采访的选民不假思索地将预先录制好的答案说出来:"'这是你第一次投票吗?这是你生命中的一个大事件吗?是这样吗?'——'是的,这是当地苏联人的选举日。这是我生命中的一个重大事件。'"与此同时,进行采访的记者"有一种不断走神的表情,没有倾听答案,并且将身体的重心从一条腿换到另一条"。[49]

在这些案例中,直播电视能够让观众看到那些如果他们站在镜头旁便会显而易见的情况:行为或者感情的表演特征。这是电视的在场效果的神奇之处之一。但萨帕克在这一点上进一步认为,观看电视直播的体验实际上"强化了我们的真实感"[50]并提高了我们观察周围世界的能力。因为电视镜头比人眼"更加目光尖锐",[51]它可以展现日常生活中一些不为人知的景观,包括个人的情感和精神世界。萨帕克认为,只有电视能够胜任报道尤里·加加林历史性的太空飞行,因为只有电视能够满足人们的需要去"理解这个人……去突破某种内在的、秘密的以及亲密的东西"。[52]对于萨帕克来说,亲密感(intimnost')与真实性和自发性都是电视直播的一种固有特征。他认为电视独特的亲密感不仅与像加加林这样的人物有重要的关系,而且与林荫大道上的退休老人、刚从伊拉克返回的医生夫妇以及投票站的民众都有着重要的关联。观众需要看到并理解来自平常生活中的普通人,就算不比他们了解历史事件和伟大人物的需要更加迫切,至少也是一样迫切的;电视"对特性的透视"将给他们提供帮助。从这个意义上讲,萨帕克对电视的想象有助于解决观看体验的矛盾——即对公共文化的私人消费——方法是将这个媒体社会化。电视在家里的物理定位所产生的亲密感对于萨帕克来说,是一种至关重要的社会联系;因为电视广播的力量,孤独的观众能够获得对别人的新的认识和新的社会感;收视变成了参与，一种公民行为。他的书名即由此而来：不是《电视与我》而是《电视与我们》。

尽管萨帕克的观点在那个时代关于电视的讨论中是最有说明力的，《电视与我们》中的许多观点其实是当时的流行观点。对电视作为一种艺术形式（或者一种潜在的艺术形式）的捍卫，从赞赏直播节目"现实而具有说服力"的本质开始。[53] 有一种普遍的共识就是电视如果能真实地做自己的话，它就是自然、自发和真诚的。甚至中央广播的A. 普兹恩都在1956年的一次会议上抱怨说电视上出现的人都"非常不自然"，并且没有必要地试图隐藏他们事先准备的讲稿。"如果某人没有讲稿就讲不了话，那就让他坐在桌子旁边用他的讲稿而无需在观众面前加以掩饰……人们（在电视上）需要表现得更简单和更自由，"他命令说。[54]

萨帕克认为电视的使命是传播生活而不是虚构，这个观点在此期间也得到了广泛认同，就像战后苏联的文化史中所常见的情况那样，许多人将1957年的国际青年节视为推动这种变化的一个转折点。一位年轻的电视工作者说，那些不满将电视看作文化中间人的热情支持者们抓住了青年节的机会来证明这个媒体的奋斗精神："以表明电视深远而广泛的力量和能力。"[55] 因为那个缘故，中央电视台展开了一次严肃的游说运动以提升其制作能力：莎波洛夫卡的员工［又是鲍里茨基、列昂尼德·佐罗塔雷夫斯基（Leonid Zolotarevskii）和谢尔盖·穆拉托夫（Sergei Muratov）］起草了一封信，分发给演员、作家、学者以及其他公众人物请他们签名支持，并直接将联名信呈递给赫鲁晓夫。这封信产生了效果，中央电视台获得了一个由军队建筑队建造的全新的演播室、六台新的移动摄影机以及其他设备。[56] 中央电视台制作能力的提升使得对青年节的广泛现场报道成为可能——大约两周时间报道了 221.5 个小时。在苏联历史上第一次，电视镜头缓缓扫过苏联的公共空间，让数千名普通的民众以个体的和群体的形式真正地出现在了荧屏上。[57] 因为有了新的演播室，中央电视台也能够播放无数对外国代表和苏联代表进行的采访，并直播现场表演。对于莎波洛夫卡的热情支持者来说这是一堂速成课，同时他们也认为是一次圆满的成功。正如他们所认为的那样，对这次青年节的报道体现了电视让观众参与公民生活的独特能力。"不，电视没有谈论青年节，"穆拉托夫和乔吉·费尔（Georgii Fere）写道。"它表述了青年节本身（Ono govorilo samim festival'em）。在那些日子里，我们不仅是观众；我们觉得我们是目击者……没有人怀疑这是最高等级的真相。"[58]

许多像萨帕克这样的热情支持者想象，被电视镜头不经意间捕捉到的生活中最显著和最不可预知的发现将会在普通人触目可及的世界里。瓦尔多·潘特（Val'do Pant）是一位来自爱沙尼亚的导演，他说尽管没有比转播像青年节这样的一个事件"更简单的"了——或者，用他列举的例子，就像给模范挤奶女工的颁奖仪式——它与其他类似的十多种报道没多大区别。"但在一个平常的日子里访问她，让她谈谈她的孩子、苹果树以及集体农庄里生病的小牛犊……这将是这一天中最有趣的事情。"[59] 因为电视镜头在渗透主题方面有着无与伦比的能力，观众将获得一种新的、亲切并且最有意义的知识形式：对一个个体人格的理解。

电视固有的亲切感的另一面，即它与观众在家里建立的特殊联系，是萨帕克的另一个获得当代人广泛共鸣的观点。著名文学家伊拉克利·安德罗尼科夫（Iraklii Andronikov）也是早期电视的热情支持者，他认为电视广播是一种根本上全新的文化交流形式。"通过直接向观众表达自己，电视击穿了将观众与电影和戏剧分隔开的'第四堵墙'"。他坚持认为，在电视上发表演说的本质是以一种区别于其他艺术媒体的方式的对话和参与。[60]电影导演米哈伊尔·罗姆（Mikhail Romm）像安德罗米科夫一样，是20世纪50年代和60年代认真撰写关于电影与其他成熟艺术之间的关系，并尝试分析是什么使这个新媒体进步缓慢的少数知识分子之一。罗姆也强调电视的亲切感，并将其追溯到大小屏幕在拍摄技术上的差别。电影中最根本的规则是永远不要直视镜头，而在电视中则恰恰相反；其目的是让荧屏上的主角对视观众的眼睛。基于这个原因，罗姆推断认为，"当一位播音员或者一位被邀请来演播室的公众人物对着观众讲话时，观众感觉他正在与自己直接交流。"[61]电视创作了一种新的社会文化体验。

安德罗米科夫、罗姆以及许多其他人将电视的亲切感不仅与其表达形状相联系，还与其在家中的实际位置以及在家庭生活中的位置相联系。来自乌里扬诺夫斯克电视台的一位热情支持者将家庭生活与他的演播室在1961年所追求的广播风格直接联系起来。"数以千计的观众观看着每一个节目，但他们是在一个家庭环境下观看的。因为这个原因，我们电视工作者的目标就是让我们的节目看上去自然，让电视上的对话真诚（zadushevnyi）并且说话不拘谨。"[62]因此，电视播音员（diktor，复数diktory——一个源自电台的术语）被许多人认为特别重要。

苏联电视首批播音员都很年轻而且多数是女性，他们的职责就是宣读第二天的节目时间表，并介绍和主持个别节目。他们的工作同样也转向新闻——比如，他们可能会主持访谈——尽管他们不负责撰写自己的材料。[63]根据各方的说法，他们是热切的观众感兴趣并且支持的主角。[64]中央广播的普兹恩很赞同地对他的员工说，观众感觉自己要与主持人保持亲切的关系，这就是他们所期望的："你们看，我们正在走进人们的公寓。"他报告说，当尼娜·康德拉特爱娃（Nina

Kondrat'eva）在工作中受伤了，人们就打电话到演播室问候她。"你知道，她在我们这儿就像我们的家庭成员一样，"他们解释说。"当她不在了，就好像一位亲戚失踪了。"[65]观众称呼康德拉特爱娃及其中央电视台的同事的时候都叫他们的名和昵称（比如，尼娜，瓦莱卡），地方电视台的观众同样也与他们当地的播音员发展了他们的关系；1961年，一家地方报纸强烈反对地方电视台的播音员在当地电视台匿名，因为每一位观众都有一种自然的意愿想知道他们的名字。[66]许多苏联人热衷于模仿他们每天晚上的着装和发型变化，给他们的信件如潮水一般，这些信件经常是属于私人性质的。[67]米哈伊尔·罗姆（Mikhail Romm）注意到孩子们倾向于和播音员的影像回嘴，更有趣的是，他说他也这样。"我本人觉得当播音员对我说再见时，有必要也对她说再见。如果我是在单独看电视，我会这么做的。"[68]

当代的电视的热情支持者们赞赏播音员与观众之间的这种关系，他们将这种关系视为对电视特性的一种有才华的开发。在《电视与我们》的另一个著名段落中，萨帕克宣称播音员瓦伦蒂娜·莱昂特爱娃（Valentina Leont'eva）是"电视荧屏上最有趣的事"。[69]萨帕克欣赏莱昂特爱娃的真实以及她与观众直接沟通的能力；他认为，使她令人感到有趣的是她在广播的时候能够保持她自己，"一个'普通人'，甚至在某种意义上是我们在荧屏另一侧的代表。"[70]几年以后，在画报杂志《闪烁》上发表的一篇关于莱昂特爱娃的文章（配有引人关注的温馨标题"播音员瓦利亚"）表达了同样的观点。"在他（原文错误）做的每件事中，这位播音员做到了真诚和自然的即兴发挥。这是荧屏上的人与观看电视荧屏的人之间能够生发出亲近感的唯一方式。"[71]

20世纪50年代的大部分时间，苏联消费者很少有地方去关注他们同代人的形象，政治领导人和劳动模范除外，也没有关于服装和发

莫斯科的黄金时代

型之类的信息，而电视可能是一个重要的资源。20 世纪 50 年代末，印刷媒体开始提供更具视觉吸引力的形式以及更多关于个人的报道。于 1957 年复刊的电影杂志《苏联银幕》是这股新浪潮的一部分，我们知道读者对明星肖像很着迷，并在他们的日常生活中充分利用它们。但即使观众经常像模仿柳德米拉·格尔琴科或者奥黛丽·赫本的发型那样模仿播音员尼诺契卡（Ninochka）的发型，我们仍然能感觉到所发生的这种关系在本质上是截然不同的。观众往往并不像参照他们最喜爱的播音员那样在极小的形式上参照他们最喜爱的电影明星。[72] 播音员实际上是每天的家庭人物（他们每天都会在观众的家里拜访他们），而电影明星，尽管通过明信片和大众媒体影像的形式家庭化了，但却被认为是来自另一个世界的人物。（家庭化的强烈兴奋感即由此而来。）此外，苏联的播音员本身也与他们的观众培养了一种不同的关系。1958 年的一次全苏联播音员培训研讨会使他们专注于以一种积极的心态与观众建立联系。

> 我正坐在或者站在演播室里……就在几秒钟之后，信号灯就会亮起来，然后我就要出现在千百万电视观众的荧屏上。我的心情？那应该是棒极了，所有负面的东西都留在了演播室门外。我希望观众的心情也同样好。我希望向他们报道我需要向他们报道的，但（广播的）每件事当然都非常有趣，也是我本人极其感兴趣并且迫不及待地想与所有人分享的。[73]

模范播音员达到了成为观众信赖的知己的程度并对他们的心理健康负有责任。20 世纪 50 年代和 60 年代初，播音员的岗位上女性占绝大多数，这一事实对于荧屏形象是至关重要的。电视评论员安里·瓦特诺夫（Anri Vartanov）认为，播音员将她们的角色当成"电视壁炉的管理员（和）电视教堂的女祭司"，同样也被观众接受为理想女性的代表。[74]

对于当代的热情支持者而言，播音员现象——观众对瓦利亚、尼诺契卡以及她们的同事的明显的爱慕——可以用来确认他们关于电视广播本质的概念。邻家女孩般的播音员的广受欢迎表明，电视本质上是为了普通人和日常生活而存在的媒体，其天然的模式就是亲切的谈话和写实的纪录片。"我们生活在一个令人惊奇的世界，个人之间的相互联系——甚至同一楼层的邻居之间——有时候都是不易察觉的，"穆拉托夫和费尔在一本有关与电视节目主持人，包括莱昂特爱娃访谈的书中如此沉思道。"而另一方面，与实际上位于祖国另一端的人们之间的神秘联系却涌现出来。如今当西伯利亚的某位女士写信给她不认识的中央电视台的一位受欢迎的女播音员，并与之分享那些只有最亲密的朋友之间才会分享的想法的时候，没有人会对此感到奇怪。"[75] 对于电视的热情支持者而言，电视是由彼此隔离的个体消费的，但它实质上是个体的一个共同体空间：挤奶女工、播音员、嘉宾作家、加加林、赫鲁晓夫以及观众自己。电视固有的真实性、自发性以及亲切感促使人们从未有过地体验着彼此和他们的世界。

现场直播并同时将普通人的生活置于荧屏之上的魅力是电视早期的一个国际现象。但在苏联的语境下，它在当代和历史上都得到了一种特殊的共鸣。电视的热情支持者们利用了强大的苏联文化传统，特别是吉加·维尔托夫（Dziga Vertov）的美学。著名的是，维尔托夫在20世纪20年代将虚构电影诅咒为"麻风病"和"致命危险"并宣称"真理电影"（kinopravda）——对真实生活的电影拍摄探索——是关于革命的工人阶级和共产主义的唯一真实的电影。[76] 也是维尔托夫最先

莫斯科的黄金时代

颂扬电影或者电影眼（kinoglaz）超越了人的视觉，能够渗透到包括人性在内的所有现象的本质。是维尔托夫第一个宣称对"活生生的现实"的消费会通过完善观众对世界以及彼此的理解而使他们得到提升；运用"真理电影"，人们可以"在为共产主义奋斗的过程中，通过一种单一的意识、一种单一的纽带以及一种集体的意志将所有分散在世界各地的工人们团结起来"。[77]

尽管大多数热情支持者没有直接引用维尔托夫（萨帕克直接引用了），但他的观点——并且在更广泛的意义上对苏联先锋电影的观点——却隐含在了他们对这个媒体以及他们自身作为电视工作者的理解中。因为接受了荧屏上"活生生的现实"和"真相"是一种进步的社会力量的理念，电视的热情支持者们建起了一道将斯大林主义的过去与一个更早的，在他们看来更纯洁的革命文化的时代连接起来的桥梁。[78] 1956 年，在一次电视员工讨论近期召开的第 20 次党代会的会议上，许多人将他们广播的低劣品质断然归咎于"个人崇拜"。崇拜文化——浮夸、教条以及做作——已经违背了电视的本性。现在人们将不得不重新学习如何"思考和表达他们自己的想法"以及如何倾听和信任他人。[79]

电视的热情支持者们在克服斯大林主义后遗症的计划中可以与许多当代知识分子一起实现共同的事业，但他们也坚信他们已经独自将现代性争取到他们一边，即直播的无与伦比的在场效果。电视镜头对他们来说不仅真实；它还具有"展现真实的完美程度"，而一个简单的观看实际上提升了观众。此外，电视对他们来说具有民粹主义敏感性（demokratizm，萨帕克说），这是其他媒体无法企及的。因为与日常生活以及普通人的这种假定的天然联系，电视不由自主地将苏联社会的焦点从领导人转向社会，从个人崇拜转向许多个人的发展和互动。

第五章 苏联文化中的电视与权威

然而，对于其所有民主化的语言来说，这项计划却将关键作用交给电视专业人员，而且苏联先锋传统再次变得非常重要。当维尔托夫热情地谈论摄影机实际上作为一种具有感觉力量的机器优于当代人的那些机器时，他也强调了摄影操作者（或者导演）在他所谓的"组织"或者"事实选择"方面的作用（见他最有影响力的电影标题：*Chelovek s kinoapparatom*，通常被翻译为《持摄影机的人》）。他认为事实的选择非常重要，因为"它将向工人或者农民表明必要的决定"。[80] 在这种境况下，要理解"真理电影"，观众需要摄影机后面的人就像需要摄影机一样。

对于电视的热情支持者来说，对生活现实的推广是位于波澜起伏的斯大林主义水域上的一座桥梁（一种将观众在精神上输送到更好、更纯洁的革命时期的手段），但这也是与20世纪20年代苏联电影的英雄主义时代的一种联系，使电视的热情支持者们能够将他们的工作想象成现代的对应物。当列昂尼德·德米特里耶夫与他的同事们将早期的苏联电视说成是未知领域时，他们呼应了比如像谢尔盖·爱森斯坦，他曾经将20世纪20年代的苏联电影描述为没有祖先（他的原话是"某种尚不存在的事物"）。[81] 无论是20世纪20年代的电影还是20世纪50年代的电视都不是全新的。伊恩·克里斯蒂（Ian Christie）曾经认为，对革命前的电影传统的否定是将苏联电影建成"典型'苏联式'"艺术形式的"创世神话"的基石。[82] 尽管电视的热情支持者不否认他们在如此激进的方式中的创作责任，但他们的确像先锋苏联艺术家们那样将自己定位于同样的传统之中，为一个新的时代发现一种新的艺术。通过制造连接20世纪20年代的桥梁，这些热情支持者们作为重要的文化权威获得自己的一种设想——这种设想不仅强调苏联社会在斯大林主义之后对电视真实性的需要，也强调苏联观众对于他们组织和展现它的需要。

VVV 与苏联"现实电视"的局限

苏联电视的年轻的热情支持者们没有多少机会将他们的想法付诸行动，因为电视台还在与资源不足进行斗争。他们第一次的重大突破与 1957 年莫斯科国际青年节相关。作为青年节活动的准备阶段的一部分，莎波洛夫卡的一群热情支持者们设计了一个他们叫做《趣味问题之夜》（*Vecher veselykh voprosov*）的节目，其三个字的首个字母 VVV 最广为人知。[83] 理论上，这个节目是一个向青年人宣传青年节主题的有趣论坛，其灵感产生于两个来源：当时捷克斯洛伐克电视台最受欢迎的叫作 GGG 的智力竞赛节目，以及斯大林去世以后在学生圈发展起来的喜剧—剧院团体，或称作 kapustniki。[84] 几年以后，人们记得 VVV 像是一个战斗口号，是所有认为电视的节庆节目应该"深远而广泛地表明电视的力量和能力"的人的战斗口号。[85]

这种热情如何展现在电视上？VVV 是直播、互动、以人为中心的电视节目，不同于它遥远的美国亲戚，它是广泛开放的；VVV 没有预先选拔它的竞赛者，而是邀请演播室内的观众随意参与——比如，从一个塞满票根的鼓中选取座位号。（当然观众本身不是真的从社会中随意挑选的，因为电视台通过共青团和大学渠道发出去许多票。）一次节目邀请了新婚夫妇们上台，并分别向他们提问关于他们婚礼当天的情况（比如，"天气如何？"）。获胜的夫妇是答案最匹配的一对。另一次节目要求竞赛者具体说明猫如何从树上爬下来：头先下还是尾巴先下？VVV 也让在家观看电视的观众参与到比赛中，在节目播放期间邀请他们到演播室。在一次节目中，挑战是将一棵榕属植物、一只俄式汤茶壶和杰克·伦敦选集的第三卷带到演播室；另一次节目要求名字的首个字母是 V. V. V. 的婴儿出生在该节目首播的那一天。[86]迎接挑战的观众会得到一个小奖品（有一次是一只煎锅）并在节目现场接受采访。

由于这种开放的策略以及不受约束的形式，VVV 是对苏联广播规范的一次彻底偏离。但同样激进的也许是它的主题和基调。让我们来考察一下 VVV 节目在第一频道第一次和第二次播放时，节目单上还有哪些其他节目。[87]

1957 年 5 月 2 日

下午1:00　　测试

　　　1:43　　中央铁路工人儿童之家歌舞音乐会——演播室内表演的电视节目

　　　2:04　　《老友记》（Old Acquaintances）——动画片

　　　2:40　　中央儿童之家音乐会续集

　　　2:51　　《小船》——动画片

　　　2:58　　《化妆品》（Cosmetics）——电影

　　　3:48　　夏季运动季开幕式——体育报道

　　　4:00　　纪录片概述

　　　4:55　　足球：上半场——体育报道

　　　5:05　　《苏联体育》——新闻片

　　　5:56　　足球：下半场——体育报道

　　　7:30　　测试

　　　8:05　　《庆典杂志》第四期（Festival'naia No. 4）——关于国际青年节的电视杂志

　　　8:39　　《祖国歌曲》——演播室内的文学主题电视节目

8:48　《春天的旋律》——纪录片

10:42　VVV

11:01　《立陶宛森林音乐会》——纪录片

上午12:46　VVV 续篇

1957年6月9日

下午1:45　测试

1:58　《那些日子的辉煌永无止境》——演播室内表演的儿童电视节目

2:05　《战舰波将金号》——1925年代电影

3:10　《拖拉机站的讲习班》——纪录片

7:15　下周电视节目时间表

7:28　《意大利、德国和西班牙诗歌》——演播室内表演的电视节目

8:00　VVV

9:38　《电影谜语》——电视节目

10:09　VVV 续篇

与中央电视台1956年10月提供的节目进行对比，这两份节目时间表显示了更多的原创电视节目（演播室内表演的歌舞、诗歌、报道，等等）。也需要注意的是这两天都没有新闻报道节目；与公共事务有清晰和即时关系的唯一节目是《庆典杂志》（Festival'nyi）——一档结合了室内访谈、表演、新闻报道以及附有评论的纪录片素材的综合节目。这种"电视杂志"的形式在苏联电视台迅速普及，并成为未来几年的主要节目形式。

1957年5月与6月的节目时间表所传递的总体印象就是节目的严

第五章　苏联文化中的电视与权威

肃教育态度；唯一具有娱乐倾向的节目是体育节目（或许还有歌舞音乐会）。然而，尽管体育节目对观众而言具有娱乐作用，但在苏联的语境下，仍然提供了进行教育和思想工作的机会。体育节目将运动员表现为赛场内外理想的苏联类型以及年轻人尤其是年轻男人的典范。[88] 关于苏联特性和男子气概的复杂看法是否或者如何有利于观看体验是另一个问题。这里的关键是苏联电视的体育节目作为教育节目所占据的地位丝毫不比意大利、德国和西班牙诗歌节目逊色。

另一方面，VVV 在 1957 年前后的苏联电视背景下，是一条离开了水的鱼。尽管这个节目与国际青年节有名义上的关系，并且将一些问题融入了青年节的主题，但这个晚间趣味问答节目的重点在很大程度上取决于趣味。这些竞赛者没有被表现为模范；他们是被随意找来随意回答没有明显意图的问题的人。（这个节目的创作者，在有过要提供更丰厚的奖品的冒险想法之后，认为这将有悖于这个节目的精神，最后确定了有趣的、象征性的奖品。）这是一个娱乐节目，它似乎也是为了娱乐的缘故。

根据各方评说，VVV 受到了观众的极大欢迎，但丑闻却让它在登场后仅仅几个月就早早结束了。针对 1957 年 9 月 29 日的第三次播放，这个节目的编剧围绕俄罗斯谚语"夏天备好雪橇，冬天备好马车"（gotov sani letom, a telegu zimoi）设计了一场竞赛；挑战是在节目演播期间穿上羊皮大衣、毡靴，佩戴帽子，并带上一只汤茶壶。早期的 VVV 竞赛最多吸引几十名参赛者；这次挑战却吸引了 600—700 人来到了他们正在直播的 MGU 综合大楼的剧院。那是一个热天，根据目击者称，汽车和巴士里挤满了穿得过多、大汗淋漓地拖着汤茶壶的人，造成了当地道路的巨大拥堵。剧院的一位引领员在那晚以后回忆说，前来演播室的人都很激动，因为奖品是一件相对豪华的东西：一辆新自行车。[89]莫斯科电视台的负责人如此描述当时的场景:"当时来的观众看上去有点吓人;醉醺醺的,穿着破烂的、撕开的羊皮大衣,他们挤进 MGU 的大门,破门进入会堂。"[90]有人还带来了一只活鸡。当摄像机仍在摄像时,人群涌上了舞台,呼喊着,叫骂着,帷幕也被扯了下来。[91]节目主持人、著名作曲家尼基塔·博戈斯洛夫斯基(Nikita Bogoslovskii)惊愕地站在那里,不久被推下舞台卷入混战。(最后,他完全是逃离了现场。)[92]与此同时,MGU 共青团组织的负责人从观众席的座位上站起来并喊道,"共青团成员,到我这儿集合!"然后一群学生在舞台外围组成人墙才控制了局面。在一段延误之后,VVV 的导演决定切断转播,只让观众看到一个"由于技术问题"而被宣告电视中断的无声画面。警察是在晚些时候才赶来的,是在被莎波洛夫卡的导演召唤之后大约 45 分钟到的。

苏联当局对这次丑闻回应迅速而严厉。一天之内,国家广播和电视委员会进行了事后分析,并从办公室发布了惩罚命令,中央委员会的命令也随后发布。官方调查显示的是一种计算错误和小事故。结果表明,主持人博戈斯洛夫斯基因疏忽而没有提及比赛中的一个关键因素(1956 年 12 月 31 日的一份报纸的复印件),这本可以大幅增加难度,很可能会减少想成为参赛选手的人数。[93]人群规模出人意料地增大,原因是大量的建筑工人当时正在附近的新房建筑工地(位于 Novye Cheremushki 的工程),并且都住在集体宿舍,他们所有冬天的衣服一直都在身边。甚至当人群已经增加了的时候,节目导演科塞尼亚·玛丽尼娜(Kseniia Marinina)对是否切断转播犹豫不决,因为她手上没有任何可以替代的节目。尽管准备一部故事片以便在技术故障时备用是标准做法,但这次,准备的电影却被锁在了保险柜里,而保管保险柜钥匙的年轻人提前下班去约会了。[94]此外,正如玛丽尼娜向事后分析大会报告的那样，演播室接到了观众电话请求他们不要切断转播——这本身至少是对观众品味的一个有趣评价。[95]谁能指责他们呢？在包围之下的 VVV 一定制造了扣人心弦的场面，特别是在这种情况下。在早期电视的这些年代，电视广播本身仍然是一个具有异国情调且令人兴奋的现象，1957 年 9 月 29 日所发生的事不仅关乎电视；它是每天的莫斯科生活以及混乱且难以琢磨的莫斯科市民在苏联媒体领域的一次喷发。

在这次广播节目之后的官方讨论和命令中，电视和党的主管机构不断回到这个问题，哪些人曾经被允许上过苏联电视以及他们的表现如何。国家广播和电视委员会主席 D. I. 切斯诺科夫（D. I. Chesnokov）呼喊道，"你让破衣烂衫和醉醺醺的人上电视——这是一种亵渎（profanatsiia）。"[96] "单就这个节目中途被切断而论，即使它各个方面都很优秀，也已经是一件丑闻。但还不只这些。这里的每件事都带有政治性色彩。我们看到了一群邋里邋遢的人，穿着从事最脏的工作的衣服。这近乎挑衅。"[97]中央委员会竟然认为这群不修边幅的人在苏联电视上"显然试图强调他们的贫困和懒散"。[98]但无论电视专业人员还是想要参赛的选手们的意图是什么，从官方的角度得出的结论是一样的：苏联电视已经播放了"一大群无组织又随意的（sluchainye）电视观众的镜头，而他们是不能出现在电视上的"。[99] VVV 丑闻让中央电视台的导演以及电视台的那些高级编导和少数低级别的人员丢了工作。[100]负责这个节目的庆典编导（实际上是青年节的编导，因为电视台没有其他编导）也被开除。

VVV 由于邀请普通人作为他们自己参加这个节目已经挑战了传统——不是作为活灵活现的脚本要求的道具或者社会类别（模范、获奖运动员、模范工厂经理，等等），而是作为游戏节目的参赛者，莫斯科市民，普通人。VVV丑闻所暴露的是位于苏联媒体空间内部的真实而普通的人的非常不安的状态。如同切斯诺科夫所指出的那样，有些人就是不可以被展现的。苏联电视没有穿脏衣服、难以管理并且酒气熏天的普通世界的人的地方。[101] 对于1939年就入党并在斯大林时代就做出了一番事业的切斯诺科夫而言，VVV节目中那些邋遢而醉醺醺的人的形象绝对是一种亵渎；苏联的媒体空间是神圣的。然而，甚至在斯大林主义的准宗教风格之外，所有的苏联媒体都有一种"超脱世俗的"气质，因为它们基本上是有抱负和有教育性的。当喝醉了酒、肆无忌惮的人们出现在苏联的报纸或电视上的时候，他们显然太醒目了；他们是流氓或者其他可以识别的类别的人，无论是在一种讽刺的还是在一种严肃的情况下，他们在那里都说明了一个问题。但在VVV节目期间涌上荧屏的人，甚至是节目的普通参赛者都根本没有被定义；他们是被随意选中的角色，因此丧失了明显的目的。用当时的话说，这些人是苏联媒体空间里的寄生虫；他们在这个空间里无事可做。更糟糕的是，他们的出现会带来降低整个理想的风险。尽管国家广播和电视委员会的讨论在很大程度上集中于控制的问题——竞赛如何被批准的，为何电台员工没有更迅速地回应，等等——但中央委员会的官员们却一致谴责VVV节目庸俗（poshlost'）且缺乏思想原则（bezydeinost'）。他们列举了"猫用哪种方式爬树"的问题以及其他问题，总结认为节目的内容是"故意愚弄苏联人民，同时损辱苏联人民的尊严"。在中央委员会看来，VVV的问题早在这个丑闻之前就已经开始出现了；这个节目是对受"资产阶级电视最糟糕的方法和道德"的鼓动的苏联全体公民的一种"嘲弄"。[102]

最近，VVV被看作是解冻时期的一个象征，以及20世纪60年代的人们（shestidesiatniki）的梦想。1995年的一篇文章〔并非巧合，由穆拉托夫的妻子玛莎·托帕兹（Masha Topaz）撰写]通过援引1956年"在整个国家升起的""自由的太阳"，为其对这次丑闻的叙述形成铺垫。"'第20次党代会的孩子们'的年轻思想中充满了欢快的希望、创造性的计划以及绝妙的想法"，我们要了解的其中之一就是VVV。[103]

1998年的电视系列剧《过去的道路》（The Way It Was, Kak eto bylo）中关于这次丑闻的一个节目也带着同样悲喜交加的语气，因为穆拉托夫、博戈斯洛夫斯基、玛丽尼娜以及其他参与这个节目的人都在台上回忆了他们对电视的青春热情，而且节目主持人开玩笑地以故作庄严的语气朗读了中央委员会的报告。关于热情支持者的历史学家也将这次丑闻描述成由当局精心策划的一次行动，让这些年轻的电视工作者们"知道自己的身份"，以免被青年节的节目成功冲昏了的头脑，在更广泛的意义上，这也是赫鲁晓夫在1957年下半年对知识分子进行打击的一部分。[104]

尽管这一丑闻发生的时间的确处于赫鲁晓夫的一次定期文化清理期间，[105]但事实却是，从当局的角度看，他们的判断无疑是正确的，像VVV这样的节目对于苏联电视而言是不合适的。VVV在这样的背景之下是毫无意义的娱乐，这本身就是一个问题。但即便它提供了一个严肃而不是趣味问题的夜晚，它的开放形式将仍然使它与苏联的媒体实践难以兼容。作为年轻的电视工作者以这一媒体进行实验的心血结晶，VVV显示了笔者已经描述的电视热情的许多元素：对电视直播的迷恋及其突破主题与观众之间的荧屏障碍的能力，观众参与的理想，对普通人和日常生活的兴趣，以及隐含于不经意间捕捉生活瞬间这一理念中的开放且不可预期的特性。通过设计，VVV将开放式的邀请扩展到每个人以及每个人的问题（酗酒、贫穷），而没有将他们纳入一个更宽泛的意识形态框架内。因此，VVV的情节所体现的并不是苏联电视

莫斯科的黄金时代

253 展现真实和普通人的不可能性，而是设计和包装他们的必要性；不经意间捕捉的生活要求对苏联电视的一种解释。[106]

在重组改革之前，苏联电视上再也没出现过像 VVV 这样的直播、开放的节目，从这个角度看，1957 年 9 月的事件体现了某种理想化的电视构想的失败。但与此同时，苏联电视随后的发展显示，设计 VVV 的同一批热情支持者们也支持和发展了对真实和普通的人为了观众而进行包装的理念。在这方面，VVV 的情节看起来不像是一次失败而更像是一次学习体验。电视的热情支持者们开始着手来满足对苏联电视进行解释的需求——用有标记的取代随意的，给无目的的以目的，为个人和社会活动提供模范。有关这方面最著名的例子，我们只需了解一下 VVV 的后继者、著名的 KVN 即可。

KVN 与模范个人

苏联电视在 VVV 之后持续四年不关注游戏节目形式。在这个节目解散之后加入员工队伍的艾琳娜·加尔佩林（Elena Gal'perina）回忆说，在莎波洛夫卡时期，这个节目是一个"灾难的象征"。尽管加尔佩林听到了她同事们的警告，但她欣赏 VVV，将它看作是"某种真正的电视节目，为了它我们中的许多人——期刊记者、戏剧评论家、演员……都调了假期"。[107] 1961 年，作为一名新的年轻编导的负责人，加尔佩林征招了 VVV 的老将们以及其他想为一个新的游戏节目工作的热情支持者。

结果产生了一个直播的智力竞赛节目，他们称之为 KVN，趣味和机智俱乐部（Klub veselykh i nakhodchivykh）——一个聪明的名字，不仅因为俱乐部作为组织年轻人娱乐的一种方式的概念在当时很流行，而且也因为首个字母 K. V. N. 来自于苏联第一批电视机之一 KVN—49

而为人所知。[108] KVN 首次播放是在 1961 年 11 月，它从一个（大约）月度的节目而演变为所有时间的苏联电视节目中最受欢迎的节目之一，同时也是一个重要的社会现象。KVN 竞赛也在地方电视台播放，在学校和工厂、集体农庄和武装部队、出租车司机和商店售货员中都有当地的 KVN 参赛队。KVN 的参赛者和节目爱好者（KVN-shchiki）如今声称这个活动的受欢迎程度当时是如此巨大，甚至连苏联的犯人都建立了自己的参赛队。他们说 KVN 过去是并且现在仍然是一种"生活方式"。[109] 一些上了电视的参赛者后来变成著名的表演艺术家；许多 KVN 参赛队的成员，特别是队长们受欢迎的程度可以与同时代的电影明星相媲美。这个节目在开放年代再次复出，并且如今仍然在俄罗斯电视台播出。[110]

不难发现，KVN 的渊源是苏联电视台一度举办过的趣味问题节目。像 VVV 一样，KVN 是在演播室观众面前的直播节目，并且它被普遍认为是风趣、滑稽并在某程度上无厘头的。但在重要和显著的方面也是与 VVV 不同的。首先，KVN 解决了社会类别问题——VVV 麻烦的随机性——办法是将参赛者限制在一个团队中：学生，绝大多数是男学生，他们在各个参赛队中进行比赛以捍卫各自学院的荣誉。（这是最初的设计；只是迫于压力，这个节目才在几年后扩展了它的基础，将来自工厂的参赛队以及最终来自各个城市和加盟共和国的参赛队也包括进来。）此外，KVN 没有丝毫不自然的家庭生活，也没有对个人物品的侵犯以及其他在 VVV 中很明显的问题；参赛者以一种具有半专业能力的学生（或者后来的工人、基辅人等）身份出现在节目中，并且他们都有一个工作要完成：为各自的团队争得荣誉。其次，所有出现在 KVN 节目中年轻人都经过筛选和训练；他们是青春活力、友情和机智的典范。尽管这是直播节目，电视工作者们还是尽最大努力通过让比赛标准化以排除不可预测性。[111] KVN 的参赛队必须独立思考——每次比赛会向他们展示一个里面装满了奇怪物品的公文包，然后让他们现场设计一个关于其物主以及该物主如何丢失它的故事——但他们也被允许提前准备一些素材（短剧、歌曲、诗歌等），这些素材要接受编辑们的全面审查。例如，有一个标准比赛叫作 BRIZ，即合理化和创造性办公室（Biuro po Ratsionalizatsii i Izobretatel'stvu），要求其参赛者表达自己的想法，比如关于月球上的一所大学。[112] 最后，与 VVV 不同的是，KVN 会在节目播放过程中进行审查；理论上，只要参赛者开始讲一个尚未得到批准或者被认为太有争议的笑话，声音就会被切断，镜头会转向坐在观众席中的一位年轻的节目助理。[113] 截至 1968 年，这个节目也从直播变成录像和编辑的节目。

    KVN 因其大胆而赢得了声誉，的确有些时候参赛者的讽刺超越了当局认为可以承受的范围，给节目的员工带来了可以预知的后果。[114] 但与 VVV 相比，KVN 是受约束的娱乐，也许更重要的是，它可以说有一个清晰的宗旨。毕竟，它不仅仅是一个晚间节目（vecher），一个一时兴起的想象，而是一个俱乐部，一个集体而有益的活动。而尽管重点总是围绕机智和幽默，但由于比赛的主题会涉及改善教育体制和讽刺社会"弊端"（nedostatki），KVN 也具有 VVV 所缺乏的明显的公民因素。甚至其观众也被带入了有针对性的轨道。演播室内的观众由来自于参赛机构的学生构成，这些机构参加了一场"爱好者的比赛"——通常是一些体力项目，比如把一个东西迅速地从一个人传给另一个人——从而获得将被计入各自队的总分的分数。对于在家中的观众来说，KVN 本身提供了年轻人娱乐问题的一个解决方案；用其创作者的话说，KVN 是"大家最关注的问题：'当无所事事的时候做什么'"的答案。[115] 这个电视节目也鼓励了数千个分支节目。穆拉托夫和他的同事们为地方俱乐部编印了关于如何做这个节目的含有完整竞赛样本的图书,并为未来的主持人们编印了脚本。[116]

KVN 也以一种 VVV 所没有的方式富于目的和意义,因为据说它为苏联的年轻人展现了积极的模范作用。国家广播和电视委员会的领导人卡拉莫夫当然如此认为;他甚至反对播放用胡子掩盖脸部缺陷的参赛者的镜头,因为它展示了错误的形象:"他们也是抽象派艺术家(指西方艺术家),"他对员工们说。"他们需要从社会中清除。长头发、留胡须的人,等等。这些都是同一种类型的现象。彼得大帝强行剃掉胡子,我们必须同样如此。"[117]苏联的新闻报道尽管不那么明确,但同样严肃对待 KVN 的模范作用。20 世纪 60 年代中期,一位以前曾批评该节目聚焦于学生而没有关注"广大电视观众"的评论家赞赏它展现了"新英雄"——军事学院学生以及来自手表制作厂的工人:"或许这个竞赛没有闪耀着机智敏锐,然而,它是欢乐而没有约束的,青年电视观众至少可以看到一个苏联战士的礼貌,在他伸手向女孩提供帮助时体现的男性风度……在台下,他如何护送她回到座位,以及她在感谢她的对手时体现出来的少女的矜持和尊严。"[118]另一位评论家对物理学专业和医学专业学生之间的一场竞赛印象深刻,在那场比赛中医学专业的学生现场制作了两张海报:"希波克拉底(Hippocrates)* 比阿基米德聪明 100 倍!"(俄语巧妙的押韵诗)以及"物理学是未来的良方!"这位评论家认为,第二张海报所反映的远不只"单纯的对于对手的一种绅士姿态"(尽管这的确由于运动员的精神而赢得了评委给出的额外分数),而且还包含了"更深层的意义"因为它让人们思考"科学的发展……以及科学的氛围……今天的年轻人自然地

---

* 约公元前 460—370 年,古希腊医师,被称为医药之父。——译者注

生活在这种氛围之中"。在他们的"真诚和决心中",他看到了 KVN 的参赛者像是"正在表达他们自己的一代"。[119]

寻找"青年英雄"是苏联文化的主旋律,因此苏联的印刷媒体希望 KVN 的参赛者们充当这些角色当然是不足为奇的。然而,从电视节目发展的角度看,重要的是 KVN 的工作人员们也认为其参赛者能发挥模范作用;这种示范的理念是这个节目设计的核心。穆拉托夫和他的同事们将 KVN 创作成一种"智力足球赛"的形式。每个队都有一名队长和十名主力队员再加两名候补队员,并且他们都有"职责",这意味着参赛者趋于专攻各个不同的任务(音乐、文字,等等)。尽管面临来自当局的压力,这个节目还是在几年之后向其他群体敞开了大门,最初的想法是完全面向学生的,并且从更广泛的意义上讲,是年轻的男性知识分子的一场庆祝活动。加尔佩林在1964年电影制作人协会的一次会议上强调了这一点。她告诉她的听众,KVN 是"100%的宣传"而不是像一些人认为的那样是娱乐。"我们宣传什么呢?"她反问道。"我们宣传青年学生的才智。我们宣传他们积极的思维模式……他们的乐观……他们的幽默感,还有他们自我嘲讽的能力。"[120]

VVV 与 KVN 有许多共同之处,它们的创作者总将它们说成是长兄和幼弟。像 VVV 一样,KVN 也是直播并且基本上是即兴表演的电视(至少在其最初的设计中如此),尽管当局不断向节目员工施加压力要求录制节目,但他们还是坚持,因为对他们来说,直播保持了"电视艺术的最高境界"。[121] KVN 同样也为观众的参与提供奖品,并使得创造一个共同体——通过电视联合起来的由参赛队伍、节目迷,以及更广泛的 KVN 爱好者团体组成的共同体——成为节目设计的核心特征。[122] 最后,KVN 将普通人置于观众关注的中心,并且依赖电视这一媒体产生设定的亲切感。这个节目的竞赛被设计成要"展示其年轻参

第五章 苏联文化中的电视与权威

赛者的个性"。[123]如同加尔佩林在1967年的一篇文章中详细说明的那样，其策略就是"找到有趣的人，创造一种自然且无拘束的氛围，最终弄明白一种状况，就像'芝麻，开门！'的魔术那样将人物揭示在我们的面前"。加尔佩林认为，当节目在这方面取得成功的时候，它就是电视艺术。[124]

就像它致力于直播一样，KVN在荧屏上"揭示"或者"展示"人（raskryt' cheloveka）的动力与电视的热情支持者的理想是一致的。但是加尔佩林关于节目成功的公式是值得商榷的：电视艺术的首要条件不是确定某个主题而是"有趣的人"。如她所解释的那样，KVN的工作人员发现许多人在镜头前无法克服他们的拘束感，更重要的是大多数人似乎无法独立思考。工作人员发现学生是他们最佳的参与者——不那么保守，就像年轻人普遍呈现的那样，而且也是比一般人更有趣且更令人愉快的主体。节目对女性参赛者的态度也大体如此，她们相对较少；普遍的推断认为男性因为天生更大胆和更机智，所以他们是智力足球赛中更好的选手。[125]而这一点是全开放的、草率的民粹主义的以及缺乏目的性的VVV所不具备的。KVN经过设计传递了一套简明而有用的整体思路："荧屏上有思想的人"（一种显著普遍的男性形象）作为苏联观众的模范。[126]

通过对这两个节目的对比，可以将KVN解读为在由VVV所体现的那种更激进和更广泛的电视构想与VVV的对立面之间的某种中间地带：流畅的、照脚本念的并且更偏好录制和编辑的电视节目。毕竟，苏联电视在组织结构上和意识形态上都倾向于后一种传播构想。甚至当热情支持者们一致要求现场的、自发的电视节目时，苏联的广播组织运用其话筒文件和事后惩罚的手段，显然将节目引向另一个方向。如我们所了解的那样，1957年，VVV停播，苏联电视的一些主导人物也随之离开，就在那一年，当局开始培养其更加敏锐地关注整个电视媒体的能力。也许 KVN 的模式是理想主义者协调之后的一种精明的妥协——电视的热情支持者们在那种环境下能做到的最佳方案？

在关于 KVN 的回忆中，加尔佩林及其同事们经常会提及他们所感到的来自政治当局的压力，以及这个节目已经作为 20 世纪 60 年代年轻的胆量和气魄的典型迹象而进入了苏联的历史记忆。[127] KVN 的名气当然远胜于 VVV，已经成为失去的梦想（shestidesiatnik）的一种象征。[128] 它大胆的名声是由它当时偶尔尖锐的讽刺形成的，但这一名声在 1972 年随着节目的取消而被尘封。[129] 在没有任何官方解释的情况下，许多观众推论说当局发现这个节目太具有政治威胁；关于主持人被捕的谣言被广泛传播。[130]

我们知道当局的确在 20 世纪 60 年代末采取措施与它所看到的整个苏联文化界危险的缺乏纪律的状况进行斗争。但值得讨论的是，当它涉及电视的时候，最有效的可支配手段是技术的而非政治的：录像。当节目的内容可以预先录制和编辑的时候，电视领域的管理和纪律就立足在一个全新的基础之上。KVN 早在 1968 年就开始从直播转为录播。四年以后取消节目的决定似乎不能反映出对其不可控制的担心。

事实上，虽然形式不同，KVN 正朝着增强控制的方向发展：专业化。（甚至在节目转向录播之前就出现了这种趋势的迹象。）几年以后，KVN 那种即兴表演和业余的品质消除了，事先准备的滑稽短剧大幅增加；有些参赛队甚至聘请了戏剧教练和作家来提升他们的竞争实力。[131] 当 KVN 的参赛队伍开始不仅代表院校而且也代表城市，甚至加盟共和国时，比赛的筹码也增长得更高。党和共青团组织也希望以赞助人和管理者的身份参与其中。巴库的一家报纸报道说，超过 60 人在 1968 年的全国竞赛前的几周前就飞到莫斯科帮助该市的参赛队做好准

第五章　苏联文化中的电视与权威

备。来自巴库的报纸、杂志和信件也每天大量涌来，以便让队员们了解竞赛的最新情况，尽管有人怀疑他们何时有时间读：根据报纸所说，KVN 参赛者和节目爱好者组成的队伍每天排练 8—10 个小时。在比赛的当晚，巴库共青团用飞机载来 80 名节目迷，他们是从一千多名申请者中筛选出来参加这个节目的。当巴库的队伍凯旋而归时，市领导以及共和国共青团组织的领导与地方媒体一道在机场迎接他们。[132]

简而言之，KVN 看上去不像是业余的晚间表演节目而更像是娱乐业的节目。这种转换受到中央媒体的批评，它们或多或少地公开指出这种后台因素成了对比赛的一种损害性的影响。[133] 1972 年节目取消的一个可能的原因是在莫斯科的电视监管人员看来，专业的 KVN 造成不必要的国家分裂和一种资源浪费。如许多了解 KVN 的人所认为的那样，也可能个人的情感起到了推助的作用。国家广播和电视委员会主席谢尔盖·拉平据说对这个节目嗤之以鼻，根据一些人的说法，因为节目中有许多犹太参赛者。[134]

然而，尽管 KVN 在争议笼罩中结束了它在苏联电视台第一阶段的播放，但这不应该阻碍我们对其起源的了解。KVN 不是一个经过设计的对抗节目，在其创作者的眼中，它也没有体现艺术的妥协。他们认为，KVN 是苏联电视向前迈进的一步——朝向包装和提升现实生活、个人以及某种社会意识的具体形象的一步。它仍然是以人为中心的、互动式的电视节目，在很大程度上是创建 VVV 的热情支持者的风格。但 KVN 更进了一步：它提供了模范人物以及互动形式的典范，这两者在很大程度上反映出这个节目的创造性氛围。KVN 的所有品质——青春、才智、乐观、大胆、团队精神、公民意识——同样也是莎波洛夫卡的品质，至少在那些在此工作的人的眼中是这样的。KVN 是其创作者们的自我意识在苏联媒体空间的一种投射，是他们文化权威的一种

莫斯科的黄金时代

表现。

设计文化权威

KVN 如何与 20 世纪 60 年代其他的苏联电视进行比较。在此我们有中央电视台 1961 年 11 月某天的节目时间表，那年是 KVN 推出的时间。

第一频道

下午12：00　克里姆林宫的古教堂——新纪录片

12：20　转换之后，献给旷达之人——业余电影

12：40　电视新闻

［提示：由于新闻节目通常持续 15 分钟，接下来将有很长一段播放中断时间。］

5：25　先锋英雄与帕夫利克·莫罗佐夫——儿童电影

6：15　电视新闻

6：30　浪漫音乐会与 A. 瓦尔拉莫夫的歌曲——很可能是演播室电视节目

7：05　当代问题与看穿一切的 X 射线——电影

7：30　电影旅行俱乐部——演播室电视节目

8：50　音乐辞典—民谣——演播室电视节目

9：25　前线来信——中国故事片

10：30　国际问题评论——演播室电视节目

10：45　电视新闻

第二频道

下午6：40　莫斯科新闻

第五章 苏联文化中的电视与权威

7：00 布拉蒂诺展览——儿童电视节目
7：30 费加罗的婚礼——V. I. 列宁教育机构戏剧精选表演。幕间休息，休息日的最佳娱乐（The Best Recreation on Your Day Off）[135]

除了缺乏体育节目，这是这一天的一个例外，这份节目表是20世纪60年代苏联中央电视台所提供节目的一个广泛代表。电视在很大程度上仍然是文化中间人，尽管20世纪60年代末的电视节目时间表会显示整体播放时间和原创电视节目（可能包括来自地方电视台或者电视联播网提供的直播节目）大幅增加，但包括电影在内的艺术仍然占据重要地位。[136]从原创电视节目的角度看，新闻是最显著的新增内容，并且贯穿整个20世纪60年代新闻在中央和地方电视台都明显增加。但是，苏联中央电视台仍然没有常规安排的深度晚间新闻，直到1968年1月30分钟的节目《每日播报》（Vremia）开播。《每日播报》直到1972年才固定在晚间九点播报。[137]整个20世纪60年代，苏联的节目策划者们继续在总体上将重点更多地放在艺术和教育方面，而不是公共事务或者轻松的娱乐节目。

苏联电视的总体基调仍然是持重的。观众经常抱怨它沉闷。《鳄鱼》（Krokodil）杂志的记者M. 塞默诺夫（M. Semenov）在1961年表达了很多困惑。"你是否落入过一个愚昧无知的牙医手中？"他问道。"听过一堂关于睡眠和做梦的课吗？……没有？那么你可能无法理解一个人在电视荧屏前坚持观看节目的痛苦。"塞默诺夫继续描述了一个不停翻转频道而未能搜到有趣的可以观看的节目的夜晚。"是的，在那些编导中有些神秘的人物，"他暗自想着。"他们为什么会认为我会对观看一个三流的、甚至吸引不到40名观众的水球比赛感兴趣？当

莫斯科的黄金时代

一部业余作品在文化厅初次上演时座位半数空着的时候，他们为什么必须将这个节目向亿万电视观众播放两三次？"[138]塞默诺夫的文章获得了《鳄鱼》读者们的强烈响应，但是许多人写信来说他们对于改进不抱任何希望。"这不是第一次人们写信谈论电视，但很显然，制定这个节目安排的人非常有勇气，"一个人写道。另一位女士认为电视工作者们不关心他们节目的内容，因为他们自己没有电视机而不必非得观看电视。（注意家中的电视令人不能忽视的存在感——快看我！）[139]

如果1961年11月的节目表与我们将要看到的，比如1967年11月的节目表大体相同，而且也与我们所看到的十年前的节目时间表很类似，那么为什么20世纪60年代却如此经常地被奉为苏联电视的黄金年代呢？答案是KVN，并且更宽泛地说，是体现了"热情支持者们"诸如真实、个性以及社会等价值观的20世纪60年代的那一批节目。谢尔盖·穆拉托夫赞扬这一时刻，此时"荧屏的主角变成一场谈话中的参与者"，而不仅是单纯的"表演者"或者"对着镜头说着独白的主持人"。[140]《蓝色小火焰》和《全景电影》这两个我们在第二章曾提过的节目，通常与《电影之旅俱乐部》（*Klub kinoputeshestvii*，关于地理和旅行）、《音乐厅》（*Muzykal'nyi kiosk*）、《新闻转播》（*Estafeta novostei*，新闻杂志周刊），以及《英雄精神的故事》（*Rasskazy o geroizme*，一个关于和献给二战老兵的节目）等一些节目被称为新品种。[141]所有这些节目都是直播和谈话节目，它们都为能在一种亲切的环境中一对一地向观众介绍有趣的个体而感到骄傲；它们是为了同时在荧屏之上和跨越荧屏障碍进行社会互动的电视空间。但像KVN一样，所有这些节目都对能体现个性理念中的等级制的主体进行了选择：一些人比其他人更有趣并且更适合于电视。关于大多数这些新的电视节目，一名具有权威性的主持人（vedushchii）占据舞台的中心位置。

第五章 苏联文化中的电视与权威

KVN将年轻的且通常是男性的知识分子们作为一个群体来加以突出，像《全景电影》和《英雄精神的故事》等节目都将善谈的且通常也是男性的个体置于观众关注的中心。[142]

对于《新闻转播》这个苏联第一家新闻杂志周刊而言，对个性的关注是其几个"基本原则"之一，因此节目拒绝使用画外音（一名主持人必须一直在荧屏上）。《新闻转播》也按当时的风格将自己构想成一个俱乐部，并且邀请嘉宾进行公开的脱稿演说。尽管这是一个相当独特的俱乐部，至少设计如此：这个节目的另一个基本原则是它将要汇聚在一起的只是"非常有趣、非常杰出、非同一般的人"。[143]《新闻转播》的创作者们所希望的是，主持人和嘉宾的活力以及他们谈论的开放性，能够以一种新颖而生动的方式吸引观众参与公共事件。从这个意义上看，它是一个热情支持者风格的谈话节目：直播节目的真实性和即时性、荧屏之上和跨越荧屏的亲切感的重要性以及社会观念——所有这些核心的热情支持者的理念在《新闻转播》的设计中是显而易见的。与此同时，主持人的核心作用和嘉宾的示范品质表明该节目与像KVN这样的节目之间的渊源，以及它对知识和文化等级的投射。

譬如，让我们看一下《新闻转播》的最著名的主持人，也是他那个时代最著名的电视人物尤里·福金（Iurii Fokin），如何描述在1962年的古巴导弹危机期间他在节目中的工作。福金回忆了他向观众谈起当天早些时候在他的院子里与一位女士的谈话，当时这位女士拿着一只装满火柴、香皂和盐的购物袋。他和他的邻居争论了起来，告诉她当"一根火柴就能让整个世界燃烧的时候"，她的香皂和火柴都毫无用处，但是却未能说服她。福金回忆了在《新闻转播》上使用这个故事来开启有关危机的普遍话题，他将他对观众的讲话描述为"河面上的一艘破冰船"。"我是否具有说服力不重要，"他说，"重要的是……每一位观众都理解没有向他隐瞒任何事，也没有什么是被掩盖的。"[144]

尽管福金本人以一种亲切而平等的语言表达了他当晚对观众的态度（"我像对一位朋友那样对每个人谈论着，"他说），但他对自己谈论的描述却显示出某种不同的关系。作为《新闻转播》的主持人，福金对他的观众讲话就像他在院子里与那位女士谈话一样——从一个具有卓越知识的角度——同时也像一位令人感到安慰的权威人物，让他们相信没有向他们隐瞒任何事情。尽管《新闻转播》主持人可能会把他的观众想象成挚友，但他与他们的关系却不是一种平等的关系。院子里的普通妇女与抽象的普通观众可能是这个节目的一部分（确定了它与现实和日常生活的关联），但他们却从未在这个俱乐部里。知识和洞察力显然是福金将要分享的知识和洞察力。《新闻转播》是他的表演。

同样，《英雄精神的故事》是谢尔盖·斯默诺夫的表演，而《电影之旅俱乐部》是弗拉基米尔·施耐德洛夫（Vladimir Shneiderov）的表演。斯默诺夫是著名的作家和战地记者，将《英雄精神的故事》作为电视节目向观众讲述二战期间被德国人俘虏的苏联士兵的故事，为他们从长期背负的叛国罪和懦夫的指控中恢复名誉。这个节目很快就超越了这个主题，将更普遍的苏联老兵的故事包括进来，它成为广大老兵的一个论坛和公众援助机构。多年来，千百万观众联系了《英雄精神的故事》来分享他们的故事，特别是寻求节目的帮助来寻找失散的朋友和亲戚，确立他们对抚恤金以及其他福利的请求。尽管《故事》的确支持了一群有争议的苏联人成为英雄，但其风格从多种角度看都是苏联文化所熟悉的（发现平凡人的不平凡之处和模范作用）。此外，作家斯默诺夫是节目的主持人与核心，并以一种重要的方式成

第五章 苏联文化中的电视与权威

为这个节目的主角,就像许多给他写信的人——有时候致"斯默诺夫部长",或者"最高苏维埃副主席斯默诺夫",或者直接致"谈论丢失者的作者"——当他们寻求他的帮助时所理解的那样。[145]

像 KVN 和《新闻转播》一样,旅游节目《电影之旅俱乐部》是一个俱乐部,因此用当时热情支持者们的语言来说,是另一个平等对话的媒体空间。但就像斯默诺夫与他的老兵嘉宾和通信者之间并非平等的关系一样,《电影之旅俱乐部》将主持人和观众置于一种明显的层级体系之中。节目的主持人弗拉基米尔·施耐德洛夫是一位电影导演和探索者,终究是俱乐部唯一的旅行者。他对那些普通观众几乎没有可能去的外国地点给予深度报道;他实际上是苏联人民的代位旅行者,他们实际上依赖于他非凡的移动性和专业知识。权威主持人的核心作用之于苏联人的观看体验是再清楚不过了。

当《英雄精神的故事》和《电影之旅俱乐部》这样的节目在 20 世纪 60 年代初在苏联电视上活跃起来的时候,电视的热情支持者们在它们身上看到了电视趋于成熟的迹象。穆拉托夫将与谢尔盖·斯默诺夫在一起的 30 分钟称为一次"公民事件",他强调正是与像斯默诺夫这样的主持人在一起的时间对大多数观众而言至关重要:"与这些人的社会互动可能不比谈话主题本身在审美上的价值小。"[146] 尽管播音员也与观众建立了密切联系,但主持人和评论员被认为是质的提升,因为他们联系的来源被普遍认为是智慧的、较少情绪化的。主持人不仅风度翩翩,而且他们的个性也有知识和创造力做后盾。换句话说,一名主持人是不自己撰写讲稿的播音员永远不可能成为的一个个体。播音员只是观众在荧屏上的一个普通代表,主持人则代表着电视台、他的(少数情况是她的)专业领域以及最广泛和最佳意义上的苏联文化。

莫斯科的黄金时代

尽管电视的热情支持者们没有从这些方面来谈，他们对播音员与主持人之间性别特征的区别却非常明显，并同时将其付诸实践。大多数主持人和评论员是男性，尽管20世纪60年代（这个阶段几乎所有播音员都是女性的情况已经持续了几年）播音员的队伍中包括了男性和女性，但这个职业却在根本上保持着性别区别。一位评论家在1966年的《苏联广播和电视》中简要表达了对这个角色的期望："一名电视播音员播读新闻时，应该或多或少地，譬如像你妻子那样，如果她拿起报纸，看到某些有趣的东西，就会大声地将它读给你听。"[147]评论家安里·瓦特诺夫将这个阶段描述为"电视女主持人变成了仆人"的阶段。[148]理论上，（女性）播音员仍然是电视广播中的一种形象，其作用是展示苏联电视在其所谓黄金时代的真实发现：男性文化权威。

文化权威与苏联观众

开拓了苏联电视的热情支持者们坚信他们正在做一项有价值的服务，尽管对于节目存在长期的抱怨，他们还是看到观众年复一年地成倍增长。但当时所知晓的关于荧屏另一端的人们的事情——他们是什么人，他们看什么，他们为什么要看——以及这些知识的用途如何？20世纪60年代，当观看电视及其对其他活动的影响成为休闲研究者们感兴趣的话题时，苏联电视广播对于社会学而言卷入了时尚的漩涡。也有一些媒体专项研究项目，比如鲍里斯·菲尔索夫对列宁格勒观众的研究，以及1957年国家广播和电视委员会内部建立了自己的观众研究部门——科学方法部（NMO, Nauchno-metodicheskii otdel）。尽管最初只是负责将观众来信进行分类并协调回复，但这个新部门很快将其关注投向社会学研究。它的第一项调查始于1962年，经过了十年的时间，科学方法部设法完成了五十多项研究，经常与地方电视台合作，

第五章　苏联文化中的电视与权威

调查的样本从几百名受调查者到五千多名受调查者不等。[149]它也发表了一系列关于广播和电视观众的调查报告供广播管理部门使用。

即便按照早期苏联电视的标准，凭借其自称的业余爱好者们在黑暗中摸索道路并且经常跌跌撞撞，科学方法部仍然是一件仓促之事。20世纪60年代中期，它有22名员工在一座破旧且冬天的室温只有10摄氏度的建筑内工作。[150]不必说，科学方法部的工作没有机械化（由纸与笔控制），但更重要的是，这个部门缺乏调查设计和分析领域的专业知识。鉴于苏联当时的社会学状况，它缺乏可以参考的模型。科学方法部的研究者们只能临时拼凑。他们的大部分调查是在住宅区和厂区内通常由志愿者面对面且非匿名地进行的。在莫斯科以外的地区，他们有一个由地方电视委员会和党组织聚集起来的志愿者队伍。对年轻观众进行的调查，科学方法部有时要依靠老师们将调查问卷当作课堂作业布置给他们。

用这种方式对自己的观点进行彻底讨论对于人们来说意味着什么，而他们又如何解释将志愿者调查员拒之门外或者邀其进门的含义？尽管科学方法部的报告称合规性经常是个问题，但我们几乎没有任何关于社会学研究所需要的这种最重要的社会维度的信息。一次调查向新西伯利亚广播委员会发出了200份问卷却只收回15份答卷。[151]一个叫作"大化学荧屏"的研究项目发现人们拒绝参加，因为他们说他们很不喜欢这个项目。[152]

科学方法部调查本身的特点就在于他们的引导性问题（笔者猜想许多调查者也在现场给了一些"指导"）。看看下面摘自1962年对一位14岁的莫斯科市民进行的关于"广播和电视在人口的文化与美学教育中的作用"的调查记录：

电视在你的家庭中的出现如何影响你与报纸、杂志和图书的关系？你阅读更多还是更少？电视是否影响你对图书的选择？

我们自己挑选图书。

你定期看哪类电视节目？

体育，《蓝色小火焰》。

电视如何有助于扩大你的视野、放松、满足你的美学需求？

它对放松很有帮助。

你认为电视节目的内容应该是什么？

我想在电视上看到更多好的影片。[153]

另一项科学方法部的调查表明，年轻观众对"教育性的"节目感兴趣——不太令人感到惊讶，当他们被要求从喜欢一个电视节目的可能的原因的列表中选择诸如"有教育性特点"、"提出了当前关于科学和技术的问题"以及"提供思想食粮"等答案；答案"在形式上具有娱乐性"是可能的，但它却处于一个在意识形态上拥挤的空间里。[154]

按照苏联文化的官方目标，苏联观众如果不教育的话就什么都不是，而科学方法部的调查结果经常显示它们与电视的教育和动员使命的一致性。许多发表在报纸上的观众来信也是如此。然而，当问题不是关于人们认为他们应该看什么，而是他们实际上看了什么以及他们希望看什么的时候，从当代研究中呈现出来的观众形象则是相当不同的。

苏联观众报告说在电视上观看故事影片的时间要多于其他节目形式。[155]表示希望在电视上观看更多电影的年轻的莫斯科市民并不只是一些对电影着迷的青少年；观众普遍向新闻界抱怨电视没有播放足够多的电影，或者重复播放相同的影片太频繁。（他们在20世纪60年代对

第五章 苏联文化中的电视与权威

几部电视电影的评价也很高。）受欢迎程度次一个等级的是有表演者的节目（综艺节目或者像《蓝色小火焰》那样的咖啡馆表演节目），特别是KVN。科学方法部1966年的一项调查显示，年龄在14到30岁的观众中有74%的人称他们"总是"收看KVN；对于14到18岁的人群，这个数据达到了90%。[156]鲍里斯·菲尔索夫关于列宁格勒观众的调查与科学方法部的调查结果相呼应：电影在观众中最受欢迎，其次是KVN（在所有年龄群中都受欢迎）。[157]观众也表示会定期观看戏剧表演、音乐会和纪录影片。新闻和公共事务节目——确实，几乎所有原创电视节目，即电视的热情支持者们梦寐以求的那些东西——出现在评级表中较低的位置。

我们可能会想象这种信息会让电视的热情支持者们暂时停止下来。但却没有。一方面，他们会提及一些按照他们偏爱的风格所取得的真正的成功，像《蓝色小火焰》和KVN这类节目，也会提及明显的电视在整体上的受欢迎程度。另一方面，他们经常也会提起重重的邮件袋为自己辩护：尽管很少的人报告说他们观看《英雄精神的故事》或者《音乐厅》比观看故事影片多，但是电视作为一个机构收到了大量的观众来信。比起调查问卷和研究，信件尤其受到苏联官方机构的重视。

让我们澄清一下：电视的邮袋并不能完全代表其观众（而其他媒体的邮件也同样如此）。退休人员和残疾人士写来的信件占了很大比例，大部分评论都来自那些抱有极其消极或者极其积极的观点的人。[158]不仅如此，写信给苏联媒体的绝大多数人要求获得信息和帮助；他们需要住房申请的帮助，或者想知道哪里能找到冰箱零部件。大部分信件根本没有对媒体内容给予任何评论。

电视自己的研究部门在1962年准备进行适当的社会学研究时也强

调了邮袋的不可靠。[159]然而，对信件的迷恋在苏联广播界持续很久，并且的确比社会学方法持续时间更长。甚至当科学方法部努力在20世纪60年代进行一项科学研究项目时，它的员工按节目和编导来统计信件并且定期以小册子的形式公布结果。电视员工由于未能及时回复而遭受定期警告。但如果他们希望的话，他们也可以用这些信件来证明他们与观众之间的联系。观众来信，像讲座的入场人数一样，十分适合于数豆子的方法；这个方法直截了当，而且数字令人愉悦地庞大，同时在不断增长。中央电视台在1966年收到了超过21.5万封信（1960年仅为4.2万封）。1971年，国家广播和电视委员会登记了将近200万封信件。[160]社会学研究相比之下是抽象的（没有"样本"达到"百万"规模）而且经常是有损形象的。

科学方法部是国家广播和电视委员会的一个边缘部门，因为它的研究从开发节目的人的角度来看是多余的，很像电影票房统计对于苏联的电影制作人那样。在他们的回忆录中，苏联电视的专业人士从未提及科学方法部的工作，很少回忆观众来信，而且说实话，根本没有花费宝贵的时间用于回想他们的观众。他们更喜欢谈论他们对电视这门新艺术的责任，以及填补节目时间和满足上层观众的持续压力。当观众确实进入画面时，通常是以十分笼统的方式（"当某个节目播放时街上空无一人"是一种老生常谈），并且通常在文化提升方面提及他们帮助观众的职责。《音乐厅》的主持人记得，在一次直播节目中，她意识到自己在谈论柴可夫斯基的音乐时用了"音乐"的非正式缩略词muzychka，她想这样便破坏了这个节目的教育使命，此时她抽泣起来。她也回忆说《音乐厅》收到了许多观众来信，他们不喜欢芭蕾，或者如她发人深省地指出的那样，不理解它并且抱怨这个节目。[161]

苏联电视的专业人士不认为自己需要迎合大众品味，而是要教育

第五章　苏联文化中的电视与权威

和引导它。电视的热情支持者的理想不太关乎观众想要什么而更关乎他们所需要的观念——关乎一个新媒体在被赋予非凡权力时，苏联文化在提升苏联人民和社会方面能做什么。而在这个方面，电视的热情支持者与政府在很大程度上持有相同的立场。

让我们回想一下卡拉莫夫关于广播媒体目标的三重定义：动员（解决当前"政治、经济和美学问题"）、教育或提升（"发展文化"和"提升人民的水平"）以及娱乐。电视的热情支持者们以大体相同的方式和相同的优先顺序看待他们的工作。当冲突出现时，他们往往超越对当前政治和文化问题的解释，并使电视监管者的权威与热情支持者的对抗要求展开较量。比如，1964 年在克格勃向中央委员会的意识形态部门提出抱怨之后，《英雄精神的故事》的员工受到了上级的训斥：节目主持人斯默诺夫据说赞扬了那些不值得赞扬的人的英雄精神，并且否定了另一些曾经受到正确惩罚的人的罪行。[162] 在另一个产生了更严重后果的争议的例子中，列宁格勒电视台的负责人鲍里斯·菲尔索夫在 1966 年与另外几个人一起被解雇，因为一群作家在一个直播文学节目《文学星期二》（*Literaturnyi vtornik*）中偏离他们事先准备好的评论而赞扬索尔仁尼琴和帕斯特纳克的优点。[163] 列宁格勒的这个丑闻与之前中央电视台的列夫·卡塞欧事件相呼应，并在或大或小的意识形态传播事例中被多次复制。只要电视依赖于直播，当邀请的嘉宾以无法预期的方式行动或说话时就会出现事故。在几乎所有事例中，电视的新专业人士没有鼓励这些事件（鲍里斯·菲尔索夫在 1966 年没有策划这个有争议的节目），他们也没有给予必要的批准。然而，他们对这些事件的态度确实往往没有政治权威们那么严肃。从他们的角度看，他们是负责任的苏联专业人士，值得被赋予针对苏联电波和观众的权威。他们没有那种权威。如科赛尼亚·玛丽尼娜所说，在直播的日子里，电视工作者总是处于后背冒汗的状态。

笔者不希望将这些冲突对人们事业造成的严重性或者它们对整个电视制作的影响最小化。如同苏联热情支持者的历史学家们所强调的那样，避免口误和避免意识形态丑闻的持续压力阻碍了冒险，从而产生了大量枯燥乏味的节目，即使在电视所谓的黄金时代。但是电视监督者与创作者之间的冲突不像斥责和开除的痕迹所显示的那么严重。电视的热情支持者将电视当作是在一个反斯大林主义但显然苏联式的框架内教育和动员大众的一种手段。（甚至"热情支持者"这个词竟然直接来自苏联的词汇。）G. 库兹奈特索夫（G. Kuznetsov）在一家后苏联刊物上将他和他的同事在《新闻转播》的工作描述为"一座无线电波上的自由思考的小岛"。他又急忙补充说，"但从我们怀疑我们的党和苏维埃权力的优秀品质的意义上讲，却不是。相反，我们尽可能地以一种人性的方式描绘它们（kak mozhno chelovechnee）。"库兹奈特索夫继续说，他们的工作更早地运用"有着一张人性面孔的社会主义"这一概念，该概念在一年之后出现于布拉格。[164]

对于苏联电视而言，关键问题是谁的面孔将在电视上代表社会主义，对于苏联的电视工作者和他们的监督者而言，关键问题是谁将对选择和控制那张面孔负责。苏联电视的热情支持者们努力用个性（lichnosti）来取代斯大林主义的个人崇拜（kul't lichnosti）———一个尽管多元但却没有包含所有来者的概念。一个有个性的人是某种值得效仿的人，一个拥有某种可以教授的东西的人，一个文化权威。而鉴于他们的教育和道德目标以及他们相对于观众的那种优越感，有个性者对于电视的热情支持者们而言是他们节目要突出强调的事物的一个自然选择；有个性者是他们自己的一种延伸，正如他们所理解或者希望的那样。苏联电视是一个全新的群体将自己写入作为人们的良知和老师

第五章 苏联文化中的电视与权威

的知识分子行列的一种手段。国家广播和电视委员会主席梅西亚切夫也在他的回忆录中自豪地写道，他认为他有权利被当作一位有个性者，同时强调他如何提升了文化并且珍视他与艺术家们的关系。当这位主席（或者他的上级）与电视员工之间产生冲突时，这些冲突有时候显然是意识形态上的：譬如诗人埃弗吉尼·埃弗图申科（Evgenii Evtushenko）是苏联电视的一位合适的有个性者吗？但更基本的问题是一个关于权威的问题：谁来确定每位有个性者的适当性？任何时候都不成问题的是苏联观众的位置，他们被各方认为需要一个权威来指导他们的欲望。电视这个媒体时代的宠儿创造了新的苏联制作者和消费者：与苏联文化中构建的制作者—消费者关系非常相似。

作为苏联文化的电视文化：拉平时代

然而，电视体验如何，我们可以问一问：观看苏联电视体现了一种新模式的苏联文化，一条通往更加美好未来的道路吗？正是这个问题切中了热情支持者的故事的核心。因为即便他们努力去实现他们在广播领域的理想——与技术局限以及他们自身的无知、势利的文化经纪人和爱发号施令的政治经纪人进行斗争——他们的观众表达了对电影故事的明显偏爱，这是那些理想截然对立的一面。撇开诸如 KVN 和体育广播等一些节目，活生生的现实对于苏联观众而言是失败的。拉平时代（1970—1985 年）的苏联电视，当录播节目最后占据主导地位的时候，那个现实基本上被摒弃了。让我们看一下，第一频道的观众在 1975 年 10 月 13 日会看些什么。[165]

上午9:10　每日体操

9:30　音乐会——未具体说明。

9:55　世界女孩会议开幕式。转播于苏联议会大厦圆柱大厅。

11:00　《电影之旅俱乐部》

2:10　协议之路，合作之路。（纪实电视电影）

3:10　我们要了解自然——电视节目

3:35　妈妈学校（儿童电视节目）

4:05　科利佐夫之歌（*Song about Kol'tsov*——故事片，1959年。节目表中没有列出日期。）

5:30　这个星球的青年——电视节目

6:15　阿廖沙童话——动画片

6:25　第25届苏联共产党（CPSU）大会前夕。雅罗斯拉夫州工人竞赛。雅罗斯拉夫尔地区党委第一书记F. 罗什臣科夫（F. Loshchenkov）将参加这个节目。

7:10　M. 格林卡作品音乐会

7:40　E. 拉德金斯基（E. Radzinskii）的电视故事"奥尔加·赛尔姬芙娜"（*Ol'ga Sergeevna*）第一章。

9:00　《每日播报》

9:30　芭蕾舞《吉赛尔》（*Giselle*）的电影

10:50　每日体育——电视节目

尽管20世纪60年代节目的延续性在此依然很明显——在像《电影之旅俱乐部》这样的单个节目中，以及整个播放日普遍存在的庄重和教育基调——但在录制材料所占比例中有着显著的不同。除了上午来自苏联议会大厦（the House of Soviets）的播报、来自雅罗斯拉夫尔的晚间播报，以及《每日播报》（可能还有音乐会）之外，其他都是录制和编辑过的节目和电影。电视的日播放时间现在加长了：观众如果喜

第五章 苏联文化中的电视与权威

欢,他们可以观看几乎一整天。(他们的电视机会在播报间歇时发出刺耳的声音提醒他们关机。)对于那些拥有1975年最新款电视机的人来说,荧屏上的许多节目会闪烁着色彩。

在许多地区,观众在晚间也可以接收到中央电视台的第二或者第三频道,以及一到两个地方频道。1975年10月13日,那些对7:10播放的格林卡音乐会不感兴趣的人可以换到第二频道收看里加对莫斯科的冰球比赛。第一频道在10月14日和17日晚间也有冰球比赛。体育节目的确在拉平时代发挥了更大的作用:官方数据显示从1966年占总播放时间的1.8%增长到1975年的5.8%,但仍然没有获得应有的突出地位,因为大部分体育节目都在高峰收视时段播放(周末和晚间)。[166] 相当部分的体育节目通过电视联播网交换获得,从20世纪60年代的每年几百个小时扩展到1982年的大约5,000个小时。[167]

苏联观众现在也观看偶尔播放的资本主义电视节目,其中第一部电视迷你剧——1970年英国广播公司的《福尔赛世家》(*The Forsyte Saga*)是最著名的。除了无处不在的迎合老龄化的政治精英们的拼花地板式的故事以外,苏联电视在拉平时代播放了大量按时间顺序记载工厂和工人阶级家庭生活(经常被戏称为"朝代")的纪录片,并且继续以像《第25届苏联共产党大会前夕》和《千百万人的列宁主义大学》系列这样的形式进行一种政治教育,总是提前一个月预报,并在节目列表中用粗体字标出来。(在1975年10月13日的那一周,讲座是关于"欧洲安全与合作委员会的历史含义"。)在由电视精英评论员主持的纪实广播节目中,反宣传也发挥了更加突出的作用,揭露了资本主义社会的病症。但流行音乐节目和趣味比赛节目也同样如此,像《走吧,姑娘们!》(*A nu-ka devushki!*),让几队年轻女士组成的队伍在与性别和技能相关的比赛中相互较量(比如,烘焙),以及智力

莫斯科的黄金时代

问答节目《什么？哪里？何时？》(*Chto? Gde? Kogda?*) 使用观众寄来的问题来挑战受邀专家组成的专家咨询小组。早期电视最著名的偶像播音员瓦伦蒂娜·莱昂特爱娃，现在已是一位头发花白的上了年纪的女士，主持了《来自心灵深处》(*Ot vsei dushi*) 节目，节目走遍了全苏联，让那些在国家过去的动荡时期失散的老一代成员团聚。儿童节目——游戏节目和俱乐部、动画片、电影以及与学校搭配的节目——在拉平时代得到了更好的发展。艺术依然是节目的必要成分，故事片亦是如此：20世纪70年代中期，中央电视台一周最多放映七部故事片和大量的纪录片，而在地方电视台，电影达到了总播放时间的40%—50%。[168]最后，20世纪70年代也是苏联为电视制作的电影得到充分发挥的时代，许多是间谍和侦探故事类型片。像1973年的《春天的17个瞬间》(*Semnadstat' mgnovenii vesny*) 等一些电视电影战胜了苏联和外国的所有故事片而获得了具有轰动效应的受欢迎程度。[169]

苏联电视已经成长起来：不仅是播放时间比以前更长，而且从节目的角度看，苏联电视也更加多元和精湛。在技术和组织上，电视已经从鲍里斯·里维托夫斯基（Boris Livertovskii）用各种方法试验如何让出格的手指不出现在画面中的那个年代彻底转变了。播放关于美国失业的反宣传纪录片，播放《来自心灵深处》的一个版本，其中让车里雅宾斯克的一名工厂工人与她现在居住在布雷斯特的战争时期的医疗兵姐妹团聚，更不用说像《春天的17个瞬间》这样的史诗电视电影，这些都是复杂的工作，需要专业知识、资金和时间。拥有了录像技术以后逐渐消除了早期播放的大多数障碍，包括被认识到的意识形态方面的障碍；拉平时代的丑闻比前几十年少了很多。

然而，如果苏联的电视制作不再是一个处于危险关头的业余爱好者和在过热的演播室里的手风琴家们的世界的话，对于作为苏联文化、

第五章　苏联文化中的电视与权威

苏联艺术的电视而言，那意味着什么呢？对于相信电视这个媒体的实质是与真人在一起的现场直播的热情支持者们来说，20世纪60年代和70年代的技术和组织的发展最多算是喜忧参半。电视在专业素质方面有所收获，但它在真实性、艺术性和社会相关性方面却有所丢失。[170]后苏联时期关于拉平时代的标准的描述强调的不是20世纪60年代经久不衰的节目，如《电影之旅俱乐部》（还有很多），而是那些存留不长的节目。《新闻转播》、KVN和《英雄精神的故事》在拉平时代初期就全部被取消了；《全景电影》存续了下来，但它活跃的主持人阿列克谢·卡普勒却未能得以存续，他在20世纪70年代初期离开了。这个画面是苏联电视有前途的青年之一受到了保守势力的挤压：KVN清新而机智的争论被《走吧，姑娘们！》的乏味比赛取代；《英雄精神的故事》让位给《来自心灵深处》催人泪下的伤感故事；《新闻转播》对真实个性有取有舍的直播被抛弃，转而采用反宣传纪录片取巧的报道。讨论认为苏联政府最终意识到了电视的力量，由于担心热情支持者们的创新，转而实施了一种给予小恩小惠的策略。一旦电视变得富有声望且获利丰厚，事业狂们便匆忙草率地取代了热情支持者。[171]谢尔盖·拉平成了这场新秀的专家指挥。

　　如我们所了解的KVN的故事那样，对电视丰富多彩的历史的黑白分明的描述令人激动却不令人满意。对于节目上升的浮华和最终的失败，我们应该如何划分责任？是审查制度（从电视工作人员到他们的党的监督人员）、（强制或者自愿的）录像技术还是为了维护地方荣耀的竞争和压力？阿列克谢·卡普勒可能因为即兴讲话而闻名，但是电视新的录制和编辑能力可以轻松处理他犯的任何"错误"，对于尤里·福金（Iurii Fokin）也同样如此。福金在后苏联时期的回忆中称他由于意识形态的原因而离开了奥斯坦金诺。"我们将停播你的节目，"

福金回忆了拉平告诉他的话。"我们对你的观点以及任何其他人的观点都不感兴趣。我们只有一个观点——中央委员会的观点。我希望这一点是明确的?"[172]但是当时电视宣传的编导负责人却坚持认为，福金被解雇是因为他患有"明星狂热症"（zvezdnaia bolezn'）并且触动了拉平和许多其他人的神经。[173]《全景电影》的编导科赛尼亚·玛丽尼娜回忆称，卡普勒因为与她意见不合而离开了节目，与上级那些人无关，是关于节目的问题（尽管她补充说她知道主席不喜欢他）。[174]

问题不是意识形态是否在拉平时代的苏联电视文化发展中发挥了作用。就像福金回忆的那样，拉平威逼他看起来是完全可信的。但同样清楚的是在电视的发展过程中许多其他因素与意识形态一起协同作用。首先，从直播转到录播不仅是为了争取更大的控制；它同时也是通过消除过失来提高节目的质量，从而提供更加综合与精湛的节目。录播节目远非独特的独裁或者苏联特征，当时苏联采用的录播方式是大多数西方民主国家对电视采取的标准做法。许多苏联电视工作者以专业素质的名义接受了它并且——不是小事——将其作为保护自己工作的一种方式。[175]其次，而且不是意料之外的，个性和个人偏见在苏联电视界是非常重要的。福金很可能因为拉平不喜欢他并认为他踩到了意识形态敏感区而被解雇。这两种判断不是彼此排斥的；相反，它们相辅相成。就像终止直播一样，福金（以及卡普勒等）的命运所表露的不是一个清除苏联电视的热情支持者及其理想的整体计划，而是政治、技术和社会因素的一次汇集。

同样，对20世纪70年代和80年代初脱颖而出的这种电视广播文化的理解意味着要考虑多重输入因素。苏联电视在拉平时代达到了它的流行巅峰；从热情支持者们的观点来看，那是更糟糕的电视获得了更多观看的人。这是一种喜忧参半的讽刺，它需要一个解释。对于许

第五章　苏联文化中的电视与权威

多热情支持者而言，像 KVN 与《走吧，姑娘们!》这样的节目之间根本没有可比性。尽管两者都是面向年轻人并以团队为基础的游戏节目，甚至主持人也是同一个人，但一个是具有真正公民意义的智力足球赛，而另一个则是无聊的娱乐。[176] 他们的结论是电视的政治监护人明确地促进了娱乐以迎合大众，或者分散大众对当代问题的关注，或者两者兼而有之。在解释这一策略的过程中，拉平的传奇证明非常有帮助，因为当然需要一位像拉平这样聪明、有教养的人来确定电视的真正潜能，并以 20 世纪 70 年代和 80 年代初的代用电视文化精心编排这一策略的颠覆计划。同时需要注意的是这种电视构想与当代对资本主义大众娱乐的批判之间极大的相似性——苏联与西方——包括"真正的"文化与男性以及大众文化与女性的典型关联。

事实上，苏联电视始终希望并且能够诱使观众落泪（通过观众的反应来判断）。面包是耐嚼和丰富的；马戏表演从未战胜过政治教育和文化提升，即便是在拉平时代。我们可能会认为这是一个失职的问题——当代的外国观察家们经常这么认为——但这是价值观和世界观的事情。在拉平和他的同事们这些负责电视方向的人的构想中，谁是苏联电视的观众？是的，有数百万的普通观众在他们的家中，但也要考虑苏联的政治精英们同样在自己的家中，而且从抽象的意义上看还有历史这个观众：毕竟，这是苏联电视，永远闪耀着让世界追随的新轨迹。尽管我们永远无法知道拉平真正的内心想法——愤世嫉俗或者真正的信徒——我们可以确定的是他继承的苏联电视的理念不仅对苏联电视的机构轮廓而且对其文化轮廓都产生了重大影响。

如同电影领域的情况一样，品位高端的观众在电视节目的决定方面承载了超乎寻常的分量；拉平和他的员工与耶尔马什（Yermash）和他的员工一样，都要遭受要求苛刻的顾客的电话袭击。关于电视的

莫斯科的黄金时代

逸事记录比电影的逸事记录少得多，但也有一些故事在流传，却几乎都是关于勃列日涅夫的。对专家的拼花地板式的报道的需求构成了一种类型——拉平据说对勃列日涅夫的电视形象进行特别细致的管理——而其他故事是关于作为电视观众的勃列日涅夫及其家庭的。[177] 正是由于这位总书记对《13 把椅子的咖啡屋》（Kabachok trinadtsat' stul'ev）的特别喜好，这个节目才得以在拉平个人很厌恶的情况下继续播放。第一家庭对冰球（勃列日涅夫本人）和对花样滑冰（他的妻子）的热爱使得 20 世纪 70 年代关于这两项运动的报道大量涌现。

一方面，这种关系验证了宫廷电视的说法：电视作为苏联政治精英的一项定制服务。但服务于精英并不是仅仅关于自我奉承和满足个人欲望。它也意味着实践苏联电视的某种理念，这种理念关乎苏联的国家实力和慷慨，也关乎苏联体制内持久的文化价值观：作为一个文化给予和休闲供给国家的苏联。观众研究实际上脱离了拉平管理下的实况，但对于一个总是根据被感知的需求而不是欲望来校准自己的体制来说，观众研究不是一个主要的调节因素。政治精英为观众的需求设置了参数：他们拥有电视的热情支持者们认为他们应该具有的最终的文化权威。而且在总体上，他们是传统主义者；他们紧抱着苏联电视的模式，在此模式下的电视依序作为政治教育和动员、文化提升以及娱乐的手段。

苏联电视的确在拉平时代提供了相对于前几十年更多的娱乐倾向的节目，这与上层人物相关（作为冰球迷的勃列日涅夫，轻工业部部长的孙儿们据说是流行音乐专家），也与对下层民众的世界的看法有关（如同勃列日涅夫所说，"苏联人有权利在白天的工作之后坐在电视机前放松一下"——也就是说苏联文化也对普通民众负有义务）。但是歌剧演唱家们从未停止在苏联电视上歌唱，在《千百万人的列宁主义大学》的演讲也在继续。勃列日涅夫观看过吗？拉平们呢？勃列日涅夫的安全细节负责人回忆说，他们家有两台电视机——一台苏联鲁宾牌电视是总书记和他妻子的，另一台带有 VCR 的日式电视机是孩子们的。他的关于与勃列日涅夫夫妇共同观看电视的时光的回忆涉及《每日播报》和体育节目；我们难以想象孩子们在隔壁房间利用 VCR 补看错过的演讲（想象他们正在观看大众娱乐电影要容易得多）。[178] 尽管如此，歌剧和《列宁主义大学》的演讲仍然播放着并且很有意义，因为文化和政治启发仍然被设计成苏联电视文化的核心。即便没有人观看，这个节目仍将继续。

正如评论家安里·瓦特诺夫所写的那样，"拉平时代的电视拥有不计算每个戈比的奢华……而且也不计算观看这个或那个节目的观众比例。"[179] 电视因此处于一种与电影有所不同的立场。尽管苏联电影工业实际上不再比电视更多地依赖观众认可来维持资金流，但它更易受到批评，因为电影观众更加可见和可量化。电视观众是一种相对神秘的东西，可能比电影观众还多，它可以在苏联话语中发挥象征性的作用。讨论苏联电视观众就要讨论它的巨大规模、它的统一性、它的政治和文化的复杂巧妙（从而与这个节目相匹配，如此优越于大众娱乐节目），以及它因为电视这份礼物而对苏联国家的感激之情。

在这个象征性的包裹里，我们可以确定谈及的唯一特征就是观众的规模；我们从时间—预算研究中了解到，苏联人口中的大部分确实定期观看电视。拉平时代的苏联电视从两种意义上讲是一个国内帝国：一个受控于莫斯科的全苏联范围的广播帝国以及一个以数百万家庭为基础的日常帝国。电视的热情支持者作为开拓的一代，早在大部分政治和文化机构之前就发现了电视的这种潜能，而他们在 20 世纪 50 年代和 60 年代的艰苦努力对于电视潜能的实现是至关重要的。然而，拉

莫斯科的黄金时代

平时代的成功对于那些梦想着一门新艺术和一个新共同体的人来说起不到什么安慰作用。这个苏联电视不是他们的苏联电视——他们会说，根本不是真正的电视。他们的热情消失了；苏联观众的热情却伴随着电视的权威一再增长。苏联电视最终证明是媒体时代苏联文化的显著面貌。

后　记

　　《莫斯科不相信眼泪》（*Moscow slezam ne verit*，1979 年）不是苏联时代最受欢迎的电影（这个荣誉属于墨西哥的催人泪下的《叶塞尼亚》），也不是最受欢迎的苏联作品；《20 世纪的海盗》（*Piraty XX veka*，1979 年）征服了莫斯科近 8,450 万观众。[1] 但与其他任何一部电影不同的是，《莫斯科》成为 20 世纪 70 年代苏联电影向大众文化形式倾斜的一个代名词，至少部分因为它获得了 1980 年奥斯卡最佳外语片奖。[2] 当这部由相对不为人知的弗拉基米尔·缅绍夫（Vladimir Men'shov）执导的冗长的情节剧，击败了像弗朗索瓦·特吕弗（François Truffaut）执导的《最后一班地铁》（*Le dernier métro*），以及黑泽明（Akira Kurosawa）的《影子武士》（*Kagemusha*），苏联和美国的评论家一致认为：模仿是最真挚的奉承，好莱坞很愉悦地将荣誉颁给一部它认为是其自身方程式（svoe）之一的影片。[3]

　　《莫斯科》讲述了卡捷琳娜的故事，她是一位大眼睛的勤奋的外省姑娘，1958 年来到莫斯科寻找她的未来。陷入了大城市生活的旋风中，在一位轻浮而贪图享乐的室友柳德（Liuda）的影响下，卡蒂娅受了电视摄影师鲁道夫（Rudol'f）的诱惑，怀孕后被抛弃，孤单一人。闪进到 1978 年，她变身成为一位成功的工业主管和母亲，她生活中唯一的问题——也是一个尖锐的问题——是缺一个男人。《莫斯科》通

莫斯科的黄金时代

过将一名智慧而敏感的机械师果沙（Gosha）带到卡蒂娅的身边解决了这个问题，更重要的是，争取让她在家中顺从果沙。当她最终找到了自己的心灵伴侣以及作为女人的恰当角色的时候，卡捷琳娜非同寻常的成功故事也随之完毕。

尽管评论家们认为《莫斯科》只不过是一个现代版的灰姑娘的故事，[4] 但缅绍夫反驳说他的电影描述了一则在苏联背景下的"普通生活故事"。"在我们的艺术圈，似乎存在某种共识，"缅绍夫抱怨说。

> 这里的生活很糟糕，在这种社会秩序下，没有任何机会，你只能通过关系（po blatu）到达你想去的地方，等等……我从不喋喋不休。（但）我从赤贫的状态下站立起来了。那些曾经与我一道在32号煤矿挖煤的人怎么会想象得到20年后，我这个主隧道上的搬运工会获得奥斯卡奖？[5]

缅绍夫拒绝用"童话"这个词来描述他的作品，他否认它的普遍性：他说，《莫斯科》是一部在制作时就有了"明确观众"[6]——苏联观众——的影片，并且它既捕捉到了"俄罗斯的民族特征"[7] 又颂扬了"苏联的生活方式"。[8] 俄罗斯与苏联这两者之间的关系是这部影片的核心，如同一位学者所指出的那样，《莫斯科》实际上属于20世纪70年代和80年代席卷苏联高雅和低俗文化的、焦虑的俄罗斯民族主义浪潮。[9] 但它又同样流露了对它所赞扬的苏联生活方式的未来的深刻焦虑，在很大程度上与战后媒体时代的动态相关。或者，换一种说法，西方对苏联—俄罗斯文化的影响只是这部影片所引发的关于现代苏联生活中大众媒介文化、休闲和娱乐的地位等更广泛问题中的一个因素。

比如利厄达这个人物就是苏联的淘金者。《莫斯科》一再取笑她像20世纪50年代的年轻女子那样对大众文化的肤浅迷恋，显然她富于想象力地将西方与时髦和现代联系在一起。然而，西方本身并非她的美好生活构想中的必要条件：她渴望的是苏联的时髦，而且尽管与外国文化的联系的确构成了那种时髦的一部分，它仅仅是一部分。当《莫斯科》显示柳德和卡捷琳娜正挤在1958年法国电影节的红地毯入口处时，是看到苏联明星而不是外国明星令她们感到窒息。当最喜爱的演员塔季扬娜·科纽科瓦（Tat'iana Koniukhova）恰好走过时，利厄达叹息道，"如果我能像她那样活着，我宁愿不当科学家。"柳德正在憧憬的对象是苏联的声誉和奢华。她错误的思想——在人造卫星时代不想成为科学家！——也不能单独归咎于西方的影响。

同样，卡捷琳娜被一名有着外国名字鲁道夫的潇洒的年轻男子诱惑，不仅是对一个无辜的俄罗斯人对外国人感兴趣的一种隐喻，也是受外国人诱惑的一种隐喻。我们要记住鲁道夫是一名电视摄影师；他也是我们在第五章中谈过的有远见的热情支持者。当卡捷琳娜兴高采烈地在一旁观看时，鲁道夫宣称电视是"明天的艺术"和"人类的未来"。很快他就让她相信电影、戏剧以及文学作为独立的艺术形式都将枯萎；电视将提供一切，每个人都会待在家里的电视机旁。卡捷琳娜对鲁道夫以及他所描述的现代世界的喜爱之情，在参加电视咖啡厅节目《蓝色小火焰》的演播时洋溢在她的脸上。当卡捷琳娜对着舞台上的双人喜剧表演大笑、鲁道夫将她的形象传递给苏联新的电视观众时，我们看到了大众文化的某种理念的一次完美体现：爱情和娱乐、声誉、魅力以及技术一同来到卡捷琳娜面前，她本身在那一刻成了现代苏联明星。

然而，《莫斯科不相信眼泪》在让这个气泡破灭时并没有浪费多少时间。就像我们观众所知道的那样，柳德的淘金和对明星文化的迷恋将不会有什么好结果，显然鲁道夫将背叛卡捷琳娜，而电视也将无法维持其早期的魔幻时刻。实际上，毫不夸张地讲，电视在《莫斯科》中扮演了一个反面角色。卡捷琳娜当然被她的轻浮的电视热情支持者抛弃了，但关于这个媒体的变节远不止于此。女主人公下次出现在了电视上，这是在由鲁道夫拍摄的一次车间采访中。一个傲慢并且显然看起来像外国人的制片人（她在室内带太阳镜）将脚本塞到卡捷琳娜手上让她背下来，然而，当摄影机开始拍摄时，卡捷琳娜慌乱地将自己的相反观点脱口而出。诚实的卡捷琳娜与这个华而不实且善于操纵的广播世界之间的对比再清楚不过了。

当《莫斯科》的叙述跳跃到20世纪70年代的时候，卡捷琳娜再次出现在电视上，这次她牢牢占据了上风。在她的豪华办公室里进行的一次采访中，卡捷琳娜，这位工业主管冷静自信地讲述着，对这个过程没有特别的兴趣；上电视对她来说是一次例行事件。再一次，鲁道夫［现在是一个俄罗斯化的名字罗迪（Rodion）——他的反复无常的又一标志］出现在摄像机后面，但这次卡捷琳娜没有被他打动。[10]《莫斯科》让人毫不怀疑，卡捷琳娜已经超越了他和他的电视世界，超越了电影明星，超越了曾让这位外省姑娘在1958年留下深刻印象的所有浮华。

然而，尽管20世纪70年代的卡捷琳娜已经完全成熟了，但《莫斯科》仍然明确地提出一个问题，即苏联社会的其他人在与大众文化的关系方面是否可以被认为同样成熟了。鲁道夫关于电视将如何迅速取代所有其他艺术形式的兴高采烈的独白是在20世纪50年代的场景中开的玩笑；卡捷琳娜当时完全信以为真，但其他与她坐在一起听讲的人却表现出怀疑，而我们观众也被邀请来傻笑。然而，截至1978年，这些预测听上去不再那么滑稽了。当一位朋友建议卡捷琳娜结婚

后 记

时,她抱怨说,"如今的男人都在哪里?""你去电影院或者博物馆,你看到什么?只有女人!男人们都在家里看电视或者与他们的朋友们喝酒。40岁以后,他们都过起了无聊的生活。"当卡捷琳娜参观一家孤独心灵俱乐部而其主任也发了同样的牢骚时,我们知道《莫斯科》是在提出一个更广泛的关于电视使人的生活碎片化的力量的观点,也就是电视对苏联的文化和社会生活的负面影响。"你称此为城市化吗?真是无法容忍!"主任愤怒地呼喊道。这是一个有趣的时刻(主任由一位非常棒的性格演员扮演,并且她对现代城市生活的愤怒谴责是夸张的),但也是一个严肃的时刻。尽管《莫斯科》的确解决了卡捷琳娜找男友的核心问题,并且有一个大团圆结局,但它却没有给当代像她这样的妇女带来什么希望。

另外,《莫斯科》还让观众对年轻一代产生了怀疑,更进一步说,是对苏联社会的未来产生了怀疑。当鲁道夫第一次见到他和卡捷琳娜的女儿[亚历山德拉(Alexandra)]时,他再次发表了关于电视之魔力的独白,而且他邀请她去参观他的演播室,就像20世纪50年代他邀请卡捷琳娜去《蓝色小火焰》节目一样。不清楚少女亚历山德拉是否会像她母亲当年那样被电视的魅力吸引。但我们已经看到她对西方流行音乐着迷,她带着大耳机听着这些音乐,不理会卡捷琳娜的谈话邀请。与此相关的音乐和技术因此拥有一种使人的生活碎片化的力量和反社会的效果(就像评论家眼中的电视那样)——不是一个令人鼓舞的迹象。但《莫斯科》的叙述逻辑却给亚历山德拉以及未来引出了一个更加根本的问题。

如果说卡捷琳娜能够看穿她在莫斯科那段青春时期的声色犬马的都市生活而逐渐成熟,那是因为她被环境所迫而努力工作,或者更确切地说是去受苦。《莫斯科》叙述了这个方面,通过描写她深夜仔细研读课本，婴儿在她身边，而她哭着就睡着了。卡捷琳娜从赤贫到暴富的故事，尽管非常令人惊叹，却与大城市里数百万来自外省的奋斗者们的人生轨迹很吻合。从这个意义上讲，缅绍夫坚持认为他的这部影片描述了一则普通的苏联生活故事一点没错。但如果卡捷琳娜的努力工作和受苦有助于她性格的发展，那么对于像亚历山德拉这样的女孩子，正如我们从电影中得知的，她甚至不知道如何做饭，其前途是什么？我们知道亚历山德拉这位莫斯科市民将永远不会面临相同的挑战，《莫斯科》告诉我们这些挑战对于塑造卡捷琳娜具有榜样作用的品质是至关重要的。鉴于苏联正常生活故事的逻辑，当亚历山德拉已经获得了一切的时候，为什么她应该努力和奋斗呢？就此而言，当苏联社会已经达到《莫斯科》中描述的那种舒适和安定时，为什么每个人应该关掉电视机（摘掉耳机，选一本教科书代替侦探小说，去听讲座而不是去看电影）？如果没人这么做，那对于苏联生活方式的未来将意味着什么？

也许，为了有效地发挥职能，不是所有的社会都需要典型的（archetypal）生活故事。也许一种共享的关于进步的宏大叙述——通往更好的未来的共同之路——对于社会的团结不是必不可少的。但苏联社会是以一种宏大叙述为基础的，这种叙述将个人与政治相关联，同时将苏联人民的努力工作和苦难与人类的进步连接在一起。这种连接，是为了建设共产主义未来而进行的大众动员，也是苏联文化的任务。莫斯科确实相信热血、汗水和眼泪。

弗拉基米尔·缅绍夫也相信，这一点明显体现于《莫斯科不相信眼泪》——一封写给他那一代外省进取者的情书。从这个意义上讲，这部电影是在他年轻时苏联文化曾经编写的关于他的父母的奋斗和牺牲的故事的更新版本；是他将另外一代人聚集起来围绕在骄傲传统的

后 记

壁炉前的尝试。但与此同时，《莫斯科》也道破了媒体时代苏联文化的根本问题：如果奋斗和眼泪不再是必需，而苏联文化变成不是实现结果的手段而是结果本身——一种休闲和准社会（parasocial）活动形式——那么一个人如何成为一个苏联人？灿烂未来的稳步发展如何进行？缅绍夫用一部电影回答了这些问题，旨在团结整个苏联家庭以庆祝苏联的生活方式，而且他的确在电影放映的第一年就向超过 8,000 万的人们提供了一个共同的观看体验——一次大众文化的胜利，如果曾经有大众文化的话。但这种解决方案的讽刺——对媒体时代苏联文化的成功的讽刺——是不可避免的。毕竟，观看《莫斯科不相信眼泪》不是工作，不是创造性的或者政治性的行为，不是以任何明确的方式唤起任何事情的行为。它是被动和静态的娱乐。而在 20 世纪 80 年代，数百万苏联观众坐在他们的沙发上一遍又一遍地在电视上观看《莫斯科》，同时许多其他人一遍又一遍地被苏联版的关于他们自己的故事吸引着。还有什么能作为冷战时期苏联媒体帝国令人震惊的成功的更好象征？还有什么能作为被削弱了生命力的苏联文化理想的更好象征？还有什么能作为苏联政治计划的更好象征（文化是该政治计划的世界历史使命的核心，而该计划向着不断远去的灿烂未来蹒跚而行）？

缩写列表

(本表所列缩写词主要出现在注释中,为了便于读者在做进一步研究时查询相关原始文献,因此保留了原文。)

莫斯科,俄罗斯

GARF	Gosudarstvennyi arkhiv Rossiiskoi Federatsii
RGALI	Rossiiskii gosudarstvennyi arkhiv literatury i iskusstva
RGANI	Rossiiskii gosudarstvennyi arkhiv noveishei istorii
RGASPI	Rossiiskii gosudarstvennyi arkhiv sotsial'no-politicheskoi istorii
RGASPI-m	Rossiikii gosudarstvennyi arkhiv sotsial'no-politicheskoi istorii-m (formerly Tsentr khraneniia dokumentov molodezhnykh organizatsii)
TsAOPIM	Tsentral'nyi arkhiv obshchestvenno-politcheskoi istorii Moskvy (formerly Tsentral'nyi arkhiv obshchestvennykh dvizhenii Moskvy)
Gosteleradiofond	Gosudarstvennyi fond televizionnykh i radioprogramm

基辅,乌克兰

TsDAHOU	Tsentral'nyi derzhavnyi arkhiv hromads'kykh ob'ednam' Ukrainy

TsDAVO   Tsentral'nyi derzhavnyi arkhiv vishchikh organiv vla-
          di ta upravlinnia Ukrainy
布达佩斯，匈牙利
OSA   Open Society Archive

注 释

前 言

1. 关于苏联机构的"自我颠覆性质"的讨论,见 Alena Ledeneva, *Russia's Economy of Favours*: *Blat*, *Networking*, *and Informal Exchange* (Cambridge, 1998 年),以及关于同一主题,见 Stephen Kotkin, *Magnetic Mountain*: *Stalinism as a Civilization* (Berkeley, 1995)。

2. 见 Asa Briggs, *Serious Pursuits*: *Communications and Education*, vol. 3 (Urbana, IL, 1991), 77—81。

3. 笔者采用(或者改写)的"masscult"一词源自德怀特·麦克唐纳在1961年发表于《党派评论》并转载于《违反美国常理》(New York, 1962)的"大众文化与中产阶级文化"一文。

4. 参见 Katerina Clark, *Petersburg*: *Crucible of Cultural Revolution* (Cambridge, MA, 1995), 20。意识形态的架构("社会主义作为资本主义的解药")当然是复杂的。Kotkin, *Magnetic Mountain*, 152。

5. *Programma Kommunisticheskoi partii Sovetskogo Soiuza priniata XXTT S'' ezdom KPSS* (Moscow, 1962), 278—279.

6. 同上,第137页。

7. 引自 B. R. Shcherbina et al., *Ideologicheskaia bor'ba i sovremmena-*

ia kul'tura（Moscow，1972），58—59。

8. 基于这种原因，我选择用"苏联文化"而不是"苏联流行文化"。有关真实性的主张——哪种文化形式受到真正的大众欢迎（作为观众认可的受欢迎程度），哪些是真正的大众产品（作为观众参与的受欢迎程度）——不是我主要关注的问题。所有苏联文化在定义和设计两方面都是受欢迎的，设计的命运正是我的兴趣所在。苏联政府的确宣传某些称为"流行"或者"民间"文化的东西。但是尽管这种文化根植于苏联各种形式的农民文化中，它却被快速地专业化和经典化。苏联文化所引以为自豪的是将民间文化提升至高雅文化的地位。见 Richard Stites，*Russian Popular Culture*（New York，1992），71—79；Karen Petrone，*Life Has Become More Joyful, Comrades*！（Bloomington，2000），35—39。

9. A. Iakovlev，"Televidenie：Problemy，perspektivy"，Kommunist，no. 13（1965）：71. 另参见 Svetlana Boym，*Common Places：Mythologies of Everyday Life in Russia*（Cambridge，1994），168—214；P. Vail and A Genis，60—*e：Mir sovetskogo cheloveka*（Moscow，1996），324—329。

10. David Crowley and Susan Reid，eds.，*Pleasures in Socialism：Leisure and Luxury in the Socialist Eastern Bloc*（Evanston，IL，2010）；Diane Koenker，"Whose Right to Rest? Contesting the Family Vacation in the Postwar Soviet Union，" *Comparative Studies in History and Society* 51，no. 2（2009）：401—425.

11. Katerina Clark，*The Soviet Novel：History as Ritual*，3rd ed.（Bloomington，IN，2000），145—146，172—176.

12. 关于苏联文化作为欧洲传统的守护者，见 Elenonory Gilburd，"Picasso in Thaw Culture，" *Cahiers du monde russe* 47，nos. I—2（2006）：

74—83。

13. 见 Stephen Bittner, *The Many Lives of Khrushchev's Thaw: Experience and Memory in Moscow's Arbat* (Ithaca, NY, 2008)。

14. 特别是政治文化谱系的右翼仍然属于临时替代角色，仍未充分进入我们对后斯大林主义思考的整体视野。见 Yitzhak M. Brudny, *Reinventing Russia: Russian Nationalism and the Soviet State, 1953—1991* (Cambridge, MA, 1998); Nikolai Mitrokhin, *Russkaia partiia: Dvizhenie russkikn national- istove v SSSR 1953—1985 gody* (Moscow, 2003); Alexander Yanov, *The New Russian Right: Right-Wing Ideologies in the Contemporary USSR*, trans. Stephen P. Dunn (Berkeley, 1978)。

15. Elena Zubkova, *Russia after the War* (Armonk, NY, 1998); Juliane Fuerst, ed., *Late Stalinist Russia: Society between Reconstruction and Reinvention* (London, 2007); Amir Weiner, *Making Sense of the War* (Princeton, 2001); Vassily Aksyonov, *In Search of Melancholy Baby*, trans. Michael Henry Heim and Antonia W. Bouis (New York, 1985); Joseph Brodsky, *On Grief and Reason* (New York, 1997).

16. R. Pikhoia, *Moskva. Kreml'. Vlast'. 40 let posle voiny* (Moscow, 2007), 169—172.

17. 关于处于苏联爱国主义核心的沙文主义，见 David Brandenberger, *National Bolshevism: Stalinist Mass Culture and the Formation of Modern Russian National Identity, 1931—1956* (Cambridge, 2002)。

18. Andrei Zhdanov, "The Duty of a Soviet Writer," *Literaturnaia gazeta*, 21 September 1964, translated in *U.S. House of Representatives, 80th Congress: The Strategy and Tactics of World Communism* (Washington: Government Printing Office, 1948).

19. 关于欧洲长期"战后"的精彩讨论,见 Tony Judt, *Postwar: A History of Europe Since 1945*(New York, 2005)。

20. Dwight MacDonald,"A Caste, A Culture, A Market," *New Yorker*, 22 November 1958, 57—94, and 29 November 1958, 57—107.

21. Helen Graham and Jo Labanyi, eds. *Spanish Cultural Studies, An Introduction*(Oxford, 1996), 210. 另见 Aurora Bosch and M. Fernanda del Rincón,"Franco and Hollywood, 1939—1956," *New Left Review* 1, no. 232(November-December 1998):112—127。

22. 见 Vladislav Zubok, *A Failed Empire: The Soviet Union in the Cold War from Stalin to Gorbachev*(Chapel Hill, NC, 2007), 102—104。

23. Walter J. Hixson, *Parting the Curtain: Propaganda, Culture, and the Cold War, 1945—1961*(New York, 1997). 另见 Yale Richmond, *Cultural Exchange and the Cold War: Raising the Iron Curtain*(University Park, PA, 2003), xiv。

24. 两个例证:"Bobby Soxers—Moscow Style," *New York Times*, 17 February 1952; Harrison Salisbury,"'Lost Generation' Baffles Soviet; Nihilistic Youths Shun Ideology," *New York Times*, 9 February 1962。

25. 这种态度的一个很好的例证是莱因霍尔德·瓦恩莱特纳,"'乐趣的帝国'或者'托金的苏联蓝调':自由之声和美国在欧洲的文化霸权",载于《外交史》23 期第 3 卷(1999 年夏):第 499—524 页。比较戴维·考特,他极大地忽略了瓦恩莱特纳所倡导的流行文化,而是对苏联的缺陷做了近乎毁灭性的描述:"他们从一开始就输掉了文化战争,因为他们害怕自由而且看上去很害怕。"Caute, *The Dancer Defects: The Struggle for Cultural Supremacy during the Cold War*(Oxford, 2003), 2.

26. 尽管这个主题在西方媒体中的受欢迎程度不需要解释，但一个更加有趣的问题是苏联媒体是如何呈现这些故事的。见 Kristin Roth-Ey, "Mass Media and the Remaking of Soviet Culture, 1950s—1960s"（PhD diss., Princeton University, 2003), chap. 1。

27. Vladislav Zubok and Constantine Pleshakov, *Inside the Kremlin's Cold War: From Stalin to Khrushchev*（Cambridge, MA, 1996), 276. 另见 Nigel Gould-Davies, "Rethinking the Role of Ideology in the Cold War," *Journal of Cold War Studies* I, no. I（Winter 1999）: 90—109。

28. 关于"宣传国家"，见彼得·肯尼兹开创性的著作《宣传国家的诞生：1917—1929 年苏联群众动员的方法》（剑桥大学出版社，1985 年）。

29. B. A. Miasoedov, *Strana chitaet, slushaet, smotrit*（Moscow, 1982), II.

30. 同上，第 66 页。

31. *Narodnoe khoziaistvo SSSR v 1970 g.*（Moscow, 1971) 678, 466.

32. 我借鉴玛丽莲·艾薇而采用了"大众文化构成"一词，试图不将大众文化视为在一个有序的系统内由一群人制作，由另一群人管理和控制，然后由第三群人来消费的事物。（在苏联历史中，有一种"官方文化"是由知识分子制作，政党来审查和发布，然后由人民来消化的。）实际上，所有的群体都倾向于彼此重叠，所有的文化形式都会在新技术手中和不同的社会政治背景下变换身形。苏联文化的背景是专制：其形状从未以它们喜欢的任何方式变化过。但它的生产和消费模式却又与其他现代大众文化存在着共性，为此，苏联文化也更多地被认为是一种"构成"：一整套的文化产品、产业、官僚机构、社会网络以及并非最不重要的话语——对于作为体验和理想的大众文化本身的持续且经常有争议的交谈。玛丽莲·艾薇的"大众文化的构成"载于安德鲁·戈登所编的《战后日本历史》（伯克利，1993 年）第 239—258 页。艾薇的定义不包括我所描述的那些东拉西扯的元素。也见莱谢克·柯拉柯夫斯基的"文化构成中的共产主义"，《调查》第 29 期第 2 卷（1985 年夏）：第 139—148 页。

33. A Vishnevskii, *Serp i rubl': Knoservativnaia modernizatsiia v SSSR* (Moscow, 2000), 91.

34. 研究来自 L. A. Gordon and E. V. Klopov, *Chelovek posle raboty* (Moscow, 1972), 引自 B. M. Firsov, *Puti razvitiia sredstv massovoi kommunikatsii* (Moscow, 1977), 第 118 页。1965 年至 1967 年期间，戈登和科洛波夫在第聂伯罗彼得罗夫斯克、扎波罗热、奥德萨以及科斯特罗马开展了他们的研究。

35. Firsov, *Puti razvitiia*, 120.

36. L. Pressman and D. Poltorak, "Net, oni ne passivny", *Sem'ia I shkola*, no. I (1971), 引自 I. Levshina, *Liubite l ivy kino?* (Moscow, 1978), 31。

37. 比较刘易斯·西格尔鲍姆关于苏联蓬勃发展的汽车文化的讨论："一个人在自己车里花费的时间越多，发挥其他作用的时间就越少，无论是社会、职业还是其他方面的作用。" *Cars for Comrades: the Life of the Soviet Automobile* (Ithaca, NY, 2008), 7.

38. 磁带式录音机既有苏联制造的也有外国制造的：对苏联的录音机而言，1960 年至 1985 年期间，其销售量估计有 5,000 万台。Adele Marie Barker, ed., *Consuming Russia: Popular Culture, Sex and Society since Gorbachev* (Durham, NC, 1999), 83. 关于俄罗斯—苏联历史中的政治力量和文化技术，见 S. Frederick Starr, "New Communications Technologies and Civil Society", in *Science and the Soviet Social Order*,

ed., Loren Graham (Cambridge, 1999), 19—50。

39. 笔者此处建立在雷蒙·威廉姆斯关于作为电视的"核心体验"的"流动"概念之上。笔者认为，作为文化消费的模式，流动不太适合珍视清晰的等级界限、经典以及控制的苏联文化理想（见第四章）。Raymond Williams, *Television*: *Technology and Cultural Form* (Hanover, NH, 1974), 72—112.

40. RGASPI-m, f. I, op. 34, d. 127, II. 13—14.

41. 将这个观点与当代西方关于美国"文化帝国主义"的讨论进行比较，特别是赫伯特·席勒的《大众传播与美国帝国》（纽约，1969年，1992年）。关于最近按照这一脉络进行的极其深奥的讨论，见 Victoria de Grazia, *Irresistible Empire*: *America's Advance through Twentieth-Century Europe* (Cambridge, MA, 2005)。

42. Eric Hobsbawm, *The Age of Extremes*: *A History of the World, 1914—1991* (New York, 1996), 288. 参见 Arthur Marwick, *The Sixties*: *Cultural Transformation in Britain, France, Italy and the United States c. 1958—c. 1974* (New York, 2000), 13—20。

43. Andrew Ross, *No Respects*: *Intellectuals and Popular Culture* (New York, 1989); D. Hebdige, "Towards a Cartography of Taste, 1935—1962," *Block*, no. 4 (1981): 39—65, 转载于 *Hiding in the Light*: *On Images and Things* (London, 1988), 45—76。

44. Asa Briggs and Peter Burke, *A Social History of the Media from Gutenberg to the Internet* (Malden, MA, 2005); Richard Collins, *From Satellite to Single Market*: *New Communication Technology and European Public Service Television* (New York, 1998).

45. Andrew Criswell, *An Introductory History of British Broadcasting*

(London, 2002), 83.

46. Manuel Patricio, "Early Spanish Television and the Paradoxes of a Dictator General," *Historical Journal of Film, Radio and Television* 25, no. 7 (October 2005): 599—617.

47. 关于美国化的大量著作中最重要的部分，包括 de Grazia, *Irresistible Empire*; Robert Kuisel, *Seducing the French: The Dilemma of Americanization* (Berkeley, 1993); Richard Pells, *Nor Like Us: How Europeans Have Loved, Hated, and Transformed American Culture since World War II* (New York, 1998); Ute Poige, *Jazz, Rock, and Rebels: Cold War Politics and American Culture in a Divided Germany* (Berkeley, 2000); Reinhold Wagnleitner and Elaine Tyler May, eds., *"Here, There, and Everywhere": The Foreign Politics of American Popular Culture* (Hanover, NH, 2000); R. Kroes et al., eds. *Cultural Transmissions and Receptions: American Mass Culture in Europe* (Amsterdam, 1993); Alexander Stephen, ed., *The Americanization of Europe: Culture, Diplomacy, and Anti-Americanism after 1945* (New York, 2006)。

48. 甚至一些美国人也表示担心欧洲人所谓的他们文化的美国化。见 Michael Kammen, *American Culture, American Tastes: Social Change and the Twentieth Century* (New York, 2000)。

49. Vera Dunham, *In Stalin's Time: Middleclass Values and Soviet Fiction*, 2nd ed. (Durham, NC, 1990), 22.

50. 同上，第 240 页。

51. 关于知识分子对于市场的不屑，特别见 Clark, *Petersburg* 和 Boym, *Common Places*。关于"粗俗"的产品和"令人尴尬的可怜"追求的评论来自于社会学家艾伦·卡索夫对邓纳姆的（积极）评论，

载于 *American Journal of Sociology* 84, no. I (1978): 194。

52. Alexei Yurchak, *Everything Was Forever Until It Was No More: The Last Soviet Generation* (Princeton, 2005).

53. Maya Plisetskaya, *I, Maya Plisetskaya* (New Haven, CT, 2001), 276. "Plisetskaia" 符合本书通篇所使用的美国国会图书馆音译体系。"Plisetskaya" 是另一种拼写。

54. 关于苏联领导层的老龄化，见 Amir Weine, "Robust Revolution to Retiring Revolution: The Life Cycle of the Soviet Revolution," *Slavonic and East European Review* 86, no. 2 (April 2008): 208—231。关于共产主义的成功与失败对共产主义精英的重要性，见 Stephen Kotkin, *Uncivil Society: 1989 and the Implosion of the Communist Establishment* (New York, 2009)。

55. Oliver Todd, *Malraux: A Life*, trans. Joseph West (New York, 2005), 361—370.

56. Graham and Labanyi, *Spanish Cultural Studies*, esp. 196—228.

57. 我不是谈论二战以后东欧和中欧文化机构的苏联化（苏联风格的文化官僚机构的创建）。这是成功的，但同时从长远看更是结构上的而非概念上的，并且显然比美国化影响力要小。

58. 关于扩大我们对西方以外的苏联文化影响的视野，见 Sudha Rajagopolan, *Leave Disco Dancer Alone! Indian Cinema and Soviet Movie-Going after Stalin* (New Delhi, 2008); Roman Szporluk, ed., *The Influence of East Europe and the Soviet West on the USSR* (New York, 1975); Amir Weiner, "Déjà Vu All Over Again: Prague Spring, Romanian Summer and Soviet Autumn on the Soviet Western Frontier," *Contemporary European History* 15, no. 2 (2006 年): 159—194。

注 释

第一章

1. 笔者互换性地使用"电影制片业人士"(cineaste)、"电影制作者"(filmmaker)以及"电影专业人员"(film professional)等词。

2. 本章讨论的是未经审查剪辑的长篇故事片或者剧情片,但苏联电影工业还制作许多其他类型的电影。儿童片和纪录片发展得尤其成熟。

3. Valerii Fomin,引自 Bernard Eisenschitz, *Lignes d'ombre: Une autre histoire du cinéma soviétique: 1926—1968* (Milan, 2000), 151。总体来看,这一时期苏联电影的历史(与苏联广播的历史一样)是由参与者们——当时从事研究或者开始他们职业的学者、评论家以及电影制片人——来书写的,并且倾向于怀旧。见 V. Troianovskii, ed., *Kinematograf ottepeli: kniga pervaia* (Moscow, 1996) and *Kinematograf ottepeli: Kniga vtoraia* (Moscow, 2002); V. 福明的评论在他的纪录片选集 *Kino i vlast': Sovetskoe kino*, 1965—1985 *gody: Dokumenty, svidetel'stva, razmyshleniia* (Moscow, 1996), and *Kinematograf ottepeli: Dkumenty i svidetel'stva* (Moscow, 1998); M. P. Vlasov, *Sovetskoe kinoiskusstvo 50-60-x godov* (Moscow, 1992); Neya Zorkaya, *The Illustrated History of Soviet Cinema* (New York, 1989); I. Shilova, ...*I moe kino: Piatidesiatye, shestideiatye, semidesiatye* (Moscow, 1993); Jeanne Vronskaya, *Young Soviet Film Makers* (London, 1972)。Josephine Woll 的 *Real Images: Soviet Cinema and the Thaw* (New York, 2000) 是目前权威性的英文版的历史,采用了与电影参与者们撰写历史类似的方法,集中关注电影知识分子以及电影艺术和政治斗争。也见亚历山大·普罗科洛夫近期关于电影研究脉络的作品,*Springtime for Soviet Cinema: Re/Viewing the So-*

viet 1960s（Pittsburgh，2001）。

4. 尽管美国、印度、意大利以及日本在单纯的数量上都超过苏联，但除了印度之外，它们都是单一语言的电影。"US Fifth in Movies," *Washington Post*, 1 June 1966.

5. Fomin, *Kinematograf ottepeli*, 75.

6. I. E. Kokarev, *Rossisskii kinematograf: Mezhdu proshlym I budushchim*（Moscow，2001），30—31.

7. 1946 年美国的票房达到其历史性的高度，略超 40 亿张门票，到 1959 年则回落到 15 亿张（并持续下滑）。Paul McDonald, *The Star System: Hollywood's Production of Popular Identities*（London，2000），72.

8. 这不是绝对的情况：苏联也有许多免费的电影场所，诸如俱乐部和工厂电影院等。见第二章。

9. Julian Graffy, "Cinema", in *Russian Cultural Studies*, ed. C. Kelly and D. Sheherd（New York，1998），174.

10. G. Mari'iamov, *Kremlevskii tsenzor: Stalin smotrit kino*（Moscow，1992），41；L. Arkus, ed., *Noveishaia istoriia otechestvennogo kinematografa, 1986—2000: Kino i kontekst*, vol. 5 (St. Petersburg, 2004), 65.

11. 战后许多被列入新发行的电影甚至不是真正的故事片，而只是被拍摄出来的剧院演出。Peter Kenez, *Cinema and Soviet Society, 1917—1953*（London，2001），188；Peter Kenez, "Black and White: The War on Film", in *Culture and Entertainment in Wartime Russia*, ed. Richard Stites（Bloomington，IN，1995），166. 关于战时电影，见 N. Zorkaia, *Istoriia sovetskogo kino*（St. Petersburg，2005），256—272；V. Fomin, *Kino na voine: Dokumenty I svidetel'stva*（Moscow，2005）。

12. 见 Louis Harris Cohen, *The Cultural-Political Traditions and De-*

velopments of the Soviet Cinema, 1917—1972 (New York, 1974), 230—231。

13. "Segida-Info," *Iskusstvo kino*〔以下简写为 *IK*〕, no. 4 (1996): 76.

14. 在共和国级别的电影制片厂中,最大的是基辅的杜甫仁科制片厂(20世纪60年代每年制作12—15部故事片)和第比利斯的格鲁吉亚制片厂(6—10部故事片)。中亚、高加索以及波罗的海地区的制片厂,每年制作几部故事片。Cohen, *Cultural-Political Traditions*, 515—528; Anna Lawton, ed., *The Red Screen: Politics, Society, Art in Soviet Cinema* (New York, 1992), 296.

15. 与20世纪60年代国家摄影委员会副主席V. 巴斯考夫的访谈获得的数字。Troianovskii, *Kinematograf ottepeli: Knig vtoraia*, 325.

16. 第一个国家摄影委员会(1963—1965年)由苏联部长理事会下属的国家摄影委员会(1965—1972年)、苏联摄影部长电影理事会的国家委员会(1972—1978年)以及苏联摄影国家委员会(1978—1991年)接手。有关1972年机构大改组的更多信息,见下文。

17. 关于编剧的作用,见 Fomin, *Kino I vlast'*, 61。

18. 俄罗斯苏维埃联邦社会主义共和国是这个规则的一个例外。所有最大规模的故事片制片厂都位于俄罗斯苏维埃联邦社会主义共和国,汇报直接递交中央国家摄影委员会(不是俄罗斯苏维埃联邦社会主义共和国国家摄影委员会,该机构不控制其他问题,譬如非虚构类电影)。Val S. Golovskoy, *Soviet Screen: The Motion-Picture Industry in the USSR, 1972—1982* (Ann Arbor, MI, 1986), 43.

19. E. Riazanov, *Ne podvedennye itogi* (Moscow, 2000), 89.

20. 这位导演是雷蒙达斯·瓦巴拉斯。Troianovskii, *Kinematograf*

ottepeli: *Kniga vtoraia*, 363.

21. 见与剧作家安纳托利·格雷布内夫在特洛伊阿诺夫斯基的访谈, *Kinematograf ottepeli: Kniga vtoraia*, 354—355。

22. 引自 Feodor Razzakov, *Zhizn'zamechatel'nykh vremen*, 1970—1974 (Moscow, 2004), 480—481。

23. Nonna Mordiukova, *Kazachka* (Moscow, 1995), 149.

24. Richard Taylor and Derek Spring, eds., *Stalinism and Soviet Cinema* (London, 1993), 167. V. 福明发表了一系列的文件和关于电影制作人工会的评论, 1957—1965, http://www.film.ru/sk-news. 工会在成立大会时有 3,923 名成员, 1976 年有 5,210 名成员, 1981 年有 6,902 名成员。*Chetvertyi s" ezd kinematografistove SSSR, 19—21 maia 1981 goda: stenograficheskii otchet* (Moscow, 1982), 107.

25. 节选自派莱夫致阿库斯的党中央委员会的信函, *Noveishaia istoriia*, vol. 6。

26. "Imena: v plenu u Gaidaia", *Rossiiskie vesti*, 31 January 1998; "Pyr'ev segodnia: Sergei Solov'ev, Vladinir Dashkevich, Aleksandr Mitta, Gleb Panfilov," *Kinovedcheskie zapiski*, no. 53 (2001), 4—14; M. I. Kosinova, *Istoriia kinoprodiuserstva v Rossii* (Moscow, 2004), 207—225.

27. 伊恩·克里斯蒂将苏联导演流派的起源追溯到了 20 世纪 20 年代以及(谢尔盖·爱森斯坦、列夫·库里肖夫、亚历山大·杜甫仁科、吉加·维尔托夫以及伍瑟沃罗德·普多夫金)"五大导演"的经典化。Christie, "Canons and Careers: The Directors in Soviet Cinema," in Taylor and Spring, *Stalinism and Soviet Cinema*, 142—170.

28. 庇护关系网发挥作用始于苏联国立电影学院的招生录取。见勃列日涅夫的侄子卢巴·勃列日涅夫的评论，载于 *The World I Left Behind*: *Pieces of a Past*, trans. Geoffrey Polk (New York, 1994), 134。

29. 关于苏联文化中更广泛的庇护关系，见 Juri Jelagin, *Taming of the Arts*, trans. Juri Jelagin (New York, 1951); Kiril Tomoff, "'Most Respected Comrade…': Patrons, Clients, Brokers and Unofficial Networks in the Stalinist Music World," *Contemporary European History II*, no. I (2002): 33—65; Vera Tolz, "Cultural Bosses as Patrons and Clients: The Functioning of Soviet Creative Unions in the Postwar Period," *Contemporary European History* II, no. I (2002): 87—106.

30. Eisenschitz, *Lignes d'ombre*, 143, 152.

31. Troianovskii, *Kinematograf ottepeli*: *Kniga vtoraia*, 332. 关于20世纪70年代的转变，见 N. M. Zorkaia, *Istoriia sovetskogo kino* (St. Petersburg, 2005)。

32. Fomin, *Kino I vlast'*, 146, 也见国家摄影委员会主席阿门·梅德维德夫的评论，"Sed'moi ministr posle semi let v stroiu", *Novye izvestiia*, 13 February 1999。

33. V. Motyl', "Za derzhavu po-prezhnemu obidno," *Novaia gazeta*, 18 September 2000.

34. G. Daneliia, *Bezbiletnyi pasazhir* (Moscow, 2003), 210.

35. "高阁"（polka）也是一个真实的地方：高尔基电影制片厂在贝耶·斯托尔贝存放电影的设施。我们没有有关被禁放电影的全面数据，但根据福明的说法（他曾工作于此），20世纪80年代，一个特别电影制作人工会委员会认为有超过200部故事片、纪录片以及动画片需要"修复"。一位工会官员估计在他任职的23年间（1965—1988年）有大约100部故事片被禁放。见 V. Fomin, *Polka*: *Dokumenty*,

svidetel'stva, *kommentarii*（Moscow, 1992）; Fomin, *Kino i vlast'*, 147。

36. 许多电影，尽管初次进入苏联市场却并非新出品的：苏联经常购买老电影，因为比较便宜。

37. E. S. Afanas'eva and V. Iu. Afiani, eds., *Ideologicheskie komissii TsK KPSS 1958—1964：Dokumenty*（Moscow, 1998）, 186.

38. D. Pisarevskii, "Krylatye I'vy pobedy," *Sovetskii ekran*［以下简写为 *SE*］, no. 21（1962）: 14—16。该杂志刊登了意大利报纸的照片以证明这一点。

39. Eisenschitz, *Lignes d'ombre*, 19.

40. 例如, Iu. Slavich and E. Lyndina, *Rossiiskie kinozvezdy rasskazivaiut*（Moscow, 1998）。

41. Stanley Kramer, *A Mad, Mad, Mad World：A Life in Hollywood*（New York, 1997）.

42. G. Chukhrai, *Moe kino*（Moscow, 2002）, 117.

43. Andrei Konchalovskii, *Nizkie istiny：Sem'let spustia*（Moscow, 2006）, 143.

44. Denise Youngblood, *Movies for the Masses：Popular Cinema and Soviet Society in the 1920s*（New York, 1992）20; Neia Zorkaia, "O 'massovom segodnia'—Neskol'ko elementarnykh istin," *Kinovedcheskie zapiski*, no. 45（2000）: 27—37.

45. Fomin, *Kinematograf ottepel：Kniga pervaia*, 3.

46. 这部电影是《难忘的1919》。票房数据见 http: //www. nashekino. ru/.

47. D. B. Dondurei, ed., *Otechestvennyi kinematograf：Strategiia vyzhivaniia：Nauchnyi doklad*（Moscow, 1991）, 71.

注 释

48. 马尼维奇引用的官方数据是总共17,300部：6,400部故事片，3,500部短片，4,800部广告以及2,600部新闻片。I. Manevich, "Chuzhie trofei", *SE*, no. 18（1991）：5.

49. 德国的战利品与之前战争中缴获的影片（1939年从西乌克兰和白俄罗斯，1940年从波罗的海各国和比萨拉比亚）共同构成了位于贝耶·斯托尔贝的一个特别基金。这些电影的40%来自美国，大约50%来自西欧。RGASPI, f. 17, op. 132, d. 88, ll. 3—4. 在二战前和二战期间（通过购买或者受赠）也获得了一批美国和英国的电影，包括《光谷小夜曲》（1941年）、《巴格达窃贼》（1924年）以及《小鹿斑比》（1942年）。尽管经常与战利影片混在一起，但这些电影更早之前就在苏联放映了，而且它们是合法的。Yale Richmond, *Cultural Exchange and the Cold War: Raising the Iron Curtain*（University Park, PA, 2003）, 129; M. Semenov, "'Trofeinoe kino'? Net, vorovannoe", *Novoe russkoe slovo*, 19 February 2002, and 12 March 2002.

50. 资料馆的文件偶尔会提及一部"按照斯大林同志的指示"发行的影片。RGASPI, f. 17, op. 125, d. 576, l. 60.

51. 1948年的一份关于一批70部电影被禁映了19部的报告，"因其政治上的不相融或者基于一种艺术观"；26部获准"限于"工会和俱乐部放映；还有24部获准正常发行。RGASPI, f. 17, op. 132, d. 92, l. II.

52. 同上。

53. Semenov, "'Trofeinoe kino'?"

54. 这也是为了避免版权争议的一种尝试：苏联当局很清楚可能面临的诉讼，并且担心电影的海外销售会遭遇危险以及苏联电影发行商所负有的义务。见 RGASPI, F. 17, OP. 132, D. 92, 1.5.

55. V. Demin, "Nostalgiia—greshnoe protivoiadie", *SE*, no. 18 (1991): 3.

56. RGASPI, f. 17, op. 125, d. 576, l, 57.

57. Elena Kurbanova, "Eiramdzhan, ulozhivshii Kuravleva v ginekologicheskoe otdelenie," *Moskovskaia Pravda*, 11 May 1999.

58. RGASPI, f. 17, op. 125, d. 576, l, 4.

59. Aleksei Kozlov, *Kozel na sakes* (Moscow, 1998).

60. Oriana Atkinson, *Over at Uncle Joe's: Moscow and Me* (New York, 1947), 136. 迪安娜·德宾的受欢迎程度显得异乎寻常并且持久。见 Irving R. Levine 的评论，载于 *Main Street, USSR: Selection from the Original Edition* (New York, 1960), 141; Serge Fliegers, "Liz Taylor Mistaken for Deanna Durbin," *Chicago Daily Defender*, 28 January 1958。

61. RGASPI, f. 17, op. 125, d. 576, l. 2；同上，l. 58。

62. RGASPI, f. 17, op. 132, d. 92, l. 63.

63. RGASPI, f. 17, op. 133, d. 383, l. 208.

64. 1947 年，当《共青团真理报》发表社论批评战利品影片时，电影艺术部向中央委员会递交了一份正式的反对意见。RGASPI, f. 17, op. 125, d. 576, l. 59. 七年以后，共青团在《国际共青团》上的另一篇批判性评论使得该期刊遭到了官方指责，并且使得共青团受到了中央委员会的警告。这篇冒犯性的文章批评了苏联的电影制作人使年轻人感到失望而将他们有效地投向泰山的怀抱。这篇评论被美联社的一位记者明显地加以引用。见 E. S. Afanas'eva and Iu. Afiani, des., *Apparat TsK KPSS I kul'tura 1953—1975: Dokumenty* (Moscow, 2001), 285。

65. Kenez, *Cinema and Soviet Society*, 192.

66. Zorkaia, "O 'massovom segodnia'," 28.

67. RGASPI, f. 17, op. 132, d. 92, l. 5. 也见三项中央委员会关于计划利润的命令, 载于 Oleg V. Naumov and Andrei Artizov, eds., *Vlast-vI khudozhestvennia intelligentsia: Dokumenty 1917—1953* (Moscow, 1999)。

68. 见 Sudha Rajagopalan, *Leave Disco Dancer Alone! Indian Cinema and Soviet Movie-Going After Stalin* (New Dehli, 2008), 76—83。

69. Arkus, *Noveishaia istoriia*, 5: 98—103.

70. 来自资本主义国家的电影通常获得一段有限时期的许可——在苏联方面一种合法的但并不总是得到尊重的安排。

71. Dondurei, *Otechestvennyi kinematograf*, 73. 另见 Neia Zorkaia, "Sovetskii kinoteatr, ili chto tam bylo na samom dele v proshlye gody," *IK*, no. II (1995): 121。

72. Arkus, *Noveishaia istoriia*, 5: 98—103.

73. Afanas'eva and Afiani, *Ideologicheskie komissii*, 258.

74. Sudha Rajagopalan, "A Taste for Indian Films: Negotiating Cultural Boundaries in Post-Stalinist Soviet Society" (PhD diss., Indiana University, 2005), app. A.

75. Sergei Kudriavtsev, *Svoe kino* (Moscow, 1998), 391. Rajagopalan, "Taste for Indian Films," 149.

76. Afanas'eva and Afiani, *Ideologicheskie komissii*, 258.

77. "USIA Report Notes Huge Increase in U. S. Films Shown in Soviet Union," *Washington Post*, 19 September 1960.

78. Golovskoy, *Behind the Soviet Screen*, 133.

79. 1961 年, 莫斯科党组织抱怨说莫斯科最大的影院和体育场仍然在放映资本主义影片（尽管工会俱乐部和电视没有这么做）。Ts-AOPIM, f. 4, op. 139, d. 52, l. 6.

80. RGALI, f. 2936, op. 4, d. 1307, l. 106.

81. 平均每份拷贝的收看观众为2.5万到3万人。Dondurei, *Otechest-vennyi kinematograf*, 71; Kudriavtsev, Svoe kino, 392. 苏联花费5.4万可兑换卢布购买了《热情似火》。Evgenii Zhirnov, "Arkhiv: Kremlevskie piraty", *Kommersantvlast'*, 14 October 2002.

82. Mihajlo Mihajlov, *Moscow Summer* (New York, 1965), 51. 也见William Taubman, *The View from Lenin Hills: Soviet Youth in Ferment* (New York, 1967), 136。

83. 彼得·克耐兹估计自1967年至1970年莫斯科只上映了20部西方电影。Kenez, "Notes on a Moscow Movie Season" (August 1975), OSA, box 300—80—I—316.

84. Golovskoy, *Behind the Soviet Screen*, 137.

85. *Chetvertyi s''ezd kinematografistov SSSR*.

86. Evgenii Zhirnov, "Arkhiv: Rentabel'nost sovetskogo kinematografa sostavliala 900% v god," *Kommersant-vlast'*, 10 March 2003.

87. RGALI, f. 2918, op. 5, II. 40—42.

88. Zhirnov, "Arkhiv: Kremlevskye piraty."

89. Arkus, Noveishaia istoriia, 5: 102.

90. 同上，卷4 (Moscow, 2002), 109—111。

91. 外国文学并没有更成功。见Maurice Friedberg, *A Decade of Euphoria: Western Literature in Post-Stalin Russia, 1954—1964* (Bloomington, IN, 1977), esp. 16—57。

92. Fomin, *Kinomatograf ottepeli*, 6.

注 释

93. Zhirnov, "Arkhiv: Rentabl'nost sovetskogo kinematografa". 也见 Boris Pavlenok, *Kino: Legendy I byl': Vospominaniia, razmyshleniia* (Moscow, 2004), 91。

94. Kosinova, *Istoriia Kinoprodiuserstva v Rossii*, 20.

95. 伯吉特·博伊马斯认为直到1983年票房收入的回报都是大于支出的。Beumers, "Cinemarket, or The Russian Film Industry in 'Mission Impossible'," *Europe-Asia Studies* 51, no. 5（July 1999）: 871; Arkus, *Noveishaia otechestvennogo kino*, 5: 125.

96. Fomin, *Kinomatograf ottepeli*, 85.

97. Aleksandr Fedorov, "Gorkaia pravda luchshe vsiakoi lzhi?" SK-Novosti, no. 43, http://www.film.ru/sk-news.

98. 数据采集的草率也使得做假账更容易。弗拉基米尔·默蒂耶认为《沙漠白日》（*Beloe sol'ntse pustyni*, 1970）的数字被降低了，以便于让其他电影的数字看上去更高。"Vladimir Motyl': V kino nuzhno gospolitika", *Kommersant-daily*, 6 November 1998.

99. 我的观点并不是说苏联电影工业是唯一做假账的（好莱坞过去和现在都以此闻名），只是方法由于体制而有所不同。见 Edward Jay Epstein, *The Big Picture: Money and Power in Hollywood* (New York, 2006)。

100. 主题计划每年都不同并且取决于利益集团的游说结果。例如，1965年，为了纪念二战胜利而增加了军事—爱国题材的类别。20世纪50年代后期出现了大量关于诚实警员的故事片——改善警察部门声誉的广泛媒体运动的一部分。Denis Gorelov, "Chelovek-amfibiaa," *Izvestiia*, 24 March 2000. 20 世纪70年代，克格勃支持有关苏联反间谍的电影作为对西方反苏联电影浪潮的一种反击。

101. Sally Belfrage, *A Room in Moscow* (London, 1958), 147. 电影是《心印》(1958 年)。

102. Afanas'eva and Afiani, *Ideologicheskie komissii*, 475.

103. RGALI, f. 2936, op. 4, d. 1307, l. 25.

104. RGALI, f. 2944, op. 4, d. 20, l. 185.

105. Evgenii Zhirnov, "Kak zakalialsia brend. Tselluloidnoe iskusstvo," *Komersant-dengi*, 20 September 2004.

106. L. Furikov, "Analiz odnogo… analiza fil'ma," *IK*, no. 8 (1970): 108.

107. RGALI, f. 2936, op. 4, d. 1307, l. 97.

108. 同上, l. 23。

109. Valerii Golovskoi, *Mezhdu ottepel'iu i glasnosti: Kinematograf 70—x* (Moscow, 2004), 68; Sergi Kudriavtsev, "Rekordy i mify sovetskogo kinoprokata," *Vremia novostei*, 2 August 2007.

110. 与巴斯卡考夫的访谈, 载于 Troianovskii, *Kinematograf ottepeli: Kniga vtoraia* (Moscow, 2002), 334。

111. Cohen, *Cultural-Political Traditions*, 444. 关于评级体系的起源, 见 Kosinova, *Istoriia Kinoprodiuserstva v Rossii*, 158。

112. 法拉第的线人报告称, 第一级影片的导演奖金为 8,000 卢布, 第二级为 6,000 卢布, 第三级为 2,500 卢布, 第四级没有奖金, 国家采购影片的导演奖金为 1.2 万卢布。这些评级很可能是指 20 世纪 70 年代和 20 世纪 80 年代初期。George Faraday, *Revolt of the Filmmakers: The Struggle for Artistic Autonomy and the Fall of the Soviet Film Industry* (University Park, PA, 2004), 59.

113. 在科恩的《文化—政治传统》第 445 页所引用的《真理报》

1972年的一篇文章。这个体制也鼓励了篇幅较长的电影。这个趋势适用于分上下部分的影片，片长三个多小时，但只能一次性观看。据说，观众不喜欢这种影片，因为太长而且还不得不买两张票。Steven Hill, "The Soviet Film Today," *Film Quarterly* 20, no. 4（Summer 1967）: 40; Chukhrai, *Moe Kino*, 164—165.

114. Fomin, *Kinematograf ottepeli*. 78.《将军与雏菊》由因拍摄斯大林题材的影片而闻名的米克海尔·齐阿乌列里导演。一位官员在1966年所引用的关于此片的不同数据（成本71.5万卢布；票房19万卢布；奖金3.6万）证实了相同的观点。RGALI, f. 2936, op. 4, d. 1307, l. 46.

115. 毫无疑问，这是为什么如此多的导演也被冠以剧作家的原因之一。一些电影产业的评论家抱怨导演撰写或者改编剧本的做法导致了灰色电影的问题。见阿列克谢·卡普勒致中央委员会的信，载于Fomin, *Kinematograf ottepeli*, 87—89。福明也公布了一份1969年克格勃关于卡普勒抱怨导演强迫剧作家分摊剧本版税的报告。Fomin, *Kino i vlast'*, 92—94.

116. "Kak vziat'ot fil'ma bol'she?" *IK*, no. 7（1966）: 13.

117. 演员不断抱怨低报酬水平。见，比如，在1981年的电影制作人工会大会上的评论。*Chetvertyi s'' ezd kinematografistov SSSR*, III.

118. 其他电影专业人士也有资格获得荣誉。Marina Raikina, "Patologicheskie narodnye," *Moskovskii komsomolets*, 14 May 1999. 关于1937年荣誉的介绍，见Maya Turvoskaya, "The 1930s and 1940s: Cinema in Context," in Taylor and Spring, *Stalinism and Soviet Cinema*, 37。

119. Arkus, *Noveishaia istoriia*, 5: 125.

120. "Kak vziat'ot fil'ma bol'she?" 9. 一百多家报纸也评论了这部

电影。Woll, *Real Images*, 153.

121. *Chetvertyi s'' ezd kinematografistov SSSR*, 42.

122. RGALI, f. 2936, op. 4, d. 1307, l. 44.

123. RGALI, f. 2944, op. 1, d. 19, l. 81.

124. RGALI, f. 2936, op. 4, d. 1307, l. 13.

125. Fomin, *Kino i vlast'*, 135.

126. RGALI, f. 2936, op. 4, d. 1307, l. 9.

127. Elena Sirnova, "Zolotaia pora Ikhtiandra," *Rossiisskaia gazeta*, 21 June 2000; Tat'iana Khoroshilova, "Vladimir Korenev: Moi geroi byl naiven i chist," *Rossiiskaia gazeta*, 22 November 2003.

128. Faraday, *Revolt of the Filmmakers*.

129. Larisa Maliukova, "Cherno-beloe vremia Romma: Vladinir Dmitriev i Marlen Khutsiev govoriat o mastere," *Novaia gazeta*, 5 February 2001.

130. 关于苏联知识分子的关系网和生活方式,见 Maia Turovskaya, "Sovetskii srednyi klas," *Neprikosnovennyi zapas*, no. 1(2002)。

131. 在此我与乔治·法拉第的观点有分歧,他认为在价值观方面"创造性的知识分子与官僚精英之间存在着区别"。《电影制作人的反叛》,第36页。不仅他们的官衔重叠(许多知识分子成员拥有官僚精英的官衔),而且他们的文化价值观也具有广泛的共鸣。

132. James Lardner, "A Moment We Had to Grasp," *New Yorker*, 26 September 1988, 82.

133. Larisa Maliukova,"Kul'turnyi sloi. Marlen Khutsiev: Vremia samo prostupaet na ekrane", *Novaia gazeta*, 3 October 2005, 24—25.

134. *Sergei Bondarchuk v vospominaniiakh sovremennikov*(Moscow, 2003), 476.

135. Daneliia, *Bezbiletnyi passazhir*, 182—189.

136. 至于巴斯卡考夫关于 20 世纪 60 年代中期变革的观点，见 Fomin, *Kino i vlast'*, 137。

137. Fomin, *Kinematograf ottepeli*, 60.

138. 同上，77；Kosinova, *Istoriia Kinoprodiuserstva v Rossii*, 228—229。

139. Motyl', "Za derzhavu po-prezhnemu obidno." 一位历史学家报告说，中央委员会早在 1962 年 6 月就批准过一个类似于实验创意电影制片厂的计划。Kosinova, *Istoriia Kinoprodiuserstva v Rossii*, 229. 查克莱在《莫·吉娜》中的第 173—176 页描述了他与考西金的初次会面。

140. 波兹纳也是未来公开化时代的电视明星弗拉德米尔·弗拉迪米罗维奇·波兹纳的父亲，他在《与幻觉告别》（New York, 1990 年）中描述了他在美国的生活。

141. "Eksperiment vedet v budushchee," *SE*, no. 3（1966）: I.

142. 对于查克莱而言，这不仅是一个经济问题也是一个道德问题，这一观点在他的后苏联回忆录中阐述得更加清楚。"工人们不劳而获。这适合他们并且同时也腐化他们。"Chukhrai, *Moe kino*, 168.

143. Fomin, *Kinematograf ottepeli*, 239.

144. "Eksperiment vedet v budushchee," I.

145. Motyl', "Za derzhavu."

146. Fomin, *Kinematograf ottepeli*, 241.

147. G. Chukhrai, "Chto 'Kormit' kinostudiiu?" *Pravda*, 14 February 1986, 3.

148. 实验创意电影制片厂是通过 1976 年的两项命令而宣告终结的。第一项命令（二月）正式终止了实验，并将实验人员重组为莫斯科电影制片厂的一个正规工作团队；第二项命令（五月）解散了这个新单位。Fomin, *Kinematograf ottepeli*, 245—248.

149. 同上，第 245—247 页。

150. 尽管如此，我们仍然有一些迹象表明创意电影制片厂可能产生的影响。根据一项最近的历史记载，20 世纪 70 年代超过 1,900 万张门票纪录的电影可以被重新评定为更高级别。Arkus, *Noveishaia istoriia*, 5：125. 20 世纪 80 年代移民美国的前国家摄影管理委员会的雇员格洛夫斯科伊同意此说法。Golovskoy, *Behind the Soviet Screen*, 74.

151. Fomin, *Kinematograf ottepeli*, 249.

152. "Parinyi bilet za premiiu Fellini," *Novye Izvestiis*, 13 November 2001.

153. Chukhrai, "Chto 'kormit' ".

154. Chukhrai, *Moe Kino*, 183—184. 这部电影是喜剧《伊万·瓦西列维奇换职记》——1973 年以 6,070 万张门票排名票房第三。

155. Fomin, *Kinematograf ottepeli*, 237.

156. 见 V. Fomin, "God 1960"，发表于 http：//www.film.ru/sk-news。

157. A. Konchalovskii, *Vozvyshaiushchii obman* (Moscow, 1999), 53.

158. Fomin, *Kinematograf ottepeli*, 246.

159. Chukhrai, *Moe kino*, 179.

160. 关于生活方式变化、社会差别以及苏联电影发展之间关系的发展，见 D. Dondurei "Gumanizm zhanra", *Kinovedcheskie zapisi*, no. II (1991)：82—86。

161. Arkus, *Noveishaia istoriia otechestvennogo kino*, vol. 6.

162. 同上。

163. Lawton, *Red Screen*, 388.

164. "Public taste turned 'bourgeois'", Anna Lawton, *Kinoglasnost: Soviet Cinema in Our Time* (Cambridge, 1992), 9; "destruction of audience cohesion," Graffy, "Cinema", 183; "enforce an entertainment orientation," Faraday, *Revolt of the Filmmakers*, 90. 另见 Golovskoy, *Kinematograf 70-x*, 75—76。

165. *Chetvertyi s''ezd kinematografistov SSSR*, 179.

166. Faraday, *Revolt of the Filmmakers*, 66—70.

167. *Chetvertyi s''ezd kinematografistov SSSR*, 98.

168. 关于文学领域的类似现象，见 Dirk Krechmar, *Politika I kul'tura pri Brezhnev, Andropove I Chernenko, 1970—1985 gg* (Moscow, 1997)。

169. "US Film Rule Scored," *New York Times*, 3 August 1959.

170. Rajagopalan, *Leave Disco Dancer Alone*! 84—85; S. Chertok, *Tashkentskii festival'* (Tashkent, 1975).

171. Fomin, *Kinematograf ottepeli*, 379—386. 与中华人民共和国的贸易情况是一个例外。见 Tina Mai Chen, "International and Cultural Experience: Soviet Films and Popular Chinese Understandings of the Future in the 1950s," *Cultural Critique* 58 (Fall 2004): 82—114。

172. RGALI, f. 2918, op. 5, d. 511, ll. 10—11.

173. Fomin, *Kinematograf ottepeli*, 381.

174. RGALI, f. 2918, op. 5, d. 511, ll. 14.

175. 让·迦本导演的《悲惨世界》在1961年售出了4,600万张门票。RGALI, f. 2329, op. 13 d. 138. 关于美苏电影交流，见 Yale Richmond, *US-Soviet Cultural Exchanges, 1958—1986* (Westview, CO,

1987），65。

176. "Moscow to Halt US Film Imports," *New York Times*, 2 March 1963; I. Bol'shakov "Sovetskie fil'my na ekranakh mira", *IK*, no. 9 (1959); Y. Vorontsov and I. Rachuk, *The Phenomenon of Soviet Cinema* (Moscow, 1980), 369—388.

177. 见，比如，1973 年苏维克斯波特菲尔姆与美国电影公司代表之间的谈判记录。RGALI, f. 2908, op. 7 d. 162 ll. 8—10, 13—15.

178. 见 Rajagopalan, *Leave Disco Dancer Alone*! chap. 2。

179. Fomin, *Kinematograf ottepeli*, 383.

180. 波兰的电影制作人有更多的理由担忧：在克拉科夫的银幕上只放映了两部波兰电影！TsDAHOU, f. I, op. 71, d. 261, ll. 6—21.

181. 关于国家摄影委员会认为中国电影将成为发展中世界的一个新兴的竞争对手，见 RGALI, f. 2981, op. 5 d. 283, ll. 81—89。

182. 关于好莱坞的国际竞争优势（包括美国的种族构成问题）以及它与美国在欧洲的"文化霸权"的建立之间的关系，见 Victoria de Grazia, *Irresistible Empire*: *America's Adavance Through Twentieth-Century Europe* (Cambridge, MA, 2005)。关于美国对欧洲电影挑战的不同解读，见 Pierre Sorlin, *European Cinemas, European Societies, 1939—1990* (New York, 1991)。

183. 苏联电影经历了从产业基础向赫鲁晓夫时代的国防工业部转变的过程，20 世纪 70 年代，耶尔马什发起了一场成功的变革运动，并计划（从未实现）全资收购一家柯达工厂。Arkus, *Noveishaia istoriia*, 4：123—126.

184. RGALI, f. 5, op. 55 d. 51, ll. 638—666, 39—49.

185. Rajagopalan, "Taste for Indian Films," 146—147.

186. 社会主义阵营国家也被传说曾经非法复制资本主义电影,然后出售给苏联人。Philip Caputo, "The Soviets Veto the Hollywood Filmmakers' Box-Office Blockbusters," *Chicago Tribune*, 21 August 1977. 送到电影节的影片也被非法复制。这就是1971年的莫斯科电影节的一部非参赛影片《逍遥骑士》如何进入别墅巡回放映的方式。"Director of Soviet Film Festival Rules Out the Publicity Seekers," *New York Times*, 21 July 1971; Stephen Solnick, *Stealing the State: Control and Collapse in Soviet Institutions* (Cambridge, MA, 1998), 97.

187. TsDAHOU, f. I, op. 71, d. 261, ll. 6—21.

188. Sergey Mazov, "Soviet Policy in West Africa: An Episode of the Cold War, 1956—1964," in *Africa in Russia, Russia in Africa: Three Centuries of Encounters*, ed. M. Matusevich (Trenton, 2007), 303—304.

189. Bol'shakov, "Sovetskie fil'my na ekranakh mira", 123—124.

190. Fomin, *Kinematograf ottepeli*, 383.

191. 1968年5月之后的法国尤其如此。关于一个简要的讨论,见Richard Taylor and Ian Christie, eds., *The Film Factory: Russian and Soviet Cinema in Documents, 1896—1939* (London, 1994), II—13。

192. Kirll Razlogov, "Vyvozu ne podlezhit," *IK*, no. 7 (2006): 64—70.

第二章

1. 关于苏联图书文化,比较Stephen Lovell, *The Russian Reading Revolution: Print Culture in the Soviet and Post-Soviet Eras* (London, 2000)。

2. 关于《夏伯阳》和经典,见Richard Taylor and Ian Christie,

eds. *The Film Factory*: *Russian and Soviet Cinema in Documents*, *1896—1939* (London, 1994), 334, 358—363; Richard Taylor "Ideology as Mass Entertainment: Boris Shumyatsky and Soviet Cinema in the 1930s," in *Inside the Film Factory*, ed. Richard Taylor and Ian Christie (London, 1994), 211—213; Maya Turovskaya, "The Tastes of Soviet Moviegoers," in *Late Soviet Culture*: *From Perestroika to Novostroika*, ed. Thomas Lahusen and Gene Kuperman (Durham, NC, 1993), 95—107。

3. 关于20世纪20年代生动而多样的电影文化，见 Denise Youngblood, *Movies for the Masses*: *Popular Cinema and Soviet Society in the 1920s* (New York, 1992), 23—24, 52—53。

4. 从20世纪60年代直到苏联解体，该刊物的发行量大约5万份。

5. 关于斯大林主义后期的电影出版物，见 I. Makarova, *Blagodarenia* (Moscow, 1998)。

6. 这部由利奥尼德·盖戴执导的电影是一部三集短片，两集的主演是格奥尔基·维钦、尤里·尼库林和叶甫格尼·莫尔古诺夫，以"ViNiMor"而广为人知，他们擅长动作喜剧和粗俗幽默，经常沉湎于酗酒和小偷小摸。ViNiMor主演的盖戴的其他影片都很受欢迎，一些后苏联时代的评论员将它们解读为关于苏联社会的一种巧妙颠覆的评论。当时的审查者批评它们鄙俗而轻佻。关于更近的一些讨论，见 Alexander Prokhorov, "Cinema of Attractions versus Narrative Cinema: Leonid Gaidai's Comedies and Eldar Riazanov's Satires of the 1960s," *Slavic Review* 62 no. 3 (2003): 455—462; Elena Stishova, "Oblomok velikoi imperii," *Nezavisinaia gazeta*, 23 April 1998; Stanislav Rassadin, "Starodum," *Novaia Gazeta*, 6 March 2000; Iurii Gladil'shchikov, "Balbes i Nebalbes," *Itogi*, 21 January 1997。

7. RGASPI-m, f. I, op. 34, d. 352, l, 53.

8. I. Lukshin, "Problemy reklamnoi informatsii i ee effektivnost," in *Sotsiologicheskie issledovaniia kinematografa*, ed. I. A. Rachuk (Moscow, 1971), 94; L. N. Kogan, ed., *Kino i zritel': Opyt sotsiologicheskogo issledovaniia* (Moscow, 1968), 127—128; I. Levshina, *Liubite l ivy kino?* (Moscow, 1978), 50—51.

9. Kogan, *Kino i zritel'*, 180.

10. V. Volkov,"Esli by chelovechestvo sostoialo iz Gusevykh,'" *Mologoi communist*, no. 3 (1965): 124. 也见 V. Volkov "Vlianie kinogerois," *Iskusstvo kino* (以下简称 *IK*), no. II (1968): 63。

11. M. Zhabskii, *Kino: Prokat, reklama, metodika, praktika* (Moscow, 1982), 16; I. Levshina, "Film idet k zriteliu," *Pravda*, 27 March 1967; D. Dondurei, ed. *Otechestvennyi kinematograf: Strategiia vyzhivaniia: Nauchnyi doklad* (Moscow, 1991), 22.

12. 关于二战前的局限性，见 Jamie Miller,"Soviet Cinema, 1929—1941: The Development of Industry and Infrastructure," *Europe-Asia Studies* 58, no. 1 (January 2006): 103—124。

13. 引自 V. Fomin, *Kinematograf ottepeli: Dokumenty i svidetel'stva* (Moscow, 1996), 70。

14. "S tochki zreniia kinoprokata," *IK*, no. 10 (1956): 30.

15. 1943 年的水平只是战前总体水平的三分之二。G. N. Goriunova, *Ekonomika kinematografii* (Moscow, 1975), 25, 28, 33.

16. 1954 年的票价也被进一步降低了。关于 20 世纪 50 年代的乡村观影率，见 Mariia Zenzina, "Kinoprokat i massovyi zritel'v gody 'ottepeli'," 载于 *Istoriia strany, istoriia kino*, ed. S. S. Sekirinskii (Moscow,

2004), 401。

17. Z. G. Kutorga, ed., *Kino i zritel': Problemy sotsiologii kino* (Moscow, 1978), 50, 53.

18. M. Beliavskii and K. Andreev, *Moskva kinematograficheskaia* (Moscow, 1969), 121. 1955 年至 1969 年期间，苏联增加了 69 座新影院。

19. B. A. Miasoedov, Strana Chitaet, slushaet, smotrit (Moscow, 1982), 75; Zenzina, "Kinoprokat i massovyi zritel'," 400.

20. "Kak vziat'ot fil; ma bol'she?" *IK*, no. 7 (1996): 9.

21. I. Levshina, "Fil'm idet k zriteliu," *Pravda*, 27 March 1967.

22. N. Lebedev, "Fil'm i zritel'," *IK*, no. 6 (1964 年): 47.

23. Ia. L'vov, "Izuchaia sekrety uspekha," *IK*, no. 2 (1965): 90. 这部影片可能是 1961 年的法国影片《三个火枪手》。

24. 见 E. S. Afanas'eva et al., *Ideologicheskie komissi TsK KPSS 1958—1964: Dokumenty* (Moscow, 1998), 186—189, 257—262。

25. Levshina, "Fil'm idet k zritel'iu." 莱夫施纳在下文提及的 1966 年关于发行的会议上也推荐了波兰的例子。RGALI, f. 2936, op. 4, d. 1308, l, 28.

26. Nami Mikoian, *Svoimi glazami* (Moscow, 2003), 173.

27. E. Riazanov, *Ne podvedennye itogi* (Moscow, 2000), 89.

28. David Gurevich, *From Lenin to Lennon: A Memoir of Russia in the Sixties* (New York, 1991), 219—220.

29. 引自 Donald J. Raleigh, ed. *Russia's Sputnik Generation: Soviet Baby Boomers Talk About Their Lives* (Bloomington, 2006), 207—208。

30. 关于 20 世纪 30 年代看电影的流行与电影的流行的区别，见

Maya Turovskaya, "The Tastes of Soviet Moviegoers," in Thomas Lahusen with Gene Kuperman, eds., *Late Soveit Culture: From Perestroika to Novostroika* (Durham, 1993), 95—96。

31. James Sullivan, "Russ Enjoy Good Laugh, Even at Selves," *Chicago Tribune*, 3 June 1966.

32. Beliavskii and Adreev, *Moskva kinemaograficheskaia*, 35.

33. D. Dondurei, ed., *Otechestvennoe kino: Strategiia vyzhivaniia* (Moscow, 1991), 70. 这是在20世纪30年代，但演员的照片展览在之后的几十年里也是流行的。

34. Beliavskii and Andreev, *Moskva kinematograficheskaia*, 121.

35. 普通的新闻片包括：《每日新闻》、《外国新闻片》、《苏联体育》、《先锋世界》、《苏联军人》以及《关于苏联》。苏联人在20世纪60年代曾对多剧目放映表现出一些兴趣，当时恰是它们在西方变得越来越过时的时候。见Pierre Sorlin, *European Cinemas, European Societies, 1939—1990* (New York, 1991), 84—85。

36. 《罗马假日》（1953年；苏联在1960年上映）。Afanas'eva, *Ideologicheskie komissii*, 260; Osgood Caruthers, "30,000 in Moscow Warm to U.S. Film," *New York Times*, 22 March 1960.

37. 《从恒河到贾姆纳》（1961年；苏联在1965年上映）。Levshina, *Liubite li vy kino?* 62—63.

38. RGALI, f. 2329, op. 12, d. 75, l. 20.

39. Monica Whitlock, *Land Beyond the River: The Untold Story of Central Asia* (London, 2002), 102.

40. Kutorga, *Kino i zritel'*, 52.

41. *Narodnoe khoziaistvo SSSR v 1970 g.* (Moscow, 1971), 9,

676—677. 也见 Gorunova, *Ekonomika Kinematografii*, 35。

42. 在1968年以前拥有最活跃影迷的地区，后来的影迷数量却迅速下滑。Kutorga, *Kino i zritel'*, 52。

43. RGANI, f. 5, op. 55, d. 112, l, 28. 甚至在20世纪80年代，一位在塔吉克旅行的记者报道说，在电影院里几乎看不到妇女。V. Ivanova, *V zhizni i v kino* (Moscow, 1988), 63—64。

44. 见"Ideal—na zemle", *IK*, no. 8 (1967): 27。

45. RGASPI-m, f. I, op. 34, d. 1, l. 106。

46. 另一项20世纪70年代的研究（其显示年轻观众的比例为57%）同样使用了30岁以下的定义。Kutorga, *Kino i zritel'* (Moscow, 1978), 36。

47. 莱夫施纳在1978年宣称，学龄儿童购买了一年的总售出电影门票47亿张中的25亿张。Levishina, *Liubite li vy kino*? 29。

48. 20世纪20年代的研究发现，45%的观众是10岁到15岁。Youngblood, *Movies for the Masses*, 26。

49. Kogan, *Kino i zritel'*, 180。

50. 除非另外注明，本章所有票房统计数据都来自于 Nashe kino 网页 http://www.nashekino.ru/，以及相关的出版物 *Domashnaia sinemateka*: *Otechestvennoe kino, 1918—1996* (Moscow, 1996)，也来自于 Sergei Kudraivtsev, "Lidery otechestvennogo kinoprokata", http://mega.km.ru/cinema/。

51. 见 Isabelle T. Kreindler, "Soviet Language Plainning since 1953", in *Language Planning in the Soviet Union*, ed. Michael Kirkwood (London, 1989), 46—63; Bohdan Krawchenko, *Social Change and National Consciousness in Ukraine* (New York, 1985)。

注　释

52. R. Iurenev, *Kratkaia istoriia sovetskogo kino* (Moscow, 1979), 213.

53. 加盟共和国制片厂出品的影片也不太可能被推广出口。见 Gonul Donmez-Colin, ed., *Cinemas of the Other: A Personal Journey from the Middle East and Central Asia* (Bristol, UK, 2006), 201。

54. V. Troianovskii, ed., *Kinematograf ottepeli: Kniga vtoraia* (Moscow, 2002), 334.

55. K. Kalantar and E. Manukian, eds., *Armeniia kinematograficheskaia* (Yerevan, 1971), 41.

56. N. Gevorkian, A. Kolesnikov, and N. Timakova, *Ot pervogo litsa: Razgovory s Vladmirom Putinym* (Moscow, 2000), 24.

57. L. Furikov, "Zritel'skie otsenki kak pokazyvatel'osobennosti vospriatie film'ov iiunoi auditoriei," in *Sotsiologicheskie issledovaniia kinematografa*, ed. B. P. Dolynina (Moscow, 1973), 87—88.

58. K. Ianulaitis and E. Zelentsov, "Otsenka fil'mov zritelei I ego khudozhestvennyi vkus," in Rachuk, *Sotsiologicheskie issledovaniia kinematografa*, 81.

59. Marguerite Higgins, *Red Plush and Black Bread* (New York, 1955), 18. 也见 Harrison Salisbury, "Russia Re-viewed: Life of Soviet Common Man Is a Constant Struggle," *New York Times*, 25 September 1954。

60. RGASPI-m, f. 1, op. 2, d. 356, l. 161.

61. 1949 年和 1951 年，印度电影在电影院上映，但重要的时刻是 1954 年的莫斯科印度电影节，当时售出了几百万张门票并且受到苏联各地媒体的广泛报道。Rajagopalan, *Leave Disco Dancer Alone!* 13—17.

62. RGALI, f. 2936, op. 4, d. 1308, ll. 17—18.

63. Whitlock, *Land beyond the River*, 102.

64. RGALI, f. 5, op. 55, d. 112, l. 18, 30.

65. Sudha Rajagopalan, *A Taste for Indian Films: Negotiating Cultural Boundaries in Post-Stalinist Soviet Society* (PhD diss., Indiana University, 2005), chap. 1.

66. Rajagopalan, *Leave Disco Dancer Alone*! 182.

67. Neia Zorkaia, "Sovetskii kinoteatr, ili chto tam bylo nasamom dele v proshlye gody," *IK*, no. 11 (1995): 123. 也见她的 *Fol'klor, Lubok, Ekran* (Moscow, 1994); Valerii Fomin, *Pravda skazki: Kino i traditsii fol'klora* (Moscow, 2001)。

68. 在引进影片的开始几年之后，更多自觉"艺术的"电影流行起来，在苏联上映的印度电影几乎全都是宝莱坞的类型片。Rajagopalan, *Leave Disco Dancer Alone*! I. 也见 Zorkaia, "Sovetskii kinoteatr," 121。

69. S. Trofimov, "S tochki zreniia kinoprokaa," *IK*, no. 10 (1956): 27.

70. Maya Turovskaya, "The 1930s and 1940s: Cinema in context", in *Stalinism and Soviet Cinema*, ed. Richard Taylor and Derek Spring (London, 1992), 49; Turovskaya, "The Tastes of Soviet Moviegoers," 105.

71. Zorkaia, "Sovetskii kinoteatr," 119.

72. Lebedev, "Fil'm i zritel'," 47.

73. "Odna problem—tri mneniia," *Sovetskii ekran* (以下简称 *SE*), no. 10 (1996): 8。

74. S. Rassadin, "Stoii li perezhivat'?" *SE*, no. 11 (1965): 13; S. Rassadin, "Krasota ili krasivost'?", *SE*, no. 5 (1962): 7; S. Rassadin, "Starodum: Mylo 'Elit'," *Novaia gazetaponedel'nik*, 25 May 1998.

75. Aleksandr Lipkov, *Indiiskoe kino: Sekret uspekha* (Moscow,

1990), 6.

76. 关于赫鲁晓夫时代品味社区发展的另一种观点,见 Susan E. Reid, "Destalinization and Taste, 1953 – 1963," *Journal of Design History* 10, no. 2 (1997): 177—207; Susan E. Reid, "In the Name of the People: The Manège Affair Revisited," *Kritika* 6, no. 4 (Fall 2005): 673—716。

77. B. M. Firsov, *Istoriia sovetskoi sotsiologii 1950—1980—x godov* (St. Petersburg, 2001), 150.

78. 见 L. 柯岗的评论,载于 G. S. Batygin, ed., *Rossiskaia sotsiologiia shestidesiatykh godov v vospominaniiakh I dokumentakh* (St. Petersburg, 1999), 280—300。电影社会学的主要中心是斯弗罗夫斯克和波罗的海国家。

79. Sorlin, *European Cinemas, European Societies*, 99—110.

80. 与里德在"以人民的名义"一文中关于品味和地位的观点进行了对比。像里德这样的视觉艺术家一样,苏联的电影创作者和评论家们没有享受到稳定的文化资本:他们通过优越的知识争取到的地位经常受到挑战。

81. RGASPI-m, f. 1, op. 32, d. 1066, l. 133.

82. V. Tikunov, "Chernoi maske vizy ne davit," *Izvestiia*, 28 May 1965, 引自 RFE/RL Issledovatel'skie Zametki, 2 June 1965, in OSA, box 300—80—1—314。

83. William Taubman, *The View from Lenin Hills* (New York, 1967), 137—138.

84. 关于《威猛七蛟龙》中的用语进入青少年俚语,见 Feodor Razzakov, *Dos'e na zvezd: 1962—1980* (Moscow, 1998), 406。拉扎科

夫也报道说,《威猛七蛟龙》由于遭到反对而在许可证到期前十个月被停止发行。

85. V. Shklovskii, "Shapka Chapaia," *SE*, no. 1 (1964): 4 (着重号是笔者加上去的)。

86. RGASPI-m, f. 1, op. 5, d. 1149, ll. 19—20.

87. RGALI, f. 2944, op. 1, d. 45, l. 16.

88. "Kakie my smotrim fil'my? Chiteteli Ogonka obsuzhdaiut pis'mo 'Iadovitaia kinopishcha,'" *Ogonek*, no. 29 (1968), 31. 关于 *Fantômas*, 也见 "Iadovitaia kinopishcha", *Ogonek*, no. 21 (1968), 11; 以及第 32 和 42 号信件 (1968 年)。《视窗》同时也刊登了第 27 和 33 号信件 (1968 年) 中关于外国电影的罪恶影响的主题。也见 "Fantomas—Protiv nas" 一文以及关于读者来信的一篇跟踪文章。"Protiv," in *Sem'ia shkola*, nos. 1 and 6 (1969).

89. 见 Rajagopalan, *Leave Disco Dancer Alone*! Chap. 4。

90. Iulii Smelkov, "IK imeet uspekh," *SE*, no. 15 (1975).

91. E. Riazanov, *Eti neser'eznye, neser'eznye fil'my* (Moscow, 1977), 6.

92. Oleg Strizhenov, *Ispoved'* (Moscow, 1999), 167. 弗特瑟娃回电并让他相信真的是她打的电话。

93. "Zolotaia pora Ikhtiandra," *Rossiskaia gazeta*, 21 June 2000.

94. Razzakov, *Dos'e na zvezd*, 403; *SE*, no. 6 (1964): 13.

95. Ludmila Gurchenko, *Aplodismenti* (Moscow, 1994), 302.

96. 关于明星作为媒体文本中的一个形象, 见 Richard Dyer, *Stars* (London, 1998), 10。

97. "英雄"与"明星"之间的区别在一则关于斯大林的故事中

（可能是杜撰的）得到了描述，故事讲述了斯大林在向英雄飞行员颁发金质勋章时说，"在国外名人经常被称为'明星'。所以我们在此颁发这样的奖章以使每个人都能看到我们的'明星'"。Mark Kushnirov, *Svetlyi put*, *ili Charli i Spenser*（Moscow, 1998）, 310.

98. 关于斯大林电影中的"候选英雄"，见 Vitalii Troianovskii, *Kinematograf ottepeli*：*Kniga pervaia*（Moscow, 1996）, 51。

99. 见 Beth Holmgren, "The Importance of Being Unhappy, or Why She Died," in *Imitation of Life*：*Two Centuries of Melodrama in Russia*, ed. Louise MacReynolds and Joan Neuberger（Durham, 2002）, 79—98; James von Geldern and Louise MacReynolds, eds., *Entertaining Tsarist Russia*（Bloomington, IN, 1998年）, 349。

100. 关于演员对这种持久的传统遗产的批判，见新电影制作人工会的组织大会上的评论，*Vsesoiuznaia tvorcheskaia konferentsiia rabotnikov kinematografii*：*Stenograficheskii otchet*（Moscow, 1959）, 263—265。许多导演以前是演员这一事实并没有改变整个等级制度。

101. 奥尔洛娃普遍被认为是她那个时代最受欢迎的演员，她是少数几个在任何时代都被苏联媒体——尽管很少——称为明星的苏联演员之一。见 Kushnirov, *Svetlyiput'*, 309; S. Freilikh, *Besedy o sovetskom kino*（Moscow, 1985）, 164—170; S. Nikolaevich, "Poslednyi seans, ili sud'ba beloi zhenshchiny v SSSR," *Ogonek*, no. 4（1992）: 22—24; G. V. Aleksandrov, *Epokha i kino*（Moscow, 1976）。

102. *Kino*：*Entsiklopedicheskii slovar'*（Moscow, 1986）, 188.

103. 见，比如，David Bordwell, Janet Steiger and Kristin Thompson, *The Classical Hollywood Cinema*：*Film Style and Mode of Production to 1960*（New York, 1985）; Thomas Schatz, *The Genius of the System*：

Hollywood Filmmaking in the Studio Era (New York, 1988); Paul McDonald, *The Star System: Hollywood's Production of Popular Identities* (London, 2000); Hortense Powdermaker, *Hollywood, the Dream Factory: An Anthropologist Looks at the Movies* (Boston, 1950)。关于苏联对明星身份的长篇评论，见 E. Kartseva, *Sdelano v Gollivude* (Moscow, 1964)，特别是第38—74页，181—196页。除了其他人的作品，卡茨艾瓦的评论还依赖于鲍德梅克的作品。

104. 资本主义明星体制是否具有隐含的意识形态目标或者意识形态效果不是我在此探讨的问题。但它在西方是关于明星身份的学术著作的一个主要议题。尤其见作品：Richard Dyer, *Stars and Heavenly Bodies: Film Stars and Society* (New York, 1986); Jackie Stacey, *Star Gazing: Hollywood Cinema and Female Spectatorship* (London, 1994); Christine Gledhill, *Stardom: Industry of Desire* (New York, 1991)。

105. Richard Taylor, "Red Stars, Positive Heroes, and Personality Cults," in Taylor and Spring, *Stalinism and Soviet Cinema*, 69—89.

106. "*Life* Calls on a Russian Movie Star," *Life*, 1 December 1941, 118—119.

107. Anri Vartanov, "'Moi liubimye artisty kino...'" *SE*, no. 3 (1963): 14—15.

108. "Chot vy ishchete v kinoiskusstve?" *SE*, no. 3 (1964).

109. V. Ardov, "Muzei Kapy Tolokontsevoi," *SE*, no. 1 (1957).

110. 例如，1964年，《苏联银幕》每月平均收到大约6,000封信。RGNI, f.5, op.55, d.112.

111. V. Orlov, "O grovnoi Natashe i pape, kotoryi, 'vynudil,'" *SE*, no.4 (1965), 12.

112. El'ga Gil'man, "Pochta aktrisy," *SE*, no. 6 (1964): 18—19. 论述中的另一种腔调用暗示——以及偶尔的指责——批评演员们故意且自私的道德放荡。这种风格的信件更可能出现在主流报纸上而不是《苏联银幕》上。见，例如，"Vysoko nesti zvanie sovetskogo artista," *Sovetskaia kul'ture*, 7 June 1958。甚至这种批评话语可能已经通过将演员描绘成一种与众不同的人，而以一种反向的方式助增了他们的魅力。

113. Anri Vartanov, "200, 000, 000 khudozhnikov", *SE*, no. 6 (1963 年): 14—15。与里德在"以人民的名义"中关于关系缓和时期视觉艺术家中流行的合著概念进行对比。尽管电影批评在用相同的成语进行讨论，在我看来似乎等级制度针对的正确/不正确的解释对电影而言是非常严格的。观众在这个努力中是明显的"初级"合作者。

114. Ia. Segel', "Kem byt'," *SE*, no. 11 (1968 年): 20. 1965 年，《共青团苏维埃真理报》给出了甚至更长时间与机会比率：在演员领域 4,000 个申请者申请 15 个岗位。E. Topol', "Kak ustroit'sia v artisty", *Komsomol'skaia Pravda*, 14 May 1965。

115. Segel', "Kem byt'。"

116. V. Orlov, "O neizvestnoi Aelite, mrachnoi Alene i Dzhul'ette Mazine," *SE*, no. 8 (1965): 20—21。

117. 关于女性的"非理性"成为后斯大林时代消费主义的一个问题，见 Susan Reid, "Cold War in the Kitchen: Gender and the De-Stalinization of Taste in the Soviet Union under Khrushchev," *Slavic Review* 61, no. 2 (2008 年): 220。

118. Oleg Tabakov, *Moia nastoiashchaia zhizn'* (Moscow, 2000), 192—193; Strizheov Ispoved', 162—173; Gurchenko, *Aplodismenty*, 299—309, 337。

119. 苏联文化以这种方式在消费、大众文化和女性之间做了同样的连接,女性在西欧和美国得到了那些焦急的评论家的共同推动——更不用说革命前的俄国和20世纪20年代的苏联。见 Adreas Huyssen, "Mass Culture as Woman: Modernism's Other," *Studies in Entertainment: Critical Approches to Mass Culture*, ed. Tania Modleski (Bloomington, IN, 1986), 188—207; Anne Gorsuch, *Youth in Revolutionary Russia: Enthusiasts, Bohemians, Delinquents* (Bloomington, IN, 2000); Liouse MacReynolds, *Russia at Play: Leisure Activities at the End of the Tsarist Era* (Ithaca, NY, 2003)。

120. 在关于影迷(基于电视观众却又不局限于他们)的广泛论述中一个对于主要主题有帮助的介绍可见于 B. 凯西等人编的《电视研究:关键概念》(纽约,2002年),第89—94页。关于影迷作为含义制作者的经典文本当属亨利·詹金斯的《文本偷猎者》(伦敦,1992年)。

121. M. R. Zezina, *Sovetskaia khudozhestvennaia intelligentsia I vlast'v 1950—e—60—e gody* (Moscow, 1999), 237.

122. 直到1964年,全苏联范围的电影节才成为半年定期举办一次的事件,而在1972年改为一年一次。

123. 见,比如,"Studiia otchityvaetsia pered zritelem", *SE*, no. 4 (1961)。

124. "V. gostiakh u zritelei," *SE*. no. 15 (1960): 20.

125. 譬如,1965年的莫斯科电影节吸引了史蒂夫·麦奎因、金·诺瓦克、马龙·白兰度、格里高利·派克、让—吕克·戈达尔、安东尼奥尼、索菲亚·罗兰,还有奥黛丽·赫本。20世纪70年代,西方明星的实力暗淡了许多。电影节可以是具有诱惑力的;1964年的莫斯科电影节获得了超过100万卢布的总票房收入，扣除各项开支以后的净利润超过55万卢布。见 Fomin, "God 1965", http：//www.film.ru/sk-new。

126.《苏联银幕》第16期（1965年），内封面和第17页。

127. 当T. 萨莫伊洛娃因为在《雁南飞》扮演的角色赢得1958年戛纳电影节最佳女演员的时候,《闪烁》称她为明星。A. Popova, "Zvezda festivaliia", *Ogonek*, no. 25（1958）。文章配有萨莫伊洛娃与吉娜·洛拉布丽吉达和苏菲·劳伦的标题合影照，以及萨莫伊洛娃与其他苏联电影专业人士巴勃罗·毕迦索和琼·科克蒂奥的一张合影。

128. 见 Joseph Brodsky, *On Grief and Reason*（New York, 1995）, 10; Stanislav Safonov, " 'Novyi lubok'v sovetskoi strane serediny dvadtsatogo veka," *Nezavisimaia gazeta*, 24 January 2003。

129. 见 Fomin, "God 1962", http：//www.film.ru/sk-news。

130. Tabakov, *Moia nastoiashchaia zhizn'*, 140.

131. "Konfetnyi mir," *SE*, no. 23（1963）: 14.

132. 在这本杂志之外，苏联电影文化发展中的另一个重要因素就是来自社会主义阵营国家的电影新闻，特别是波兰。这些杂志通常比苏联的出版物有更高的制作价值，而且关于大众文化电影的信息更多。

133. *SE*. no. 1（1957）: 1.

134. 见 Fomin, "God 1958," "God 1961," and "God 1962," http：//www.film.ru/sk-new; Kogan, *Kino i zritel'*, 171。格洛夫斯科伊认为20世纪70年代的发行量是190万份。Val S. Golovskoy, *Behind the Soviet Screen: The Motion-Picture Industry in the USSR, 1972—1982*（Ann Arbor, MI, 1986）, 64.

135. *SE*, no. 10（1967）: 21.

136. Dzhaims Kelli（James Kelly）,"Bett Devis," *SE*, no. 15 (1960): 16—17.

137. 见，比如，Iu. Sher,"Marina Vlady," *SE*, no. 17 (1962): 18—19。1969 年，弗拉迪嫁给了演员兼歌手的大众文化人物弗拉基米尔·维索特斯基。

138. "Prodiuser-Plantator, ili Kabal'nye Kontrakty," *SE*, no. 9 (1962).

139. "Frantsiia," *SE*, no. 5 (1961): 20.

140. A Kukarkin,"Mify zapadnogo kino," *SE*, no. 12 (1963): 18.

141. 这是关于美国和西德电影的特别流行的主题，因其支持法西斯复活势力（苏联冷战时期宣传的另一个比喻词语）而受到谴责。见，比如，"Revanshizm i ego 'iskusstvo'", *SE*, no. 6 (1965): 21。

142. *Izvestiia*, 7 August 1962. A. 阿德朱贝回忆说，作为《消息报》的编辑，他决定发表一篇更广泛的关于梦露的职业生涯以及她的"让正统公众感到震惊的"死亡的文章。A. Adzhubei, *Te desiat'let* (Moscow, 1989), 125.

143. E. 卡尔茨艾瓦撰写的《斯德兰诺在高利乌得》（莫斯科，1964 年）是关于这种二手消费的一个经典例子，书中（配有许多照片）讨论了大量的很少有苏联人看过的电影，包括《惊魂记》、《公民凯恩》和《无因的反抗》。该书的发行量达到了 7 万册。卡尔茨艾瓦也定期为同样风格的《苏联银幕》撰稿。见，比如，"Kogda zvezdy gasnut," *SE*, no. 6 (1962): 18—19, "Mushketery s kol'tami za poiasom", *SE*, no. 15 (1962): 18—19。

144. Iu. Sher,"Kino 'svobodnogo mira,'" *SE*, no. 24 (1960): 20.

145. A. Goncharov,"Biznes krovi i griazi," *SE*, no. 16 (1962): 20.

146. "Tsena slavy," *SE*, no. 6 (1965): 21.

147. 例如，配图文章"Kogda idut ekzameny", *SE*, no. 15 (1963): 10—11。

148. "Liudmila Kasatkina," *SE*, no. 5 (1962). 这一期庆祝国际妇女节。

149. "Nikolai Rybnikov," *SE*, no. 2 (1957).

150. G. Medvedeva, "Nash korrespondent v gostiakh...u Innokentiia Smokhtunovskogo," *SE*, no. 19 (1964): 10—11.

151. A. Sergeev, G. Ter-Ovanesov, "Nash correspondent v gostiak...u Tamary Makarovoi i Sergeia Gerasimova," *SE*, no. 3 (1964): 10—11.

152. 整体而言，似乎提供有关外国演员的信息和图像的意愿比提供苏联演员的更强。有些资料显示地方媒体比类似《苏联银幕》这样的中央媒体，提供更多通过与访问的苏联演员进行访谈而获得的个人信息，但这一点笔者尚不能证实。

153. 更多关于电视和电影之间的竞争，见第四章和第五章。

154.《全景电影》并不是中央电视台关注电影的第一档节目。关于更早的节目，见 A. Iurovskii, *Televidenie: poiski i resheniia* (Moscow, 1983), 126; A. Iu. Rozov, ed., *Shabolovka, 53: Stranitsy istorii televideniia* (Moscow, 1988), 116—117。

155. S. Muratov and G. Fere, *Liudi, kotorye vkhodiat bez stuka* (Moscow, 1971), 99—100.

156. 引自《全景电影》导演 K. 马丁伊纳的回忆，载于 Rozov, *Shabolovka*, 53, 180—181。更多关于卡普勒的主持风格，见 M. Krasnianskaia, "Mnogie khoteli 'skorrkirovat' ego ubezhdeniia," *Nezavisimaia gazeta*, 15 October 2004; 与 M. 克拉钦安斯卡亚的访谈，莫斯

科，2002 年 7 月（国家电视广播基金口述历史项目）。

157.《蓝色小火焰》中"蓝色"一词是指电视"蓝色荧幕"的非正式名字。最初的主持人是演员和歌手，但电视台很快转为由电视名人取代他们。1962 年开播，节目大约每月播放一次，然后，截至 20 世纪 60 年代后期，专门在主要的节日播放，最重要的就是在新年除夕。Fedor Razzakov, *Dos'e na zvezd*：*Tainy televideniia*（Moscow, 2000），113—115；Sergei Muratov, "Kofe i liudi," *Sovetskaia kul'tura*, 1 April 1965，发表于 Muratov, *Televidenie v poiskakh televideniia*（Moscow, 2001），44—51；A. Makarov, "Vstrechi v kafe," *Teatr*, no. 2（1963）：83—88。

158. 其他的咖啡馆风格的节目只聚焦于演员（比如，*Teatral'nye vstrechi—Theatrical Encounters*）。

159. Jack Gould, "TV：Soviet Variety Fare," *New York Times*, 25 February 1965.

160. GARF, f. 6903, op. I. d. 766, ll. 8—9.

161. Razzakov, *Dos'e na zvezd*：*Tainy televideniia*, 114.

162. 见，比如，Sergei Muratov, "Razmyshleniia u teleekrana," *Sovetskoe radioveshchanie i televidenie*, no. 11（1964）；Muratov and Fere, *Liudi, kotorye vkhodiat*。

163. Makarov, "Vstrechi v kafe," 83.

164. Muratov and Fere, *Liudi, kotorye vkhodiat*, 98.

165. 与斯韦特兰娜的恋爱虽然并没有官方的公开承认，但在精英圈里广为人知。见 Svetlana Allilueva, *Dvadtsat'pisem k drugu*（Moscow, 1990），134—140。

166. 关于作为社会主义的现实主义风格的主要情节的成长小说，

见 Katerina Clark, *The Soviet Novel: History as Ritual* (Bloomington, IN, 2000), and "Socialist Realism *with* Shores," in *Socialist Realism without Shores*, ed. Thomas Lahusen and Evgeny Dobrenko (Durham, NC, 1997), 27—50。

167. 这个场景也是对20世纪20年代苏联的蒙太奇理论,尤其是对列夫·库里肖夫的著名实验的有趣回应。库里肖夫以蒙太奇的顺序将各种影像(一盘汤,一个棺材)配上一个演员面部的个性特写。观众都将每个特写当作是他们在银幕上看到的第一个镜头的一种回应。(比如,饥饿或者痛苦的表情。)因此,演员的表演不过是完全服从于导演掌控的一个蒙太奇元素。迪马的蒙太奇影像同样使他完全掌控全局。

168. 迪马行为的暴力由以下事实得以突显,他将他的新明星形象贴在一本杂志封面上,这个新形象取材于像似戈雅的"黑色"绘画之一(《土星吞灭了它的一个儿子》)中的形象。

169. Jurij Lotman, *Semiotics of Cinema*, trans. Mark E. Suino (Ann Arbor, MI, 1976), 90—91.

170. 参见 N. B. Babochkina, ed., *Boris Babochkin—Vospominaniia, dnevniki, pis'ma* (Moscow, 1996)。

171. 1964年11月6日,在莫斯科的罗西亚电影院举办了关于电影30周年的一个官方庆祝活动。*SE*, no. 12 (1964). 关于拿夏伯阳开玩笑的现象,见 Seth Graham, "A Cultural Analysis of the Russo-Soviet Anekdot" (PhD diss., University of Pittsburgh, 2001), esp. chap. 5。

第三章

1. Truman Capote, "Porgy and Bess in Russia: The Muses are Heard,"

莫斯科的黄金时代

New Yorker, 20 October 1956, 27 October 1956.

2. 1946 年，英国广播公司开始向苏联广播，"美国之音"于 1947 年，"解放电台"（后来的"自由电台"）于 1953 年在苏联开播。最佳的整体描述是迈克尔·纳尔逊所著的《黑色天堂的战争：冷战时期西方广播的较量》（伦敦，1997 年）。苏联阵营国家的广播没有被列入"敌人的声音"（一个来自"美国之音"的词汇）之类，尽管在不同时期它对于苏联当局而言是令人烦恼的（比如，1956 年的波兰电台，1968 年的捷克电台和电视）。简而言之，笔者用"外国广播"这个词来指非苏联阵营的国家（包括截至 1964 年的中华人民共和国）。

3. GARF, f. 6903, op. I, d. 488, ll. 158—159.

4. LYA（Lietuvos ypatingasis archyvas-Lithuanian Special Archive）, f. 1171, ap. 194, b. 10, ll. 4—6, http://www.radiojamming.info/.

5. Arch Puddington, *Broadcasting Freedom: The Cold War Triumph of Radio Free Europe and Radio Liberty* (Lexington, KY, 2000); Gene Sosin, *Sparks of Liberty: An Insider's Memoir of Radio Liberty* (University Park, PA, 1999); George Urban, *Radio Free Europe and the Pursuit of Democracy: My War within the Cold War* (New Haven, CT, 1997); James Critchlow, *Radio Hole-in-the-Head/Radio Liberty: An Insider's Account of Cold War Broadcasting* (Washington, DC, 1995). 关于一篇有帮助的评论文章，见 Marsha Siefert, "Radio Diplomacy and the Cold War," *Journal of Communication* 53, no. 2 (2003): 363—373。

6. 见赛瓦·诺瓦戈德谢夫的网站，http://www.seva.ru。关于外国电台的评论，见 V. 阿克西奥诺夫的《寻找忧郁的宝贝》（纽约，1989 年），这是所有关于西方文化对战后苏联青年的影响的讨论中一篇试金石般的文章。在苏联，扮演同样角色的是 Aleksei Kozlov, "Koz-

el na sakse": *I tak vsiu zhizn'...*（Moscow, 1998）。也见 Andrei Konchalovskii, *Nizkie istiny*（Moscow, 2000）, 75—76; Liudmila Alexeyeva and Paul Goldberg, *The Thaw Generation: Coming of Age in the Post-Stalin Era*（Boston, 1990）, 181—182。

7. 大部分广播的内容不是信息性的，这并没有缓解苏联的抵制，正如新闻和外交交流中反复被提及的那样。自由电台（尽管以私人组织的面貌出现，但在1967年还是被揭穿为美国中情局的一个前沿阵地）被认为尤其具有毒害性而受到最持续的干扰。

8. M. Lisann, *Broadcasting to the Soviet Union: International Politics and Radio*（New York, 1975）。利斯安的结论建立在他对苏联媒体资源的细致阅读之上。也见 Gerhard Wettig, *Broadcasting and Détente: Eastern Policies and Their Implication for East-West Trade*（London, 1977）, 7。

9. 比较 Thomas Wolfe, *Governing Soviet Journalism: The Press and the Socialist Person after Stalin*（Bloomington, IN, 2005）, esp. 126—142。

10. 比较英国广播公司俄罗斯部的节目导演在20世纪60年代的评论，见 Asa Briggs, *The History of Broadcasting in the United Kingdom*, vol. 5（Oxford, 1995）, 687。

11. 银幕背后，负责向苏联阵营广播的人们经常以完全不同的术语来定义电台娱乐的政治利害关系。见 Hixson, *Parting the Curtain: Propaganda, Culture, and the Cold War, 1945—1961*（New York, 1997）。关于自由欧洲电台对西方流行音乐的运用，见 Puddington, *Broadcasting Freedom*, 135—141。

12. Aleksandr Sherel', *Audiokul'tura XX veka*（Moscow, 2004）, chap. 1.

13. 从技术上讲,"广播"一词应该仅用于非有线的电台网络。笔者在此使用这个词具有更广泛的意义。苏联依然保留有线电台从而以低成本提供更好的接收信号,同时比空中无线广播更为安全。见 Alex Inkeles, *Public Opinion in Soviet Russia: A Study in Mass Persuasion* (Cambridge, 1958), 243—244。

14. James von Geldern, "Radio Moscow: The Voice from the Center," in *Culture and Entertainment in Wartime Russia*, ed. Richard Sites (Bloomington, IN, 1995), 45. 1971 年的一份苏联出版物关于 1940 年的数字稍有不同: 585.27 万台有线收音机和 112.25 万台无线收音机。*Problemy televideniia i radio* (Moscow, 1971), 201.

15. 关于 20 世纪 30 年代,见 Stephen Kotkin, "Modern Times: The Soviet Union and the Interwar Conjuncture," *Kritika* 2, no.1 (2001): 119—127; Richard Stites, *Russian Popular Culture: Entertainment and Society Since 1900* (New York, 1992), 81—83; Sherel', *Audiokul'tura XX veka*, chap. 3; P. S. Gurevich, *Sovetskoe radioveshchanie: Stranitsy istorii* (Moscow, 1976)。

16. Sherel', *Audiokul'tura XX veka*, 73.

17. 见 M. S. Gleizer and N. S. Potapov, eds. *Radio v dni voiny: Sbornik statei* (Moscow, 1975) 106—113, Sherel', *Audiokul'tura XX veka*, 76; James von Geldern, "Radio Moscow: The Voice from the Center," in Stites, *Culture and Entertainment in Wartime Russia*, 50—54。比较斯蒂芬·洛弗尔关于战时广播作为"斯大林主义广播模式的鼎盛时期","广播和苏联文化的制造",该论文发表于促进斯拉夫研究会议美国协会 (Washingtong, DC, November 2006)。

18. 见 D. G. Nadzhafov and Z. S. Belousova, eds., *Stalin i kozmopoli-*

tanizm: *Dokumenty Agitpropa TsK KPSS*, *1945—1953* (Moscow, 2005), 145—147。

19. "K novym uspekham sovetskogo radio," *Radio*, no. 4 (1995): 9.

20. 收音机超过了其他基本消费品,包括自行车和缝纫机。E. Iu. Zubkova, ed., *Sovetskaia zhizn'*, *1945—1953* (Moscow, 2003), 98.

21. *Problemy televideniia i radio*, 201. 所有接受麻省理工学院的 Comcom 项目采访的逃亡者(他们在 1956—1966 年离开)都报告收听过无线电广播,93% 的人是在家里。Rosemarie Rodgers, "The Soviet Audience: How It Uses Mass Media" (PhD diss., MIT, 1967), 104—106。

22. *Problemy televideniia i radio*, 201.

23. Nadzhafov and Belousova, *Stalin i kozmopolitanizm*, 438—439.

24. RGANI, f. 5, op. 33, d. 75, l. 165.

25. 电话线同样可以用作广播传送,从而削减了对特殊布线的需求,苏联的确在一些地方采用了这种方法。但村庄里一般不会为了电话布线,更多的是为了电力而布线。

26. A. Puzin, "Zadachi razvittia sovetskogo radio," *Pravda*, 8 May 1947.

27. 同上。

28. 独立收音机提供了更多的个人控制功能,比如音量控制,并且在很多地区能够接受来自多个电台的信号,而有线收音机直至 20 世纪 60 年代后期仍然只能接收一个电台的信号。Sherel', *Audiokul'tura XX veka*, 94. 1962 年以后,独立收音机也被免除了许可使用费,但有线收音机则未被免除——更多证据显示,苏联政权对传统的有线网络采取了歧视性的政策。国家广播电视管理部门的研究人员认为,收费政策阻碍了乡村的有线电波化。RGANI, f. 6903, op. 3, d. 433.

29. RGANI, f. 5, op. 33, d. 75, ll. 164—165（着重号是笔者加上去的）。

30. 同上, d. 106。

31. 关于对 1958 年在乌克兰境内的干扰的抱怨，见同上, d. 75, l. 105。关于美国之音和英国广播公司于 1957 年在拉脱维亚和摩尔达维亚的农庄布线，见 RGANI, f. 6903, op. 1. d. 538。

32. RGANI, f. 5, op. 16, d. 645, l. 59（强调是原文自带的）。

33. Nadzhafov and Belousova, *Stalin i kozmopolitanizm*, 437; A. Fateev, *Obraz vraga v sovetskoi propaganda*, 1945—1954 gg. (Moscow, 1999), 189.

34. *Problemy televideniia i radio*, 245.

35. Nelson, *War of the Black Heavens*, 22—24.

36. The Talk of the Town, *New Yorker*, 4 June 1949.

37. GARF, f. 6903, op. 1, d. 488, ll. 160, 162. 官员将电台的瘫痪说成是像战争一样的国家安全风险，同时也是一个文化问题。

38. Yurchak, *Everything Was Forever Until It Was No More：The Last Soviet Generation* (Princeton, 2005), 176, 179.

39. V. A. Kozlov and S. V. Mironenko, eds., *58—10：Nadzornye proizvodstva prokuratury SSSR po delam antisovetskoi agitatsii i propaganda：Ananotirovannyi catalog, mart 1953—1991* (Moscow, 1999), II; Sergei Arustanmian, "On i dnia ne sluzhil v armii, a byl general-polkovniko…," *Novoe vremia*, 15 December 2005.

40. Kozlov and Mironenko, *58—10*, 265.

41. 同上，第 654 页。

42. 同上，第691页。

43. 关于外国广播企图估算听众，见 Kristin Roth-Ey,"Mass Media and the Remaking of Soviet Culture, 1950s—1960s"(PhD diss., Princeton University, 2003), chap. 4。

44. RGANI, f. 5, op. 58, d. 25, l. 99.

45. Lisann, *Broadcasting to the Soviet Union*, 127.

46. GARF, f. 6903, op. 2, d. 501.

47. 克格勃1976年的报告发表在苏联信息项目的《苏联档案》上，http://psi.ece.jhu.edu/~kaplan/IRUSS/BUK/GBARC/pdfs/dis7/ct37b76.pdf。

48. Viktor Tolz,"Rodina slyshit: Chast' piataia: Skol'ko i pochemu?" Radio Svoboda, 7 August 2004. 比较 Amir Weiner, "Déjà Vu All Over Again: Prague Spring, Romanian Summer and Soviet Autumn on the Soviet Western Frontier," *Contemporary European History* 15, no. 2 (2006): 160。

49. 最著名的音乐节目是美国之音播放的威利斯·康诺弗主持的《美国音乐》(1955—1996年)。见 S. Frederick Starr, *Red and Hot: The Fate of Jazz in the Soviet Union* (New York, 1983), 243—244; Hixson, *Parting the Curtain*, 117; Kozlov, *Kozel na sakes*, 70—71; Reinhold Wagnleiter, *Coca-Colonization and the Cold War: The Cultural Mission of the United States in Austria after the Second World War* (Chapel Hill, NC, 1994), 210—212。

50. Amanda Wood Aucoin, "Deconstructing the American Way of Life: Soviet Responses to Cultural Exchange and American Information Activity during the Khrushchev Era" (PhD diss., University of Arkansas, 2001), 199; Yurchak, *Everything Was Forever*, 177.

51. 外国电台，特别是自由欧洲电台，在匈牙利暴乱以后，因为使暴乱者对西方的军事支持抱有错误的希望而受到强烈谴责。见 Urban, *Radio Free Europe and the Pursuit of Democracy*, 211—247; Nelson, *War of the Black Heavens*, 69—84; Puddington, *Broadcasting Freedom*, 89—114。

52. Nelson, *War of the Black Heavens*, 90—91。

53. RGASPI-m, f. 1, op. 46, d. 192, l. 8。

54. 同上, d. 207, ll. 67—68。

55. GARF, f. 9425, op. 1, d. 1051。

56. 尽管在改变内容方面基本没有成功，苏联的做法的确导致慕尼黑的一台大型广播发射器的暂时关闭（1963—1968 年），这台发射器令苏联人尤其反感，因为它使用了国际公约分配给苏联国内广播的频率。当 1963 年设备关闭时，苏联立即接管了用于干扰的频率。关于干扰的技术史，见 Rimantas Pleikis, "Radiotsenzura," http: // www.radiojamming.info/（Vilnius, 2002—2003）。

57. 见 Lisann, *Broadcasting to the Soviet Union*, 8—17; Wettig, *Broadcasting and Détente*; Nelson, *War of the Black Heavens*, 91—106。

58. 苏联的确做了一个重要的改变：截至 1958 年，工业停止生产带有高频波段的短波收音机，这种收音机白天远距离接收效果最好。Nelson, *War of the Black Heavens*, 93. 于是听众就使用低频"夜间"波段。因此有一句广为流传的说法（俄语的押韵句）："俄罗斯风俗就是夜间收听 BBC。"（*Est'obychai na Rusi-noch'iu slushat'Bi-bi-si.*）也见 G. A. Sheveleva, ed., *Pozyvnye trevog I nadezhd*: "Maiak," *sorok let v efire*（Moscow, 2004）, 413—414。

59. 自 1946 年至 1949 年，国家级机构是苏联无线电化委员会和苏

注　释

联无线电广播部长会议。1949 年的改组将其分成两部分：电台信息委员会（负责国内广播）和电台广播委员会（负责外国广播），都隶属于苏联部长会议。这个结构一直持续到 1953 年，当时电台的责任交给了苏联文化部（国内电台信息主要监管部和国际电台广播主要监管部）。随着 1957 年苏联部长会议辖下的广播电视国家委员会的成立，外国广播的监督权暂时被授予国家对外文化交流委员会。1959 年，它重归国家广播电视委员会。

60. Sherel', *Audiokul'tura XX veka*, 79.

61. 共青团中央委员会 1963 年的一份报告估计，存在 1.1 万个业余电台运营商。"无线电流氓"经常扮演西方流行音乐的主持人，但据说由于他们使用了为军事广播备用的频率，而引起了国家安全部门的担忧。RGASPI-m, f. 1, op. 5, d. 925, l. 48. 这个问题似乎是俄罗斯和乌克兰独有的问题。关于 1959 年至 1964 年期间乌克兰的状况，见 TsDAHOU, f. 1, op. 24, d. 4947（1959）；TsDAVO, f. 4915, op. 1, d. 2198（1959）；TsDAVO, f. 1, op. 70, d. 2447（1960）；TsDAVO, f. 1, op. 31, d. 1679（1961）；TsDAVO, f. 1, op. 24, d. 5786（1963）；TsDAVO, f. 1, op. 70, d. 2533（1963）；TsDAVO, f. 1, op. 31, d. 2562（1964）。

62. 塔斯社的全名为苏联电讯机构（Telegrafnoe Agentstvo Sovetskogo Soiuza, TASS）。塔斯社的第四秘密部门根据它的通讯员、国外电报代理，以及媒体所获得的信息向高级领导汇报（将电台广播进行录音、抄写并且翻译成俄语）。Viktor Tolz, "Rodina Slyshit: Chast'pervaia: Stalin slushaet 'golosa'" Radio Svoboda, 27 June 2004; "Rodina Slyshit: Chast' chetvertaia: Novye slushateli v Kremle i novye temy," Radio Svoboda, 31 July 2004.

63. 无数实例中的一例，见 RGANI, f. 5, op. 58, d. 25, ll. 127—173。

64. RGANI, f. 5, op. 33, d. 106, ll. 108—109.

65. Nelson, *War of the Black Heavens*, 98—99; Puddington, *Broadcasting Freedom*, 225—252. 1967 年，克格勃建立了新的"第五部门"专门监控思想越轨，包括外国电台。Arustamian, "On i dnia ne sluzhil v armii." 克格勃的负责人在后苏联的回忆录中说，苏联领导人忽视了克格勃要求采取更为激进的立场批驳外国宣传的反复建议。F. D. Bobkov, *KGB i vlast'* (Moscow, 1995), 38—40.

66. 例如，GARF, f. 6903, op. 1, d. 538, 808。

67. 关于1964乌克兰通讯部向乌克兰中央委员会抱怨对共和国的投资不够，见 TsDAHOU, f. 1, op. 31, d. 2562; 关于加盟共和国级别对广播投资的管理性忽视的抱怨，以及 1970 年要求增加中央控制的呼吁，见 GARF, f. 6903, op. 1, d. 1054。

68. A. A. Fursenko et al., *Prezidium TsK KPSS, 1954—1964*, vol. 1 (Moscow, 2003), 714（着重号是笔者加上去的）。会议于 1963 年 4 月 25 日召开。亚历山大·雅科夫列夫称，通讯部试图通过在苏联高层精英居住区安装大功率的干扰器来使他们免于短波问题。Iakovlev, *Omut pamiati* (Moscow, 2000).

69. Fursenko, *Prezidium TsK KPSS, 1954—1964*, 1: 708.

70. 关于官僚主义的经典阐述是 Merle Fainsod, *Smolensk under Soviet Rule* (Cambridge, MA, 1958)。也见 Moshe Lewin, *The Soviet Century* (London, 2005), esp. 342-360; Stephen Solnick, "Revolution, Reform and the Soviet Telephone System, 1917—1927," *Soviet Studies* 43, no. 1 (1991): 157—176。

71. Paul Gregory, *The Political Economy of Stalinism: Evidence from the Soviet Archives* (New York, 2004).

72. Gurevich, *Sovetskoe radioveshchanie*, 190. 1940 年，苏联国际广播大约占整个广播的 35%。1955 年至 1965 年间，占 50%—60%。*Problemy televideniia i radio*, 207.

73. Gurevich, *Sovetskoe radioveshchanie*, 289; *Problemy televideniia i radio*, 203; RFE reports in OSA box 300-80-1-685.

74. RGANI, f. 5, op. 33, d. 106, ll, 8—9, 拉脱维亚人那年确实赢得了中央的授权，以促进面向西欧的拉脱维亚语的广播节目。同上, ll. 14—16。

75. 关于在国家广播和电视委员会就向部分与芬兰观众有联系的爱沙尼亚广播增加资金的讨论，见 GARF, f. 6903, op. 1, 801, ll. 33—44；关于 1966 年爱沙尼亚中央委员会和部长会议向中央要求拨款，同样考虑了芬兰观众以及与敌人电台的竞争，见 RGANI, f. 5, op. 58, d. 25, ll. 99—103。爱沙尼亚人仍然得到了他们所要求资金的不到一半（48.5 万卢布中的 23.4 万卢布）。

76. 他们也要求在外喀尔巴阡州边境将匈牙利语的节目从每天 40 分钟增加到每天 60 分钟。TsDAHOU, f. 1, op. 31, d. 2408, ll. 117, 129—130。

77. Z. Nagorski, Jr., "Soviet International Propaganda: Its Role, Effectiveness, and Future," *Annals of the American Academy of Political and Social Science* 398, no. 1 (1971); 135.

78. Mark Kramer 译, "Ukraine and the Soviet-Czechoslovak Crisis of 1968: New Evidence from the Diary of Petro Shelest," *Cold War History Project Bulletin*, no. 10 (1998): 236; 关于谢里斯特 1968 年 7 月致位

于莫斯科的中央委员会的信函，见 RGANI, f. 5, op. 60, d. 28, l. 66。

79. TsDAHOU, f. 1, op. 25, d. 20, l. 21.

80. Nagorski, "Soviet International Propaganda," 137.

81. 奥莱格·卡路金，莫斯科电台20世纪60年代初在纽约的通讯员，是较为有名的新闻间谍之一。Oleg Kalugin, with Fen Montaigne, *The First Directorate: My Thirty-two Years in Intelligence and Espionage against the West* (New York, 1994).

82. 莫斯科电台对国际听众的奖励可能是昂贵的（比如，相机或手表）。美国国务院报告，"1957年苏联阵营的交流"（1958年1月），12。

83. 尽管莫斯科电台也要接受严格的审查，但它的记者们据说比国内电台的同行享受更多的呼吸空间，如果仅仅因为没有几个人懂得他们使用的语言的话。见 Vladimir Pozner, *Parting with Illusions* (New York, 1990); "Legenda teleradiozhurnalistiki, laureate TEFI Iurii Fokin: 'Mne peredali pros'bu glavy pravitel'stva "uspokoit" narod,'" *Vek*, 31 August 2001; Georgii Zubkov, "Razmyshleniia bez mikrofona," in Sheveleva, *Pozyvnye trevog i nadezh*, 28—38。

84. "Inoveshchaniiu—75 let!" Radio Maiak, 29 October 2004, http://old.radiomayak.ru/interview/04/10/29/32855.html.

85. GARF, f. 6903, op. 1, d. 525, l. 30.

86. 同上，d. 808, l. 46。

87. RGASPI-m, f. 1, op. 5, d. 976, l. 118.

88. 见"O merakh po uluchsheniia sovetskoi propagandy na zarubezhnye strany," in *Prezidium TsK KPSS, 1954—1958*, vol. 2, ed. A. A. Fursenko et al. (Moscow, 2006), 575—581; RGANI, f. 5, op. 33, d. 106, l. 72。

89. 关于"展示外交",见 Karen Dawisha, "Soviet Cultural Relations with Iraq, Syria, and Egypt, 1955—1970," *Soviet Studies* 27, no. 3 (1975): 420。

90. "Beseda tovarishcha N. S. Khrushcheva s uchastnikami tret'ei vsemirnoi vstrechi zhurnalistov 25 oktiabria 1963 goda," *Pravda*, 27 October 1963.

91. 更多关于勃列日涅夫时代和"信息自由流动"的讨论,见第五章。

92. 关于这些以及其他问题,见 1959 年由中央委员会对外国文化联络委员会前副主席发表的报告,RGANI, f. 5, op. 33, d. 106, ll. 57—71。

93. 引自 Sergey Mazov, "Soviet Policy in West Africa: An Episode of the Cold War, 1956—1964," in *Africa in Russia, Russia in Africa: Three Centuries of Encounters*, ed. M. Matusevich (Trenton, NJ, 2007), 303。

94. "Bez bumagi, bez rastoiianii," *Pravda*, 8 May 1968, 3.

95. 无数实例中的一个,见 "The Threat of Western Idea Is Topic of Agitprop's Talk," *Digest of the Soviet Ukrainian Press* 12, no. 7 (July 1968): 1—7。

96. Sherel', *Audiokul'tura XX veka*, 93.

97. *KPSS o sredstvakh massovoi informatsii i propagandy* (Moscow, 1987), 533—539, 545—551; Gurevich, *Sovetskoe radioveshchanie*, 250—252.

98. GARF, f. 6903, op. I, d. 475, l. 68.

99. 同上,d. 538, l. 43。

100. 关于莫斯科,见 GARF, f. 6903, op. I, d. 578, l. 148;关于

乌克兰，见 TsDAVO, f. 4915, op. 1, d. 2201, ll. 58—60。若干份地区和共和国级别的报告在回应1960年7月19日的命令"O merakh aktivnogo protivodeistviia vrazhdebnoi propaganda"时，提到最近（或者计划中）与莫斯科的电传连接。RGANI, f. 89, d. 373—379, 380—385, 399, 400。

101. 关于泰梅尔地区，见 GARF, f. 6903, op. I, d. 808, I. 50。

102. 同上，d. 944, l. 85。关于1965年乌克兰广播向乌克兰对外事务部要求新闻简报的请求（！），见 TsDAHOU, f. I, op. 70, d. 2577, l. 70。

103. Sherel', *Audiokul'tura XX veka*, 88。

104. 关于新闻集团，见 A. I. Volkov et al., *Pressa v obshchestve, 1959—2000: Otsenki zhurnalistov I sotsiologov, dokumenty* (Moscow, 2000); Aleksei Adzhubei, *Te desiat'let* (Moscow, 1989)。

105. TsDAVO, f. 4915, op. 1. d. 3430, ll. 238—239.

106. Lisann, *Broadcasting to the Soviet Union*, 54; TsDAVO, f. 4915, op. 1, d. 3717, l. 189.

107. RGANI, f. 89, d. 373.

108. 比较 Jeffrey Brooks, *Thank You, Comrade Stalin! Soviet Public Culture from Revolution to Cold War* (Princeton, NJ, 2000), 尤其是序言。

109. Mikhail Nenashev, *An Ideal Betrayed: Testmonies of a Prominent and Loyal Member of the Soviet Establishment* (London, 1995), 30—31.

110. 同上，28。

111. Sheveleva, *Pozyvnye trevog i nadezhd*, 35. 关于苏联的新闻概念，见 Ellen Mickievicz, *Media and the Russian Public* (New York,

1981); Thomas Remington, *The Truth of Authority: Ideology and Communication in the Soviet Union* (Pittsburgh, 1998)。

112. TsAOPIM, f. 2930, op. 1, d. 32, ll. 17—18.

113. RGANI, f. 5, op. 55, d. 129, l. 9.

114. TsAOPIM, f. 2930, op. 1, d. 33, ll. 108—109.

115. 同上, ll. 17—18。

116. 同上, d. 21, l. 50。

117. GARF, f. 6903, op. 1, d. 542, l. 49.

118. *KPSS o sredstvakh*, 546.

119. GARF, f. 6903, op. 1, d. 538, l. 58.

120. RGASPI-m, f. 1, op. 5, d. 1004, ll. 10—11.

121. 例如，戴维·考特在《舞者的反叛：冷战时期的文化霸权之争》（纽约，2003 年）中提出了这个观点。

122. Starr, *Red and Hot*, 251.

123. RGANI, f. 5, op. 36, d 46, ll. 55—56.

124. David Gurevich, *From Lenin to Lennon: A Memoir of Russia in the Sixties* (New York, 1991), 129. 关于爵士乐的兴衰，见 Starr, *Red and Hot*, 270—290。

125. 《莫斯科晚报》如《纽约时报》在 1964 年 3 月 16 日的题为"苏联在寻找扭曲的解药"所报道的那样。

126. RGASPI-m, f. 1, op. 34, d. 1, l. 60.

127. L. K. Bubennikova, "VIA i rok-gruppy", in *Samodeiatel'noe khudozhestvennoe tvorchestvo v SSSR: Ocherki istorii. Konets 1950-kh—nachalo 1990-kh*, ed. L. P. Solntseva and M. V. Iunisov (St. Petersburg, 1999), 81; Polly McMichael, "The Making of the Soviet Rock Star: Len-

ingrad, 1972—1987"（PhD diss., Cambridge University, 2007），41—47。

128. 那是1971年。*Za zheleznoi maskoi.*《谢尔盖·拉平》是由RTR-Planeta电视台制作的电视纪录片（2008年）。拉平的著名评论说，埃斯特拉达明星艾拉·普盖切瓦的成功不是"一种苏联式的成功"。Olga Partan, "Alla: The Jester Queen of Russian Pop Culture," *Russian Review* 66, no. 3（2007年）: 488。

129. McMichael, "The Making of the Soviet Rock Star," 24.

130. Yurchak, *Everything Was Forever*, 185—193.

131. Lisann, *Broadcasting to the Soviet Union*, 154.

132. TsAOPIM, f. 930, op. 1, d. 147, l. 161（1964）.

133. 马亚台兼并了第二电台，这个电台以前是向欧洲的俄罗斯和乌拉尔地区广播的，并将其扩展为一家24小时向全苏联进行广播的电台。

134. Iakovlev, *Omut pamiati*, 143.

135. Lisann, *Broadcasting to the Soviet Union*, 26；关于莫斯科电台工作人员的调动，见Sheveleva, *Pozyvnye trevog i nadezhd*。

136. 伪市场的状况也激发了其他领域的创新。爱沙尼亚是唯一一个政府各部门包括当地的作曲家协会，对摇滚音乐采取一种（有保留的）积极态度的加盟共和国。A. Troitsky, *Back in the USSR: The True Story of Rock in Russia*（London, 1987），75—80。关于爱沙尼亚更普遍的例外，见Weiner "Déjà Vu All Over Again"。

137. GARF, f. 6903, op. 1, d. 808, l, 54.

138. Sheveleva, *Pozyvnye trevog i nadezhd*, 415—416.

139. Iakovlev, *Omut pamiati*, 144. 雅科夫列夫声称卡尔拉莫夫积

极反对马亚电台,并且回忆了在国家电视和广播委员会党小组会议上与他的一次决出胜负的较量。小组会议记录没有记录这次较量。在1963年10月的一次小组会议上,卡尔拉莫夫发表了支持马亚电台的讲话。TsAOPIM, f. 2930, op. 1, d. 42, l. 134.

140. RGASPI-m, f. 1, op. 32, d. 1125, l. 21.

141. Gurevich, *Sovetskoe radioveshchanie*.

142. Sheveleva, *Pozyvnye trevog i nadezhd*, 36.

143. 同上,57。

144. 然而,甚至连马亚电台在坚持其节目安排方面也有麻烦。同上,417。Marshall McLuhan, *Understanding Media*:*The Extension of Man*(New York, 1964).

145. RGANI, f. 5, op. 55, d. 129, ll. 64—65.

146. GARF, f. 6903, op. 3, d. 325, ll. 3—4.

147. 调查是在乌克兰、白俄罗斯、爱沙尼亚、哈萨克斯坦、阿塞拜疆、摩尔多瓦以及俄罗斯地区进行的,时间是1968年的5月至8月——一个非常特别的历史时刻,至少可以这么说,但这不是研究人员选择评论的主题。1,311人通过由118名访问者组成的网络接受了调查。调查结果从未公布。GARF, f. 6903, op. 2, d. 501, ll. 1—35.

148. 同上,ll. 34—35。

149. N. N. Mesiatsev, *Davnoe perezhitoe*(Moscow, 2000), 84.

150. RGANI, f. 5, op. 33, d. 227, ll. 49—51.

151. A. Inkeles and R. Bauer, *The Soviet Citizen*:*Daily Life in a Totalitarian Society*(New York, 1968), 165.

152. 刘易斯·西格尔鲍姆在其最近的关于汽车文化的作品中指出,在苏联的最后几年里,随着越来越多的人对拥有汽车的期待(感到失望），这种对于汽车的态度正在开始发生变化。Seigelbaum, *Cars for Comrades*（Ithaca, NY, 2008），chap. 6.

第四章

1. Scott Shane, *Dismantling Utopia*（Chicago, 1994），153. "奥斯坦金诺注射器"作为对苏联电视台的一种批判出现在弗拉基米尔·库普林的故事"索罗克夫伊兽穴"，《我们同龄人》第 11 期（1981 年）：72—117。《我们同龄人》因为发表了库普林的故事以及其他材料而受到斥责。见 Dirk Krechmar, *Politika i kul'tura pri Brezhneve, Andropove i Chernenko 1970—1985 gg.*, trans. M. G. Ratgaus（Moscow, 1997），136—137。

2. 借用针让人联想到"注射效果"模式，大众传播的一个主要的早期理论。见 Todd Gitlin, "Media Sociology: The Dominant Paradigm," *Theory and Scoiety* 6（1978）：205—253。艾伦·米茨凯维奇也谈到了类似的话题，载于 *Split Signals: Television and Politics in Soviet Society*（New York, 1983），181—183。

3. Raymond Williams, *Television: Technology and Cultural Form*（New York, 1975），xv.

4. A. Iurovskii, *Televidenie: Poiski i resheniia*（Moscow, 1983），29—39；A. Iurovskii, "Pervye shagi," *Problemy televideniia I radio*（Moscow, 1971），95—108；V. A. Urvalov, *Ocherki istorii televideniia*（Moscow, 1990），89—146.

5. Williams, *Television*, 17.

6. GARF, f. 6903, op. 1, d. 499, l. 5.

7. Iurovskii, *Televidenie*, 106；也见他的 *Televizionnaia zhurnalistika*

(Moscow, 1998), 71。关于西方学者的赞同观点,见 Ellen Mickiewicz, *Media and the Russian Public* (New York, 1981), 18; Kristian Feigelson, *L'URSS et sa télévision* (Paris, 1990), 58; Mark Hopkins, *Mass Media in the Soviet Union* (New York, 1970), 251; Reino Paasilinna, "Glasnost and Soviet Television" (YLE-Finnish Broadcasting Co., research report, May 1995), 94。

8. 最重要的是 Mickiewicz: *Media and the Russian Public*; *Split Signals*; *Changing Channels: Television and the Struggle for Power in Russia* (Durham, NC, 1999)。也见 Kendall Bailes, *Soviet Television Comes of Age: A Review of Its Accomplishments and a Disccussion of the Tasks Facing It* (New York, 1968); Rosemarie Rodgers, "The Soviet Mass Media in the Sixties: Patterns of Access and Consumption," *Journal of Broadcasting* 15, no.2 (1971): 127—146; Gayle Durham Hollander, *Soviet Political Indoctrination: Developments in Mass Media and Propaganda since Stalin* (New York, 1972); David E. Powel, "Televison in the USSR", *Public Opinion Quarterly* 39, no.3 (Autumn 1976): 287—300; Jonathan Saunders, "A Very Mass Media," *Television Quarterly* 22, no.3 (1986): 7—27; Thomas Remington, *The Truth of Authority: Ideology and Communication in the Soviet Union* (Pittsburgh, 1988)。

9. Marguerite Higgins, *Red Plush and Black Bread* (Guard City, NY, 1955), 40.

10. *Narodnoe khziaistvo SSSR v 1970 g.* (Moscow, 1971), 466; *Problemy televideniia i radio* (Moscow, 1971), 210, 246. 加盟共和国之间电视的拥有率相差很大,俄罗斯地区遥遥领先,乌克兰位居相差较大的第二位。俄罗斯地区的电视机比例随着时间的推移逐渐下滑(从

1958 年的 78% 降至 1965 年的 63%）。

11. 前三名是美国、加拿大和英国。Irivng R. Levine, *Main Street, USSR: Selections from the Original Edition*（New York, 1960），66. 联合国教科文组织的报告称联邦德国每百位居民拥有 13.9 台电视，捷克斯洛伐克 10 台，德意志民主共和国 9 台，法国 7.5 台，波兰 3.3 台，匈牙利 2.7 台，保加利亚 0.3 台，苏联为 3.2 台。该报告中的苏联的总数——700 万台——明显低于苏联方面统计的 1,000—1,100 万台。见 *World Communications: Press, Radio, Television, Film*（New York, 1964）。

12. 与 N. N. 梅西亚切夫的访谈，莫斯科，2002 年 7 月。

13. *Narodnoe khoziaistvo SSSR v 1970 g*（Moscow, 1971），378. 在莫斯科建设一个拥有一座破纪录的电视塔的新电视中心的计划可以追溯到 1956 年。因为技术问题，当时的建设一再被推迟。Iurovskii, *Televidenie*，42.

14. 关于 20 世纪 60 年代的成本，见 GARF, f. 6903, op. 1. D. 808, l. 65；关于 1982 年的总公里数，见 Iurovskii, *Televidenie*，46。

15. A. N. Iakovlev, *Omut pamiati*（Moscow, 2001），142—143.

16. *Narodnoe khoziaistvo*，466.

17. S. Frederick Starr, "New Communications Technologies and Civil Society," in *Science and the Soviet Social Order*, ed. Loren Graham（Cambridge, MA, 1990），19—50. 这一数据包括卡车、公共汽车和轿车。

18. Wilson Dizard, "Television in the USSR," *Problems of Communism*, no. 12（1963）: 39.

19. GARF, f. 6903, op. 7, d. 542, l. 10. 1962 年，许可费在技术上被包含在电视机价格中的一种一次性征税所取代。波兰、捷克斯洛伐克、德意志民主共和国以及匈牙利都保留了许可费体制。见 Burton Paulu, *Radio and Television Broadcasting*（Minneapolis, 1974）。

20. 希金斯报道了 1955 年的一次长达 10 个月的等待。Higgins, *Red Plush*, 42.

21. Levine, *Main Street*, *USSR*, 66; Joseph Evans, *Through Soviet Windows*（New York, 1957）, 60; Higgins, *Red Plush*, 42; Hopkins, *Mass Media*, 253; M. Likhachev,"Sovetskie televizory dolzhny byt'luchshie v mire," *Ekonomicheskaia gazeta*, 18 July 1961.

22. GARF, f. 6903, op. 7, d. 551, l. 15. 电视机也在消费者可以按分期购买计划购买的商品之列。

23. 首次大规模生产的电视机 KVN—49 于 1949 年开始投入生产，其屏幕对角测量只有 18 厘米。为此电视机经常会附上放大镜。

24. V. Kuibyshev, "Nuzhdy telezritelei," *Izvestiia*, 26 October 1958.

25. V. Bezgulyi, "Za ekranom televizora," *Izvestiia*, 17 July 1960; L. Shumov, "Bel'mona televizore," *Ogonek*, no. 48（1960）; "Posle vystupleniia *Ogonka*: Kogda zhe prozreiut televizory?" *Ogonek*, no. 6（1961）. 由于大量的不同机型（到 1965 年有 87 种），寻找恰当的零件是非常复杂的。Urvalov, *Ocherki istorii televideniia*, 152.

26. TsDAVO, f. 4915, op. 1, d. 2394, 1. 2.

27. GARF, f. 6903, op. 1, d. 499, l. 92,

28. Harrison Salisbury,"What Russians See on TV," *New York Times*, 11 July 1954.

29. 研究者的确发现有孩子的家庭比没有孩子的家庭更有可能购买电视机；结婚夫妇比独自生活的人拥有的电视机更多。B. M. Firsov, *Puti razvitiia sredstv massovoi kommunikatsii*（Moscow, 1977）, 114—115.

30. Iurovskii, *Televidenie*, 43. 一项研究估计 1960 年有 275 家电视台在运营, 20 世纪 60 年代初数字继续在增长。Urvalov, *Ocherki istorii televideniia*, 150, 146.

31. Iurovskii, *Televidenie*, 43, 108.

32. G. Khaliletskii, "Goresti mestnogo televideniia", *Literaturnaia gazeta*, 27 October 1957.

33. Ivan Mashchenko, *Telebachennia Ukraini*, vol. 1 (Kyiv, 2004), 52.

34. "Na ekrane televizora—dosaafovtsy," *Sovetskii patriot*, 13 September 1961, in GARF, f. 6903, op. 3, d. 175; Mashchenko, *Telebachennia*, 91; Pechat', *radioveshchanie I televidenie Tatarii*, 1917—1980: *Sbornik dokumentov i materialov* (Kazan', 1981), 176.

35. 国家广播和电视委员会（Goskomitet po radioveshchaniiu i televideniiu pri Sovete Ministrov SSSR）直到 1972 年才被正式命名为 Gosteleradio, 将名称中的电视和广播的顺序互换了位置, 见以下讨论。笔者通篇使用了 Gosteleradio 作为一个通用术语。1957 年后, 所有苏联加盟共和国（除了俄罗斯以外）都在它们的共和国行政机构中设立了类似的委员会。中央委员会的部和分部也与加盟共和国级别的机构设置类似。

36. GARF, f. 6903, op. 1, d. 543, l. 79; TsDAHOU, f. 1, op. 70, d. 2447, ll. 11—13. 一些业余中心能够播放它们自己的节目, 而另一些业余中心则仅仅是电视中转台。俄罗斯和乌克兰拥有最密集的各种电视台。

37. GARF, f. 6903, op. 1. d. 543, l. 80.

38. TsDAVO, f. 4915, op. 1, d. 3438, l. 5.

39. 在 1963 年的一次会议上, 国家广播和电视委员会主席命令他

注　释

的手下写给地方党组织的信函如下："中央委员会正要求我们纠正错误，否则在这个国家会出现 1,000 个电视中心，而每个中心都播放自己的节目。在莫斯科的我们对你们的节目感到不满意。"他说，如果国家广播和电视委员会不能与他们"达成共识"，他们会通过"中央委员会办公厅予以惩处"。GARF, f. 6903, op. 1, d. 783, l. 109.

40. 20 世纪 50 年代，集中化的冲动意味着要关闭所有地方（地区和城市级别的）广播电台中心的各种建议。见 GARF, f. 6903, op. 1, d. 474, ll. 51—52。

41. 用于电视传播的 Molniia-1 号卫星于 1965 年首次发射，两年后进入运行。V. V. Egorov, *Televidenie*：*Teoriia i praktika*（Moscow, 1993），11.

42. I. Mashchenko, *Telebachennia de facto*（Tyiv, 1998），50, 149.

43. 国家广播和电视委员会 1960 年的一份报告设立了一个目标，截至 1962 年在所有共和国内为中央节目提供双语声道。GARF, f. 6903, op. 1, d. 655, l. 16. 尽管没有明确它如何普及，这种双语声道在 1965 年确实存在于 15 个共和国的 10 个共和国内。Paulu, *Radio and Television Broadcasting*, 75, 88.

44. 早在 1956 年，莫斯科就采用了双频道广播的系统。第二频道只针对莫斯科地区。1964 年又增加了第三教育频道，以及 1967 年的存留时间不长的第四频道。

45. 这个数字有一厢情愿的意味，但电视渗透的速度无论如何都是令人印象深刻的。"Ukrainskomu televideniiu-10 let," *Pravda Ukrainy*, 11 November 1961, GARF f. 6903, op. 3, d. 175, l. 14.

46. Egorov, *Televidenie*, 132. 关于地方与共和国中心的冲突，见 TsDAHOU, f. 1, op. 31, d. 2562, ll. 134—135, 137—138; TsDAVO,

f. 4915, op. 1, d. 3708, ll. 139—141。乌克兰的地方初步行动是东部和南部地区的一个压倒性的现象——这些地区是拥有建设电视台所需资源的城市工业区。

47. TsDAVO, f. 1, op. 70, d. 2905, l. 11.

48. GARF, f. 6903, op. 1, d. 808, l. 39（着重号是笔者加上去的）。文中可以看出斯卡契科谈论的是电台和电视两方面。

49. TsDAVO, f. 4915, op. 1, d. 2367, l. 20.

50. GARF, f. 6903, op. 1, d. 806, l. 92.

51. 斯卡契科与其他乌克兰官员一再施加压力，但并未获得额外的资助。比如，见 TsDAVO, f. 1, d. 31, d. 2562, ll. 61—62。

52. TsDAVO, f. 4915, op. 1, d. 2394, ll. 3—4.

53. 将所有电视和广播电台划分等级并因此区别工资标准的决定追溯到1960年。电台与印刷媒体级别相同，经常有反对等级划分的抗议。见，比如，TsDAVO, f. 1, op. 70, d. 2447, ll. 38—40。

54. 关于乌克兰对地方广播的不满以及要求更好的进入中央电视台的通道，见 TsDAVO, f. 4915, op. 1, d. 2394, d. 3377。

55. 根据菲尔索夫所说，赫鲁晓夫非常担心那些满怀敌意的局外人攫取电波的可能性，在他回国后的几天之内，在全国电视台引入了新的安全系统（配有警卫和身份证）。与 B. M. 菲尔索夫的访谈，圣彼得堡，2002年6月。赫鲁晓夫的儿子谢尔盖也参加了1959年的访问，他不同意这种解释，他不记得父亲在美国时对电视做过任何特别说明或者对苏联电视进行过评论。与赫鲁晓夫·谢尔盖的访谈，普罗维登斯，美国罗德岛州，2007年6月。国家广播和电视委员会1962—1964年期间的领导米哈伊尔·卡拉莫夫（也是赫鲁晓夫家的亲信），同样也是赫鲁晓夫1959年的美国之行的随行人员。

56. Iakovlev, *Omut pamiati*, 142.

57. RAGNI, f. 5, op. 33, d. 106, l. 26.

58. 关于20世纪80年代爱沙尼亚的情况，当时芬兰广播和电视甚至比20世纪50年代和60年代得到更广泛的传播，见 Michkiewicz, *Split Signals*, 20—21。如同1962年忧心忡忡的地方官员所报告的那样，芬兰广播也遍及列宁格勒州（有时比苏联广播更清晰）。RGANI, f. 5, op. 33, d. 207, l. 102.

59. L. S. Klimanova, ed., *O partiinoi i sovetskoi pechati, radioveshchanii i televidentii* (Moscow, 1971), 536—541. 根据马克·凯尼格所说，只有两份其他的后斯大林主义的命令（1979年和1983年）能在宣传方面与1960年的法令相提并论。Mark Koenig, "Media and Reform: The Case of Youth Programming on Soviet Television (1955—1990)" (PhD diss., Columbia University, 1995), 93.

60. Daniel Schorr, *Staying Tuned: A Life in Journalism* (New York, 2002), 99—102.

61. 在技术上，鼓动和宣传不同（宣传是向少数人传递许多思想，而鼓动是将几个观点传递给大众）。我按照彼得·克耐兹的引导，见《宣传国家的诞生：1917—1929年苏联大众动员的方法》（剑桥，1985年）第8页，并互换地使用了这些词汇。对于苏联宣传传统与广播技术之间的紧张关系的讨论，见米茨凯维奇，《截断信号》，特别是第五章。

62. Alex Inkeles, *Public Opinion in the Soviet Union* (Cambridge, MA, 1958), 122.

63. G. Kazakov, "Televidenie—Moguchee sredstvo kommunisticheskogo vospitaniia," *Kommunist*, no. 8 (1959): 68.

64. 一个实际的建议是将广播和电视的编辑—制片人纳入权贵阶层的行列。RGASPI-m, f. 1, op. 32, d. 1168, l. 21.

65. 见 Stephen Solnick, *Stealing the State*(Cambridge, MA, 1998),特别是第四章。

66. William Taubman, *Khrushchev: The Man and His Era*(New York, 2003), 510.

67. David Wedgwood Benn, *Persuasion and Soviet Politics* (Oxford, 1989), 135; Ellen Mickievicz, "The Modernization of Party Propaganda in the USSR," *Slavic Review* 30, no. 2 (June 1971): 257—276.

68. 此外,每家电视台都要"在固定日期和时间定期播放来自部、局以及地方的党、苏维埃和社会组织的领导人,还有人民代表回答群众提问的节目"。Klimanova, *O partiinoi i sovetskoi pechati*, 539. 关于1962年的命令,也涉及电台,同上,542—548。

69. TsDAVO, f. 4915, op. 1, d 3430, l. 34.

70. 库兹涅佐夫决定报废这位部长的录影带而只播放他自己的评论。尽管国家广播和电视委员会的领导人批准了这个变动,但他的党的上级反对,而且库兹涅佐夫也被暂时性地禁止出镜。G. V. Kuznetsov "Zapiski lishnego cheloveka", in *Televizionnaia mozaika*, ed. Ia. N. Zasurskii (Moscow, 1997), 38—39.

71. 见 Jerome Bourdain, *Histoire de la télévision sous de Gaulle* (Paris, 1990); Wilson Dizard, *Television: A World View* (Syracuse, 1966), 141—147。

72. 《真理报》于1959年4月5日首次公布了广播和电视的每日节目表。其他苏联中央报纸也在1960年1月1日开始跟风。

73. M. A. 萨斯洛夫报道称,一份名为 RT (《广播电视》) 的周报,刊登有关节目安排、评论以及观众论坛，在1967年被关闭了。*Ocherki po istorii rossiisskogo televideniia*（Moscow，1999），139.

74. Iakovlev，"Televidenie，" 74.

75. Igor Il'inskii，"Razmyshleniia u televizora，" *Literaturnaia gazeta*，12 May 1956.

76. RGASPI，f. 17，op. 133，d. 339，ll. 75—77.

77. RGANI，f. 5，op. 33，d. 105，ll. 26—27.

78. RGALI，f. 2936，op. 4，d. 1308，l. 93.

79. Norman Sklarewitz，"Themes and Variations：TV—Soviet Style，" *Wall Street Journal*，1 September 1964.

80. V. Ardmatskii，"V poiskakh novykh form，" *Literaturnaia gazeta*，2 April 1958.

81. 关于1958年国家广播和电视委员会抗议莫斯科大剧院的政策的信，见GARF，f. 6903，op. 1，d. 542，l. 49。

82. 1960年的中央委员会的命令要求电影产业、剧院、音乐和体育与电视合作。国家广播和电视委员会后来向中央委员会抱怨依然没有执行规定。GARF，f. 6903，op. 1，d. 623，l. 148. 20世纪60年代，电视的文学和戏剧编辑声称许多莫斯科影院在60年代末仍然拒绝合作。与V. N. 科兹洛夫斯基的访谈，2002年2月（国家电视广播基金口述历史项目）。

83. Iakovlev，"Televidenie，" 71.

84. 尽管著名的文化人物（诸如科尔涅伊·楚科夫斯基和伊拉克利·安德罗尼科夫等）的确加入了早期的电视业，但他们属于例外，尤其在20世纪50年代。

85. 适用于特约人员和员工的低工资水平，使得电视业难以吸引外界有才华的人。关于1958年国家广播和电视委员会写给中央委员会请求提高工资水平的信函,见 GARF, f. 6903, op. 1, d. 542, ll. 1—4。《音乐厅》的主持人报告称20世纪60年代每个节目只挣4卢布,外加每个脚本5卢布。与 E. V. 贝利爱娃的访谈,2002年(国家电视广播基金口述历史项目)。

86. T. Elmanovich, *Obraz fakta*: *Ot publististiki k fil'mu na Estonskom televidenii* (Moscow, 1975), 4—5.

87. 见第五章。电视的专业培训追溯到1958年,附有莫斯科国立大学新闻学院的课程。Iurovskii, *Televidenie*, 109. 关于专业化,见 Mark Koenig, "Media and Reform"。

88. Firsov, *Puti razvitiia*, 111.

89. *Izvestiia*, 27 November 1957, "Televizory v more," *Ogonek*, no. 20 (1959); "S televizorom v avtomobile," *Ogonek*, no. 25 (1965).

90. *Magnitogorskii rabochii*, 10 December 1961, in GARF, f. 6903, op. 3, d. 175, l. 7.

91. *Sovetskaia kul'tura*, 4 January 1962, in GARF, f. 6903, op. 3, d. 175, l. 19.

92. 值得强调的是电视机经常被放在靠近窗户的角落里,这里被认为是房间里的最佳位置。这个位置,加上在电视机上罩上花边布的流行趋势,将电视变成了传统斯拉夫住宅里的标志。Svetlana Boym, "Everyday Culture," in *Russian Culture at the Crossroads*, ed. Dmitri N. Shalin (New York, 1996), 174. 我很感激舒克·里德与我分享她在这方面的观察。

93. V. Sappak, *Televidenie i my* (Moscow, 1962), 42.

94. Sergei Muratov and Georgii Fere, "Telepanorama——Oktiabr',"

Sovetskaia kul'tura, 4 November 1965, 3（着重号是笔者加上去的）。

95. 见 Susan Reid, "Cold War in the Kitchen," *Slavic Review* 61, no. 2 (Summer 2002)：211—252。

96. *Ocherki po istorii rosiiskogo televideniia*, 143.

97. 文章继续统计出观众实际享受的因素占"6%—7%"。Viktor Slavikin, "Sem'protsentov vessel'ia," *Sovetskaia kul'tura*, 9 September 1965, 3.

98. 考虑到下文中讨论的男女收视率的巨大差距，我特意用了男性的"他"。

99. 有一个很有趣的区别在此要提出来，即收看电视被视为孤立行为的概念与被视为实际的社会活动的概念之间的区别。事实上，大多数人以集体形式观看电视。

100. "Kak vy provodite svobodnoe vremiia," *Komsomol'skaia pravda*, 24 February 1966.

101. Firsov, *Televidenie*, 118—119. 这与20世纪60年代领导列宁格勒电视台的鲍里斯·菲尔索夫是同一个人。

102. 同一时期的其他研究确认了这种性别差距。Firsov, *Puti razvitiia*, 118.

103. Mickiewicz, *Media and the Russian Public*, 19—23.

104. B. M. Firsov, *Televidenie glazami sotsiologa* (Moscow, 1971), 124.

105. V. Slavkin, "Chto by my delali bez televideniia?" *Sovetskaia kul'tura*, 11 November 1965, 4.

106. *Ogonek*, no. 34 (1960).

107. 关于许多"睡着的丈夫"形象之一，见 *Ogonek*, no. 1 (1959)。

108. *Ogonek*, no. 36（1965）.

109. *Ogonek*, no. 22（1966）.

110. Iu. Sheinin, "Domashnii ekran: Drug ili vrag?" *Literaturnaia gazeta*, 29 January 1969.

111. Firsov, *Televidenie*, chaps. 2—5；关于"电视狂热症"的讨论，见第十章。

112. "Zapreshchaetsia zaplyvat'dal'she vsekh!," *Zhurnalist* no. 8（1988）: 25.

113. 见第五章。

114. 见 G. Galochkina, ed., *Televidenie priglashaet detei*（Moscow, 1976）; V. Zhuravleva and G. Al'tov, "Sila telepritiazheniia," *Sovetskaia kul'tura*, 29 May 1965, 1。20 世纪 20 年代电影对儿童的影响引发过同样的忧虑。

115. *Televidenie i deti*（Moscow, 1974）, 20—21. 也见 V. S. Korobeinikov, *Goluboi charodei: Televidenie i sotsial'naia sistema*（Moscow, 1975）, 125; GARF, f. 6903, op. 3, d. 343, ll. 6—10。

116. Korobeinikov, *Goluboi charodei*, 128.

117. Iu. Koginov, "Krest'ianin vernul'sia s raboty," *Pravda*, 2 January 1967.

118. Williams, *Television*, 17—25. 也见 Mickiewicz, *Media and the Russian Republic*, 40。Anthony Smith, ed., *Television: An International History*（Oxford, 1995）, 110.

119. 将电视置于公共场所的决定是纳粹德国部长之间冲突的源泉之一。见 William Uricchio, "Television as History: Representations of German Television Broadcasting, 1935—1944," in *Framing the Past: The*

Historiography of German Cinema and Television, ed. Bruce Murray and Christopher Wickham (Carbondale, IL, 1992), 167—196。关于日本，见 Shunya Yoshimi, "Television and Nationalism: Historical Change in the National Domestic TV Formation of Postwar Japan," *European Journal of Cultural Studies* 6, no. 4 (2003): 459—487。

120. *Ocherki po istorii rossiiskogo televideniia*, 37; Egorov, *Televidenie*, 7.

121. RGASPI, f. 17, op. 133, d. 339, l. 75.

122. 关于托木斯克，见 GARF, f. 6903, op. 1, d. 499, ll. 17—20。关于基辅，见 GARF, f. 6903, op. 1, d. 500, l. 37; TsDAHOU, f. 1, op. 70, d. 2447, ll. 28—37。

123. GARF, f. 6903, op. 1, d. 499, l. 5.

124. Karal Ann Marling, *As Seen on TV: The Visual Culture of Everyday Life in the 1950s* (Cambridge, MA, 1994), 272; William Taubman, *Khrushchev: The Man and His Era* (New York, 2003), 416. 当这次展览接近结束时，供应电视设备的公司 RCA 提出以优惠价格将展览设备出售给苏联；苏联人拒绝了他们。RGANI, f. 5, op. 33, d. 95, l. 3.

125. 里德，"厨房中的冷战"，第 219 页。国家广播和电视委员 1960 年的一份报告也承诺 20 年之内每个家庭会拥有一台电视机。GARE, f. 6903, op. 1, d. 655, l. 17.

126. V. Danilov, "Eshche 1,000,000 zritelei," *Pravda*, 3 May 1968; "Moguchee sredstvo kommuniticheskogo vospitaniia," *Pravda*, 7 May 1960. "诞生地"的说法指的是 A. S. 波波夫发明收音机。

127. R. Boretskii, "When There Are Many Channels," *Sovetskaia kul'tura*, 11 September 1965, 2—3, in *Current Digest of the Soviet Press*

17, no. 39（1965）: 13.

128. Iurovskii, *Televidenie*, 42. 苏联媒体当时很重视奥斯坦金诺的全苏联特质，如同 N. 梅西亚切夫在他的回忆录中所说的那样，*Davnoe pereshitoe*（Moscow, 2000），27。

129. Iurovskii, *Televidenie*, 106.

130. T. N. Matiushchenko et al., *Gazeta 'Pravda'o sovetskom televidenii i radioveshchanii: Sbornik*（Moscow, 1972），27. *Ocherki po istorii rossiiskogo televideniia*, 157.

131. 周期化源自《俄罗斯电视的历史》，第二章和第三章。

132. Iurovskii, *Televidenie*, 142.

133. 与克森尼娅·玛丽尼娜的访谈，2002 年（国家电视广播基金口述历史项目）。关于作为家庭生活中的固定节目，见 Catriona Kelly,"'Good Night, Little Ones:' Childhood in the Last Soviet Generation," in *Generations in Twentieth-Century Europe*, ed. Stephen Lovell（London, 2007），165—189。

134. J. Navrátil, ed., *The Prague Spring '68*, vol. 2（Budapest, 1998），172—181.

135. GARF, f. 6903, op. 1, d. 962, l. 36.

136. V. N. Kozlovskii, *Televidenie, Vzgliad iz vnutri*（Moscow, 2002）.

137. 与 N. N. 梅西亚切夫的访谈，2001 年 12 月（国家电视广播基金口述历史项目）；L. A. Dmitriev, *Ballada o chetvertoi programme TsT*（Moscow, 2000）。

138. RGANI f. 5, op. 60, d. 28, l. 23.

139. 同上，ll. 25—26。

140. 例如，GARF, f. 6903, op. 1, d. 1046。

141. 见 T. Goriaeva, ed. *Istoriia sovetskoi politicheskoi tsenzury*; *dokumenty i kommentarii* (Moscow, 1997), 188—191; T. Goriaeva, "Glavlit i literature v period 'literaturno-politicheskogo brozheniia v Sovetskom Soiuze,'" *Voprosy lteratury*, no. 5 (1998): 276—320。

142. Mikrofonnaia papka 是来自电台采用的众多词汇之一。关于编辑—制片人职业，见 *Televizionnyi radektor*: *sbornik statei* (Moscow, 1966); Lilita Dzirkals, Thane Gustafson, and A. Ross Johnson, *The Media and Intra-Elite Communication in the USSR* (Santa Monic, CA, 1982), 43—61。

143. Krechmar, *Politika i kul'tura*, 34—37, 232.

144. 梅西亚切夫认为他被解雇是因为勃列日涅夫担心他是一个策划谋反的帮派的成员（与 A. N. 谢列平有关）。Mesiatsev, *Davnoe perezhitoe*, 93—94。

145. *Za zheleznoi maskoi. Sergei Lapin*, RTR-Planeta (2008).

146. "Zapreshchaetsia zaplyvat'dal'she vsekh！" 28; "Sergei Lapin, rukovoditel' Gosteleradio," *Nashe vse*, Ekho Moskvy Radio, 2 March 2008; 与 L. 佐罗塔列夫斯基的访谈，2002 年 1 月（国家电视广播基金口述历史项目）；与 M. 克拉钦恩斯卡亚的访谈，2002 年 1 月（国家电视广播基金口述历史项目）；与 G. V. 库兹奈特索夫的访谈，2002 年（国家电视广播基金口述历史项目）。

147. 与科兹洛夫斯基的访谈，2002 年 2 月；*Ocherki po istorii rossiiskogo televideniia*, 163。一些以前的电视专业人士认为 1970 年的裁员不成比例地针对犹太人，拉平是反犹太主义者。尽管拉平在 20 世纪 50 年代末主导了一次对犹太裔电台员工的清洗，但他个人的偏见却很难评价，1970 年的证据尚无定论。在"谢尔盖·拉平，国家广播和电视委员会的领导人"中可以看到一次有趣的讨论。比较 Nikolai Mitrokhin, *Russkaia partiia*: *Dvizhenie russkikh natsionalistov v SSSR, 1953—1985*（Moscow, 2003），93—94。

148. 1968 年 3 月，梅西亚切夫援引了全国 41,633 名员工和莫斯科 16,831 名员工的数据。GARF, f. 6903, op. 28, d. 40, ll. 217—218.

149. *General'nyi sekretar' L. I. Brezhnev, 1964—1982*（Moscow, 2006），100.

150. Krechmar, *Politika i kul'tura*, 17.

151. "Sergei Lapin, rukovoditel' Gosteleradio,"; V. Egorov, *Strannitsy istorii*（Moscow, 2004）.

152. 关于 1967 年的计划（3.534 亿卢布），GARF, f. 6903, op. 1, d. 920, l. 126。关于 1979 年的计划，*Ocherki po istorii rossiiskogo televi-deniia*, 155。

153. 关于梅西亚切夫 1968 年努力为员工获取权贵阶层地位和福利，见 GARF, f. 6903, op. 28, d. 40, ll. 93—94, 141, 217—218。关于精英的额外待遇，见 Paasalinna,"Glasnost and Soviet Television," 123。

154. *Ocherki po istorii rossiiskogo televideniia*, 163.

155. RGANI, f. 5, op. 60, d. 28, ll. 55—61, 146—151.

156. R. A. Boretskii, *Televizionnaia programma*: *Ocherk teorii propagandy*（Moscow, 1967），121.

157. R. A. Boretskii, *V bermudskom treugol'nike TV*（Moscow, 1998），15.

158. 关于梅西亚切夫 1966 年出访西欧，见 RGANI, f. 5, op. 58, d. 25, ll. 2—52。

159. 列举一例：针对借鉴美国电视模式的教育频道，文化部在

1959 年起草的一份建议。RGANI, f. 5, op. 33, d. 105, ll. 31, 34, 35.

160. 见第五章。

161. Kerry Segrave, *American Television Abroad* (Jefferson, NC, 1998), 110.

162. "UNESCO's Mass Media Declaration: A Forum of Three Worlds," *Journal of Communication*, Spring 1979, 186—198.

163. GARF, f. 6903, op. 1, d. 1050, l. 143.

164. "Zapreshchaetsia zaplyvat' dal'she vsekh!" 25.

165. Marina Goldovskaya, *Woman with a Movie Camera*, trans. Antonina W. Bouis (Austin, TX, 2006), 48.

166. Mesiatsev, *Davnoe perezhitoe*, 138—139; Paasilinna, "Glasnost and Soviet Television," 128.

167. 母带中既能看到这位总书记的笨拙，也能听到拉平评论的声音，这个录像带不知何故得以幸存。*Za zheleznoi maskoi. Sergei Lapin.*

第五章

1. 《蓝色小火焰》，1967 年（国家电视广播基金）。这个故事有虚构的意味，但它的确也出现在了这个女孩父亲的朋友写的一本书中。G. Fere, *Tovarishch TV* (Moscow, 1974), 29.

2. Fere, *Tovarishch TV*, 23.

3. "苏联电视"在本章主要指的是中央电视台的作品，该电视台不仅雇用了大多数电视工作者，也设立了全苏联电视台的标准。尽管一些区域电视台的确制作了创新节目，但第四章中谈及的集中化和地方化的孪生过程却保证了节目的影响力通常从莫斯科往外传播。此外，没有什么显示地方电视台的员工与他们莫斯科的同行们在社会背景方面有很大的区别，或者对媒体的理解方面彼此不一致。

4. 关于"黄金时代"，见《俄罗斯电视的历史》（莫斯科，1999年），一个由苏联时代许多重要的学者和专业人士完成的联合项目。S. A. 穆拉托夫、A. 拉·尤洛夫斯基、V. V. 艾戈罗夫、G. V. 库兹奈特索夫以及 R. A. 波雷特斯基，也许是20世纪50年代和60年代那些在中央电视台工作的人当中最杰出的。苏联电视台最重要的社会学家B. M. 菲尔索夫也一度是列宁格勒电视台的领导人。关于他们的主要出版物，请见参考文献部分。英语版的出版物，见埃伦·米茨凯维奇和马克·凯尼格的著作，"媒体与改革：1955—1990年苏联电视的青年节目实例"（博士论文，哥伦比亚大学，1995年）。政治科学家凯尼非常关注苏联热情支持者们的解释。

5. 关于俄罗斯文化历史中的个性，见 Catriona Kelly and David Shepherd, eds. *Constructing Russian Culture in the Age of Revolution*, *1881—1940* (London, 1998), 13—26。关于20世纪60年代印刷媒体中的个性和社会主义的激进主义，见 Thomas Wolfe, *Governing Soviet Journalism: The Press and the Socialist Person after Stalin* (Bloomington, IN, 2005), esp. 33—70。

6. 比较 Sheila Fitzpatrick, *The Cultural Front: Power and Authority in Revolutionary Russia* (Ithaca, NY, 1992), esp. 1—15。

7. R. Boretskii, "Otkroveniia dilettantov," in *Shabolovka, 53: Stranitsy istorii televideniia*, ed. A. Iu. Rozov (Moscow, 1988), 148—158.

8. L. Dmitriev, "Televizionnaia spiral'" in Rozov, *Shabolovka*, 96—97；与 L. 德米特里耶夫的访谈，2002年（国家电视广播基金口述历史项目）。

注 释

9. 与 L. S. 佐罗塔列娃的访谈，2002 年（国家电视广播基金口述历史项目）。

10. A. Grigorian, "Rabotaem!" in Rozov, *Shabolovka*, 125.

11. 与德米特里耶夫的访谈，2002 年。

12. Rozov, *Shabolovka*, 94—95.

13. 如第四章所描述的那样，为了简化，笔者通篇只用了"Gosteleradio"来代指莫斯科的中央广播和电视管理机构。

14. Fedor Razzakov, *Zvezdy televideniia* (Moscow, 2000), 10.

15. GARF, f. 6903, op. 1, d. 543, l. 69.

16. 与 B. M. 利弗托夫斯基的访谈，莫斯科，2002 年 7 月。

17. G. Khaliletskii, "Goresti mestnogo televideniia," *Literaturnaia gazeta*, 27 August 1957.

18. GARF, f. 6903, op. 1, d. 777, ll. 48—49.

19. 与 R. D. 科比洛娃的访谈，圣彼得堡，2002 年 6 月。

20. A. Iurovskii, "Pogliadim na ekran," *Iskusstvo kino*（以下简称 *IK*), no. 4 (1960): 125。尤洛夫斯基在回应电影导演 M. 罗姆一篇较早的文章，"Pogliadim na dorogu," *IK*, no. 11 (1959)。

21. 与 V. N. 科兹洛夫斯基的访谈，2002 年 2 月（国家电视广播基金口述历史项目）；与利弗托夫斯基的访谈，2002 年 7 月。

22. RGALI, f. 2944, op. 1, d. 19, l. 47.

23. Jeff Kisseloff, *The Box: An Oral History of Television, 1920—1961* (New York, 1995), 272.

24. 见 William Boddy, *Fifties Television: The Industry and Its Critics* (Urbana, IL, 1990), 141—143; Wilson Dizard, *Television: A World View* (Syracuse, NY, 1966 年), 157—158。

25. Michael Curtin, "Beyond the Vast Wasteland: The Policy Discourse of Global Television and the Politics of American Empire," *Journal of Broadcasting and Electronic Media*, Spring 1993, 133.

26. Burton Paulu, *Radio and Television Broadcasting in Eastern Europe* (Minneapolis, 1974), 62—63.

27. GARF, f. 6903, op. 3, d. 491, l. 9, 20. 144 个小时中高达 112 个小时输出到了德意志民主共和国。

28. 见 John Downing, "The Intersputnik System and Soviet Television," *Soviet Studies* 27, no. 4 (October 1985): 465—483。

29. RGANI, f. 5, op. 55, d. 51, l. 66.

30. GARF, f. 6903, op. 1, d. 1051, l. 57.

31. 与佐罗塔列娃的访谈，2002 年。

32. GARF, f. 6903, op. 3, 491, l. 20.

33. N. P. Kartsov, *Ia ne rasstaval'sia televideniem* (Moscow, 2000), 12—14.

34. 同上，第 15 页。

35. *My nachinaem KVN* (Moscow, 1996), 7.

36. 与德米特里耶夫的访谈，2002 年。莫斯科电视台的（第一任）领导人是 E. 莎罗爱娃。莎罗爱娃有戏剧领域的背景而没有电台或者印刷媒体的背景，并且她是一位女性，这些事实都说明早期电视的低下地位。她的继任者都是男性。

37. TsAOPIM, f. 2930, op. 1, d. 16, ll. 7—10.

38. 20 世纪 70 年代接受采访的流亡媒体专业人士认为，自我审查比苏联文学和出版管理局或者编辑—制片人的审查更重要。见 Lilita Dzirkals, Thane Gustafson, and A. Ross Johnson, *The Media and Intra-*

Elite Communication in the USSR（Santa Monica, CA, 1982），37—40。

39. RGANI, f. 5, op. 33, d. 105, ll. 53—56.

40. 同上，l. 50。关于国家广播和电视委员会与中央委员会的报告以及卡塞欧演讲的节选，见 N. S. Khrushchev, *Vospominaniia*：*Kniga vtoraia*（Moscow, 1999），810—813。

41. "Telezriteli vozmushchaiutsia spravedivo," *Sovetskoe radio i televidenie*, no. 6（1959）：26. 卡塞欧的评论可能被认为特别有害，因为他是年轻人最熟知的作家。Ann Livschiz, "De-Stalinizing Soviet Childhood," in *The Dilemmas of De-Stalinization*：*Negotiating Cultural and Social Change in the Khrushchev Era*, ed. Polly Jones（London, 2006），129—130。

42. 与科兹洛夫斯基的访谈，2002 年。

43. G. V. Kuznetsov, *Sem'professional'nykh granei zhurnalista TV*（Moscow, 2001），53。

44. V. Sappak, *Televidenie i my*（Moscow, 1962），66。

45. 同上，第 98 页。

46. 同上，第 58 页。

47. 同上，第 117—122 页。

48. 同上，第 60 页。

49. 同上，第 123 页。

50. 同上，第 61 页。

51. 同上，第 57 页。

52. 同上，第 45 页。

53. Iurovskii, "Pogliadim na ekran," 126. 四十多年以后，尤洛夫斯基仍然宣扬"直播节目是电视被发明的意义所在"。与 A. 尤洛夫斯基的访谈，2001 年 12 月（国家电视广播基金口述历史项目）。

54. GARF, f. 6903, op. 1, d. 500, l. 9.

55. E. V. Gal'perina et al., eds., *KVN? KVV... KVN!* (Moscow, 1966), 9.

56. 与 R. 波列特斯基的访谈，2002 年（国家电视广播基金口述历史项目）。

57. 当地电视台报道了这次青年节的准备工作。RGASPI-m, f. 3, op. 15, d. 257, ll. 49—70.

58. S. Muratov and G. Fere, *Liudi, kotorye vkhodiat bez stuka* (Moscow, 1971), 3.

59. Fere, *Tovarishch TV*, 31.

60. Iraklii Andronikov and Manna Andronikova, "Zametki o televidenii," *IK*, no. 2 (1963): 98.

61. M. Romm, "Pogliadim na dorogu," *IK*, no. 11 (1959): 128.

62. "Svetiat golubye ekrany," *Ulianovskaia pravda*, 14 December 1961, in GARF, f. 6903, op. 3, d. 175, l. 36.

63. 主持人在 1959 年之前尤为重要，当时印刷媒体第一次开始发布电视节目表。女主持人在欧洲和北美的早期电视阶段也普遍存在。

64. 关于观众—主持人关系的电影描述，见尼基塔·米亥可夫 1978 年的电影《五个夜晚》。

65. GARF, F. 6903, op. 1, d. 500, ll. 9—10.

66. "Ob izcheznuvshei oblozhke iz anonimnykh dktorakh," *Sovetskaia Tatariia*, 23 Decmber 1961 in GARF, f. 6903, op. 3, d. 175, l. 42.

67. 播音员瓦伦蒂娜·莱昂特爱娃在《爱的告白》（莫斯科，1980 年）中描述了她的信件。

68. Romm,"Pogliadim na dorogu,"128.

69. Sappak,*Televidenie i my*,50.

70. 同上,第53页。

71. E. Kabalkina,"Diktor Valia",*Ogonek*,no. 8(1966):13.

72. Razzakov,*Zvezdy televideniia*,15.

73. N. Zimchenko,"Diktor televideniia," *Sovetskoe radio i televidenie*,no. 1(1959):26—27.

74. Anri Vartanov,"Bednaia Valia, a takzhe Tania, Anelia i, konechno, Bella," *IK*,no. 6(1991):27.

75. Muratov and Fere,*Liudi, kotorye vkhodiat*,1.

76. 见 D. Vertov,"We:Variant of a Manifesto," in *Kino-Eye:The Writings of Dziga Vertov*, ed. Annette Michelson(Berkeley,1984),5—9。

77. 20世纪50年代和60年代,维尔托夫术语"活生生的现实"(zhivaia realnost)比"不经意间捕捉的生活"(zhizn', zastignutaia v rasplokh)更为普遍,尽管两者都被使用。维尔托夫也向苏联的电视试验致敬,他称其为"电台—电影"。Michelson,*Kino-Eye*,49,56.

78. 这种跨越式的移动是解冻文化的一个关键机制。见 Katerina Clark,"Changing Historical Paradigms in Soviet Culture," in *Late Soviet Culture:From Perestroika to Novostroika*, ed. Thomas Lahusen and Gene Kuperman(Durham, NC,1993),298；Stephen V. Bittner,*The Many Lives of Khrushchev's Thaw:Experience and Memory in Moscow's Arbat*(Ithaca, NY,2008)。

79. GARF, f. 6903, op. 1, d. 502, ll. 1—26.

80. D. 维尔托夫在麦克雷森的《电影—眼》第49页(着重号是

笔者加上去的)。同样也考虑一些电影影像：持摄影机的人大步走向普通民众。

81. 爱森斯坦引自 Ian Christie, "Canons and Careers: The Director in Soviet Cinema," in *Stalinism and Soviet Cinema*, ed. Richard Taylor and D. W. Spring (London, 1993), 146。

82. 同上，第146页。

83. 设计 VVV 的最初想法来自穆拉托夫，他在莎波洛夫卡的"庆典杂志"节目的编辑—制片人部工作，并在莫斯科见过那个捷克节目的导演。(GGG, 或者 Gadai, gadai, gadal'shchik——Guess, Guess, You Guessers——是对那个捷克节目的俄语翻译。)穆拉托夫、安德烈·多纳托夫和米哈伊尔·雅科夫列夫为 VVV 写了一个脚本的初稿；两位著名的小品表演者阿尔伯特·阿克赛尔罗德和马克·罗佐夫斯基很快被带入这个项目。与谢尔盖·穆拉托夫的访谈，莫斯科，2002年6月；"KVN: Vzgliad cherez chetvert'veka," in *Televidenie—Vchera, segodnia, zavtra*, vyp. 7th ed. (Moscow, 1987), 84—85; Masha Topaz, "VVV, ili bochka s porokhom," *Sem'dnei*, no. 29 (1995): 38。

84. Kapustniki（小品）指的是即兴喜剧（经常是具有讽刺性的）表演。从历史的角度看，它们与世纪之交的俄罗斯演员相关，他们在业余时间为彼此表演，而他们太穷以至于买不起肉，分享洋白菜馅饼（因此，Kapustnik 就来自洋白菜这个词）。小品同样也与革命前的大学文化相关，许多解冻时代的学生团体都认为自己有小品的传统。尽管小品有时处于政治行为的边缘，但它们以及其他业余表演形式仍然受到了政府的鼓励，作为解决年轻人娱乐问题的一个方法。见 L. P. Solntseva and M. V. Iunisov, eds., *Samodeiatel'noe khodozhestvennoe tvorchestvo v SSSR: Ocherki istorii* (St. Petersburg, 1999), 尤其是

M. V. Iunisov, "Studencheskii teatr estradnykh miniatur," 281—306。也见尤尼索夫的有趣的专著，*Mifopoetika studencheskogo smekha*（*STEM i KVN*）（Moscow，1999）。

85. Gal'perina al., *KVN*？, 9.

86. 每一位参与者所记得的细节稍有不同。（一位说是杰克·伦敦的第七卷，另一位说是第三卷；有人记得是普利姆斯汽化炉而不是汤茶壶；等等。）但对于这个节目形式的主要特征在大体上是一致的。

87. 谢尔盖·穆拉托夫的私人档案馆，莫斯科。

88. 关于体育、苏联文化以及苏联性别的理念，见 Robert Edelman, *Serious Fun*：*A History of Spectator in the USSR*（New York, 1993），and *Spartak Moscow*：*A History of the People's Team in the Workers' State*（Ithaca，2009）。

89. *Kak eto bylo*（*The Way It Was*）.ORT［苏联电视台第一频道在后苏联时代（截至1995年）的俄罗斯继任者］，1998年。

90. GARF, f. 6903, op. 1, d. 532, l. 5. 波列特斯基当时坐在第四排，回忆说"一大群""建筑工人……有点像刑满释放出来的犯人，因为当时是周六，他们都喝得醉醺醺的"。与波列特斯基的访谈，2002年。

91. Masha Topaz, "VVV," 38.

92. 对于博戈斯洛夫斯基所发生情况的叙述各有不同。一份报告称他躲在衣橱里。*My nachinaem KVN*, 9. 他记得自己与另一位主持人乘坐一辆轿车逃离了。N. Bogoslovskii, *Chto bylo i chego ne bylo i koe-chto eshche*（Moscow, 1999），277.

93. *My nachinaem KVN*, 11. 穆拉托夫回忆说，他认为这个比赛的想法太简单，因而未予考虑，他记得 GGG 的导演发出了一个关于比赛简单的警告。当这个节目正在播出时,他正在出差途中;阿克塞尔罗德和雅科夫列夫在最后一分钟批准了这次比赛,加上报纸元素而使比赛难度增加。但博戈斯洛夫斯基却忘记提及最后这个因素。"KVN: Vzgliad cherez chetvert'veka," 86.

94. *My nachinaem KVN*, 9.

95. GARF, f. 6903, op. 1, d. 532, l. 15.

96. 同上,l. 8。

97. 同上,l. 26。

98. "'Veselye voprosy's pechal'nym otvetom," 1955年发表在《七天》上。来自谢尔盖·穆拉托夫的私人档案馆。

99. GARF, f. 6903, op. 1, d. 532, l. 2(着重号是笔者加上去的)。

100. 穆拉托夫被要求辞职,他顺从地辞职了。他继续以自由撰稿人的身份为苏联电视台工作,但他活动的重点转向了电视评论和学术。

101. 根据当时的行为准则,在工作之外穿工服是没有教养的。见 Olga Vainshtein, "Female Fashion, Soviet Style: Bodies of Ideology," in *Russian-Women-Culture*, ed. H. Goscilo and B. Holmgren (Bloomington, IN, 1996), 66—67. 鉴于苏联媒体文化的特质(它的塑造模范的作用),广播一种违反这个工作/非工作界线的行为使它变得更加违规。

102. "'Veselye voprosy's pechal'nym otvetom."中央委员会的评论部分地受到了观众中有外国记者这一事实的刺激。穆拉托夫和他的同事们都确认当天VVV丑闻被《纽约时报》以及其他西方媒体机构报道了。与穆拉托夫的访谈,2002年6月。我在纽约的报纸上没有发现任何报道。美国国家广播公司驻莫斯科记者的确后来在一本书中叙述了这一丑闻,但不清楚他是否参加了这次电视广播节目。Irving

R. Levine, *Main Street*, *USSR*: *Selections from the Original Edition* (New York, 1960), 68.

103. Topaz, "VVV."

104. *Ocherki po istorii rossiiskogo televideniia*, 78—80.

105. 国务院情报报告, "The Soviet Union in 1957: A Review of Internal Developments," February 1958, 14。

106. 笔者不认为解释的动力是苏联电视所特有的。电视研究领域关于如何设计和包装电视作品，以及这种设计和包装主要在英语国家的结果如何，已经产生了大量的论著。

107. Rozov, *Shabolovka*, 206.

108. KVN—49 电视机是以它的三位设计者的名字（V. K. Kenigson, N. M. Varshavskii, and I. A. Nikolaevskii）及其投放市场的年份命名的。关于苏联电视技术的历史，见 V. A. Urvalov, *Ocherki istorii televideniia* (Moscow, 1990)。

109. *My nachinaem KVN*, 15.

110. 在最著名的参赛者和节目爱好者中继续舞台事业的人包括戈纳迪伊·科哈扎诺夫、莱奥尼德·雅库波维奇以及米哈伊尔·季瓦奈特斯基。关于科哈扎诺夫和季瓦奈特斯基，见 Richard Stites, *Russian Popular Culture* (New York, 1992), 184; 167—168。关于 KVN 各参赛队伍受欢迎的程度，见 Petr Vail' and Aleksandr Genis, *60—e: Mir sovetskogo cheloveka* (Moscow, 1996), 151; 与尤里伊·马卡洛夫的访谈（奥德萨队前队长），纽约，2002 年 5 月。KVN 已经成为一种国际现象，在许多苏联加盟共和国以及美国、以色列、德国和其他国家都有俱乐部和竞赛。关于如今的 KVN 国际联合会的信息，见官方网站 http：//www.amik.ru。

111. 与 M. E. 科拉欣安斯卡亚（前 KVN 编导）的访谈，莫斯科，2002 年 7 月。

112. 关于比赛的描述，见 V. Grigor'ev, "Televizionnaia mechtaniia," *Teatr*, no. 5 (1963): 121—128; "KVN: Vkhod tol'ko telezriteliam," *Sovetskoe radio i televidenie*, no. 2 (1968): 15—17; "KVN. Vozvrasheniia k shazke" in *TV-publitsist: Sbornik tsenariev*, ed. E. V Gal'perina (Moscow, 1971), 110—163; "KVN: Vzgliad cherez chetvert'veka;" *Ocherki po istorii rossiskogo televideniia*, 106—109。

113. 苏联电视持续执行此项功能的技术能力充其量是值得怀疑的。见 "Igorki-starozhily ne liiubiat segodnisashnii KVN," *Komsomol'skaia pravda*, 11 October 1999。

114. 与科拉欣安斯卡亚的访谈，2002 年 7 月。KVN 在电视台的第二频道播放了将近一年的时间，因为它被认为太容易出问题。

115. A. Aksel'rod, S. Muratov, and M. Iakovlev, *Klub veselykh i nakhodchivykh* (Moscow, 1965), 3.

116. 同上。也见 E. V. Gal'perina and B. I. Sergeeva, eds., *KVN otvechaet na pis'ma* (Moscow, 1967)。

117. GARF, f. 6903, op. 1, d. 777, ll. 56—57. 主持人的形象同样重要：KVN 被命令撤掉了它的第一位女主持人，因为她在一部剧里扮演了妓女的角色。*My nachinaem KVN*, 15.

118. V. Nemtsov, "Neskol'ko vecherov u televizora," *Sovetskaia kul'tura*, 18 August 1965, 2.

119. Grigor'ev, "Televizionnaia mechtaniia," 123.

120. RGALI, f. 2936, op. 3. d. 106, l. 7.

121. E. Gal'perina, "Ispoved' redaktora," in Rozov, *Shabolovka*, 218.

注 释

122. 那些显示超凡的"公民才智"同时表明他们"不仅将 KVN 视为一场游戏,也视为一种斗争手段"的队伍,能从评委那里赢得额外的分数。"*KVN*: Vzgliad cherez chetvert' veka," 90.

123. Rozov, *Shabolovka*, 218.

124. E. V. Gal'perina, "V gramm dobycha, v god trudy", in *Iskusstvo golubogo ekrana*, ed. G. Mikhailova (Moscow, 1967), 109.

125. M. E. 科拉欣安斯卡亚在我于 2002 年 7 月对她进行的访谈中明确指出了这一点。

126. "*KVN*: Vzgliad cherez chetvert' veka," 89.

127. 见 M. V. Iunisov, *Mifopoetika*; L. Brusilov'skaia, *Kul'tura povsednevnosti v epokhu 'ottepeli': Metamorfozy stiliia* (Moscow, 2001), 141—146; Vail' and Genis, *60—e*, 151.

128. 这个名声由于穆拉托夫和其他人经常提到的一个事实而被美化,那就是当节目的最初设计确定时弗拉基米尔·维索茨基是在场的。(他是雅科夫列夫所在公寓的邻居,很喜欢去旁听。)尽管维索茨基更是一个 20 世纪 70 年代而非 20 世纪 60 年代的人物,并且不是一位持异见者,他与许多解冻时期的比喻词语——讲真话、真诚、青春大胆等相关。

129. 根据曾经采访过几位前 KVN 参赛者的研究者贝拉·奥斯特罗默克霍娃所说,这个节目的主旨在 20 世纪 60 年代中期前后从智力转向充满政治嘲讽。奥斯特罗默克霍娃认为,参赛者意识到了一部分观众想看到对政权进行批评的愿望。Bella Ostromoukhova, "KVN-molodezhnaia kul'tura shestidesiatykh?" *Neprikosknovennyi zapas*, no. 36 (2004): 34—39.

130. 见与 KVN 的主持人之一亚历山大·马斯利亚科夫的访谈,

http：//www.facts.Kiev.ua/Jun2001/0806/09.htm。

131. "*KVN*：Vzgliad cherez chetvert' veka," 90—97; *My nachinaem KVN*, 15—20; 与马卡洛夫的访谈, 2002 年 5 月。马卡洛夫谈道, 他和奥德萨队的成员伙伴们在 20 世纪 60 年代末为来自里加、明斯克和巴库的参赛队担任教练, 尽管他们是有酬劳的, 但他们的动力不是金钱方面的：他们希望在评委们有些偏袒莫斯科队时, 能帮助省级队伍获胜。

132. F. Kasilov, "KVN：Sem' funtov pod kilem", *Molodezh' Azerbaidzhana*, 18 June 1968.

133. 见, 比如, G. Kuznetsov, "Kogda Otgremeli Batalii," *Sovetskaia kul'tura*, 9 July 1966, 3; A. Akel'rod, "Klub? Weselykh? Nakhodchivykh?" *Literaturnaia gazeta*, 25 February 1970。《纽约时报》报道了 1970—1971 年赛季观众的失望。"机智问答综艺节目回归苏联电视",《纽约时报》, 1970 年 10 月 29 日。

134. 与马卡洛夫的访谈, 2002 年 5 月; *My nachinaem KVN*; "*KVN*：vzgliad cherez chetvert'vek"。前主持人斯韦特兰娜·季尔特索瓦说, 节目取消的正式原因是奥德萨队违反了长发和胡须的禁令; 真正的原因是节目"太有争议性并且太过自由"。Aleksandr Mel'man, "Geroi vcherashnikh dnei. Svetlana Zhilt'sova：Ia ne o chem ne zhaleiu," *Moskovskii komsomolets*, 13 SEptember 1999.

135. *Pravda*, 24 November 1961.

136. Richard Tuber, "A Survey of Programming on the Central Studio of Television, USSR：January-June 1960," *Journal of Broadcasting* 4, no. 4 (Fall 1960): 315—326.

137. 关于作为政府的声音的形象的《每日播报》的固定时间播放

的重要性，见 Iurovskii, *Televidenie：Poiski i resheniia*, 117—118; Stites, *Russian Popular Culture*, 168。

138. M. Semenov, "Vakhta u ekrana," *Krokodil*, 20 April 1961, 8.

139. "Otkliki i repliki," *Krokodil*, 10 July 1961, 10.

140. *Ocherki po istorii rossiiskogo televideniia*, 101.

141. 这些节目中的大多数都迅速在地方电视台产生了模仿节目。

142. 《新闻转播》、《全景电影》、《英雄精神的故事》以及《电影之旅俱乐部》都有男主持人。《蓝色小火焰》是一个例外，因为它通常使用电视导演或者演员担任主持人。《音乐厅》由一位女性主持。

143. Leonid Zolotarevskii, *Tsitaty iz zhizni*, (Moscow, 1971), 7.

144. Muratov and Fere, *Liudi, kotorye vkhodiat*, 54.

145. 这个节目从电台开始播放，后转到电视播放。斯默诺夫称他收到了与这个节目相关的一百多万封来信；1965 年夏天，莫斯科邮局每天最多要处理 2,000 封来信。同上，第 62 页。许多人还附上私人文件（工作手册、军人身份证和养老金卡）希望能够证实他们的申诉。1966 年，国家广播和电视委员会设立了一个专门的 7 人小组来处理这些信件。GARF, f. 6903, op. 1, d. 967, l. 95.

146. Sergei Muratov, "Kofe i liudi", *Sovetskaia kul'tura*, 21 January 1965, in *Televidenie v poiskakh televideniia*, 43—46.

147. 引自 E. Bagirov and I. Katsev, *Televidenie XX vek* (Moscow, 1968), 125。

148. Vartanov, "Bednaia Valia," 27.

149. A. V. Grigor'eva and V. E. Zhivoderov, eds., *Izuchaem mashu auditoriiu*, (Moscow, 1971), app.

150. Koenig, "Media and Reform," 112.

151. GARF, f. 6903, op. 3, d. 320, l. 60.

152. Grigor'eva and Zhivoderov, *Izuchaem nashu auditoriiu*, 54.

153. GARF, f. 6903, op. 3, d. 208, ll. 36—38.

154. 引自 Koenig, "Media and Reform", 116—117。

155. Grigor'eva and Zhivoderov, *Izuchaem nashu auditoriiu*, 78; GARF, f. 6903, op. 3, d. 320, l. 105.

156. GARF, f.6903, op. 3, d. 329, ll. 11—13. 这是一次大规模的调查（2,245 名接受调查者），于 1966 年 1—2 月在全苏联范围内的 25 个城市采用随机样本进行。

157. B. M. Firsov, *Televidenie glazami sotsiologa*（Moscow, 1971），126—130.

158. Boretskii, *Televizionnaia programma*, 82—83.

159. GARF, f. 6903, op. 3, d. 185.

160. GARF, f. 6903, op. 3, d. 306, l. 6; V. V. Egorov, *Televidenie i zritel'*（Moscow, 1977），59.

161. 与 E. V. 贝利亚爱娃的访谈, 2000 年（国家电视广播基金口述历史项目）。

162. 斯默诺夫被中央委员会召见，与国家广播和电视委员会、军队、部长委员会出版会议、作家协会以及《真理报》的代表们一起讨论这个节目。RGANI, f. 5, op. 55, d. 78, ll. 79—84.

163. GARF, f. 6903, op. 1, d. 886, ll, 5—34; RGANI, f. 5, op. 33, d. 239, ll. 13—70; 与 B. M. 菲尔索夫和 R. D. 科派洛瓦的访谈，圣彼得堡，2002 年 6 月。

164. G. V. Kuznetsov, "Zapiski lishnego cheloveka," in *Televizionnaia mozaika*, ed. Ia. N. Zasurskii（Moscow, 1997），38.

165. *Pravda*, 5 July 1975.

166. Egorov, *Televidenie i zritel'*, 60.

167. Iurovskii, *Televidenie：Poiski i reshenie*, 48.

168. E. Ia. Dugin, "Tipologiia programm mestnogo televideniia" (avtoreferat, Moscow State University, 1977).

169. 关于20世纪70年代电视电影的繁荣，见 Elena Prokhorova, "Fragmented Mythologies：Soviet TV Mini-Series of the 1970s" (PhD diss., University of Pittsburgh, 2003)。

170. *Ocherki po istorii rossiiskogo televideniia*, 154—170；Sergei Muratov, "The Structure of Broadcasting Authority," *Journal of Communication* 41, no. 2 (Spring 1991)：172—184；B. Firsov, "Televidenie i my：K istorii nashikh otnoshenii," in *Televidenie—Vchera, segodnia, zavtra*, vol. 9 (Moscow, 1989).

171. Firsov, "Televidenie i my," 11.

172. "Legenda teleradiozhurnalistiki, laureate TEFI Iurii Fokin：'Mne peredali pros'bu glavy pravitel'stva "uspokoit" narod,'" *Vek*, 31 August 2001.

173. *Ocherki po istorii rossiiskogo televideniia*, 72.

174. "Mnogie khoteli skorrektirovat'," *Nezavismaia gazeta*, 15 October 2004.

175. 见，比如，T. Elmanovich, *Obraz fakta：Ot publististiki k fil'mu na Estonskom televidenii* (Moscow, 1975)。

176. 有几个人向我表达了这种观点，包括一个在两个节目中都起到关键作用的人。与 M. Kh. 戈尔贝肯的访谈，莫斯科，2002年7月。

177. Reino Paasilinna, "Glasnost and Soviet Television" (YLE—

Finnish Broadcasting Co. , researching report May 1995), 128.

178. Fedor Razzakov, *Dos'e na zvezd*: *Tainy televideniia*（Moscow, 2000), 48; *Ocherki po istorii rossiiakogo televideniia*, 139.

179. Anri Vartanov, "Eto sladkoe slovo 'menedzhment,'" *Trud*, 14 July 2005, 19.

后记

1. 《20世纪的海盗》吸引了8,670万观众。

2. Julian Graffy, "Cinema," in *Russian Cultural Studies*, ed. Catriona Kelly and David Shepherd（Oxford, 1998), 185.

3. 《新闻周刊》的记者宣称，"好莱坞将荣誉颁给它最爱的——它自己的方程式"。引自 Anna Lawton, ed., *The Red Screen*: *Politics, Society, and Art in Soviet Cinema*（New York, 1992), 222。

4. 发表在《苏维埃俄罗斯报》上的关于这部电影的首批评论之一是至关重要的，标题是"灰姑娘主题变奏曲"。Neya Zorkaya, *Illustrated History of Soviet Cinema*（New York, 1989), 299.

5. 缅绍夫引自 George Faraday, *Revolt of the Filmmakers*（University Park, PA, 2000), 108。

6. 缅绍夫引自 Richard Stites, *Russian Popular Culture*: *Entertainment and Society*（New York, 1992), 173。

7. 缅绍夫引自 Lawton, *The Red Screen*, 240。

8. 缅绍夫引自 Faraday, *Revolt of the Filmmakers*, 108。

9. 见 John Dunlop, "Russian Nationalist Themes in Soviet Film of the 1970s," in Lawton, *The Red Screen*, 231—248。对《莫斯科》中性别动态的苏联特征也形成了争论，《莫斯科》是20世纪70年代一系列关

于不幸福的职业女性（zhen'skie fil'my——女性电影）的影片中的一部。卡捷琳娜找到一位"真正的男人"的问题，她的没有男人的生活的可怕的孤独与隐含着的无意义，以及她在家庭顺从中最终找到的快乐，这些都是女性电影的常见主题。弗朗索瓦·纳维尔认为，这类电影的受欢迎部分缘于它们与苏联社会中的实际问题的共鸣，其标志是高离婚率、男性酗酒以及女性普遍面临的沉重的工作和家庭双重负担。见 Françoise Navailh, "The Image of Women in Contemporary Soviet Cinema," in Lawton, *The Red Screen*, 211—230。

10. 卡捷琳娜拥有不是一台而是两台电视机，但我们从未见她看过电视。它们作为现代舒适的象征而出现，但在她繁忙的生活中并不占据重要位置。

部分参考文献

媒体文化在苏联研究中占有一种异常地位。所有领域的学者都使用媒体资源——出版以及在较小程度上的电影——而且大众文化在向苏联人民展现其政权的目标方面的重要性是被普遍认可的。然而，我们对作为媒体的媒体的研究却很少。报纸和电影再次构成了这个规律的一个例外，但却是一个非常片面的例外：对于后二战时期的研究数量，我们仍然可以用一只手便数完。关于这一盲点的原因是多重而复杂的。许多苏联学者（在他们的日常工作中，如果不是闲暇时间）都有自己高雅文化的偏见。意识形态竞争的动态导致了铁幕内外的人都对非官方的、受到抑制的文化活动以及西方文化的渗透产生了异常的依恋。最终，任何一个想成为媒体历史学家的人都面临一个原始资料问题。

媒体历史的原始资料问题部分是一个纯粹的数量问题，而这并不是苏联领域独有的问题。苏联电视投入使用可能相对较晚，但仍然有大量节目等待未来研究者的研究。电台资料没有得到较好保存，但苏联档案库确实保存着电台、电视和电影的脚本和密集的机构记录。这些档案资料当然是一个非常混合性的资料包（过去的几十年里广播资料的丰富程度总体在减少，电影资料总体上比广播资料好很多）。关于笔者对电视的研究，最初采用了口述历史资料以缓解一些档案资料的枯燥性，却出乎意料地进入了苏联电视的热情支持者们的世界。如果在电影和电台方面笔者没有这么做，那只是因为出版物和档案资料相对丰富（也许是因为笔者忙于与热情支持者们交谈，他们在40年以后仍然充满热情）。换言之，与苏联媒体界许多制作人和消费者进行的口述历史访谈是一个有待历史学家研究的丰富资源。

以下是本项目所使用资料的部分列表，希望有助于鼓励未来的研究。

档案资料

MOSCOW, RUSSIA

Gosudarstvennyi arkhiv Rossiiskoi Federatsii (GARF)

 Fond 6903: Gosteleradio SSSR

 Fond 9401: Osobaia papka N. S. Khrushcheva

 Fond 9425: Glavlit

Rossiiskii gosudarstvennyi arkhiv literatury i ishusstva (RGALI)

 Fond 2329: Ministerstvo kul'tury SSSR

 Fond 2387: Tsentral'naia studiia dokumental'nykh fil'mov

 Fond 2453: Mosfil'm

 Fond 2456: Gosudarstvennoe aktsionernoe obshchestvo po proizvodstvu i prokatu kinofil'mov RSFSR

 Fond 2918: Soveksportfil'm

 Fond 2924: Zhurnal Iunost'

 Fond 2936: Soiuz kinematografistov SSSR

 Fond 2944: Goskino SSSR

Rossiiskii gosudarstvennyi arkhiv noveishei istorii (RGANI)

Fond 5: Apparat Tsentral'nogo Koiteta KPSS

Fond 72: Ideologicheskaia komissiia pri TsK KPSS

Fond 89: Kollektsiia rassekrechennykh dokumentov

Rossiiskii gosudarstvennyi arkhiv sotsial'no-politicheskoi istorii (RGASPI)

Fond 17: Apparat Tsentral'nogo Komiteta KPSS

Rossiiskii gosudarstvennyi arkhiv sotsial'no-politicheskoi istorii-m (RGASPI-m)

(formerly Tsentr khraneniia dokumentov molodezhnykh organizatsii)

Fond 1: Apparat Tsentral' nogo Komiteta VLKSM

Fond 3: Apparat Tsentral' nogo Komiteta VLKSM

Tsentral'nyi arkhiv obshchestvenno-politicheskoi istorii Moskvy (TsAOPIM)

(formerly Tsentral'nyi arkhiv obshchestvennykh dvizhenii Moskvy, TsAODM)

Fond 4: Moskovskii gorodskoi komitet VLKSM

Fond 635: Moskovskii gorodskoi komitet VLKSM

Fond 2930: Partiinyi komitet Gosteleradio SSSR

Fond 3221: Partiinaia organizatsiia zhurnala Iunost'

Gosudarstvennyi fond televizionnykh i radioprogramm (Gosteleradiofond)

Gosteleradiofond Oral History Project

KYIV, UKRAINE

Tsentral'nyi derzhavnyi arkhiv hromads'kykh ob'ednam'Ukrainy (TsDAHOU)

Fond 1: Apparat Tsentral'nogo Komiteta KP UkSSR

Fond 287: Pervichnaia partiinaia organizatsiia Respublikanskoi studii televideniia

Tsentral'nyi derzhavnyi arkhiv vishchikh organiv vladi ta upravlinnia Ukrainy

（TsDAVO）

 Fond 4667：Kiivs'ka studiia televideniia

 Fond 4915：Gosteleradio UkSSR

BUDAPEST，HUNGARY

开放社会档案馆（Open Society Archive，OSA）

 Fond 300：Record of Radio Free Europe/Radio Liberty Research Institute

访谈

莫斯科，俄罗斯

 V. S. Akopov，2002 年 7 月

 A. I. Gagarkin，2002 年 7 月

 M. Kh. Giul'bekan，2002 年 7 月

 M. E. Krasn'ianskaia，2002 年 7 月

 B. M. Livertovskii，2002 年 6—7 月

 N. N. Mesiatsev，2002 年 7 月

 S. A. Muratov，2002 年 6 月

 A. I. Vystorobets，2002 年 7 月

 A. V. Zemnova，2002 年 6 月

 Iu. L. Zerchaninov，2002 年 7 月

圣彼得堡，俄罗斯

 I. A. Artiushkova，2002 年 6 月

 B. M. Firsov，2002 年 6 月

 R. D. Kopylova，2002 年 6 月

 E. A. Shumakova，2002 年 6 月

美国

莫斯科的黄金时代

V. A. Ivanov, 2002 年 6 月（通过电话）

Sergei Khrushchev, 2007 年 6 月

Iurii Makarov, 2002 年 5 月

Miron Reidel', 2002 年 5 月

Daniel Schorr, 2006 年 6 月（通过电话）

M. S. Sulkin, 2002 年 6 月（通过电话）

网站

http://www.nashekino.ru

http://www.radiojamming.info

http://russiancinema.ru

http://www.tvmuseum.ru

已经出版的作品

Afanas'eva, E. S., and V. Iu Afiani, eds. Apparat TsK KPSS i kul'ture 1953—1957: Dokumenty. Moscow: Rosspen, 2001.

——, eds. *Ideologicheskie komissii TsK KPSS 1958—1964: Dokumenty.* Moscow: Rosspen, 1998

Aksyonov, Vassily. *In Search of Melancholy Baby.* Translated by Micheal Henry Heim and Antonina W. Bouis. New York: Random House, 1987.

Aktery sovetskogo kino. Moscow: Iskusstvo, 1964.

Aleksandrov, G. V. *Epokha i kino.* Moscow: Izd. Politicheskoi literatury, 1976.

Arkus, L., ed. *Noveishaia istoriia otechestvennogo kino. 1986—2000, Kino i kontekts.* St. Petersburg: Seans, 2004.

Attwood, Lynne, and M. I. Turovskaia. *Red Women on the Silver Screen: Soviet Women and Cinema from the Beginning to the End of the Communist Era.* London: Pandora, 1993.

Aucoin, Amanda Wood. "Deconstructing the American Way of Life: Soviet Responses to Cultural Exchange and American Information Activity during the Khrushchev Era." PhD diss., University of Arkansas, 2001.

Babochkin, Boris, N. Babochkina, and L. Parfenov, *Boris Babochkin—vospominaniia, dnevniki, pis'ma.* Moscow: Materik, 1996.

Bagirov, E. G., and I. G. Katsev. *Televidenie, XX vek. Politika. Iskusstvo. Moral'.* Moscow: Iskusstvo, 1968.

Barker, Adele Marie, ed. *Consuming Russia: Popular Culture, Sex and Society since Gorbachev.* Durham: Duke University Press, 1999.

Beliaev, I. K. *Osobennosti natsional'nogo televideniia.* Moscow: Institut povysheniia kvalifikatsii rabotnikov televideniia i radioveshchaniia, 2000.

Bittner, Stephen. *The Many Lives of Khrushchev's Thaw: Experience and Memory in Moscow's Arbat.* Ithaca: Cornell University Press, 2008.

Bogomolov, Iu. A. *Mezhdu mifom I iskusstvom.* Moscow: Gosudarstvennyi institute iskusstvoznaniia, 1999.

Boretskii, R. A. *Televizionnaia programma.* Moscow, 1967

Boretskii, R. A., and G. V. Kuznetsov, *Zhurnalist TV: Za kadrom i v kadre.* Moscow, 1990

Brandenberger, David. *National Bolshevism: Stalinist Mass Culture and the Formation of Modern Russian National Identity, 1931—1956.* Cambridge, MA: Harvard University Press, 2002

Brooks, Jeffrey. *Thank You, Comrade Stalin! Soviet Public Culture from*

Revolution to Cold War. Princeton University Press, 2000.

Brudny, Yitzhak M. *Reinventing Russia: Russian Nationalism and the Soviet State, 1953—1991*. Cambridge, MA: Harvard University Press, 1998.

Brusilovskaia, L. V. *Kul'tura povsednevnosti v epokhu ' ottepeli' : Metamorforzy stiliia*. Moscow: URAO, 2001.

Buck-Morss, Susan. *Dreamworld and Catastrophe: The Passing of Mass Utopia in East and West*. Cambridge, MA: MIT Press, 2000.

Caute, David. *The Dancer Defects: The Struggle for Cultural Supremacy during the Cold War*. Oxford: Oxford University Press, 2003.

Cherednichenko, Tat'iana. *Mezhdu " Brezhnevym" i " Pugachevoi. " Tipologiia sovetskoi massovoi kul'tury*. Moscow: RIK "Kul'tura," 1994.

Cherniakov, A. A. *Problemy televideniia*. Moscow: Iskusstvo, 1976.

Chertok, S. *Tashkentskii festival'*. Taskhent: Izd. Literatury i iskusstva im. G. Guliama, 1975.

Chukhrai, Grigorii Naumovich. *Moe kino*. Moscow: Algoritm, 2002.

Clark, Katerina. *Petersburg: Crucible of Cultural Revolution*. Cambridge, MA: Harvard University Press, 1995.

——. *The Soviet Novel: History as Ritual*. 3rd ed. Bloomington: Indiana University Press, 2000.

Clark, Katerina, and Evgeny Dobrenko, eds. *Soviet Culture and Power: A History in Documents, 1917—1953*. New Haven: Yale University Press, 2007.

Cohen, Louis Harris. *The Cultural-Political Traditions and Developments of the Soviet Cinema, 1917—1972*. New York: Arno Press, 1974.

Condee, Nancy, ed. *Soviet Hieroglyphics: Visual Culture in Late Twenti-*

eth-Century Russia. Bloomington: Indiana University Press, 1995.

Crowley, David, and Susan E. Reid, eds. *Socialist Space: Sites of Everyday Life in the Eastern Bloc.* Oxford: Berg, 2002.

Dizard, Wilson P. *Television: A World View.* Syracuse: Syracuse University Press, 1966.

Dmitriev, L. A. *Ballada o chetvertoi programme TsT.* Moscow: Inititut povysheniia kvalifikatsii rabotnikov televideniia i radioveshchaniia, 2000.

Dobrenko, Evgeny. *The Making of the State Reader: Social and Aesthetic Contexts of the Reception of Soviet Literature.* Stanford: Stanford University Press, 1997.

——. *The Making of the State Reader: Social and Aesthetic Contexts of the Reception of Soviet Literature.* Palo Alto: Stanford University Press, 2002.

Dolynina, B. P., ed. *Trudy Vsesoiuznogo nauchno-issledovatel'skogo kinofotoinstituta.* Vol. 66, *Sotsiologicheskie issledovannia kinematografa.* Moscow: Goskino SSSR, 1973.

Dondurei, D. B., ed. *Otechestvennyi kinematograf: Strategiia vyzhivaniia: nauchnyi doklad.* Moscow: NIIK, 1991.

Dugin, Ia. A. *Mestnoe televidenie: Tipologiia, faktory i usloviia formirovaniia program.* Moscow: Izd. Moskovskogo universiteta, 1986.

Dunham, Vera Sandomirsky. *In Stalin's Time: Middleclass Values in Soviet Fiction.* Enlarged and updated ed. Durham, NC: Duke University Press, 1990.

Dzirkals, Lilita, Thane Gustafson, and A. Ross Johnson. *The Media and Intra-Elite Communication in the USSR.* Santa Monica, CA: Rand, 1982.

Eggeling, Wolfram. *Politika i kul'tura pri Khrushcheve i Brezhneve, 1953—1970 gg*. Moscow: Airo-XX, 1999.

Egorov, V. V. *Televidenie i zritel'*. Moscow: Mysl', 1977.

——. *Televidenie: Teoriia i praktika*. Moscow: MNEPU, 1993.

——. *Teoriia i praktika sovetskogo televideniia*. Moscow: Vysshaia shkola, 1980.

Eisenschitz, Bernard. *Lignes d'ombre: Une autre histoire du cinéma soviétique: 1926—1968*. Milan: Mazzotta, 2000.

Eisenstein, Sergei, and Richard Taylor. *The Eisenstein Reader*. London: Bristish Film Institue, 1998.

Ekran. Moscow: Iskusstvo, 1964—1970.

Elmanovich, T. *Obraz fakta: Ot publististiki k fil'mu na Estonskom televidenii*. Moscow: Iskusstvo, 1975.

Ezhegodnik kino. Moscow: Iskusstvo, 1955—1963.

Faraday, George. *Revolt of the Filmmakers: The Struggle for Artistic Autonomy and the Fall of the Soviet Film Industry*. University Park: Pennsylvania State University Press, 2000.

Feigelson, Kristian, *L'URSS et sa télévision*. Paris: Institut national de l'audiovisuel: Champ Vallon, 1990.

Fere, Georgi I. *Tovarishch TV*. Moscow: Molodaia gvardiia, 1974.

Firsov, B. M. *Istoriia sovetskoi sotsiologii 1950—1980—x godov*. St. Petersburg: Izd. Evrop. univ. v Sankt-Peterburge, 2001.

——. *Massovaia kommunikatsiia v usloviiakh nauchno-tekhnicheskoi revoliutsii*. Leningrad: Nauka, 1981.

——. *Puti razvitiia sredstv massovoi kommunikatsii*. Leningrad: Nauka, 1977.

——. *Sviaz' vremen.* St. Petersburg: Evropeiskii dom, 1997.

——. *Televidenie glazami sotsiologa.* Moscow: Iskusstvo, 1971.

Fitzpatrick, Sheila. *The Cultural Front: Power and Culture in Revolutionary Russia.* Ithaca: Cornell University Press, 1992.

Fomin, V. *Kinematograf ottepeli: Dokumenty i svidetel'stva.* Moscow: Materik, 1998.

——. *Kino i vlast': Sovetskoe kino, 1965—1985 gody: Dokumenty, svidetel'stva, razmyshleniia.* Moscow: Materik, 1996.

——. *Kino na voine: Dokumenty i svidetel'stva.* Moscow: Materik, 2005.

——. *Polka: Dokumenty, svidetel'stva, kommentarii.* Moscow: NIIK, 1992.

Freilikh, Semen. *Besedy o sovetskom kino.* Moscow: Proveshchenie, 1985.

Galochkina, G., ed. *Televidenie priglashaet detei.* Moscow, 1976.

Gal'perina, E. V. *TV-publitsist. Sbornik stsenariev.* Moscow: Iskusstvo, 1971.

Gal'perina, E. V., et al., eds. *KVN? KVN... KVN!* Moscow: Gosteleradio NMO, 1966.

Gal'perina, E. V., and B. I. Sergeeva, eds. *KVN otvechaet na pis'ma.* Moscow: Iskusstvo, 1967.

Ganley, Gladys D. *Unglued Empire: The Soviet Experience with Communications Technologies.* Norwood, NJ: Ablex Publishing, 1996.

Garrard, John, and Carol Garrard. *Inside the Soviet Writers' Union.* New York: Free Press, 1990.

Germanova, I. G., and N. B. Kuz'mina, eds. *Moi rezhisser Romm.* Moscow: Iskusstvo, 1993.

Gessen, Masha. *Dead Again: The Russian Intelligentsia after Communism.*

London: Verso, 1997.

Gleizer, M. S. *Radio i televidenie v SSSR: 1917—1963: Daty i fakty.* Moscow: Gosteleradio NMO, 1965.

Gleizer, M. S., and N. S. Potapov, eds. *Radio v dni voiny: Sbornik statei.* Moscow: Iskusstvo, 1975.

Goldovskaia, M. E. *Chelovek krupnym planom: Zametki telezhurnalista.* Moscow: Iskusstvo, 1980.

Golovskoi, Valerii. *Mezhdu ottepel'iu i glasnost: Kinematograf 70—x.* Moscow, 2004.

Golovskoy, Valery S., and John Rimberg. *Behind the Soviet Screen: The Motion-Picture Industry in the USSR, 1972—1982.* Ann Arbor: Ardis, 1986.

Goriaeva, T. M. *Politicheskaia tsenzura v SSSR.* Moscow: Rosspen, 2000.

———. *Radio Rossii: Politicheskii kontrol'sovetskogo radioveshchaniia v 1920—1930—kh godakh: Dokumentirovannaia istoriia.* Moscow: Rosspen, 2000.

Goriaeva, T. M., and Z. K. Vodopianova. *Istoriia sovetskoi politicheskoi tsenzury: Dokumenty i kommentarii.* Moscow: Rosspen, 1997.

Gorsuch, Anne E. *Youth in Revolutionary Russia: Enthusiasts, Bohemians, Delinquents.* Bloomington: Indiana University Press, 2000.

Grigor'eva, A. V., and V. E. Zhvoderov, eds. *Izuchaem nashu auditoriiu.* Moscow: Gosteleradio NMO, 1971.

Grushin, Boris Andreevich. *Chetyre zhizni Rossii v zerkale oprosov obshchestvennogo mnenia: Ocherk massovogo soznanii rossiian vremen Khrushcheva, Brezhneva, Gorbacheva, i El'tsina v 4—kh knigakh.* Moscow: Progress-Traditsiia, 2001.

Gurchenko, Liudmila. *Aplodismenty*. Moscow: Tsentrpoligraf, 1994.

Hixson, Walter L. *Parting the Curtain: Propaganda, Culture, and the Cold War, 1945—1961*. New York: St. Martin's, 1997.

Hoberman, J. *The Red Atlantis: Communist Culture in the Absence of Communism*. Philadelphia: Temple University Press, 1998.

Hollander, Gayle Durham. *Soviet Political Indoctrination: Developments in Mass Media and Propaganda since Stalin*. New York: Praeger, 1972.

Hopkins, Mark W. *Mass Media in the Soviet Union*. New York: Pegasus, 1970.

Horton, Andrew, and Michael Brashinsky. *The Zero Hour: Glasnost and Soviet Cinema in Transition*. Princeton: Princeton University Press, 1992.

Iakovlev, A. N. *Omut pamiati*. Moscow: Vagrius, 2000.

Inkeles, Alex. *Public Opinion in Soviet Russia: A Study in Mass Persuasion*. Cambridge, MA: Harvard University Press, 1958.

Inkeles, Alex, and Raymond Augustine Bauer. *The Soviet Citizen: Daily Life in a Totalitarian Society*. Cambridge: Harvard University Press, 1959.

Iukhtin, Gennadii. *Vokrug da okolo kino: Zabavnyi kinoskop*. Moscow: Knizhnyi magazin "Moskva", 1997.

Iunisov, M. V. *Mifopoetika studencheskogo smekha (STEM i KVN)*. St. Petersburg: Gosudarstvennyi institut iskusstvoznaniia, 1999.

Iurenev, Rostislav Nikolaevich. *Kratkaia istoriia sovetskogo kino*. Moscow: BPSK, 1979.

Iurovskii, A. *Istoriia sovetskoi televizionnoi zhurnalistiki*. Moscow, 1982.

——. *Televidenie: Poiski i resheniia: Ocherki istorii i teorii sovetskoi telezhurnalistiki*. 2nd ed. Moscow: Iskusstvo, 1983.

Ivanova, V. *V zhizni i v kino: Iz bloknota zhurnalista*. Moscow: Iskusstvo, 1988.

Jelagin, Juri. *The Taming of the Arts*. Translated by Nicholas Wreden. New York: Dutton, 1951.

Johnson, Priscilla. *Khrushchev and the Arts: The Politics of Soviet Culture, 1962—1964*. Cambridge, MA: MIT Press, 1965.

Jones, Polly, ed. *The Dilemmas of De-Stalinization: Negotiating Cultural and Scoial Change in the Khrushchev Era*. London: Routledge, 2006.

Kalantar, K., and E. Manukian, eds. *Armeniia kinematograficheskaia, 1963—1971*. Yerevan: Ekran, 1971.

Kalistratov, Iu. A. *Ekonomika proizvodstva i obrashcheniia kinofil'mov v SSSR*. Moscow: Iskusstvo, 1958.

Kapralov, G. A., ed. *Mify i real'nost'. Zarubezhnoe kino segodnia*. Moscow: Iskusstvo, 1974.

Kartseva, E. *Sdelano v Gollivude*. Moscow: Iskusstvo, 1964

Kartsov, N. P. *Ia ne rasstavalsia s televideniem*. Moscow: Institut povysheniia kvalifikatsii rabotnikov televideniia i radioveshchaniia, 2000.

Kazakov, G. A., A. I. Melnikov, and A. I. Vorobev. *Ocherki istorii sovetskogo radioveshchaniia i televideniia*. Moscow: Mysl', 1972.

Kelly, Catriona. *Refining Russia: Advice Literature, Polite Culture, and Gender from Catherine to Yeltsin*. Oxford: Oxford University Press, 2001.

Kelly, Catriona, and David Shepherd, eds. *Russian Cultural Studies: An Introduction*. Oxford: Oxford University Press, 1998.

Kenez, Peter. *The Birth of the Propaganda State: Soviet Methods of Mass Mobilization, 1917—1929*. Cambridge: Cambridge University Press, 1985.

――. *Cinema and Soviet Society*, *1917—1953*. Cambridge: Cambridge University Press, 1992.

Kheifits, Iosif. *Poidem v kino*! St. Petersburg: Isskustvo-SPB, 1996.

Kinematograf segodnia: *Sbornik statei*. Moscow: Isskustvo, 1971.

Klimanova, L. S. , ed. *O partiinoi i sovetskoi pechati*, *radioveshchanii i televidenii*: *Sbornik dokumentov i materialov*. Moscow: Mysl', 1972.

Koenig, Mark Charles. "Media and Reform: The Case of Youth Programming on Soviet Television (1955—1990) . " PhD diss. , Columbia University, 1995.

Kogan, Lev Naumovich. *Kino i zritel'*. Moscow: Isskustvo, 1968.

Kokarev, I. E. *Rossiiskii kinematograf*: *Mezhdu proshlym i budushchim*. Moscow: Rossiiskii fond kul'tury, 2001.

Komarovskii, V. S. "Otnoshenie k televizionnym peredacham razlichnykh grupp zritelei (opyt sotsial'nogo issledovaniia) . " In *Obshchestvennaia psikhologia i kommunisticheskaia vospitanie*. Moscow: 1967.

Kopylova, R. D. *Otkrytyi ekran*: *Televizionnaia zrelishche i dialog*. St. Petersburg, 1992.

Korobeinikov, Valerii Semenovich. *Goluboi charodei*: *Televidenie i sotsial'naia sistema*. Moscow: Molodaia gvardiia, 1975.

Kosinova, M. I. *Istoriia kinoprodiuserstva v Rossii*: *Uchebnoe posobie*. Moscow: Uzoroch'e, 2004.

Kostiukovskii, Iakov, Moris Slobodskii, and Leonid Gaidai. *Zhit' khorosho. A khorosho zhit'—eshche luchshe*. Moscow: PIK-Soglasie, 1998.

Kozintsev, Grigorii. "Chernoe, likhoe vremiia…" Moscow: Izd. "Artist. Rezhisser. Teatr," 1994.

Kozlov, Aleksei. *"Kozel na sakse" i tak vsiu zhizn'*. Moscow: Vagrius, 1998.

Kozybaev, S. S. *Auditoriia—ves' Kazakhstan*. Alma-Ata, 1984.

KPSS o sredstvakh massovoi informatsii i propagandy. 2nd ed. Moscow: Izd. Politicheskoi literatury, 1987.

Kudriavtsev, Sergei. *Svoe kino*. Moscow: Dubl'-D, 1998.

Kuliev, El'shad. *S telekameroi i mikrofonom*. Baku: 1986.

Kushnirov, Mark. *Svetlyi put', ili Charli i Spenser*. Moscow: TERRA, 1998.

Kuznetsov, G. V. *Sem' professional'nykh granei zhurnalista TV*. Moscow: Institut povysheniia kvalifikatsii rabotnikov televideniia i radioveshchaniia, 2001.

——. *TV-zhurnalist*. Moscow: Izd. Moskovskogo universiteta, 1980.

Kuznetsov, G. V., V. L. Tsvik, and A. Ia. Iurovskii. *Televizionnaia zhurnalistika*. 2nd rev. and exp. ed. Moscow: Izd. Moskovskogo universiteta, 1998.

Lahusen, Thomas. *How Life Writes the Book: Socialist Realism and Real Socialism in Stalin's Russia*. Ithaca: Cornell University Press, 1997.

Lahusen, Thomas, and E. A. Dobrenko, eds. *Socialist Realism without Shores*. Durham, NC: Duke University Press, 1993.

Lawton, Anna, ed. *The Red Screen: Politics, Society, Art in Soviet Cinema*. London: Routledge, 1992.

Lenoe, Matthew. *Closer to the Masses: Stalinist Culture, Social Revolution, and Soviet Newspapers*. Cambridge, MA: Harvard University Press, 2004.

Leonov, Evgenii. *Dnevniki, pis'ma, vospominaniia*. Moscow: Tsentroilgraf, 2000.

Leont'eva, Valentina. *Ob" iasnenie v liubvi.* 2nd ed. Moscow: Molodaia gvardiia, 1989.

Levshina, I. *Liubite li vy kino?* Moscow: Iskusstvo, 1978.

Leyda, Jay. *Kino: A History of the Russian and Soviet Film.* 3rd ed. Princeton: Princeton University Press, 1983.

Lisann, Maury. *Broadcasting to the Soviet Union: International Politics and Radio.* New York: Praeger, 1975.

Lotman, Jurij. *Semiotics of Cinema.* Translated by Mark E. Suino. Ann Arbor: University of Michigan Press, 1976.

Lovell, Stephen. *The Russian Reading Revolution: Print Culture in the Soviet and Post-Soviet Eras.* London: School of Slavonic and East European Studies, 2000.

MacFayden, David. *Red Stars: Personality and the Soviet Popular Song, 1955—1991.* Montreal: McGill-Queen's University Press, 2001.

Makarova, Inna Vladimirovna. *Blagodarenie.* Moscow: Studiia "TRITE": "Rossiiskii arkhiv," 1998.

Marchenko, T. *Radioteatr. Stranitsy istorii.* Moscow: 1970.

Mar'iamov, G. *Kremlevskii tsenzor: Stalin smotrit kino.* Moscow: Konfederatsiia soiuzov kinematografistov "Kinotsentr," 1992.

Mashchenko, G. *Kremlevskii tsenzor: Stalin smotrit kino.* Moscow: Konfederatsiia soiuzov kinematografistov "Kinotsentr," 1992.

Mashchenko, Ivan. *Telebachennia Ukraini.* Kyiv: TETRA, 2004.

Matiushchenko, T. N. et al. *Gazeta "Pravda" o sovetskom televidenii i radioveshchanii: Sbornik.* Moscow: Iskusstvo, 1972.

McMichael, Polly. "The Making of the Soviet Rock Star: Leningrad, 1972—1987" (PhD diss., Cambridge University, 2007).

Mesiatsev, N. N. *Davno perezhitoe*. Moscow: Institut povysheniia kvalifikatsii rabotnikov televideniia i radioveshchaniia, 2000.

Miasoedov, B. A. *Strana chitaet, slushaet, smotrit*. Moscow, 1982.

Mickiewicz, Ellen. *Changing Channels: Television and the Struggle for Power in Russia*. Rev. and exp. ed. Durham, NC: Duke University Press, 1999.

——. *Media and the Russian Public*. New York: Praeger, 1981.

——. *Split Signals: Television and Politics in the Soviet Union*. Oxford: Oxford University Press, 1988.

Mikhailova, G., ed. *Iskusstvo golubogo ekrana*. Moscow: Iskusstvo, 1967.

Mikhailovich, V. I. *Zritel' pered teleekranom*. Vol. 4, *Iskusstvo*. Moscow: Znanie, 1983.

Mikhalkov-Konchalovskii, A. S. *Nizkie istiny*. Moscow: Sovershenno sekretno, 1998.

——. *Vozyshaiushchii obman*. Moscow: Sovershenno sekretno, 1999.

Mitrokhim, Nikolai. *Russkaia partiia: Dvizhenie russkikh natsionalistov v SSSR 1953—1985 gody*. Moscow: NLO, 2003.

Mordiakova, Nonna. *Ne plach', kazachka!* Moscow: Olimp, 1997.

Muratov, S. A. *Nravstevennye printsipy telezhurnalistiki. Opyt eticheskogo kodeksa*. Moscow, 1994.

——. *Pristrastnaia kamera*. Moscow, 1976.

——. *TV: Evoliutsiia neterpimost*. Moscow, 2000.

——. *Televidenie v poiskakh televideniia: Khronika avtorskikh nabliudenii*. Moscow: Izd. Moskovskogo universiteta, 2001.

Muratov, S. A., and G. V. Fere. *Liudi, kotorye vkhodiat bez stuka*. Moscow: Iskusstvo, 1971.

Muzyria, A. *V efire radiostantsiia "Iunost'."* Moscow, 1979.

My nachinaem KVN. Moscow: Izdatel'skii dom "Vostok," 1996.

Nash drug—Televidenie: Mastera sovetskoi kul'tury o TV. Moscow: Iskusstvo, 1978.

Naumov, Oleg V., and Andrei Artizov, eds. *Vlast'i khudozhestvennaia intelligentsiia: Dokumenty TsK RKP (b) -VKP (b), VChK-OGPU-NKVD o kul'turnoi politike, 1917—1953 gg*. Moscow: Mezhdunarodnyi fond "Demokratiia," 1999.

Nelson, Michael. *War of the Black Heavens: The Battles of Western Broadcasting in the Cold War*. London: Brassey's, 1997.

Ocherki po istorii rossiiskogo televideniia. Moscow: Voskresen'e, 1999.

Paasilinna, Reino. "Glasnost and Soviet Television." YLE-Finnish Broadcasting Co. research report, 1995.

Paulu, Burton. *Radio and Television Broadcasting in Eastern Europe*. Minneapolis: University of Minnesota Press, 1974.

Pavlenok, Boris. *Kino: Legendy i byl': Vospominaniia, razmyshleniia*. Moscow: Galeriia, 2004.

Pechat', radioveshchanie i televidenie Tatarii, 1917—1980: Sbornik dokumentov i materialov. Kazan': Tatarskoe knizhnoe izdatel'stvo, 1981.

Petrone, Karen. *Life Has Become More Joyous, Comrades: Celebrations in the Time of Stalin*. Bloomington: Indiana University Press, 2000.

Pilkington, Hilary. *Russia's Youth and Its Culture: A Nation's Constructors and Constructed*. London: Routedge, 1994.

Pimenova, I. V. *Televizionnnaia redaktor: Sbornik statei.* Moscow: Gosteleradio NMO, 1966.

Pochta sovetskogo radio i televideniia: Metodicheskii material o rabote s pis'mami radioslushatelei i telezritelei. Moscow: Gosteleradio NMO, 1969.

Powell, David E. "The Soviet Television Audience: Viewing Patterns and Problems." Washington, DC: Office of Research, U. S. Information Agency, 1975.

Pozner, Vladimir. *Parting with Illusions.* New York: Atlantic Monthly Press, 1990.

Problemy televideniia i radio. Moscow: Iskusstvo, 1971.

Prokhorova, Elena. "Fragmented Mythologies: Soviet TV Mini-Series of the 1970s." PhD diss., University of Pittsburgh, 2003.

Prokhorov, Alexander, ed. *Springtime for Soviet Cinema: Reviewing 1960s.* Pittsburgh: Russian Film Symposium, 2001.

Puddington, Arch. *Broadcasting Freedom: The Cold War Triumph of Radio Free Europe and Radio Liberty.* Lexington: University Press of Kentucky, 2000.

Rachuk, I. A., ed. *Trudy Vsesoiuznogo nauchno-issledovatel'skogo kinofotoinstituta*, Vol. 60, *Sotsiologicheskie issledovaniia kinematografa.* Moscow: NIKFI, 1971.

Raikin, A. I. *Vospominaniia.* Moscow: Firma "Izd. AST," 1998.

Rajagopolan, Sudha. *Leave Disco Dancer Alone! Indian Cinema and Soviet Movie-Going after Stalin.* New Delhi: Yoda Press, 2008.

Rawnsley, Gary D., ed. *Cold-War Propaganda in the 1950s.* New York: St. Martin's, 1999.

Razzakov, Fedor. *Aktery vsekh pokolenii.* Moscow: EKSMO-Press, 2000.

——. *Dos'e na zvezd: Nashi liubimye fil'my.* Moscow: EKSMO-Press, 2001.

——. *Dos'e na zvezd: 1941—1961.* Moscow: EKSMO-Press, 1998.

——. *Dos'e na zvezd: 1962—1980.* Moscow: EKSMO-Press, 1998.

——. *Nashi liubimye aktrisy.* Moscow: EKSMO-Press, 2000.

——. *Seks-simvoly Rossii. 30—60—e gody.* Moscow: EKSMO-Press, 2000.

——. *Zvezdy televideniia.* Moscow: EKSMO-Press, 2000.

Reid, Susan E, and D. J. Crowley. *Style and Socialism: Modernity and Material Culture in Post-War Eastern Europe.* Oxford: Berg, 2000.

Remington, Thomas F. *The Truth of Authority: Ideology and Communication in the Soviet Union.* Pittsburgh: University of Pittsburgh Press, 1988.

Riazanov, El'dar. *Eti neser'eznye, neser'eznye fil'my.* Moscow: BPSK, 1977.

——. *Ne podvennye itogi.* Moscow: Vagrius, 2000.

Richmond, Yale. *Culture Exchange and the Cold War: Raising the Iron Curtain.* University Park: Pennsylvania State University Press, 2003.

——. *U. S. -Soviet Cultural Exchanges, 1958—1986: Who Wins?* Boulder, CO: Westview Press, 1987.

Roberts, Graham. *Forward Soviet! History and Non-fiction Film in the USSR.* New York: St. Martin's, 1999.

Rodgers, Rosemarie, "The Soviet Audience: How It Uses the Mass Media." PhD diss. , MIT, 1967.

Rodshteina, A. A. , ed. *Ekonomika kinematografii.* Moscow: Isusstvo, 1958.

Rozov, A. Iu. , ed. *Shabolovka, 53: Stranitsy istorii televideniia.* Moscow: Iskusstvo, 1988.

Ruzhnikov, V. V. *Lekstii po istorii otechestvennogo radioveshchaniia 1895—2001.* Moscow: GITR, 2002.

Ryback, Timothy W. *Rock around the Bloc: A History of Rock Music in Eastern Europe and the Soviet Union.* New York: Oxford University Press, 1990.

Sappak, Vladimir, *Televidenie i my: Chetyre besedy.* Moscow: Iskusstvo, 1963.

Sarukhanov, V. A. *Byli i skazki televideniia.* Minsk: Nauka i tekhnika, 1990.

Saunders, Frances Stonor. *The Cultural Cold War: The CIA and the World of Arts and Letters.* New York: New Press, 1999.

Sekrinskogo, S. S. , ed. *Istoriia strany, istoriia kino.* Moscow: Znak, 2004.

Shane, Scott. *Dismantling Utopia: How Information Ended the Soviet Union.* Chicago: I. R. Dee, 1994.

Sherel', Aleksandr. *Audiokul'tura XX veka.* Moscow: Progress-Traditsiia, 2004.

Sheveleva, G. A. , ed. *Pozyvnye trevog i nadezhd: "Maiak," sorok let v efire.* Moscow: Vagrius, 2004.

Shilova, I. *I moe kino: Piatidesiatye, shestidesiatye, semidesiatye.* Moscow: NIIK: Kinovedcheskie zapiski, 1993.

Shklovskii, Viktor Borisovich. *Za 60 let: Raboty o kino.* Moscow: Iskusstvo, 1985.

Shlapentokh, Dmitry, and Vladimir Shladpentokh. *Soviet Cinematography, 1918—1991: Ideological Conflict and Social Reality.* New York:

A. de Gruyter, 1993.

Shumiatskii, Boris Zakharovich. *Kinematografiia millionov.* Moscow: Kinofotoizdat, 1936.

Siefert, Masha, ed. *Mass Culture and Perestroika in the Soviet Union.* Oxford: Oxford University Press, 1991.

Slavich, Iu. , and E. Lyndina. *Rossiiskie kinozvezdy rasskazivaiut.* Moscow: Panorama, 1998.

Smith, Gerald Stanton. *Songs to Seven Strings: Russian Guitar Poetry and Soviet "Mass Song."* Bloomington: Indiana University Press, 1984.

Solntseva, L. P. , and M. V. Iunisov, eds. *Samodeiatel'noe khudozhestvennoe tvorchestvo v SSSR.* St. Petersburg: Gosudarstvennyi institut iskusstvoznaniia, 1999.

Solov'eva, N. V. , ed. *Nemnogo o radio i o nas s vami: k 75-letiiu Primorskogo radio.* Vladivostok, 2001.

Sosin, Gene. *Sparks of Liberty: An Insider's Memoir of Radio Liberty.* University Park: Pennsylvania State University Press, 1999.

Starr, S. Frederick. *Red and Hot: The Fate of Jazz in the Soviet Union, 1917—1991.* Updated ed. New York: Oxford University Press, 1983.

Steblov, Evgenii. *Protiv kogo druzhite?* Moscow: Algoritm, 2000.

Stites, Richard, ed. *Culture and Entertainment in Wartime Russia.* Bloomington: Indiana University Press, 1995.

——. *Revolutionary Dreams: Utopian Vision and Experimental Life in the Russian Revolution.* New York: Oxford University Press, 1989.

——. *Russian Popular Culture: Entertainment and Society Since 1900.* Cambridge: Cambridge University Press, 1992.

Strizhenov, Oleg. *Ispoved'*. Moscow: Algoritm, 1999.

Szporluk, Roman, ed. *The Influence of East Europe and the Soviet West on the USSR*. New York: Praeger, 1975.

Tabakov, Oleg. *Moia nastoiashchaia zhizn'*. Moscow: EKSMO-Press, 2000.

Taylor, Richard, and Ian Christie, eds. *The Film Factory: Russian and Soviet Cinema in Documents*. Cambridge, MA: Harvard University Press, 1988.

——, eds. *Inside the Film Factory: New Approaches to Russian and Soviet Cinema*. London: Routledge, 1991.

Taylor, Richard, and D. W. Spring, eds. *Stalinism and Soviet Cinema*. London: Routledge, 1993.

Televidenie—Vchera, segodnia, zavtra. Moscow: Iskusstvo, 1987, 1989.

Thompson, Terry L., and Richard Sheldon, eds. *Soviet Society and Culture: Essays in Honor of Vera S. Dunham*. Boulder, CO: Westview Press, 1988.

Tomoff, Kirill. *Creative Union: The Professional Organization of Soviet Composers, 1939—1953*. Ithaca: Cornell University Press, 2006.

Troianovskii, V., ed. *Kinematograf ottepeli: Kniga pervaia*. Moscow: Materik, 1996.

——, ed. *Kinematograf ottepeli: Kniga vtoraia*. Moscow: Materik, 2002.

Troitsky, A. *Back in the USSR: The True Story of Rock in Russia*. London: Omnibus, 1987.

Tserkover, E., ed. *Vam otvechaet artist (kniga-interv'iu)*. Moscow: Molodaia gvardiia, 1969.

Urban, G. R. *Radio Free Europe and the Pursuit of Democracy: My War within the Cold War*. New Haven: Yale University Press, 1997.

Urvalov, V. A. *Ocherki istorii televideniia*. Moscow, 1990.

Vail', Petr, and Aleksandr Genis. *60-e—mir sovetskogo cheloveka*. Moscow: NLO, 1996.

Vasilevskaia, E. V. *Ocherki istorii razvitiia televideniia v zapadnoi Sibiri*. Novosibirsk: Nauka, Sib. otdelenie. , 1978.

Vil'chek, V. M. *Pod znakom TV*. Moscow: Iskusstvo, 1987.

Vlasov, M. P. *Sovetskoe kinoiskusstvo 50—60—x godov*. Moscow: VGIK, 1992.

Volkov, I. A. and S. F. Iarmoliuk M. G. Pugacheva, eds. *Pressa v obshchestve (1959—2000): Otsenki zhurnalistov i sotsiologov: Dokumenty*. Moscow: Institut sotsiologii RAN, 2000.

Von Geldern, James, and Richard Stites, eds. *Mass Culture in Soviet Russia: Tales, Poems, Songs, Movies, Plays, and Folklore, 1917—1953*. Bloomington: Indiana University Press, 1995.

Vronskaya, Jeanne. *Young Soviet Film Makers*. London: Allen and Unwin, 1972.

Wettig, Gerard. *Broadcasting and Détente: Eastern Policies and Their Implication for East-West Relations*. London: C. Hurst, 1977.

White, Anne. *De-Stalinization and the House of Culture: Declining State Control over Leisure in the USSR, Poland, and Hungary, 1953—1989*. London: Routledge, 1990.

Wolfe, Thomas. *Governing Soviet Journalism: The Press and the Socialist Person after Stalin*. Bloomington: Indiana University Press, 2005.

Woll, Josephine. *Real Images: Soviet Cinema and the Thaw*. London:

I. B. Tauris, 2000.

Youngblood, Denise J. *Movies for the Masses: Popular Cinema and Soviet Society in the 1920s.* Cambridge: Cambridge University Press, 1992.

Yurchak, Alexei. *Everything Was Forever Until It Was No More: The Last Soviet Generation.* Princeton: Princeton University Press, 1992.

Zak, M. E. *Kinoprotsess.* Moscow: Goskino SSSR, 1990.

Zasurskii, Ia. N., ed. *Televizionnaia mozaika.* Moscow: MGU, 1997.

Zhabskii, M. *Kino: Prokat, reklama, metodika, praktika.* Moscow: Soiuzinformkino, 1982.

Zhanry televideniia. Moscow: Gosteleradio NMO, 1967.

Zolotarevskii, Leonid. *Tsitaty iz zhizni.* Moscow: Iskusstvo, 1971.

Zorkaia, Neia Markovna. *Fol'klor, lubok, ekran.* Moscow: Iskusstvo, 1994.

——. *The Illustrated History of Soviet Cinema.* New York: Hippocrene, 1989.

鸣　谢

本书的重要主题之一是关系的力量，包括私人和机构的关系，同时这一主题也直接阐述了本书自身的历史。非常高兴能够为多年来得到的所有支持表达我的谢意。

本项目在普林斯顿大学研究生院历史系以及伍德罗·威尔逊学者奖学金的资助下得以初步建立。此外，非常感谢国际研究与交流理事会（IREX）以及开放社会图书馆给予的支持。我也要向哥伦比亚大学哈里曼研究所以及哈佛大学国际与区域研究学院的博士后奖学金表达最诚挚的谢意。我作为纽约市立大学皇后学院的一名教员，获得了纽约市立大学教员协会（PSC-CUNY）慷慨的奖学金从而得以开展进一步研究。同时也感谢伦敦学院大学斯拉夫与东欧研究学院的资金支持。

尽管机构支持可以为任何图书项目提供栖身之所，但却是人使得从事这样的图书项目富有价值。对于我而言，与其他人——导师、同事、朋友——的互动同样使得最终的作品变得难以估量的更加强大。首先，我要感谢在普林斯顿的辅导教授劳拉·恩格斯坦（Laura Engelstein）和斯蒂芬·科特金（Stephen Kotkin）。对苏联历史略知一二的任何人都将看到我对二位教授的感激之情已经全部书写进了本书中。劳拉·恩格斯坦持续、不妥协而又具有启发性的问题从各个方面帮助我形成了自己的观点。我感谢她才智和精神的大度，以及多年来她所馈赠的友谊。斯蒂芬·科特金让只见树木不见森林的我那么多次地看到了森林——同时他还激励我去探索其他我从未思考过的领域。我深深地感激他与我分享他的历史想象,并且一次次以其耐心和技巧帮助我在荆棘中探索出路。

本项目多年来也极大地获益于其他专家读者。我感谢论文委员会的成员安森·雷宾巴赫(Anson Rabinbach)以及后来的理查德·斯蒂茨(Richard Stites)给予的深思熟虑的意见和鼓励;感谢普林斯顿的作家群的成员们,没有这些智囊和他们的友情,我的本科和研究生生活似乎是无法想象的:梅里·克拉克(Meri Clark)、爱德华多·埃琳娜(Eduardo Elena)、托德·史蒂文斯(Todd Stevens)、阿什莉·怀特(Ashli White),还有阿曼达·汪德(Amanda Wunder)。谢尔盖·卡普特列夫(Sergei Kapterev)和安娜·菲什佐恩(Anna Fishzon)帮助我在早期通过透彻的阅读厘清关于影迷的思考。感谢苏珊·莫里西(Susan Morrissey)、阿莱纳·雷德涅瓦(Alena Ledeneva)、安妮·戈萨奇(Anne Gorsuch)以及斯蒂芬·洛弗尔(Stephen Lovell)在本项目收尾的时候给出他们敏锐的评论。2008年,哈佛大学国际与区域研究学院为本书的初稿举办了一天的研讨会。感谢参会者托马斯·多尔蒂(Thomas Doherty)、特里·马丁(Terry Martin)、尤塔·波伊戈尔(Uta Poiger)、苏珊·里德(Susan Reid)、玛丽·斯蒂德里(Mary Steedly)以及阿米尔·韦耐(Amir Weiner)对我的工作的慷慨参与——建设性批评的典范。我也要感谢学院的乔治·多明格斯(Jorge Dominguez)给予的热情支持和辅导,感谢吉姆·克莱姆(Jim Clem)和拉里·温妮(Larry Winnie)在维护学术的生命之轮运转方面所提供的帮助,以及我的同仁学者们就我对苏联的狭隘观念给出的善意批评。在纽约,我最要感谢的是纽约市立大学的巴鲁克学院的辛西娅·海

鸣 谢

拉·惠特克（Cynthia Hyla Whittaker），她多年来一直给予我鼓励和专家建议。我也感激我在纽约市立大学皇后学院以及后来的斯拉夫和东欧研究学院的同事们，感谢他们的友善和理智的情谊。约翰·阿克曼（John Ackerman）以及康奈尔大学出版社的员工们在引领本项目从手稿到成书的过程中是灵活性和专业性的典范。

多年来，本书的许多论点在各种会议和研讨会的讨论中得到了仔细推敲。我深深地感谢哥伦比亚大学俄罗斯历史研讨会的埃伦·米基维茨（Ellen Mickiewicz）、马克·冯·黑根（Mark Von Hagen）、理查德·沃特曼（Richard Wortman）、斯坦福大学苏联历史研讨会的艾米尔·维耐（Amir Weiner）和他的研究生们，以及SSEES俄罗斯研究中心与剑桥大学俄罗斯和东欧研究委员会研讨会的同事们，感谢他们给出的意见。在一个更加非正式但影响力不减的层面上，我对苏联和俄罗斯的各种事物（以及许多其他事情）的理解在与一批杰出的新生代历史学家们的对话中得以成形。我要特别感谢米莉亚姆·多布森（Miriam Dobson）、维多利亚·弗雷德（Victoria Frede）、朱莉安娜·富尔斯特（Juliane Fuerst）、史蒂文·哈里斯（Steven Harris）、辛西娅·胡珀（Cynthia Hooper）、波莉·琼斯（Polly Jones）、科利亚·米特罗金（Kolia Mitrohkin）以及玛雅·纳德卡尼（Maya Nadkarni），带着他们的机敏和智慧成为我在这个领域里的同行人。

我在研究苏联媒体文化中的一个最大的乐趣是与曾经创造了这种文化的人们共度时光。我永远感激玛丽娜·戈尔多夫斯卡娅（Marina Goldovskaya），她在莫斯科仅仅与我见了一面，就在她的公寓里抓起电话，着手说服她的苏联电视台的同事们与我交谈。从所有被采访者那里，我学到了很多，但我还想特别感谢莫斯科的谢尔盖·穆拉托夫以及圣彼得堡的鲍里斯·菲尔索夫，如此自由地与我分享他们的时间和惊人的知识。我也要感谢国家广播和电视委员会、莫斯科电影艺术科学研究所，以及布达佩斯的开放社会档案馆的员工们在我研究过程中给予的富有才能的协助。塔蒂娅娜·波特姆吉娜（Tat'iana Potemkina）以及她的家人是非常棒的朋友，也是我的作品根深蒂固的怀疑论者——我将永远感激的两件事。许多年以前，在苏联政权奄奄一息之际，我在列宁格勒度过了一个令人难忘的夏天，在无尽的白昼里漫步街道，在厨房的餐桌旁贬损俄罗斯人，令人兴奋地意识到整个世界并非我这个非常狭隘的纽约人所知道或者理解的那样。尽管我几乎迅即就与那个夏天带我来这里的那些人失去了联系，但我仍想在此感谢他们，帮助我拓宽视野并激发我对苏联世界经久不衰的兴趣。我也非常感谢我的家人，将我送上首次旅途，并迁就和支持我随后的一系列旅行。我感谢朱娜，因为她是那样的一个人。感谢戴维·罗思—艾（David Roth-Ey）给予的一切。

本书包括了出现在以下出版物中的材料："为1950—1970年的电视在苏联找一个家"，《斯拉夫评论》66，no. 2（2007）：278—306，以及"为文化权威而表演：20世纪50年代至20世纪60年代的苏联电视专业人士和游戏节目"，载于《社会主义娱乐：东方阵营中的休闲与奢华》，戴维·克劳利（David Crowley）和苏珊·E. 里德（Susan E. Reid）编（埃文斯顿，伊利诺伊州：西北大学出版社，2010年），第147—176页。

索 引

（索引后的页码为原书的页码，即本书的边码。
页码后的字母 n 和 t 分别是注释和表格。）

Actors: compensation of 演员的薪酬,52；电影节和明星形象,107—110；"利用"国外演员的遭遇,115—118；看电影的行为,74,87；电影院的图片展,79—80；政治精英,32,56；有画像的明信片,111—112；融合角色,128—129；《苏联银幕》,119—121；明星—影迷的动态,98—106；在苏联文化中的地位,100；相比电视主播,242—243

Adamov, Joe (Iosif) 乔·（约西夫）·阿达莫夫,152

The Adventures of Ali-Baba and the Forty Thieves (film)《阿里巴巴与四十大盗》（电影）,86

Adzhubei, Aleksei 阿列克谢·阿德朱贝,34,46,160

age: and moviegoing behavior 年纪与看电影行为,82—83；也见 children; youth

Aksel'rod, Al'bert 阿尔伯特·阿克赛尔罗德,246n83,249n93

Aleksandrove, Grigorii 格利戈里·亚历山德洛夫,101

All About Eve (film)《彗星美人》（电影）,116

Allilueva, Svetlana 斯韦特兰娜·阿柳尤爱娃,126

Amadeus (film)《莫扎特传》（电影）,46—47

Americanization: vs. Sovietization 美国化相对苏联化,21—22；西欧所担忧的,18—19,23

Amphibian Man (film)《两栖人》（电

影），37—38，69，84t，126；批评主义，93；其流行度，2，38，50，71，91，94，98

And Quiet Flows the Don（film）《静静的顿河》（电影），84t

Andronikov, Iraklii 伊拉克利·安德罗尼科夫，239—240

Announcer, TV 电视播音员。见 diktory

Armenia: film in 亚美尼亚的电影，29，82，88，90；其广播，147

art: cinema as 电影艺术，25，27；电视作为艺术，230，238

"art house" films "艺术"影片，62，63，66

artists, status in Soviet Union 艺术家在苏联的地位，4

The Art of Cinema（journal）《电影艺术》（期刊），72，76，77，82，92

Audience, Soviet: demographics and 苏联的人口统计和观众，81—83，86；对"不良品味"的解释，92—97；观众的电影偏好，38，39，41，43—44，71—72，88—92；媒体繁荣与观众，14—15，17，23；观众的榜样，4，71；观众的广播偏好，172—173；现实与观众的意识形态，71—73；观众的分割，62—63，70，72，77—79，94；对观众的权威之争，225；电视，179，202，224，225，280；青年观众，73—74，82—83，94，103—105，256

audience research: beginnings of 观众调查的开端，93—94，143；拉平时期被忽视，206，219，279；爱沙尼亚的媒体，143，168；国家广播和电视委员会，194，268—271；观众调查与信件清点，194，270—271；关于广播的偏好，172—173；电视专业人士对观众调查的态度，271；关于电视收视率，202

Azerbaijan: film in 阿塞拜疆的电影，82，89，90，91；来自阿塞拜疆的KVN团队，256f，260；阿塞拜疆的广播，147，161

Babochkin, Boris 鲍里斯·巴布什金，100，129

Ballad of a Soldier（film）《士兵之歌》（电影），2，65，66

Bardot, Brigitte 碧姬·巴铎 8，46

Baskakov, V. V. 巴斯卡考夫，53，56

Batalov, Aleksei 阿莱克谢·巴塔洛夫，112

Bauer, Raymond 雷蒙德·鲍尔，174

BBC: "cultural pyramid" concept of 英国广播公司的"文化金字塔"概念，18；苏联的电台广播，131，131n2，141，144，145n58；英国广播公司的员工，159；与英国广播公司的电视交流，275

Beauvoir, Simone de 西蒙娜·德·波伏

娃,37

Belfrage, Sally 萨莉·贝尔弗雷奇,49

Beliaev, Iurii 尤里·别利亚耶夫,223

Bobby（film）《五星级谋杀》（电影）,43

Bogoslovskii, Nikita 尼基塔·博戈斯洛夫斯基,249,252

Bol'shakov, I. I. 博尔谢科夫,68

Bolshoi Theater 莫斯科大剧院,19,21,197

Bondarchuk, Sergei 谢尔盖·邦达尔丘克,34,52

Boretskii, Rudol'f 鲁道夫·鲍里茨基,219,230,239

Bourke-White, Margaret 玛格丽特·伯克—怀特,101

Braginskii, E. V. E. V. 布拉金斯基,197

Brezhnev, Leonid: cultural policies under 列昂尼德·勃列日涅夫执政时期的文化政策,10—11;与捷克斯洛伐克危机,213;勃列日涅夫与电影,35;勃列日涅夫与拉平,217,218,222,279;关于电视的"拼花地板报道",221,279;关于电台广播,148;关于社会主义文化,3;勃列日涅夫时代的停滞,6;勃列日涅夫与电视节目,201,279

Britain: film preferences in 英国的电影偏好,94。也见 BBC

Broadcasting: in post-World War II era 二战后时代的广播,8;广播以及个人与集体的体验,15;西欧的广播,18。也见 broadcasting, Soviet; radio; television

Broadcasting, Soviet: administrative overhaul of 苏联广播的行政整顿,217,218;其目标,229,271;其重要性,5;对广播的投入,217。也见 radio, Soviet; television, Soviet

Brynner, Yul 尤尔·伯连纳,9

byt（everyday, domestic life）, television and 电视与家庭领域,198—201,210,211

café, television 电视咖啡馆,123—25

Café of Thirteen Chairs（TV program）《13把椅子的咖啡屋》（电视节目）,279

Cannes Film Festival 戛纳电影节,2,37,59,69,110,110n127

Capote, Truman 杜鲁门·卡波特,131

Cardinale, Claudia 克劳蒂娅·卡迪纳尔,115

Carné, Marcel 马塞尔·卡内,115

Carnival Night（film）《嘉年华之夜》（电影）,84t,98

Case No. 306（film）《第306宗案》（电影）,68

453

莫斯科的黄金时代

CBS（TV network）哥伦比亚广播公司（电视网），192

CC 中央委员会。见 Central Committee

censorship：of film, foreign 对外国电影的审查，41，47；对苏联电影的审查，30—33，34—35，35n35，50，52，56；审查机构，5，144—145，234；对广播的审查，146，170；对电视的审查，234，255

Central Committee（CC）：and film 中央委员会（CC）与电影，31，46，49；与宣传153；其与电台，147，148—149，159，161，163，169；与电视，186，192，194，214，227，235，250；其写作项目，161

Central Radio 中央广播电台，150，158，159，162，169

Central TV 中央电视台，187，223n3；其节目，122，123，184，197，228，261—262；与共和国，189；与年轻的热情支持者，239

Chapaev（film）《夏伯阳》（电影），71，95，96，100，129，130

Chesnokov, D. I. D. I. 切斯诺科夫，250，251

Children：films for 孩子们的电影，25n2，261；外国电影对孩子们的影响，42，95，96；电视对孩子们的影响，204，206—208；孩子们的媒体消费，14，82；孩子们的电视节目，157，158，212—213，221，247，262，274，275

Chirkov, Boris 鲍里斯·奇尔科夫，88

choice：and audience segmentation 选择与观众划分，72；媒体繁荣与选择，15，22，83；现代化与选择，62；选择与电影文化 74；电台节目的选择，141；选择与电视发展，178，179；电视节目的选择，185

Christie, Ian 伊恩·克里斯蒂，33n27，245

Chukhrai, Grigorii 格里戈利·查克莱，37，58—62，65，66，88

cineastes 电影制片业人士。见 film professionals

cinema 电影。见 film(s)

Club of Film Travel（TV program）《电影之旅俱乐部》（电视节目），265，266，267；20世纪70年代的《电影之旅俱乐部》，273，274，276

Cold War, cultural 文化冷战，7，9，20；文化冷战中的电影，27，65—67，83，95—97；文化冷战中的音乐，163—164；文化冷战中的广播，135，153—154，156—157，174，175；文化冷战中的电视，178，209—211

collective experience：films as 作为集体

体验的电影,201;媒体繁荣与离开集体体验,15,16,138,156;作为集体体验的广播,136—137,138,156,159;苏联对集体体验的强调,4,134,209;作为集体体验的电视,208—209,211,243,258

The Color of Pomegranates(film)《石榴的颜色》(电影),88

Confidential(magazine)《机密》(杂志),117,120

Conover,Willis 威利斯·康诺弗,132

The Cranes Are Flying(film)《雁南飞》(电影),65—66,88,110n127

cultural authority/capital:film critics and 电影批评家与文化权威/之都,93;电影制作者与文化权威,54—55,57,94n80;政治精英与文化权威,279;电视热情支持者与文化权威,261,265—266,268,273

cultural exchange:film and 电影与文化交流,43,66,67—68,109;后斯大林主义时代的文化交流,9,29,36;电视与文化交流,231—233,274

culture:post-World War II transformation of 二战后的文化变革,1—2,8—9,17。也见 culture,Soviet;mass culture

Culture,Soviet:administration and control of 苏联文化的管理与控制,5;美国文化与苏联文化相比较,21—22;对苏联文化的未来的担忧,282;苏联文化的特征,2—5;苏联文化消费方的活力,12—13;苏联文化的矛盾,I,4,8,16—17,20,27;数十年的苏联文化,5—6;苏联文化的例外主义,10,23,167;电影与苏联文化,74,130;外国对苏联文化的渗透,6,9—10,16,22,97,134,282—283;作为苏联文化的构成,12,12n32,13;其功能,4,11,15,16—17,22,23,269,285;其在媒体时代的根本问题,285;苏联文化的主人公,266;对苏联文化的意识形态奉献,2—3,5,7,10—11,19—21;与基础设施增长,11—15;苏联文化与大众文化,2,7,11,20—22;媒体时代和苏联文化的变革,15—17,22;音乐与苏联文化,165;后斯大林主义时代的苏联文化,9,12,13;苏联文化的制作方动态,12—13;苏联文化的承诺,2—3,13;电台与苏联文化,136,163,170,175;苏联文化中的休闲,4,201,279;苏联文化与苏联品牌,11,21;苏联文化成功的失败,16—17,21,23—24,285;苏联文化中的等级表,3—4,196—198,211;电视与苏联文化,15,179,198,210,267,273,280。也见 Cold War,cultural;film(s);radio;television

莫斯科的黄金时代

Czechoslovakia:film in 捷克斯洛伐克的电影,78;捷克斯洛伐克的媒体政策,163;布拉格之春,61,151,173,191—192,213;捷克斯洛伐克的苏联广播运动,152;捷克斯洛伐克的电视节目,246

dachas:film screenings at 在别墅中的电影放映,35,68n186,78;别墅中的野餐,32

dances,new 新舞蹈,165

Daneliia,Georgii 乔吉·达内利亚,35,56,61,81

Davis,Bette 贝蒂·戴维斯,115,116

De Gaulle,Charles 夏尔·戴高乐,21,195

Dem'ianenko,Aleksandr 阿列克桑德尔·德姆亚南柯,74,127,128

Deutsche Welle 德国之声,131

The Diamond Hand (film)《钻石手》(电影),84t

Diktory(announcers),TV 电视主播(播音员),240—243,267—268,275

Dima Gorin's Career (film)《迪马·戈林的职业生涯》(电影),127—128,130

directors,film:artistic freedom of 电影导演的艺术自由,13,57;电影导演的官僚—政治程序,30—32,50,54,59;电影导演的薪酬,51,51n112,58;实验创意电影制片厂的电影导演,60—61;电影导演的自我审查,56;《苏联银幕》论电影导演,119—120;电影导演的地位,33—34,56,100。也见 specific directors

Divorce Italian Style 《意大利式离婚》(电影),45,46,47

Donatov,Andrei 安德烈·多纳托夫,246n83

Donskoi,Mark 马克·唐斯科伊 54,213

Dorman,V. V.多尔曼,107

Dovzhenko,Aleksandr 亚历山大·杜甫仁科,33n27

Dovzhenko studio 杜甫仁科电影制片厂,84t,86

Drobysheva,Nina 尼娜·德罗比谢娃,109

dubbing,film 电影配音,86,87

Dubcek,Aleksandr 亚历山大·杜布切克,213

Dunham,Vera 薇拉·邓纳姆,19—20

Durbin,Deanna 迪安娜·德宾,41,42,118

Dyer,Richard 理查德·戴尔 98

Easy Rider (film)《逍遥骑士》,68n186

editing,in television 电视编辑,233—234

索引

editor 编辑。见 *redaktor*

education:film 电影教育,33—34;苏联文化与电视教育,4,11;电视与电视教育,18,224,248,269,271

Eisenstein, Sergei 谢尔盖·爱森斯坦, 33n27,54,245

Ekran "荧光屏",231

Emergency Mission(film)《紧急任务》(电影),88

enthusiasts,TV 电视热情支持者,223—230;电视热情支持者与观众调查,270;电视热情支持者与文化权威,261,265—266,268,273;电影描述,283;电视热情支持者的理想,223—225,236—239,244—245,271,273;电视热情支持者与KVN节目,253—261;拉平时代的电视热情支持者,277—278,280;电视热情支持者与直播,230—236,244;其与政治体制,271—273;其与VVV节目,246—253

Enthusiasts' Dance "舞迷之舞",165

Estonia:film in 爱沙尼亚的电影,82,89;爱沙尼亚的广播,143,151,168—169;爱沙尼亚的电视,191

Eurovision 欧洲电视网,231—232

Evtushenko, Evgenii 埃弗吉尼·埃弗图申科,273

Experimental Creative Studio(ETK)实验创意电影制片厂(ETK),57—62

An Extraordinary Event(film)《非常事件》(电影),84t,86

Fans,film 电影迷。见 stardom-fandom dynamic

Fantômas(film)《千面人方托马斯》,89,96

Faraday, George 乔治·法拉第, 55n131,64

Fere, Georgii 乔吉·费尔,239,243

Festivals 节日。见 film festivals; International Youth Festival

film(s):box office figures for 电影票房数据,2,11,26;电影收益,43,44,47—49,53;电视与电影相比,240;电视的增长与电影,196;关于1970年代的电视电影,273,275。也见 film(s), foreign; film(s), Soviet; movie culture; specific films

film(s), foreign 外国电影,38,39—47;文化交流与外国电影,43;外国电影的非法复制,68,68n186;引进外国电影,43—47,94—95;《苏联银幕》论外国电影,115—118;战利品外国电影,7,39—43,40n49,94,134

457

莫斯科的黄金时代

film(s), Soviet: administration of 苏联的电影管理,29—30,34—35;作为艺术形式的苏联电影,25,27;"文艺片"62,63,66;勃列日涅夫时代电影(停滞期),26,35;苏联电影的官僚—政治程序,30—33,50,54,59;苏联电影的商业模式,53,54,64—65;苏联电影的审查,30—33,34—35,35n35,50,52,56;苏联电影的矛盾,27,28,49;针对苏联电影的教育体制,33—34;苏联电影中的精英/大众分化,62—63,70;实验创意电影制片厂的电影实验,57—62;苏联电影的财政及其不透明,48—49;苏联电影的性别变迁,281,282n9;苏联电影的类型片,62—63,64,68—69,71—72,88—92,97,198;观看电影的黄金时代,74—83;国家订单影片,52,63;"灰色"电影,53,54,55—56,69;作为意识形态构成的苏联电影,26—27,69,71,83;苏联电影的重要性,5;作为产业的苏联电影,26;苏联电影的国际愿望,26,28,29;苏联电影的国际竞争,65—70,115,281;苏联电影的国际化,29,36—38;赫鲁晓夫(解冻)时代的苏联电影,25—26,28,34;苏联电影与市场,27;苏联电影的现代化,62—63;最受欢迎的苏联电影,83—86,84—85t,88,281;后斯大林主义时代的苏联电影,29—30,33—38;苏联电影的制作问题,49—50,67;其进步作用,109—110;针对苏联电影的评级体系,50—51,53,58;共和国的苏联电影,26,29,34,50,86—88;苏联电影中的替罪羊,77,94,97;苏联电影滑向大众娱乐,281;苏联电影与苏联文化,74,130;斯大林时代的苏联电影,28—29,30;苏联电影的明星—影迷动态,98—106;电视与苏联电影,196—197,230—231,269—270,273,275;苏联电影的主题计划,49,52—53

film clubs 电影俱乐部,79

film festivals: international, Soviet films at 国际电影节上的苏联电影,36—37,65,11n127;苏联的国际电影节,69,89n61,107—110,109n125

film installations, growth in 电影设施的增长,75—76

Filmmakers' Union: and festivals 电影制作人工会与电影节,107;电影制作人工会的起源,33;电影制作人工会与明信片交易,111—12;关于电影收益,48;20世纪60年代的改革家运动与电影制作人工会,58,61,67;电影制作人工会与《苏联银幕》,113;电影制作人工会的特别放映,78—79

索引

film professionals（cineastes） 电影专业人员（电影制作人），36；电影专业人员的反物质主义动力，54，64；电影专业人员与官僚，55—56；电影专业人员的薪酬，50—52，59，61；电影专业人员的文化资本，54—55，57，94n80。也见 actors；directors

Firsov，Boris 鲍里斯·菲尔索夫，93，191，202，202n101，205，268，270，272

Fokin，Iurii 尤里·福金，265—266，277，278

Fomin，Valerii 瓦列利·福明，25，35，35n35，51n115，54，55，60

Forman，Milos 米洛斯·福尔曼，46—47

France：cultural identity of 法国文化认同，21；法国的电影工业，67，96；法国电影，36，44，45，90

Franco，Francisco 弗朗西斯科·佛朗哥，8，18，19，21

From the Bottom of the Heart（TV program）《来自心灵深处》（电视节目）275，276f，277

Furtseva，Ekaterina 叶卡捷琳娜·福尔采娃，21，31—32，98

Gagarin，Iurii 尤里·加加林，121，213，238

Gaidai，Leonid 利奥尼德·盖戴，61，73n6，88

Gal'perina，Elena 艾琳娜·加尔佩林，253，257—258，259

Ganga Jamuna（film）《投入恒河》（电影），81

gender：and fandom 性别与影迷，105；电影中的性别，281，282n9；性别与观看电影的行为，82；电视广播中的性别，240—243，267—268；性别与电视收视率，202。也见 women

The General and the Daisies（film）《将军与雏菊》（电影），51

genre films 类型片，62—63，64，68—69，71—72，88—92，198；文化传统与类型片，91；耶尔马什时代的类型片，97

Georgia：film in 格鲁吉亚的电影，29，29n14，82，90，91；格鲁吉亚的摇滚，166f

Gerasimov，Sergei 谢尔盖·杰拉西莫夫，109，120，231

The Girl of My Dream（film）《我梦想的女孩》（电影），39，41，134

Girl with a Guitar（film）《吉他女孩》（电影），68

Glavlit 苏联文学与出版管理局，144—145，146，234

莫斯科的黄金时代

Glavradio 中央广播,138,159,178,227

Goldovskaya, Marina 玛丽娜·戈尔多夫斯卡娅,221

Good Night, Little Ones!（TV program）《晚安,小不点儿!》（电视节目）212,221

Gor'kii 格鲁吉亚电影制片厂,84t—85t

Goskino 国家摄影委员会,30,31;其在20世纪60年代中期的变革,58;与别墅电影放映,35;关于实验创意电影制片厂,60;与电影进口,46;国际摄影委员会的国际拓展,38;关于电影收益,48;在耶尔马什的领导之下,58,62—64

Gosteleradio 国家广播和电视委员会,186—187,186n35;其观众调查部,194,206,219,268—271;关于中央广播,190;其创作,227;在拉平的领导之下,212,216—222;与地区电影制片厂,190—191;其任务,214—215,229;与VVV节目,249,251

goszakaz films 国家订单影片,52,63

Gould, Jack 杰克·古尔德,124

"grey" films "灰色"电影,53,54,55—56,69

Grigorian, A. A.戈里高利安,226,230

Grosheva, E. E.格罗谢娃,171—172

Gurchenko, Liudmila 柳德米拉·格尔琴科,98,242

Gurevich, David 戴维·古雷维奇,78—79,164

Hepburn, Audrey 奥黛丽·赫本,109n125,118,242

Higgins, Marguerite 玛格丽特·希金斯,89,181,182

Hobsbawm, Eric 埃里克·霍布斯鲍姆,17

Ho Chi Minh 胡志明,227

Hollywood: and audience segmentation 好莱坞与观众划分,78;对好莱坞的批判,116,117;模仿好莱坞,62—63,281;通过好莱坞渗透,39,45,58;赫鲁晓夫访问好莱坞,1;与好莱坞竞争,66—67;好莱坞的明星体制,100,101

Hosts, of TV programs 电视节目主持人,265—267,265n142

Hungarian crisis (1956) 匈牙利危机（1956年）,144n51,145,153

Hussar Ballad (film)《轻骑兵之歌》（电影）,31—32,34—35

Iakovlev, Aleksandr 亚历山大·雅科夫列夫,148n68,182,186;马亚电台,167—168,169,171—172;关于大众文

化对精英文化,3—4;关于电视,191

Iakovlev,Mikhail 米哈伊尔·雅科夫列夫,246n83,249n93,259n128

Iakubovich,Leonid 莱奥尼德·雅库波维奇,254n110

Il'ichev,L. L. 伊利契夫,42

Ilich's Gate(film)《伊里奇的门》(电影),54—55

Il'inskii,Igor 伊戈尔·伊林斯基,31—32,35,196

India:cultural exchanges with 与印度的文化交流,66,67—68;印度的电影工业,67;印度电影的受欢迎程度,44,46,71,89—91,89n61,92,93

Inkeles,Alex 亚历克斯·英克尔斯,174,193

intellectual property rights 知识产权,68

intelligentsia,Soviet:and nomenklatura 苏联知识分子与官僚精英,55n131;后斯大林主义时代的知识分子,12;苏联知识分子的地位,4

International Youth Festival(1957) 国际青年节(1957年),164,238—239;与VVV节目,246,248

Intervidenie 电视联播网,231,232,274

Italy:film industry in 意大利的电影工业,23,36,45,56;意大利的电影偏好,94

Iunost'(radio program)《青春》(电台节目),167,171

Iurovskii,Aleksandr 亚历山大·尤洛夫斯基,211,227,230

Iutkevich,Sergei 谢尔盖·尤特科韦奇,57f

Ivan's Childhood(film)《伊凡的童年》(电影),37,69

Ivy,Marilyn 玛丽莲·艾薇,12n32

Izvestiia(newspaper)《消息报》(报纸),34,116,173

jamming,radio 电台干扰,132,133,140—141,144—145,160,191;电台干扰与电视节目,131—132

jazz 爵士乐,42,164

journalism 新闻,见 press

Kalugin,Oleg 奥莱格·卡路金,152n81

Kapler,Aleksei 阿列克谢·卡普勒,51n115,122f,123,125—127,276—277

Kapoor,Raj 拉吉·卡普尔,44,90,93,109,113

Kapoor,Rishi 里希·卡普尔,16,43

Kapustniki(comedy-theater-groups) 小品(喜剧团队),246,246n84

莫斯科的黄金时代

Kartseva, E. E. 卡尔茨艾娃, 117n143

Kartsov, Nikolai 尼古拉·卡索夫, 233

Kasatkina, Liudmila 柳德米拉·卡萨特基娜, 120

Kassil', Lev 列夫·卡塞欧, 234—235, 272

Kazakhstan: film in 哈萨克斯坦的电影, 29, 81, 82; 其广播, 153; 其电视, 228

Kenez, Peter 彼得·克耐兹, 42

Kennedy, John F. 约翰·F. 肯尼迪, 213

KGB: and cultural censorship 克格勃与文化审查, 5; 克格勃与电影产品, 31, 49n100, 74; 克格勃与电台广播, 142, 147, 152; 克格勃与电视节目, 271

Kharitonova, Svetlana 斯韦特兰娜·克海里特诺娃, 120

Kharlamov, Mikhail 米哈伊尔·卡尔拉莫夫, 160—161, 169n139, 173, 191n55, 256—257; 关于广播的目标, 229, 271

Khazanov, Gennadyi 戈纳迪伊·科哈扎诺夫, 254n110

Khrushchev, Nikita: contradictions of 尼基塔·赫鲁晓夫的矛盾, 1; 其与电影工业, 33; 其与尼克松, 210; 其关于非俄罗斯语言, 86; 赫鲁晓夫时代的"和平共处", 9, 10; 其别墅的野餐, 32; 赫鲁晓夫的"出版集团", 160; 其与电台广播, 145, 148, 149, 174—175; 其女婿, 34; 其关于苏联文化, 19, 180; 其与电视体制, 191n55; 赫鲁晓夫时代的解冻, 6, 39; 其关于第三世界媒体, 154; 赫鲁晓夫的电视曝光, 192, 233; 其访问美国, 1, 191

Khrushchev, Sergei 谢尔盖·赫鲁晓夫, 191n55

Khutsiev, Marlen 马伦·库特谢夫, 54—55, 56

Kinopanorama (TV program) 《全景电影》(电视节目), 122—123, 125—127, 265; 拉平时代的《全景电影》, 276—277

Kirilenko, Andrei 安德烈·基里连科, 34

Kiselev, Evgenii 艾夫根尼·基谢廖夫, 152

Kleiman, Naum 瑙姆·克莱曼, 37

Klimov, E. E. 克里莫夫, 61

Kommunist (magazine) 《共产党人》(杂志), 193, 196, 197

Komsomol: on dance 共青团关于舞蹈, 165; 共青团组织的艺术节, 107, 164; 共青团关于电影, 31, 42, 42n64, 73, 95; 共青团关于大众文化, 16, 163; 共青团关于音乐, 20, 163, 164; 共青团关于电台

广播，144，146n61，193；共青团关于电视，123，193；电视游戏节目与共青团，246，249，260

Komsomol'skaia Pravda（periodical）《共青团真理报》（期刊），42n64，104n114，202

Konchalovskii, Andrei 安德烈·康查洛夫斯基，37，61

Kondrat'eva, Nina 尼娜·康德拉特爱娃，241

Koniukhova, Tat'iana 塔季杨娜·科纽克赫娃，127，128，282

Kopylova, R. R. 科比拉娃，230

Korenev, Vladimir 弗拉基米尔·科里尼夫，9，16，54，98

Kosygin, Aleksei 阿列克谢·考西金，58，60，148

Kozlovskii, V. N. V. N. 科兹洛夫斯基，235

Kramer, Stanley 斯坦利·克雷莫，37

Krokodil（magazine）《鳄鱼》（杂志），262—263

Kuleshov, Lev 列夫·库里肖夫，127n167

Kul'turnost'（cultured-ness）文化修养，19—20

Kuznetsov, G. V. G. V. 库兹涅佐夫，195，272

KVN（TV show） KVN 游戏节目，2，253—61；KVN 游戏节目的取消，259—260，260n134，276；与《走吧，姑娘们!》进行比较，278；其受欢迎程度，253—254，270

Kyrgyzstan, film in 吉尔吉斯斯坦的电影，29，82

Languages, non-Russian：film and 电影与非俄罗斯语，86–87；广播与非俄罗斯语，150；电视与非俄罗斯语，188

Lapin, Sergei 谢尔盖·拉平，166，206，212，216—222，260，277，279

Last Tango in Paris（film）《巴黎最后一曲探戈》（电影），79

Latvia：film in 拉脱维亚的电影，82；拉脱维亚的广播，150—151

Lenin, Vladimir 弗拉基米尔·列宁，25，92，123

Lenin in 1918（film）《列宁在1918》（电影），123，126

Leninist University of the Millions（TV program）《千百万人的列宁主义大学》（电视节目），275，279，280

Leont'eva, Valentina 瓦伦蒂娜·莱昂特爱娃，242，243，275

莫斯科的黄金时代

Let's Go, Girls! (TV show)《走吧, 姑娘们!》(电视节目), 275, 277, 278

Levitan, Iurii 尤里·莱维坦, 152

Levshina, I. I. 列夫谢娜, 89—90, 91

lichnost' (individual/personality), television and 电视与个人或者个性, 223, 224, 225, 239, 265, 273

Life (magazine)《生活》(杂志), 101, 113, 123

Lipkov, Aleksandr 亚历山大·利普科夫, 93

List'ev, Vlad 弗拉德·里斯特耶夫, 152

Literary Tuesday (TV program)《文学星期二》(电视节目), 272

Literaturnaia gazeta (newspaper)《文学消息》(报纸), 109, 196, 199

Lithuania: film in 立陶宛的电影, 29, 82; 立陶宛的电台, 143; 立陶宛的电视, 131—132

Little Blue Flame (TV program)《蓝色小火焰》(电视节目), 124—125, 223, 265, 270, 283

Liubimov, Aleksandr 亚历山大·柳比莫夫, 152

live broadcasts, TV 电视直播, 213—214, 230—236, 244, 265; KVN 游戏节目与电视直播, 253—261;《新闻转播》, 265; 与电视直播相关的丑闻, 213—214, 248—252, 272; 电视直播转至录播, 212, 260, 277; VVV 节目与电视直播, 246—253

Livertovskii, Boris 鲍里斯·里维托夫斯基, 228, 275

The Living and the Dead (film)《生者和死者》(电影), 52, 84t

Lollabrigida, Gina 吉娜·洛拉布丽吉达, 110n127

Loren, Sophia 索菲亚·罗兰, 43, 109, 110n127, 118

Lotman, Iurii 尤里·洛特曼, 128—129

Love in Simla (film)《爱在西姆拉》(电影), 71, 90, 91

lubok prints lubok 印刷版画, 91

MacDonald, Dwight 德怀特·麦克唐纳, 8

The Magnificent Seven (film)《威猛七蛟龙》(电影), 9, 38, 43, 53, 66, 95—96, 105

Maiak (news and entertainment station) 马亚电台 (新闻和娱乐电视台), 135, 167—174

Makarov, Iurii 尤里伊·马卡洛夫，254n110，260n131

Makarova, Tamara 塔玛拉·马卡洛娃，120

Malraux, André 安德烈·马尔罗，21

Mamedov, Enver 恩维尔·马米多夫，168

Manevich, I. I. 马尼维奇，39—40，43

Mansfield, Jayne 杰恩·曼斯菲尔德，118

Marinina, Kseniia 科塞尼亚·玛丽尼娜，234，235，250，252，272，277

Masscult 大众文化，2；电影受欢迎的程度，73，95—97，281，285；大众文化在苏联的渗透，6，9—10，16，22，23，70；大众文化对苏联文化，2，7，11，20—22；大众文化与明星—影迷动力，100；妇女与大众文化，105n119，278

Mass culture: vs. elite culture 大众文化对精英文化，3—4；大众文化与美好生活的影像，17；大众文化的个体经验，15；赫鲁晓夫论大众文化，1；战后时代的大众文化，2，6—7，8；西欧精英对大众文化的态度，17—18。也见 masscult；mass culture formation

mass culture formation: Soviet 苏联大众文化的构成，14—15，23—24；术语的使用，12n32

McLuhan, Marshall 马歇尔·麦克卢汉，171

McQueen, Steve 史蒂夫·麦奎因，9

Men'shov, Vladimir 弗拉基米尔·缅绍夫，107，281—282，284，285

Mesiatsev, Nikolai 尼古拉·梅西亚切夫，173，174，216，218，219，233，273

Mikhailov, N., N. 米哈伊洛夫，196

Mikoian, Anastas 阿纳斯塔斯·米科伊安，78

Mimino (film) 《米米诺》（电影），81

Ministry of Culture: and dance 文化部与舞蹈，165；文化部与电影，30，36，75，107，112—113；文化部与电台，146n59；文化部与电视，186，219n159

Ministry of Television and Radio 电视广播部，214，218

The Mirror (film)《镜子》（电影），52

Les Misérables (film)《悲惨世界》（电影），45，66

Moldavia: film in 摩尔达维亚的电影，29；摩尔达维亚的电台，159

Monroe, Marilyn 玛丽莲·梦露，45，116

莫斯科的黄金时代

Mordiukova, Nonna 农娜·莫迪尤科娃, 32

Morgunov, Evgenii 叶甫格尼·莫尔古诺夫, 73n6

Moscow: film festivals in 莫斯科电影节, 69, 89n61, 107, 109—110, 109n125；国际青年节（1957年）, 164, 238—239, 246, 248；电影院, 76, 77, 79；奥斯坦金诺电视塔, 176；莫斯科的公共电视评论, 209

Moscow Does Not Believe in Tears (film)《莫斯科不相信眼泪》（电影）, 63, 64, 107, 281—285

Moscow TV 莫斯科电视台。见Central TV

Mosfil'm studio: ETK model and 实验创意电影制片厂与莫斯科电影制片厂, 60, 61；后斯大林主义时代的扩展, 29, 33；莫斯科电影制片厂最受欢迎的电影, 84t—85t；莫斯科电影制片厂员工, 64；莫斯科电影制片厂与电视, 231

Motyl', Vladimir 弗拉迪米尔·默蒂尔, 35, 49n98, 59

Movie culture, Soviet 苏联电影文化, 72—74；电影节与电影文化, 107—110；新闻与电影文化, 112—113；电影文化的矛盾, 127—130；明信片与电影文化, 111—112；明星—粉丝动力与电影文化, 98—106；技术现代化与电影文化, 110—111；电视与电影文化, 121—127

movie theaters 电影院, 75—77, 79

Mr. Dees Goes to Town (film)《迪兹先生进城》（电影）, 41

Muratov, Sergei 谢尔盖·穆拉托夫, 200, 239, 243, 265, 267；其与KVN游戏节目, 256, 257；其与VVV游戏节目, 246n83, 249n93, 251n100, 252

music: and film 音乐与电影, 80, 90, 127；外国电台广播与音乐, 132, 133, 134, 143—144；偏好轻音乐, 17, 19；马亚台的音乐方式, 171—172；后斯大林主义时代的音乐, 164—167；关于苏联电台的音乐, 158, 162—163

musical(s), popularity of 音乐的受欢迎程度, 39, 40, 68, 84t—85t

Musical Kiosk (TV program)《音乐厅》（电视节目）, 265, 271

Nazarenko, Viktor 维克多·纳扎仁科, 185

Nazi Germany, films acquired from 从纳

粹德国缴获的电影, 39—40

Nenashev, Mikhail 米哈伊尔·内那谢夫, 161, 174

Newsreels 新闻纪录片, 42, 80, 80n35, 229

News Relay (TV program)《新闻转播》(电视节目), 265—266, 272, 276—277

news reporting: fact vs. commentary in 新闻报道的事实与评论, 170, 173; 关于电台的新闻报道, 134—136, 152, 158—159, 160, 162, 167—168, 170, 173—174, 229; 关于电视的新闻报道, 178, 220, 227, 248, 262

New Yorker (magazine)《纽约客》(杂志), 8, 55, 57, 131

New York Times (newspaper)《纽约时报》(报纸), 9, 185, 219, 252n102

Nikulin, Iurii 尤里·尼库林, 73n6

Nixon, Richard 理查德·尼克松, 195, 209, 210

NMO, audience research by 由科学方法部做的观众调查, 268—271

Novgorodtsev, Seva 塞瓦·诺夫戈洛谢夫, 132

The Oath (film)《誓言》(电影), 41

Ogonek (magazine): film coverage by《闪烁》杂志做的电影报道, 109, 110n127;《闪烁》论电视主播, 242;《闪烁》关于电视评论, 203

Operation 'y' and Other Adventures of Shurik (film)《"Y"行动以及舒里克的其他冒险》(电影), 73, 73n6, 74, 84t, 126

Orlov, Viktor 维克托·奥洛夫, 104

Orlova, Liubov' 柳博夫·奥尔洛娃, 100, 100n101, 101, 123

Oscar Awards 奥斯卡奖, 281

Ostankino television center 奥斯坦金诺电视中心, 176, 181, 187, 211, 212, 223; 其成本, 182; 其中的餐厅, 218

Ostromoukhova, Bella 贝拉·奥斯特罗默克霍娃, 259n129

otdykh (relaxation): in Soviet culture 苏联文化中的休闲, 4, 201, 279; 电视与休闲, 201—202, 203, 208

Pampanini, Silvana 西尔瓦娜·帕姆帕尼尼, 113—114

Pant, Val'do 瓦尔多·潘特, 239

Pasternak, Boris 鲍里斯·帕斯特纳克, 222, 272

Pavlenok, Boris 鲍里斯·帕夫雷诺克, 46, 47

Pavlov, Sergei 谢尔盖·巴甫洛夫, 95, 96, 163

Pirates of the Twentieth Century (film) 《20世纪的海盗》（电影）, 63, 71, 85t, 281

Pleshakov, Konstantin 康斯坦汀·普莱沙科夫, 11

Plisetskaiia, Maia 马娅·普利斯特斯卡亚, 2, 21

Poland：film publications from 波兰电影的发行, 112n132；波兰的外国电台, 144；波兰观看电影的情况, 78；苏联电影与波兰电影的发行, 66, 68

political elite：and film 政治精英与电影, 32, 34—35, 46；政治精英与电视, 194—195, 211, 212—214, 220—222, 227, 279

Popov, A. S. A. S. 波波夫, 137

postcards, cinema 电影明信片, 111—112

postcolonial world：Soviet cinema in 后殖民世界的苏联电影, 69—70；后殖民世界的苏联电台广播, 154

Pozner, Vladimir 弗拉基米尔·波兹纳, 58, 61, 152

Prague Spring (1968) 布拉格之春（1968年）, 61, 151, 173, 191—192, 213

Pravda (newspaper)《真理报》（报纸）, 161；《真理报》论电影, 71, 78；《真理报》论电台, 140, 155；《真理报》与电台节目, 173；《真理报》论电视, 208

Presley, Elvis 埃尔维斯·普雷斯利, 8

press, Soviet：film coverage in 苏联媒体的电影报道, 107—109, 112—113；苏联媒体在战后的繁荣, 11—12, 14；苏联媒体与电台广播, 173；苏联媒体对电视的报道, 179, 195—196, 199—120, 203—205, 208, 210。也见 specific titles

Primakov, Evgenii 艾夫根尼·普里玛考夫, 152

Prisoner of the Caucasus (film)《高加索囚犯》（电影）, 84t

Pudovkin, Vsevolod 伍瑟沃罗德·普多夫金, 33n27

Pugacheva, Alla 艾拉·普盖切瓦, 166n128

Putin, Vladimir 弗拉基米尔·普京, 88

Puzin, A. A. 普兹恩, 138, 139, 159, 238, 240

Pyr'ev, Ivan 伊凡·派莱夫, 33

Queen of the Gypsies (film)《吉普赛女王》(电影), 85t, 91

radio: postwar expansion of 战后电台的扩张, 8; 电视与电台相比, 202

radio, foreign broadcasting 外国电台广播, 131—135, 131n2, 140—146; 外国电台的听众, 172—173; 与外国电台竞争, 160—161, 168—169; 外国电台与不同意见, 174; 对外国电台吸引力的解释, 156—157; 对外国电台的干扰, 131—132, 133, 140—141, 144—145, 160, 191; 外国电台的受欢迎程度, 143—144, 162, 168, 174; 作为单独活动的外国电台广播, 202; 外国电台与电视的发展, 179, 191, 229

radio, Soviet: administration of 苏联对电台的管理, 146—149; 电台的集中化, 150; 作为集体体验的电台, 136—137, 156; 对电台的批评, 159—160; 电台的功能, 134; 电台的增长, 2, 11, 14; 信息等级与电台, 170, 173—174; 电台做的国际广播, 150, 152—156; 马亚电台与苏联电台, 167—174; 电台管理模式作为电视管理的模式, 187; 电台的多语种广播, 150—152; 电台的网络, 135, 137—139, 150, 156; 作为个人体验的电台, 156; 电台节目, 157—159; 电台短波的来源, 138—139, 140; 电台短波的问题, 144, 148, 149—150, 154—156, 174—175; 电台与苏联文化, 136, 163, 170, 175; 电台与电视, 227—229; 电台不确定的标准, 162—163; 战时电台广播, 136—137; 有线电台, 135n13, 136, 137—138; 转变为无线电台, 138—139

Radio and Television Day "广播日", 210, 223

radio clubs 电台俱乐部, 135

Radiofikatsiia ("radiofication") 无线电化, 135, 137—139, 150, 156

Radio Free Europe (RFE) 自由欧洲电台 (RFE), 144n51, 147

Radio Liberty (RL) 自由电台 (RL), 131, 131n2, 133n7, 145, 147

Radio Moscow 莫斯科电台, 150, 152—155; 与外国电台竞争, 168; 莫斯科电台的外国通讯员, 159; 莫斯科电台的多语种广播, 151; 莫斯科电台的成功, 22

Rajagopalan, Sudha 苏达·拉亚高帕兰，44，90

Rassadin, S. S. 拉萨丁，93

Razgolov, Kirill 柯利尔·拉兹高洛夫，69

Reality, TV enthusiasts and 电视的热情支持者与现实，223—225，236—238，244

redaktor（editor）：film 电影编辑，30；电视，214—215

Reid, Susan 苏珊·里德，94n80，104n113，200n92

relaxation：Soviet culture and 苏联文化与休闲，4，201，279；电视与休闲，201—202，203，208

republics：film industry in 共和国的电影工业，26，29，34，50；86—88；共和国看电影的情况，81—82，89—91；共和国的电台，150—152，153，158，161；共和国的电视，181n10，188—189。也见 specific republics

Riazanov, El'dar 埃尔达尔·梁赞诺夫，31—32，34—35，98

rock'n'roll 摇滚，22，164，165；苏联摇滚，5，165—167

Rokk, Marika 玛丽卡·洛克，39

Roman Holiday（film）《罗马假日》（电影），81

Romanov, Aleksei 阿列克谢·罗曼诺夫，35，63

Romm, Mikhail 米哈伊尔·罗姆，34，54—55，240，242

Rozovskii, Mark 马克·罗佐夫斯基，246n83

rural areas：movie screenings in 乡村地区的电影放映，75，76，78，81；乡村地区的电台广播，139

Russian language：film industry and 电影工业与俄语，86—87；电台广播与俄语，150；电视广播与俄语，188

Rybnikov, Nikolai 尼古拉伊·赖伯尼科夫 32，98，106，112，120

Salisbury, Harrison 哈里森·萨利斯博里，9，185

Samoilova, T. T. 萨莫伊洛娃，110n127

Sanaev, Vsevolod 维斯福罗德·萨那伊夫 56

Sappak, Vladimir 弗拉基米尔·萨帕克，199—200，236—238，239，242，245

Sartre, Jean-Paul 让—保罗·萨特，37，38

satellite technology 卫星技术，187，

191, 210

Schoberova, Olga 奥尔佳·肖伯洛瓦, 109

Semenov, M. M. 塞默诺夫, 262

Seventeen Moments of Spring（film）《春天的17个时刻》（电影）, 275

Shabolovka 莎波洛夫卡, 226。也见 Central TV

Shagalova, Liudmila 柳德米拉·谢格洛娃, 120

Sharoeva, E. E. 莎罗爱娃, 234n36

Shelest, Petro 佩特罗·谢里斯特, 151

Shepit'ko, L. L. 谢皮特考, 61

Shestidesiatniki（people of the sixties）60年代的人们, 13, 59, 252, 259。也见 enthusiasts, TV

Shield and Sword（film）《剑与盾》（电影）, 84t, 88

Shklovskii, Viktor 维克托·什克洛夫斯基, 95

Shneiderov, Vladimir 弗拉基米尔·施耐德洛夫, 266, 267

Siegelbaum, Lewis 刘易斯·西格尔鲍姆, 175n152

Simonov, Konstantin 康斯坦汀·西姆诺夫, 52

Skachko, Mikola 米高拉·斯卡契科, 189

Smirnova, Lidiia 柳迪亚·斯米尔诺娃, 120

sociology, Soviet 苏联的社会学, 93—94, 268。也见 audience research

Solaris（film）《索拉里斯》（电影）, 32

Soldier Ivan Brovkin（film）《士兵伊万·布洛夫金》（电影）, 84t

Solnick, Stephen 斯蒂芬·索尼克, 193

Solzhenitsyn, Aleksandr 亚历山大·索尔仁尼琴, 215, 272

Some Like It Hot（film）《热情似火》（电影）, 45, 94, 116

South Africa, ban of television in 南非的电视禁播, 23

Soveksportfil'm, 苏维克斯波特菲尔姆, 43, 44, 46, 65, 66, 67—68

Sovietization, failure of 苏联化的失败, 21—22

Soviet Music（journal）《苏联音乐》（期刊）, 171

Soviet Screen（magazine）《苏联银幕》（杂志）, 112—121；关于"不良品味", 93, 97；关于影迷, 102—104, 106；电影节报道, 36—37, 107—108, 109；关于外国电影, 115—118；其魅力, 115—118；《苏联银幕》的

471

莫斯科的黄金时代

意识形态信息，115—120；其受欢迎的程度，2，112，242；其发行量，111；20世纪60年代的改革运动，59

Spain, cultural identity of 西班牙的文化认同，21

sports：radio coverage of 电台体育报道，158，168；电视体育报道，227，247，248，274；电视的替代品，206

Stagecoach（film）《驿站马车》（电影），40

stagnation（zastoi），era of 停滞时代，6

Stalin, Joseph：cult films about 歌颂约瑟夫·斯大林的电影，41，42；斯大林时代的文化自给自足，6，7；斯大林去世，6，8；斯大林与电影，28—29，30，40，58

stardom-fandom dynamic 明星—影迷动力，98—106；电影节与影迷动力，107—108，110；电影新闻与明星—影迷动力，113—114，118

Starr, S. Frederick S. 弗雷德里克·斯塔尔，164

State Committee for Radio and Television 国家广播和电视委员会，147，186。也见 Gosteleradio

State Criminal（film）《国家罪犯》（电影），74

Stories of Heroism（TV program）《英雄精神的故事》（电视节目），265，266，266n145，271，276—277

Strasberg, Susan 苏珊·斯特拉斯伯格，109

Strizhenov, Oleg 奥列格·斯特里兹赫诺夫，98

Strong of Spirit（film）《强大的精神》（电影），86

Sullivan, James 詹姆斯·沙利文，79

Sverdlovsk studio 斯维尔德洛夫斯克制片厂，86

Tabakov, Oleg 奥列格·塔巴科夫，111

Tales of Lenin（film）《列宁的故事》（电影），92，94

Tarkovskii, Andrei 安德烈·塔尔科夫斯基，32，37，52，57，69，88

Tarzan（film）《人猿泰山》（电影），8，39，42，71，89，134

Tashkent international film festival 塔什干国际电影节，69

TASS（news agency）：foreign correspondents of 塔斯社（新闻机构）的外国通讯员，159；监督塔斯社的行为，147；塔斯社与电台广播，160，161

索 引

Taubman, William 威廉·陶巴曼, 95

Taylor, Richard 理查德·泰勒, 101

Taylor, Robert 罗伯特·泰勒, 41

Television: ban in South Africa 电视在南非的禁播, 23; 电影与电视对比, 240; 国际交流与电视, 231—233, 274; 电视的隐私, 239—240, 242—243, 258; 电视的力量, 200, 213; 电台与电视对比, 202; 电视的社会影响, 8; 电视的不良影响, 156, 202—208。也见 television, foreign; television, Soviet; TV set

television, foreign: access to 接触外国电视, 179; 对外国电视的担忧, 191—192

television, Soviet: administrative control of 苏联对电视管理控制, 186—187, 214, 217; 电视作为艺术, 230, 238; 电视观众, 179, 202, 224, 225, 280; 电视与家庭生活, 198—201, 210, 211; 电视的集中化, 187—191, 212—215, 218, 223; 冷战与电视, 178, 209—211; 作为集体体验的电视, 208—209, 211, 243, 258; 对电视的批评, 192, 202—208, 262—263, 文化精英与电视, 196—198; 电视的发展, 176—179, 182, 187, 211; 电视编辑, 240—243; 20世纪50到60年代的早期热情支持者与电视, 223—230; 早期的电视问题, 183—185, 198; 电视编辑, 233—234; 电视与电影, 196—197, 230—231, 269—270, 273, 275; 对电视的电影描述, 283—284; 电视的功能, 229, 271, 279; 电视中性别的作用, 240—243, 267—268; 戈尔巴乔夫时代的电视, 224; 电视的增长, 2, 11, 14, 199, 212, 217; 电视主持人, 265—267, 265n142; 作为意识形态建构的电视, 218, 269; 国际青年节 (1957年) 与电视, 238—239; 对电视的投资, 182—183; 拉平时代的电视, 216—222, 273—280; 电视直播, 213—214, 230—236, 244, 265; 电视直播和丑闻, 213—214, 248—252, 272; 地方台与电视, 185—188; 电视与电影文化, 121—127; 作为休闲的电视, 201—202, 203, 208; 电视的矛盾, 179, 180—181, 203; 电视与政治交流, 193—196; 政治精英与电视, 194—195, 211, 212—214, 220—222, 227, 279; 对电视的新闻报道, 179, 195—196, 199—200, 203—205, 208, 210; 20世纪70年

473

代的声誉，217—218；电视专业化，198，214，275—276；20 世纪 50 年代的电视节目，228，247—248；20 世纪 60 年代的节目，261—267；20 世纪 70 年代的节目，273—280；电视承诺，178—179，181；对电视的公共观察，208—209；电视与电台，131，227—229；电视与现实，223—225，236—238，244；卫星技术与电视，187，191，210；电视与苏联文化，15，179，210，267，273，280；电视的地位，196—198，203，211；电视的成功，222；电视从直播到录播的转变，212，260，277；视频技术与电视，233，260。也见 specific programs

Television and Us（Sappak）《电视与我们》（萨帕克），236—238，242

Television café, genre of 电视咖啡馆的类型，123—125

Television professionals 电视专业人员。见 enthusiasts, TV

Thaw (ottepel'), era of 解冻时代，6，39

The Three Musketeers（film）《三个火枪手》（电影），77，90，91

Todorovskii, P. P. 托德洛夫斯基，61

Tonuts, Gurgen 格根·汤纳兹，88

Topaz, Masha 玛莎·托帕兹，252

Trembita（film）《特伦比塔》（电影），86

trophy films 战利品电影，7，39—43，40n49，94，134

Truffaut, François 弗朗索瓦·特吕弗，281

Turovskaya, Maya 马亚·图罗夫斯卡娅，92

TV set: cartoons depicting 动画描述电视机，203；电视机的中心位置，199n92；电视机的需求，183，185；电视机许可费，183；对拥有的电视机的统计，181—182；电视机价格，183；电视机的象征意义，181

Ukraine: film in 乌克兰的电影，29，81，82，86，87；乌克兰的电台，151—152；乌克兰的电视，188—189

UNESCO, Declaration on the Media 联合国教科文组织《关于媒体的声明》，220

United States: baby boom in 美国的婴儿潮，8；从美国引进的电影，44，45；赫鲁晓夫对美国的访问，1，191；在美国的电视广播，225，231，232。也见 Americanization

Uzbekistan, film in 乌兹别克斯坦的电

影，29，69，82，86，90

Vabalas, Raimondas 雷蒙达斯·瓦巴拉斯，32n20

Vartanov, Anri 安里·瓦特诺夫，243，267，280

Vatican Radio 梵蒂冈电台，131

Vertinskaia, Anastasiia 阿纳斯塔西娅·弗廷斯卡亚，98，118

Vertov, Dziga 吉加·维尔托夫，33n27，236，244，245

VGIK (film institute) 苏联国立电影学院（电影机构），33，69，104，119，226

VIA (vocal-instrumental ensembles) 声音组合，165—166

video technology: spread of 视频技术的推广，15；与电视发展，233，260

Vitsyn, Georgii 格奥尔基·维钦，73n6

Viva Villa! (film) 《自由万岁》（电影），43

Vlady, Marina 马丽娜·弗拉迪，115

Voice of America (VOA) 美国之音，131，131n2，141，144，145，162

Voznesenskii, Andrei 安德烈·沃兹内森斯基，124

Vremia (TV program) "时事新闻时间"（电视节目），178，188，219，262，274

VVV (TV show) VVV 电视游戏节目，246—253；与 KVN 节目进行对比，254—256，258—259，261

Vysotskii, Vladimir 弗拉基米尔·维索特斯基，115n137，259n128

War and Peace (film) 《战争与和平》（电影），52，65，84t，88

Waterloo Bridge (film) 《魂断蓝桥》（电影），41

We Draw Fire on Ourselves (film) 《我们惹火上身》（电影），231，233

West: cultural infiltration by 西方的文化渗透，6，9—10，16，22，282—283；与西方"和平共处"，9，10；战后西方的转变，8；针对西方文化而定义的苏联文化，2，7

Western Europe: concerns about Americanization 西欧对美国化的担忧，18—19，23；精英对西欧大众文化的观点，17—18；电视广播在西欧，225，231—232。也见 specific countries

What? Where? When? (TV show) 《什么？哪里？何时？》（电视节目），275

The White Sun of the Desert (film) 《沙

475

漠中的白日》（电影），35，49n98

Williams, Raymond 雷蒙德·威廉姆斯，15n39，176；178，181，208

Woll, Josephine 约瑟芬·沃尔，54

The Woman Who Sings（film）《唱歌的女人》（电影），85t，88

woman：depiction in Soviet film 苏联电影中的女性描述，281，282n9；dikt 女播音员，240—243，267—268；游戏节目的女比赛选手，258，275；电视节目的女主持人，265n142；与女性相关的大众娱乐，105n119，278；女影迷，103，104—105；女性看电影的行为，82

workers' clubs, and movie screenings 工人俱乐部与电影放映，81

World War II：cultural transformation after 二战以后的文化转变，1—2，8—9，17；二战与西方文化的影响，6—7；二战期间的电台广播，136—137

Writers' Union 作家协会，5，215

X-ray records "X 射线"唱片，15

Yermash, Filipp 菲利普·耶尔马什，30，34，58，60，62—64，67n183，212

Yesenia（film）《叶塞尼亚》（电影），43—44，63，97，281

Young Guard（film）《青年警卫》（电影），96

youth：depiction in film 电影中描述的青年，284—285。也见 children；International Youth Festival；youth audience

youth audience 青年观众，73—74，82—83，94；青年观众与影迷，103—105；青年观众与 KVN 节目，256

Yurchak, Alexei 亚历克谢·尤尔查克，20，141—142

Zastoi（stagnation），era of 停滞的时代，6

Zhdanov, Andrei 安德烈·日丹诺夫，7

Zhil'tsova, Svetlana 斯韦特兰娜·季尔特索瓦，260n134

Zhvanetskii, Mikhail 米哈伊尔·季瓦奈特斯基，254n110

Zolotareva L. L. 佐罗塔雷娃，226

Zolotarevskii, Leonid 列昂尼德·佐罗塔雷夫斯基，239

Zorkaia, Neia 尼亚·佐卡娅，91，92

Zubok, Vladimir 弗拉基米尔·朱伯克，11

图书在版编目(CIP)数据

莫斯科的黄金时代:苏联建立的传媒帝国如何在文化冷战中落败/(美)罗思－艾著;蓝胤淇,陈霞译.—北京:商务印书馆,2016
(国际文化版图研究文库)
ISBN 978－7－100－11379－3

Ⅰ.①莫… Ⅱ.①罗… ②蓝… ③陈… Ⅲ.①文化史—研究—苏联 Ⅳ.①K512.03

中国版本图书馆 CIP 数据核字(2015)第 137007 号

所有权利保留。
未经许可,不得以任何方式使用。

莫斯科的黄金时代
苏联建立的传媒帝国如何在文化冷战中落败

〔美〕克里斯汀·罗思－艾 著

蓝胤淇 陈霞 译

商 务 印 书 馆 出 版
(北京王府井大街36号 邮政编码100710)
商 务 印 书 馆 发 行
北京鑫海达印刷有限公司印刷
ISBN 978－7－100－11379－3

2016年1月第1版　　开本 700×1000　1/16
2016年1月北京第1次印刷　　印张 30$\frac{3}{4}$

定价:78.00元